CHRONIQUES
DE
J. FROISSART

DEUXIÈME LIVRE

PUBLIÉ POUR LA SOCIÉTÉ DE L'HISTOIRE DE FRANCE

PAR GASTON RAYNAUD

TOME NEUVIÈME

1377-1380

(DEPUIS LA PRISE DE BERGERAC JUSQU'A LA MORT DE CHARLES V)

A PARIS
LIBRAIRIE RENOUARD
(H. LAURENS, SUCCESSEUR)
LIBRAIRE DE LA SOCIÉTÉ DE L'HISTOIRE DE FRANCE
RUE DE TOURNON, N° 6

M DCCC XCIV

CHRONIQUES
DE
J. FROISSART

23074 — PARIS, TYPOGRAPHIE LAHURE
Rue de Fleurus, 9

CHRONIQUES

DE

J. FROISSART

DEUXIÈME LIVRE

PUBLIÉ POUR LA SOCIÉTÉ DE L'HISTOIRE DE FRANCE

PAR GASTON RAYNAUD

TOME NEUVIÈME

1377-1380

(DEPUIS LA PRISE DE BERGERAC JUSQU'A LA MORT DE CHARLES V)

A PARIS

LIBRAIRIE RENOUARD

(H. LAURENS, SUCCESSEUR)

LIBRAIRE DE LA SOCIÉTÉ DE L'HISTOIRE DE FRANCE

RUE DE TOURNON, N° 6

M DCCC XCIV

EXTRAIT DU RÈGLEMENT.

Art. 14. Le Conseil désigne les ouvrages à publier, et choisit les personnes les plus capables d'en préparer et d'en suivre la publication.

Il nomme, pour chaque ouvrage à publier, un Commissaire responsable chargé d'en assurer l'exécution.

Le nom de l'Éditeur sera placé en tête de chaque volume.

Aucun volume ne pourra paraître sous le nom de la Société sans l'autorisation du Conseil, et s'il n'est accompagné d'une déclaration du Commissaire responsable, portant que le travail lui a paru mériter d'être publié.

Le Commissaire responsable soussigné déclare que le tome IX de l'Édition des Chroniques de J. Froissart, *préparé par M.* Gaston Raynaud, *lui a paru digne d'être publié par la* Société de l'Histoire de France.

Fait à Paris, le 1ᵉʳ août 1894.

Signé L. DELISLE.

Certifié,

Le Secrétaire de la Société de l'Histoire de France,

A. de BOISLISLE.

INTRODUCTION
AU DEUXIÈME LIVRE
DES CHRONIQUES
DE
J. FROISSART.

M. Siméon Luce, qui en 1888 avait achevé la publication du premier livre des *Chroniques* de Froissart, venait de commencer l'impression du deuxième livre, dont il avait fait tirer les quatre premières feuilles, quand la mort le surprit le 14 décembre 1892, au grand dommage de l'érudition française. Pour continuer cette édition, à laquelle j'avais déjà collaboré, la Société de l'Histoire de France voulut bien s'adresser à moi, par la bonne entremise de M. Léopold Delisle. C'était un grand honneur, mais aussi une lourde tâche à laquelle je n'étais qu'imparfaitement préparé et que j'aurais certainement hésité à accepter, si je n'y avais été encouragé de divers côtés.

Une fois décidé, j'avais comme premier travail à passer en revue tous les manuscrits du deuxième livre des *Chroniques* et à les classer : je consacrai à cette étude une partie de l'été de 1893 ; et, soit en examinant sur place les manuscrits de Londres, de Cheltenham, de Cambrai, de Bruxelles et d'Anvers[1], soit en recueillant les copies et les collations faites par d'obligeants correspondants de France et de l'étranger, je pus établir le classement auquel est consacrée cette introduction. Tout en achevant l'impression de ce tome IX, qui finit à la mort de Charles V et contient le tiers du deuxième livre, je relevais les variantes du texte, suivant un plan un peu différent de celui de M. Luce, et rassemblais les éléments des notes destinées au sommaire. Là encore, je me suis légèrement écarté de la méthode de mon éminent prédécesseur ; et mon annotation, sinon abrégée, du moins condensée, fera peut-être regretter plus d'une fois les développements abondants et nourris des précédents volumes.

CHAPITRE I.

La Chronique de Flandre insérée dans le deuxième livre de Froissart. — Date de sa composition. — Ses manuscrits.

Avant d'aborder l'étude de la rédaction proprement dite du deuxième livre, il me faut dire quelques mots de la *Chronique de Flandre* composée antérieurement par Froissart et insérée dans son deuxième livre, après l'avoir tout d'abord abrégée et façonnée au cadre général de ses *Chroniques*. Cette *Chronique de Flandre*, dont on connaît aujourd'hui trois manuscrits, commence en ces termes :

« Je, Jehan Froissart, prestre de la nation de la conté
« de Haynnau et de la ville de Vallenchiennes, et en ce temps
« tresorier et chanoine de Chimay, qui du temps passé me

---

[1]. A mon retour M. Delisle voulut bien me remettre de la part de la famille de M. S. Luce quelques notes relatives aux mss. de Paris et un paquet de fiches, dont la plupart faisaient malheureusement double emploi avec celles que M. A. Spont avait rédigées pour moi d'après les documents des Archives nationales.

« suis entremis de traictier et mettre en prose et en ordon-
« nance les nobles fais et haultes advenues des grans
« faiz d'armes qui advenus sont tant des guerres de France
« et d'Angleterre comme de ailleurs, me suis advisé de
« mettre en escript les grans tribulations et pestillences
« qui furent en Flandres, et par le fait de orgueil et de
« ceulx de Gand, à l'encontre du conte Loys, leur sei-
« gneur, dont moult de maulx vindrent et nasquirent
« depuis, si comme vous orrez recorder avant en l'ystoire,
« et en l'incarnation commenchant l'an de grace Nostre
« Seigneur MCCCLXXVIII[1]. »

Suit un assez long passage relatif aux contestations sur-
venues de tout temps entre les villes de Gand et de Bruges
à propos des eaux de la Lys ; puis commence le corps même
de la rédaction de la *Chronique de Flandre*, qu'à partir
du § 101 (p. 158) de la présente édition, Froissart a inter-
calée dans son deuxième livre par séries de chapitres,
corrigeant et surtout supprimant beaucoup[2].

La concordance entre la rédaction des *Chroniques* et
celle des différents manuscrits de la *Chronique de Flandre*
ne cesse qu'à l'extrême fin du deuxième livre, à la paix de
Tournai, en décembre 1385, après un paragraphe[3] qui
dans certains manuscrits de la rédaction primitive et de la
rédaction revisée, clôt le deuxième livre. Le ms. de Paris
(Bibl. nat. fr. 5004) se termine par le récit abrégé de la mort
de François Ackerman (août 1386) ; un des mss. de Cambrai (l'autre étant incomplet à la fin) va jusqu'à l'entrée du
duc et de la duchesse de Bourgogne à Bruges en novembre 1386.

Ces dates donnent la dernière limite à laquelle puisse
être reportée la composition de la *Chronique de Flandre* ;

1. J'emprunte ce texte au ms. de la Bibl. nat. fr. 5004, fol. 1 r°.
2. Buchon (t. II, p. 352-364) a comparé le texte des *Chroniques* à
celui de la *Chronique de Flandre* donné par le ms. de la Bibl. nat.
fr. 5004.
3. Buchon, t. II, p. 349 ; Kervyn, t. X, p. 438.

peut-être encore faut-il l'avancer d'un an, en supposant, ce qui est assez probable, que la narration s'arrêtait primitivement à la paix de Tournai, en décembre 1385, et que les chapitres subséquents ne sont que des additions postérieures.

Remarquons que, dans le préambule publié plus haut, le chroniqueur se nomme *tresorier et chanoine de Chimai*. C'est la première mention que l'on ait de ce titre, qui depuis 1372 était à la nomination de Gui de Châtillon, comte de Blois. Froissart, qui en juillet 1382 était encore curé des Estinnes, ne l'était donc plus quand il écrivit sa *Chronique de Flandre*. Depuis quelque temps déjà il s'éloignait de Robert de Namur; et quand le 7 décembre 1383 il vit mourir le duc de Brabant Wenceslas, un de ses protecteurs, il n'eut plus qu'à s'attacher tout entier à Gui de Blois, son « bon maistre[1] », comme il l'appelle, auprès duquel il dut achever cette chronique, dont il avait recueilli les éléments pendant ses fréquents séjours en Flandre.

Des trois manuscrits qui ont conservé la *Chronique de Flandre*, et que je désigne par les lettres *F* 1, *F* 2 et *F* 3, le premier (*F* 1 = B. N. fr. 5004) contient 295 chapitres et finit au récit abrégé de la mort de François Ackerman; le deuxième (*F* 2 = Bibl. de Cambrai, ms. 677, catalogue Molinier n° 746) est incomplet au commencement, et se divise en 73 chapitres, dont les deux derniers, développés ou ajoutés postérieurement, se rapportent à la mort de François Ackerman et à l'entrée du duc de Bourgogne à Bruges; le troisième (*F* 3 = Bibl. de Cambrai, ms. 700, catalogue Molinier n° 792) n'a pas de rubriques et est incomplet à la fin.

J'ai absolument écarté ces trois manuscrits pour la constitution du texte et le relevé des variantes : ils représentent en effet un état antérieur des *Chroniques*, que Frois-

---

1 Buchon, t. II, p. 654; Kervyn, t. XIII, p. 18.

sart a accommodé plus tard à son nouveau plan. Ce n'est que tout à fait exceptionnellement, dans le cas où tous les autres manuscrits faisaient défaut, que les leçons de ces trois manuscrits ont été adoptées, par exemple à la p. 160, l. 6-7, où la *Chronique de Flandre* est seule à fournir la leçon *Jean d'Iorque*, forme estropiée de *Jean Doncker*, que Froissart se réservait sans doute de restituer dans une nouvelle revision de ses *Chroniques*.

CHAPITRE II.

La rédaction primitive du deuxième livre.
Date de sa composition. — Classement des manuscrits.

Le deuxième livre des *Chroniques* n'offre point, comme le premier, plusieurs rédactions différentes; il n'en présente qu'une seule, revisée plus tard et quelque peu remaniée dans certains manuscrits. Cette rédaction, que j'appellerai *primitive*, et qui commence dans le présent volume au § 83, remonte à une époque où, après des remaniements successifs, l'auteur avait développé jusqu'en 1378 la fin de la première rédaction de son premier livre, qu'il faisait finir avec le § 82. Le manuscrit de Besançon[1], dont le premier livre se termine par les mots : « si comme vous orrés recorder avant en l'istoire », offre un exemple de cette coupure pour les deux premiers livres des *Chroniques*[2]. Plus tard cette continuation fut admise dans la première rédaction revisée du premier livre (représentée par le ms. de la Bibl. nat. fr. 5006), dont le second livre commence à la prise de la Roche-sur-Yon (t. VII, p. 163,

---

1. Contrairement à l'opinion de M. S. Luce (t. I, p. xxvii) j'estime que dans le ms. de Besançon la continuation appartient non pas à la première rédaction proprement dite, mais à la rédaction revisée : la parenté étroite des mss. *B* 5, *B* 7 du second livre et du ms. de Besançon est prouvée pour cette partie du texte par un bourdon qui supprime près de deux pages du présent volume (p. 70, l. 19, avoient... Lanclastre, p. 72, l. 12).
2. Cf. t. I, p. xxvii.

§ 631). Quand enfin Froissart eut reculé le commencement du second livre à la place qu'il occupe dans cette édition et remplacé à la nouvelle fin de son premier livre la continuation par quelques chapitres ajoutés[1], cette continuation forma tout naturellement la tête de la rédaction primitive du second livre, qui, une fois revisée, devint la suite de la première rédaction revisée du premier.

On a vu plus haut que la *Chronique de Flandre* avait dû être écrite très vraisemblablement en 1386. C'est à une année plus tard qu'il faut reporter la date de la composition du deuxième livre des *Chroniques*. Une allusion en effet au mariage de Jean, fils du duc de Berry, et de Catherine de France, qui eut lieu le 5 août 1386 (t. IX, p. 47) montre que la nouvelle œuvre de Froissart ne peut être antérieure à cette date. D'autre part, l'auteur nous dit lui-même, dans son troisième livre[2], qu'en 1388 il avait achevé la rédaction du livre précédent. C'est donc en 1387, alors qu'il était sur les bords de la Loire auprès de Gui de Blois, qu'il mit au jour la nouvelle partie de ses *Chroniques*, où il fondit sa *Chronique de Flandre*.

Les manuscrits de la rédaction primitive du second livre sont peu nombreux, 9 seulement, et se distinguent en trois familles par leur fin. Ils ont tous même commencement :
« Vous avés bien chi dessus oï recorder comment li sires
« de Moucident se tourna françois ».

Voici le tableau des mss. que je désigne par la lettre *A* :

MSS. DE LA RÉDACTION PRIMITIVE. = MSS. A.

PREMIÈRE FAMILLE.

Mss. *A* 1 = ms. Vossius fol. gall. 9 ɪɪ de la Bibl. de l'Université de Leide.

---

1. Cf. t. I, p. xxvIII.
2. Buchon, t. II, p. 369; Kervyn, t. XI, p. 2-3.

Mss. *A* 2 = ms. 1277 de la Bibl. de Cheltenham (Th. Phillipps).
A 3 = ms. 148 de la Bibl. de lord Ashburnham, à Ashburnham Place.

DEUXIÈME FAMILLE.

Mss. *A* 4 = ms. Arundel 67 II du Musée britannique.
A 5 = ms. 206 de la Bibl. de lord Mostyn, à Mostyn Hall (Pays de Galles).

TROISIÈME FAMILLE.

Mss. *A* 6 = ms. de la Bibl. de Besançon[1], t. II.
A 7 = ms. fr. 2664 de la Bibl. nat.
A 8 = ms. fr. 2658 —
A 9 = ms. 24258 de la Bibl. de Cheltenham (Th. Phillipps).

Le ms. *A* 1 qui a servi de base à l'édition à partir du § 83 présente quelques lacunes : il se recommande par les formes archaïques que seul parfois il contient.

Les mss. *A* 2 et *A* 3, tous deux œuvres de Raoul Tainguy, le copiste fantaisiste auquel M. Luce a consacré une notice intéressante[2], offrent un grand nombre d'interpolations, dont la plupart ne sont que des injures adressées en une sorte d'argot populaire aux gens du commun, pour lesquels le copiste professe un souverain mépris. Le ms. *A* 2, qui se rapproche le plus du ms. *A* 1, est incomplet au commencement.

Les trois mss. ajoutent à la fin, après la paix de Tournai,

---

1. On a vu plus haut, p. v, que le tome I de ce ms. contient la continuation formant la tête du second livre.
2. *Œuvres complètes d'Eustache Deschamps*, publiées pour la Société des anciens textes français, t. II (1880), p. VI-XVI; 2ᵉ édition augmentée, dans *La France pendant la guerre de Cent Ans*, 1ʳᵉ série (1890), p. 249-259.

un assez long passage formant variante avec la *Chronique de Flandre*.

Les mss. *A* 4 et *A* 5 interrompent brusquement leur texte bien avant la fin ordinaire du second livre[1] : « car « Alemant vont volentiers en pelerinage, et l'ont eu et le tiennent en usage ». Je regrette de n'avoir pu examiner *de visu* le ms. *A* 5, n'ayant eu à ma disposition que la reproduction photographique de trois pages du ms., suffisantes cependant pour constater que les mss. *A* 4 et *A* 5 n'ont pas la même suite de rubriques.

Les mss. de la troisième famille offrent parfois certaines omissions dues à la hâte des copistes, et se terminent à la paix de Tournai, en 1385.

CHAPITRE III.

La rédaction revisée du deuxième livre.
Date de sa composition. — Classement des manuscrits.

Après ce qui a été dit dans le chapitre précédent de la rédaction primitive du deuxième livre et de la façon dont elle se relie au premier, je n'ai que peu de mots à ajouter sur la rédaction revisée, qui ne s'éloigne guère de la rédaction primitive que dans certains mss. de la troisième famille, rectifiant et surtout augmentant le texte.

Ayant même point de départ que la rédaction primitive, la rédaction revisée a subi au cours des années, du vivant de Froissart, des additions et des remaniements qui ont abouti au texte représenté par le ms. de Breslau (= *B* 20). Le ms. détruit de Johnes, dont nous connaissons quelques extraits, devait peut-être compléter encore le travail toujours amélioré de l'auteur.

En y comprenant les fragments que, grâce aux rubriques, on a pu rapprocher des mss. similaires, et les *abrégés pro-*

---

1. Buchon, t. II, p. 319; Kervyn, t. X, p. 348.

prement dits, les manuscrits de la rédaction revisée sont au nombre de 24, ayant tous un commencement à peu près semblable[1], avant lequel est reproduit le § 788 du premier livre (voy. plus loin p. 293), et finissant, les uns (*B* 1 à *B* 3 et *B* 7 à *B* 19) comme les mss. *A* 1 à *A* 3, les autres (*B* 5 et *B* 6, *B* 21 à *B* 24) comme les mss. *A* 6 à *A* 9.

En voici le tableau divisé en 3 familles :

MSS. DE LA RÉDACTION REVISÉE. = MSS. B.

PREMIÈRE FAMILLE.

1re branche : Mss. *B* 1 = ms. fr. 5006 de la Bibl. nat., fol. 78 v°.

B 2 = ms. fr. 20357 — fol. 81 v°.

B 3 = ms. nouv. acq. fr. 5213 de la Bibl. nat. (*anc.* ms. Mouchy-Noailles), fol. 397 *a* (*fragment*).

2e branche : *B* 4 = ms. fr. 2660 de la Bibl. nat.

DEUXIÈME FAMILLE.

1re branche : Mss. *B* 5 = ms. fr. 6472 de la Bibl. nat.

B 6 = ms. Mailly-Nesles, au château de la Roche-Mailly (Sarthe).

2e branche : *B* 7 = ms. fr. 2676 de la Bibl. nat.

B 8 = ms. fr. 2652 —

B 9 = mss fr. 2668-2669 —

*B*10 = ms. U 28 de la Bibl. de Rouen (*fragment*).

---

1. A l'exception de *B* 4 et de *B* 20, sur lesquels je reviendrai tout à l'heure.

2ᵉ branche : Mss. *B* 11 = ms. 88 (2ᵉ série) de la Bibl. de Bruxelles (*anc.* ms. Boxmer, *fragment*).

TROISIÈME FAMILLE.

Mss. *B* 12 = ms. fr. 6476 de la Bibl. nat.
    B 13 = ms. fr. 2644 —
    B 14 = ms. 5188 de la Bibl. de l'Arsenal (*anc.* H F 144).
    B 15 = ms. Reg. 14 D ıv du Musée britannique.
    B 16 = ms. Reg. 18 E ı —
    B 17 = ms. 5 du Musée Plantin à Anvers.
    B 18 = ms. 132 de la Bibl. de Darmstadt.
    B 19 = ms. *A* 13 de la Bibl. de Berne.
    B 20 = ms. *R* 2 de la Bibl. de Breslau, fol. 119 *a*.

ABRÉGÉS PROPREMENT DITS.

Mss. *B* 21 = ms. fr. 5005 de la Bibl. nat.
    B 22 = ms. 3839 de la Bibl. de l'Arsenal (*anc.* H F 145).
    B 23 = ms. 20786 de la Bibl. de Bruxelles.
    B 24 = ms. de la Bibl. du prince Pückler-Muskau, au château de Branitz (Prusse[1]).

Avec les mss. de la *première famille*, le deuxième livre, comme on l'a déjà vu, commence à la prise de la Roche-sur-Yon; il se termine au siège de Bergerac (fin du § 6) dans le ms. *B* 3, n'offrant ainsi qu'un fragment de quelques pages pour ce qui forme le véritable deuxième livre adopté par cette édition. Il devait se terminer un peu plus loin, avec le § 35, dans l'exemplaire complet que représente aujourd'hui seulement le ms. *B* 4, ne commençant ce qu'il

---

[1]. Je ne connais ce ms. que par les notices de M. Kervyn de Lettenhove.

appelle son *troisième* livre qu'au départ de Grégoire XI pour Rome.

Les mss. de la deuxième famille, dont les deux branches sont différenciées par la fin seulement, présentent des rapprochements très grands avec les mss. de la troisième famille de la rédaction primitive.

Les mss. de la troisième famille donnent, tantôt isolément, tantôt par petits groupes, des variantes et surtout des additions, fournissant la preuve de retouches multiples. Le ms. de Breslau, *B* 20, qui commence son deuxième livre au siège de Bourdeille (cf. t. VIII, p. 119), constitue le dernier état de la rédaction revisée par Froissart.

Les *abrégés proprement dits* du second livre, bien qu'ils aient la même fin que les mss. de la deuxième famille, ont été rédigés d'après les mss. de la troisième.

CHAPITRE IV.

Du choix et de l'établissement du texte. — De l'orthographe et de l'accentuation. — Des variantes. — Du sommaire.

N'ayant pas à choisir entre deux rédactions différentes, on a adopté le texte le plus ancien, représenté, pour la continuation du premier livre, par le ms. *B* 1 et pour la suite, à partir du § 83, par le ms. *A* 1, ces deux mss. étant corrigés par d'autres, quand il y avait lieu.

L'orthographe des deux mss. a généralement été respectée. A partir de la feuille 5, on a remplacé les *z* finaux par les *s* et les *y* surmontés du tréma par des *ï*; à partir du § 83, l'*s* est partout substituée au *z* et l'*i* à l'*y*.

J'ai dû naturellement me conformer à la méthode d'accentuation adoptée par M. Luce et mettre des accents graves sur des syllabes qui demanderaient des accents aigus : *commenchièrent* pour *commenchiérent*; de même certains mots en *eu* (*esleu*), comptés pour deux syllabes dans les poésies de Froissart, auraient pu s'imprimer en *eü* (*esleü*).

On a relevé les variantes non pas de tous les manuscrits, comme en principe voulait le faire M. Luce pour le premier livre, mais seulement d'un certain nombre d'entre eux, appartenant chacun à une famille différente. On trouvera donc régulièrement, pour la continuation, les variantes des mss. *B* 1, *B* 5, *B* 7, *B* 12, auxquelles on devra ajouter celles des mss. *A* 2 et *A* 7, à partir du § 83. A ces variantes on a joint aussi celles du ms. de Breslau (= *B* 20), qui forme le dernier état de la revision de Froissart. Quant aux autres mss., ce n'est que dans le cas spécial où la leçon à adopter était douteuse que leurs variantes ont été données, servant aussi parfois à justifier le classement des manuscrits.

Le sommaire a été fait aussi court que possible, et c'est une annotation, non pas un commentaire, que je me suis proposé d'y joindre. En principe je n'ai donné de détails sur les personnages qu'autant qu'ils apparaissaient pour la première fois, mais les exceptions à cette règle sont nombreuses. J'ai surtout cherché dans le texte du chroniqueur à contrôler et à rectifier les faits qu'il avance bien souvent avec inexactitude.

Dans cette tâche j'ai été très heureusement aidé par mon confrère A. Spont, qui, pendant que je me réservais les imprimés et les collections manuscrites de la Bibliothèque nationale, dépouillait les séries des Archives nationales et du Record Office avec une ardeur scientifique et une intelligence pénétrante dont je ne saurais trop lui savoir gré.

Ils sont du reste nombreux ceux à qui je dois des remerciements à l'occasion de l'édition du second livre de Froissart : M. L. Delisle tout d'abord, qui un des premiers a songé à m'associer au travail de M. Luce, et qui depuis, comme commissaire responsable, a bien voulu me faire profiter de sa science et de son érudition inépuisables; mes anciens collègues du département des mss. de la Bibliothèque nationale, MM. Deprez, Couderc et particulièrement M. H. Moranvillé, dont les travaux se rattachent à l'époque de Froissart; mes confrères des Archives nationales et principalement M. H. Courteault; le Dr Max Hippe, qui m'a fourni si obligeamment les variantes du ms. de Breslau; miss L. T. Smith, dont l'aide m'a été précieuse pour les copies et les collations des mss. de Londres; MM. Fenwick à Cheltenham; le D[r] W. N. du Rieu à Leide; M. Max Rooses à Anvers; M. Ouverleaux à Bruxelles; le D[r] A. Schmidt à Darmstadt; M. Freymond à Berne; M. Beaurain à Rouen; enfin le Rev[d] Ch. Astley, et Mr. Jones, à Llandudno, à qui je suis redevable des photographies du ms. de Mostyn Hall. Je m'en voudrais de ne pas ajouter un nom à cette liste, celui d'un autre éditeur de Froissart aujourd'hui disparu, M. le baron Kervyn de Lettenhove, dont l'œuvre, tout en laissant souvent à désirer, n'en a pas moins plus d'une fois abrégé ou dirigé mes recherches.

Paris, 15 mai 1894.

SOMMAIRE.

SOMMAIRE.

CHAPITRE I.

1377, 22 *août*. SIÈGE DE BERGERAC. — 1ᵉʳ *septembre*. BATAILLE D'EYMET, CAPTURE DE THOMAS DE FELTON. — 2 *septembre*. PRISE DE BERGERAC. — *Octobre*. PRISE DE DURAS. — *Fin de* 1377. SIÈGE DE MORTAGNE-SUR-GIRONDE PAR OWEN DE GALLES. (§§ 1 à 20.)

Pendant que le duc de Bourgogne fait sa chevauchée en Picardie, le duc d'Anjou, séjournant à Toulouse avec la duchesse, décide, pour remédier aux dommages que font aux habitants les garnisons anglaises des nombreux châteaux forts de la rivière de Dordogne et des pays de Rouergue, de Toulousain, de Querci et de Limousin, de mettre le siège devant Bergerac, la clé de la Gascogne[1]. Sachant que plusieurs seigneurs gascons tels que les seigneurs de Duras, de Rauzan, de Mussidan, de Langoiran et autres lui sont hostiles, il appelle auprès de lui Jean d'Armagnac et le seigneur d'Albret, en même temps que le connétable de France B. du Guesclin[2], le maréchal Louis de Sancerre, le

---

1. Le duc d'Anjou, qui se trouvait au commencement de juin à Paris et avant le 27 à Poitiers (*Arch. Nat.*, KK 252, fol. 137-138), quitta cette dernière ville le 1ᵉʳ août, « que M. le duc fist ses ordenances à son partir de Poitiers » (*Arch. Nat.*, KK 242, fol. 61), pour retourner à Toulouse. Dès le 12 juillet il faisait ses préparatifs, et son écuyer de cuisine, Jean de La Rivière, recevait 100 francs pour acheter plusieurs choses « qui lui faisoient besoing pour servir mondit seigneur le duc en ceste presente guerre de Guienne » (*Arch. Nat., ibid.*, fol. 52).

2. Nous savons, d'après une note empruntée par M. H. Moranvillé (*Ét. sur la vie de Jean le Mercier*, 1888, p. 58) à la collection De Camps (*Bibl. Nat.*, vol. 84, fol. 265 v°), que B. du Guesclin, dès le 21 juin, avait été retenu avec 200 hommes pour servir sous le duc d'Anjou.

seigneur de Couci et autres barons de Picardie, de Bretagne et de Normandie. P. 1, 2, 293.

Depuis 1375 il y avait grand différend entre la famille des seigneurs de Pommiers et le grand sénéchal de Bordeaux pour le roi d'Angleterre, Thomas de Felton, qui avait fait décoller en place publique Guillaume[1], seigneur de Pommiers, et son clerc Jean Coulon, accusés d'avoir embrassé le parti français. Aymenion de Pommiers[2], oncle de Guillaume, quitta le pays et, après un voyage en Terre Sainte, se déclara sujet du roi de France et fit longtemps la guerre au seigneur de Lesparre, un des juges de son neveu. Même accusation d'appartenir au parti français fut portée contre Jean de Plassac, qui, de plus, ayant livré au roi le château de Fronsac, fut décollé à Bordeaux; contre Pierre de Landiras et Bertrand de Francs qui, après un mois de prison, furent relâchés sans preuves; contre Gaillard Vigier enfin, qui put prouver son alibi, étant en ce temps en Lombardie avec le seigneur de Couci.

Toutes ces poursuites et ces accusations entretenaient en Gascogne des haines, qui ne pouvaient que mal aboutir. P. 2 à 4, 293, 294.

Quand le duc d'Anjou a auprès de lui le connétable du Guesclin et la plus grande partie de ses gens d'armes, il marche[3] sur

---

1. Guillaume Sans, seigneur de Pommiers, vicomte de Fronsac, accusé d'avoir traité avec la France « pour metre dedans ses lieux (Fronsac) deus cens hommes d'armes et cent arbalestriers pour ferre guerre au roy » d'Angleterre (*Rec. Off.*, *Treas. of Rec.*, *Misc.* $\frac{22}{16}$), fut emprisonné le 24 mars 1377, jugé les 10-11 avril (*Ibid.*) et condamné à avoir la tête tranchée après confiscation de ses biens (*Bibl. Nat.*, coll. *Moreau*, *Bréq.* 30 (Extraits du *Record Office*, *Vascon Rolls*, fol. 180-201).

2. Aymenion de Pommiers, qui se déclara pour le roi de France et reçut de ce chef 1000 livres par an, avait pourtant mis comme réserve à son service de ne pas faire la guerre au roi d'Angleterre, ni à ses enfants : « promisit esse bonus et fidelis vassallus domino regi et successoribus suis et servire contra omnes qui possint venire et mori, rege Angliæ et liberis suis exceptis ». (*Extr. de journaux du Trésor*, dans la *Bibl. de l'Éc. des Ch.*, t. XLIX, 1888, p. 377.)

3. Le duc d'Anjou ne vint pas directement de Toulouse à Bergerac, mais, passant par Nontron et les Bernardières que brûlèrent les Anglais, il alla faire le siège de Condac, qu'il prit au bout de trois jours, et de Bourdeilles, qui se rendit après six jours. C'est sous les murs de cette ville qu'il fut rejoint par Jean de Bueil, sénéchal de Beaucaire, lui amenant cinq cents hommes d'armes et deux cents arbalétriers (*Grandes*

Bergerac dont le capitaine et gardien, Perducat d'Albret[1], se tenait tout près de là au château de Montcuq. L'armée du duc d'Anjou est nombreuse; ce sont le connétable et ses gens d'armes, puis Jean d'Armagnac, Louis de Sancerre, Jean[2] et Pierre[3] de Bueil, Owen de Galles, Maurice de Tréséguidi, un des trente Bretons, Alain de Beaumont[4], Alain de la Houssaye, Guillaume de Moncontour, Pierre de Mornai[5], Jean de Vergt, Baudouin de Crenon[6], Elyot de Talaye[7], etc. Tout ce monde s'établit le long de la Dordogne, et les escarmouches commencent. P. 4, 5, 294.

Le sixième jour du siège, arrivent le seigneur d'Albret et Bernard d'Albret, son cousin, qui sont accueillis avec joie; le huitième, le duc d'Anjou décide en conseil d'attendre de nouveaux renforts, et principalement les gens du seigneur de Couci, pour donner l'assaut. P. 5, 294.

Chroniques, t. VI, p. 350-351). Le siège de Bergerac commença le 22 août (*Arch. de Périgueux, Petit Livre noir*, fol. 3 v°). La nouvelle de la prise de Bourdeille n'arriva au roi qu'assez tard : à la date du 19 septembre, Pierre Barrillet, chevaucheur, donne quittance de 40 francs d'or à lui donnés par le roi « pour les bonnes nouvelles qu'il lui a apportées nouvellement... de la prinse du chastel de Bordille ». (*Bibl. Nat.*, ms. fr. 26014, n° 2009)

1. Voy. sur Perducat d'Albret la notice d'Em. Labroue dans le *Livre de vie* (1891), p. 111-161.

2. Jean de Bueil, chambellan du roi dès 1372, paraît comme chambellan du duc d'Anjou dans une pièce datée de Villeneuve d'Agenois, 31 juillet 1377; il sert en Picardie en 1380 (*Bibl. Nat., Pièces orig.* vol. 549).

3. Pierre de Bueil, frère de Jean, chambellan, puis maréchal du duc d'Anjou, est retenu pour servir en Guyenne le 1ᵉʳ mars 1379 (*Bibl. Nat., Pièces orig.* vol. 549).

4. Sur Alain de Beaumont, voy. la notice de M. Paul Guérin dans les *Archives hist. du Poitou*, t. XIX, p. 297, note 1.

5. Pierre de Mornai, sénéchal de Périgord en 1387, a fait les guerres de Saintonge, Périgord et Limousin sous Louis de Sancerre en 1375 (*Bibl. Nat., Pièces orig.* vol. 2057).

6. Baudouin de Crenon paraît dans une revue passée à Cléry le 5 septembre 1380 et donne quittance de 108 francs d'or à Chartres le 10 septembre de la même année (*Bibl. Nat., Clair.* vol. 36, n°ˢ 2748 et 2749).

7. Eliot de Talaye, *et non* Calay comme l'écrit Froissart, écuyer, paraît dans une montre du 1ᵉʳ septembre 1375. Une quittance du 30 septembre nous le montre prenant part cette même année aux expéditions de Saintonge et d'Anjou sous les ordres de Louis de Sancerre (*Bibl. Nat., Pièces orig.* vol. 2787).

Pendant ce temps[1] Thomas de Felton, se sentant menacé à Bordeaux par le voisinage de l'armée française, avait envoyé demander du secours en Angleterre par une première ambassade, qui ne réussit pas; il dépêche alors le seigneur de Lesparre[2], qui se fait prendre dans les eaux espagnoles et reste prisonnier en Espagne plus d'un an et demi, toujours poursuivi de la haine des seigneurs de Pommiers. P. 5, 6, 294, 295.

Thomas de Felton est plus heureux en appelant auprès de lui à Bordeaux les quatre plus puissants et plus vaillants barons du parti anglais en Gascogne, les seigneurs de Mussidan[3], de Duras, de Rauzan et de Langoiran[4] : il a ainsi à sa disposition cinq cents lances, dont trois cents quittent aussitôt la ville pour s'en aller chevaucher en terrain français, et, passant par la Réole[5], viennent loger, à l'insu des Français, en la ville d'Eymet[6]. P. 6, 7, 295.

Le siège continue sans grand succès pour les Français, qui

1. Dès le mois de juillet Thomas de Felton s'était mis en mesure de résister au duc d'Anjou; à la date du 23 juillet 1377, le comptable de Bordeaux paye à la ville de Libourne 300 l., à Saint-Emilion 380 l., à Sainte-Foy 260 l., à Bergerac 400, à la Salvetat 200, à Sauveterre 380, à Montségur 300, « ad resistendum malicium et adventum domini ducis Andegavie ». A la même date des réparations sont faites au château de Bordeaux (*Rec. Off.*, *Queen's Rem.*, *Misc.*, *Realm of France* $\frac{470}{4}$). Le 15 août Thomas de Felton demande de nouveaux secours au comptable de Bordeaux (*Ibid.* $\frac{470}{5}$).

2. Florimont de Lesparre joue un rôle important à Chypre avant cette date (voy. la *Prise d'Alexandrie* par Guillaume de Machaut, éd. Mas-Latrie). Pourvu à son retour d'Orient d'une rente de 80 livres par le roi d'Angleterre, il se rendait en Angleterre avec Jean de Harpedane et Jean de Gerson pour presser l'envoi d'un renfort, quand il fut pris par la flotte espagnole et conduit en Espagne. Associé dès 1369 avec le captal de Buch pour les profits de la guerre, il eut plus tard avec lui des différends nombreux (Rabanis, *Notice sur Florimont de Lesparre* dans les *Actes de l'Académie de Bordeaux*, 5ᵉ année, 1843, p. 75-112).

3. Sur Raymond de Montaut, seigneur de Mussidan, voy. la notice d'Em. Labroue, dans le *Livre de vie*, p. 247-310.

4. Du 1ᵉʳ juin au 31 août 1377 ces quatre seigneurs devaient fournir au service du roi d'Angleterre, le premier et le dernier 30 hommes, les deux autres 20 hommes, payés par maître Richard Rotour, comptable de Bordeaux (*Rec. Off.*, *Queen's Rem.*, *Misc.*, *Realm of France* $\frac{470}{3}$). Un mandement du conseil royal de Gascogne attribue le 23 mai 1377 aux seigneurs de Rauzan et Montferrand 500 livres, pour ce que « ils ne poent leurs lieux et forteresses maintenir et gouverner » par suite de « la malice des enemys » (*Rec. Off.*, *Ibid.* $\frac{470}{5}$).

5. Gironde, ch.-l. d'arr.

6. Dordogne, arr. de Bergerac.

prennent parti d'envoyer chercher à la Réole un grand engin de guerre, une *truie* qui lançait de grosses pierres et pouvait contenir cent hommes d'armes. On charge de cette expédition Pierre de Bueil, Jean de Vergt, Baudouin de Crenon, et les sires de Montcalais et de Quesnes[1], qui avec trois cents lances passent la Dordogne à gué et arrivent à la Réole, sans se douter de la présence des Anglais à Eymet. Le connétable, qui en a connaissance, envoie pour les soutenir une route de deux cents lances sous la conduite de Pierre de Mornai, d'Owen de Galles, de Thiébaud du Pont et d'Elyot de Talaye, qui rencontrent les gens de Pierre de Bueil revenant de la Réole avec la *truie* et ayant pris au retour un autre chemin.

Cette armée française, forte de 5 à 600 lances, se trouve à Eymet en présence des Anglais, et la bataille a lieu, où périt Elyot de Talaye et où se distingue tout particulièrement un chevalier berrichon, Jean de Lignac[2]. P. 7 à 10, 295.

Le choc est terrible; les Gascons perdent un chevalier, le seigneur de Grignols[3]; les Français, Thiébaud du Pont. La victoire reste enfin aux Français qui font prisonniers les seigneurs de Mussidan, de Duras, de Langoiran et de Rauzan, ainsi que Thomas de Felton, pris de la main même de Jean de Lignac. Le reste des Anglais et des Gascons s'enfuit pour se réfugier à Bordeaux et rencontre en chemin le sénéchal des Landes, Guillaume Helmen, et le maire de Bordeaux, Jean de Multon, qui venaient à leur secours avec cent lances. Apprenant la défaite des leurs, ils retournent tous à Bordeaux[4]. P. 10, 11, 295, 296.

---

1. Lirian des Quesnes, chevalier, donne quittance de 180 fr. pour son service en Picardie sous le duc de Bourgogne, le 7 octobre 1380 à Chartres (*Bibl. Nat., Clair.*, vol. 91, n° 7111).

2. Jean de Lignac avait précédemment été fait prisonnier par Florimont de Lesparre (Rabanis, *Actes de l'Acad. de Bordeaux*, 5ᵉ année, 1843, p. 100).

3. Un Jean, seigneur de Grignols, écuyer, qui appartient à cette date au parti français, est retenu le 13 mars 1369 au service du duc d'Anjou, et figure le 27 dans une montre passée à Chastiaulz-Jaloux en Bordelais (*Bibl. Nat., Pièces orig.*, vol. 1409).

4. La bataille d'Eymet eut lieu le 1ᵉʳ septembre (*Grandes Chroniques*, t. VI, p. 352). Dès le 3, le conseil de Bordeaux envoie demander des secours, « post capcionem Thome de Felton » à Lourdes, à Bayonne, à Dax et autres villes des Landes (*Rec. Off., Queen's Rem., Misc., Realm of France* $\frac{170}{1}$). Le 6, le patron de barque Gaston est envoyé en Angleterre, porteur de lettres apprenant au roi l'état de

Les Français se hâtent de profiter de leur victoire et se disposent avec leur nouvel engin à donner l'assaut à Bergerac. Malgré l'avis de leur capitaine, les habitants, se sentant abandonnés, se rendent au connétable, à condition qu'on ne leur imposera pas de garnison[1]. Perducat d'Albret, à l'insu duquel avaient été faites les négociations, se réfugie au château de Montcuq[2]. P. 11, 12, 296.

Bergerac pris, le duc d'Anjou se décide à mettre le siège devant Castillon-sur-Dordogne[3]; il part donc avec le connétable et les gens d'armes, laissant derrière lui le maréchal de Sancerre, qui attend la venue du seigneur de Couci[4]. Ce dernier arrive le lendemain avec Aymenion de Pommiers, Jean[5] et Tristan[6] de Roye, le seigneur de Fagnolle, Jean de Jeu-

la Guyenne après la prise de Thomas de Felton (*Ibid.*). Le 8 septembre, le roi d'Angleterre confirme une charte accordée à la ville de Bordeaux le 26 mars 1277, et l'autorisant à lever pour deux ans un droit sur les marchandises (*Rec. Off.*, *Vasc. Rolls.*, 1 *Rich. II*, m. 14).

1. Bergerac est pris le 2 septembre : « lo dich 11 jorns de setembre mccclxxvii, M. lo duc d'Anjou pres lo luoc de Bragayrach e plus d'autres lx forts del pays » (*Le petit Thalamus de Montpellier*, 1840, p. 395). Le duc d'Anjou confirme les privilèges des habitants de Bergerac, venus de leur plein gré à l'obéissance du roi. (*Arch. Nat.*, JJ 186, fol. 34.)

2. Aujourd'hui château en ruines, commune de Saint-Laurent-des-Vignes, Dordogne, arr. de Bergerac.

3. Gironde, arr. de Libourne.

4. Avant de rejoindre l'armée du duc d'Anjou, le 26 août, Enguerrand de Couci avait écrit au roi d'Angleterre cette lettre mémorable, publiée d'après Rymer par Kervyn de Lettenhove (*OEuvres de Froissart*, t. XXI, p. 41-42) et par M. Emile Labroue (*Bergerac sous les Anglais*, 1893, p. 99), où il renonce aux domaines qu'il tenait de la couronne d'Angleterre, ainsi qu'à l'ordre de la Jarretière, pour embrasser ouvertement la cause du roi de France. Cette lettre fut remise au roi le 29 octobre par un page nommé Jean Pière, sachant parler l'anglais (*Rec. Off.*, *Close Rolls*, 1 *Rich. II*, m. 24 r°). A la date du 7 avril 1377, les gages mensuels de guerre d'Enguerrand de Couci au service du roi de France étaient de 500 francs d'or (*Bibl. Nat.*, *Pièces orig.*, vol. 875).

5. Jean de Roye, chevalier, donne quittance à la date du 27 novembre 1377, à Toulouse, d'une somme de 100 francs d'or au duc d'Anjou : il est au service du duc de Bourbon le 12 juillet 1385. Seigneur d'Aunoy en 1385, chambellan du roi en 1390, il est capitaine et garde du chastel et ville de la Ferté-Milon le 29 mai 1393 (*Bibl. Nat.*, *Pièces orig.* vol. 2584). Un mandement de Charles VI daté de Mâcon, 10 février 1390, accorde 500 livres à J. de Roye (*Musée Britannique*, *Add. Charters* 4230).

6. Tristan de Roye, frère du précédent, seigneur de Busancy, est au service du duc de Bar en 1380 (*Bibl. Nat.*, *Pièces orig.*, vol. 2584). En

mont[1], Jean de Rosai[2], Robert de Clermont[3] et autres chevaliers, et rejoint bientôt l'armée du duc, dont l'avant-garde avait reçu en passant la soumission de la ville de Sainte-Foy[4]. P. 13, 296.

Les escarmouches devant Castillon[5] durent environ quinze jours, la ville étant défendue par quelques Gascons et Anglais qui s'y étaient réfugiés après la déconfiture d'Eymet. Pendant ce temps on rend la liberté à Thomas de Fulton, moyennant 30,000 francs payés à Jean de Lignac; quant aux quatre barons prisonniers, les seigneurs de Duras, de Rauzan, de Mussidan et de Lagoiran, on les décide à se ranger dans le parti français. Les deux premiers partent pour retourner dans leur pays; les deux autres restent auprès du duc d'Anjou. P. 14, 296.

Mais à peine libres, les seigneurs de Duras et de Rauzan ne peuvent se résoudre à abandonner la cause anglaise, et se rendent à Bordeaux pour protester de leur dévouement auprès du sénéchal des Landes et du maire de la ville[6]. Informé de cette défection, le duc d'Anjou, ayant de nouveau reçu la promesse des seigneurs de Mussidan et de Lagoiran, jure de détruire à

février 1380, une querelle éclata dans son hôtel de Paris, à propos d'une vilaine (*Arch. Nat.*, JJ 116, fol. 31 v°).

1. Jean de Barbenson, dit le Jeumont, est conseiller et chambellan du roi et du duc de Bourgogne en 1410. Le 22 juillet 1377 il était en guerre privée avec Geoffroi de l'Eschielle, s' de Balaham (*Arch. Nat.*, JJ 111, fol. 79).

2. Jean de Rosai, chevalier, se retrouve en septembre et octobre 1380 « à la poursuite des Anglois en la compaignie de mon-« seigneur de la Rivière et soubz le gouvernement de monseigneur le « duc de Bourgogne ». (*Bibl. Nat., Clair.*, vol. 97, n°° 141-142).

3. Nous trouvons ce Robert de Clermont, qu'il ne faut pas confondre avec le maréchal de Normandie, sous les ordres d'Enguerrand de Couci, à Arras, 1er et 3 août 1380, et à Corbeil, 1er septembre 1380. A la date du 5 février 1382 nous avons la mention d'une guerre privée entre lui et Raoul Poiré (*Arch. Nat.*, JJ 120, fol. 125).

4. Sainte-Foy-la-Grande, Gironde, arr. de Libourne.

5. A la date du 12 septembre 1377, sous les tentes ou pavillons du duc d'Anjou devant Castillon-sur-Dordogne, Bérard d'Albret, seigneur de Lagoiran, prête serment de fidélité à Charles V en présence d'Enguerrand de Couci, de B. du Guesclin, de Louis de Sancerre, de Jean de Bueil et de Pierre de Villiers (*Bibl. Nat., Pièces orig.* vol. 24).

6. Jean de Multon, maire de Bordeaux sous la domination anglaise, figure dans deux comptes de Bordeaux, datés d'avril et de juin 1377, comme fournissant 40 hommes d'armes et 20 archers (*Record Off., Queen's Rem., Misc., Army* $\frac{40}{96}$ et *Realm of Fr.* $\frac{410}{2}$).

jamais les terres des seigneurs de Duras et de Rauzan. P. 14 à 16, 296, 297.

Le siège de Castillon durait toujours, au grand détriment des assiégeants qui ne pouvaient que difficilement se procurer des vivres. Enfin la ville se rend, et la garnison se retire à Saint-Macaire[1]; elle est remplacée par des hommes du duc d'Anjou, avec Jacques de Montmartin pour capitaine. Avant de marcher sur Saint-Macaire, le duc d'Anjou vient assiéger Sauveterre[2]. Là il apprend qu'on ne lui a pas rapporté bien exactement la conduite des seigneurs de Duras et de Rauzan, qui se sont rendus effectivement à Bordeaux, mais pour des motifs inconnus. Sur la prière des seigneurs de Mussidan, de Lagoirant, de Couci et de Pierre de Bueil, le duc d'Anjou se montre tout disposé à ne plus douter de la fidélité des seigneurs de Duras et de Rauzan. Sauveterre est pris après trois jours, puis Sainte-Bazeille[3], puis Monségur[4], puis Auberoche[5]; l'armée arrive enfin devant Saint-Macaire[6]. P. 16 à 18, 297.

L'armée du duc s'augmentait toujours de nouvelles recrues; aussi en profite-t-il pour faire exécuter plusieurs chevauchées par le maréchal de France, le seigneur de Couci, Owen de Galles, Perceval d'Esneval et Guillaume de Moncontour, qui prennent ainsi plusieurs villes et petits forts et mettent le pays en l'obéissance du roi de France. Sur ces entrefaites les habitants de Saint-Macaire, craignant le sort que leur réserve la prise de la ville, traitent secrètement avec les Français et se rendent contre promesse d'avoir saufs leur vie et leurs biens. La garnison se retire alors dans le château. P. 18 à 20, 297.

1. Gironde, arr. de la Réole.
2. Gironde, arr. de la Réole. — A la date du 12 octobre 1377, Sainte-Foy, Sauveterre et la Salvetat (non mentionné par Froissart), étaient déjà pris par le duc d'Anjou (*Rec. Off.*, *Queen's Rem.*, *Misc.*, *Realm of France* $\frac{470}{5}$).
3. Lot-et-Garonne, arr. de Marmande.
4. Aujourd'hui ruines près de la Réole.
5. Auberoche semble devoir s'identifier avec la localité du même nom que Cassini place sur la Vezère (Dordogne). N'étant pas sur le chemin de la chevauchée du duc, il faut supposer que cette ville fut prise par une expédition partielle comme celles dont parle le chroniqueur quelques lignes plus bas.
6. Le 12 octobre 1377 Emon Cressewell et William Chaundeler sont envoyés pour secourir Saint-Macaire (*Rec. Off.*, *Queen's Rem.*, *Misc.*, *Realm of France* $\frac{470}{5}$).

La reddition de Saint-Macaire réjouit fort le duc d'Anjou, aussi bien que la nouvelle, qu'il avait reçue de Toulouse lors du siège de Monségur, de l'heureux accouchement de la duchesse, lui donnant un fils. Il apprend en même temps par un héraut la vérité sur les seigneurs de Duras et de Rauzan, qui bien réellement se sont déclarés anglais[1]. Aussi, après avoir reçu la soumission de la garnison du château de Saint-Macaire et l'avoir fait conduire à Bordeaux, le duc se hâte-t-il de marcher sur Duras[2]. P. 20, 21, 297.

Aussitôt arrivé, le duc ordonne l'assaut, mais le soir on doit sonner la retraite, sans résultat appréciable, au moment où Alain de la Houssaye et Alain de Saint-Pol rejoignent l'armée avec une route de Bretons qui, en chevauchant vers Libourne avaient pris Cadillac[3]. P. 21, 298.

Le lendemain matin, nouvel assaut où se distinguent le seigneur de Lagoirant, Tristan de Roye, Perceval d'Esneval, Jean de Jeumont, Jean de Rosai et le seigneur de Mussidan, qui est jaloux de se montrer bon Français. Après la mort du seigneur de Sorel, la ville est prise[4], et les gens d'armes se retirent dans le château. P. 21 à 23, 298.

La ville de Duras prise et pillée, on passe au fil de l'épée tous les habitants qui s'y trouvent. Le lendemain le connétable et le maréchal vont examiner le château, qu'ils déclarent difficile à prendre. « Peu importe, dit le duc, j'ai dit et juré que je ne partirai pas d'ici sans avoir ce château en ma possession! — Soit,

---

1. Les sires de Duras et de Rauzan furent dédommagés de cette fidélité à la cause anglaise : un mandement du conseil de Bordeaux à la date du 1ᵉʳ novembre 1377 leur alloue 650 livres tant pour les indemniser « de la prise de leurs propres cors que » de la perte de leurs domaines, « pour ce que ne ont voulu estre a la obeissance du roi de Fraunce ». (*Rec. Off.*, *Queen's Rem.*, *Misc.*, *Realm of France* $\frac{170}{8}$.)
2. Lot-et-Garonne, arr. de Marmande.
3. Gironde, comm. de Fronsac. — Le sénéchal des Landes, Guillaume Elmham, capitaine de Libourne et de Saint-Émilion, avait été envoyé au secours de Cadillac; cf. à la date du 11 octobre 1377 un mandat de 200 livres ordonnées à son nom (*Rec. Off.*, *Queen's Rem.*, *Misc.*, *Realm of France* $\frac{170}{8}$).
4. Le siège de Duras, commencé le 9 octobre, jour de la S. Denis (*Grandes Chroniques*, t. VI, p. 355), était fini le 19 octobre 1377, jour où, *dedans* Duras, le duc d'Anjou donne 100 fr. d'or à Pierre de Villers, chevalier, grand maître d'hôtel du roi. (*Bibl. Nat.*, *Pièces orig.*, vol. 3021.)

répond le connétable, vous n'en aurez pas le démenti ». On se prépare donc à faire le siège, mais au bout de trois jours, la garnison se rend et est conduite là où elle veut aller. P. 23, 24, 298.

Après la prise de Duras, le duc d'Anjou laisse dans Landiras[1] cent lances avec Jean de Jeumont, Jean de Roye et Jean de Rosai pour garder la frontière contre les gens de Bordeaux, et désireux d'aller voir à Toulouse la duchesse nouvellement accouchée[2], il licencie ses autres troupes[3], après avoir chargé Owen de Galles d'aller assiéger, avec une route de Bretons, de Poitevins et d'Angevins, la ville de Mortagne-sur-Gironde, occupée par le syndic de Latrau. Owen part avec cinq cents lances et se dirige vers Saint-Jean-d'Angély; le duc d'Anjou, le connétable, le seigneur de Couci, le maréchal, Jean et Pierre de Bueil s'en retournent à Toulouse où ont lieu de grandes fêtes pour les relevailles de la duchesse. Le connétable et le seigneur de Couci rentrent ensuite en France, et le maréchal s'en va en Auvergne au secours du dauphin et des seigneurs du pays qui guerroyaient contre les Anglais[4]. P. 24 à 26, 298.

1. Gironde, com. de Podensac, arr. de Bordeaux.
2. La duchesse était accouchée à Toulouse le 7 octobre 1377, d'un fils qui fut plus tard Louis II, roi de Naples, pendant que le duc d'Anjou assiégeait Duras. Sous les murs de cette ville, le 10 octobre 1377, le duc mande à Ambroise Beth, receveur de Carcassonne, de payer 100 francs d'or au messager venu de Toulouse pour lui annoncer la délivrance de la duchesse (*Bibl. Nat.*, ms. fr. 26014, n° 2029). Les 19 et 20 octobre le roi Charles V payait une première somme de 1000 francs d'or, puis une seconde de 40, destinées aux messagers lui ayant appris la « nativité » de son nouveau neveu (L. Delisle, *Mandements de Charles V*, n°° 1486 et 1487).
3. Dans cette campagne le duc d'Anjou « conquesta jusques au nombre de six vint et quatorze que villes que chasteaux et autres grosses forteresces et notables » (*Grandes Chroniques*, t. VI, p. 355), parmi lesquels il faut citer tout particulièrement Sainte-Marguerite (Dom Vaissete, *Hist. du Languedoc, nouv. éd.*, t. IX, p. 862). Le duc d'Anjou se trouvait le 24 septembre sous les murs de la ville, et envoyait de là le seigneur de Lagoiran au pays appelé *Entre les deux mers* pour y recevoir la soumission des barons. (Voy. dans les *Arch. hist. de la Gironde*, t. III, p. 277-278, un document des Archives des Basses-Pyrénées publié par M. P. Raymond.)
4. Le maréchal de Sancerre rejoignit le duc de Berry au siège de Ravel, où il se trouvait avec lui le 6 octobre 1377 (*Arch. Nat.*, KK 252, fol. 147), puis se rendit à Saint-Flour, où nous constatons sa présence le 23 octobre 1377 (*Ibid.*, fol. 135 v°). L'expédition prit fin peu de jours après, car nous voyons le 1er novembre passer à la Chaise

Owen de Galles arrive à Saintes, où il se repose : il a avec lui les seigneurs de Pons[1], de Thors[2], de Vivonne, Jacques de Surgières et autres chevaliers du Poitou; d'autre part les Bretons et les Normands ont pour capitaines Maurice de Tréséguidi, Alain de la Houssaye, Alain de Saint-Pol, Perceval d'Esneval, Guillaume de Moncontour, le seigneur de Montmaur[3] et Morelet[4], son frère. Quand tout est prêt, l'armée s'en vient mettre le siège devant Mortagne-sur-Gironde, dont le château domine la Garonne, et qui bien pourvu de vivres et bien défendu par son capitaine, le syndic de Latrau, demande pour se rendre un long siège. P. 26, 27, 298.

deux boulangers d'Orléans revenant « de la derrenière chevauchée d'Auvergne » (*Arch. nat.*, JJ 112, fol. 177 v°). Elle n'avait été du reste que médiocrement fructueuse. Le duc, après avoir levé dès le 20 avril 1377 un subside pour le rachat de plusieurs places occupées depuis longtemps par les Anglais (*Bibl. Nat.*, ms. fr. 26013, n° 1906), entre autres Carlat, déclaré imprenable par B. du Guesclin (*Arch. Nat.* X[1a] 1471, fol. 53), était encore à Bourges le 17 juillet (*Arch. Nat.*, KK 252, fol. 138 v°), d'où il partit pour délivrer Carlat, sans y réussir. Il fut plus heureux avec Ravel (Puy-de-Dôme), qu'il assiégeait dès le 29 août (*Arch. nat.*, KK 252, fol. 138 v°) et prenait le 29 septembre (*Ibid.*, fol. 139).

1. Renaud VI, sire de Pons, lieutenant du roi en Poitou, Saintonge et Angoumois en 1381, conservateur des trêves de Guyenne, vicomte de Turenne et de Carlat, seigneur de Ribérac, est né vers 1348. Il épouse en 1365 Marguerite de Périgord, et passe au parti anglais, qu'il abandonne définitivement, après plusieurs hésitations, en 1371, et est comblé de faveurs par Charles V. De 1383 à 1415 il exerce à plusieurs reprises les fonctions de conservateur des trêves. Il meurt en 1427. Voy. dans les *Positions des thèses soutenues par les élèves de la promotion de* 1894 *pour obtenir le diplôme d'archiviste-paléographe* (p. 1-4), les positions de M. J. Chavanon, qui a consacré une étude à ce personnage.
2. Sur Renaud de Vivonne, seigneur de Thors, voy. P. Guérin, *Arch. hist. du Poitou*, t. XXI, p. 269 et 419.
3. Jacques de Montmor, chevalier, seigneur de Briz, chambellan du roi, fut successivement gouverneur de La Rochelle, gouverneur du Dauphiné, capitaine d'Harfleur, et fut souvent chargé par Charles V de missions diplomatiques (*Bibl. Nat.*, *Pièces orig.* vol. 2030).
4. Sur Morelet de Montmor, chevalier, chambellan du roi, capitaine du chastel et de la bastide du Louvre, et en octobre 1393 capitaine de Harfleur (*Bibl. Nat.*, *Pièces orig.* vol. 2030), voy. une note de M. P. Guérin (*Arch. hist. de Poitou*, t. XIX, p. 244).

CHAPITRE II.

REPRISE DES HOSTILITÉS EN ÉCOSSE. — 1378, 25 *novembre*. PRISE DU CHATEAU DE BERWICK PAR LES ÉCOSSAIS. — *Fin de* 1378. CHEVAUCHÉE DU COMTE DE NORTHUMBERLAND SUR LES MARCHES D'ÉCOSSE (§§ 21 à 33).

Le roi de France, sans engager sa propre armée, savoit faire harceler ses ennemis par ses alliés; aussi profite-t-il de l'avènement de Richard II pour renouveler avec le roi d'Écosse, Robert, les traités conclus avec ses prédécesseurs[1]. A la suite d'une réunion à Édimbourgh, la guerre est de nouveau résolue, et le roi d'Écosse divise son armée en quatre parties sous les ordres des comtes de Douglas, de Moray, de Mar et de Sutherland; le connétable d'Écosse était Archibald de Douglas, et le maréchal de l'armée, monseigneur Robert d'Erskine[2]. Le rassemblement des troupes

---

1. Le traité d'alliance unissant la France à l'Écosse avait été renouvelé entre Charles V et Robert Stuart dès le 30 juin 1371 (*Mandements de Ch. V*, n° 790). Aussitôt après la mort d'Edouard III (12 juin 1377), les Écossais rompirent les trêves conclues avec l'Angleterre : notamment une dispute survenue au marché de Roxburgh entre Anglais et Ecossais est la cause du meurtre de quelques Écossais. Leurs compatriotes, voulant les venger, brûlent la ville sous les ordres du comte de Dunbar; de là des représailles de la part des Anglais, qui, au nombre de 10 000, commandés par le comte de Northumberland, entrent en Écosse et ravagent le pays (Walsingham, *Hist. angl.*, t. I, p. 340). La lutte continue ainsi pendant l'année 1378, entretenue par un échange constant de correspondances entre la France et l'Écosse (*Mandements de Ch. V*, n°ˢ 1669, 1688, 1712 à 1714) « pour certaines besoingnes », jusqu'à la défaite des partisans du comte de Northumberland. Intervention d'Edmond Mortimer et de Jean, évêque de Hereford, qui quitte son manoir de Wytebourne et voyage du 27 mai au 22 juillet « pour la reformation » des attentats contre la trêve avec l'Écosse (*Rec. Off., Lord Treas. Rem., For. Acc.* 4, m. 8 v°). La trêve est renouvelée, mais dure peu; et un nouveau voyage en Écosse de l'évêque de Hereford (23 octobre-6 décembre 1378) est rendu nécessaire par les événements qui précèdent et suivent la prise de Berwick racontée par Froissart (*Rec. Off., ibid.*).

2. Le roi Charles V, sans doute pour gagner à lui les principaux chefs écossais, ordonne le paiement, à la date du 23 décembre 1377, de trois harnais d'or envoyés par lui au comte Guillaume de Douglas, à Jacques son fils et à Robert d'Erskine (*Mandements de Ch. V*, n° 1564).

devait avoir lieu près du Lammerlaw[1], à la frontière d'Angleterre.

Durant ce temps, un des plus hardis écuyers d'Écosse, Alexandre de Ramsay, prend avec lui quarante compagnons de sa route et marche sur Berwick, qui appartenait aux Anglais. Le capitaine de la ville de Berwick était alors un écuyer du comte de Northumberland[2], nommé Jean Biset, et celui du château s'appelait Robert Ashton[3]. Le château est pris par surprise[4] et Robert Ashton se tue en sautant dans les fossés[5]. Jean Biset, le capitaine de la ville, coupe alors les ponts reliant le château à la ville (de la sorte les Écossais restent enfermés dans le château) et envoie demander du secours au comte de Northumberland, qui était tout près de là, à Alnwick[6], par Thommelin Friane, un de ses hommes. P. 27 à 31, 297 à 299).

Alexandre de Ramsay et les siens, maîtres du château, tuent une partie de leurs prisonniers et gardent l'autre; mais quand ils veulent pénétrer dans la ville pour la piller et y mettre le feu, les ponts leur manquent. Ils se renferment alors dans le château et s'y maintiennent jusqu'à l'arrivé des barons écossais; le comte de Douglas et Archibald de Douglas avaient déjà quitté Dalkeith[7] et étaient arrivés à Dunbar[8]. P. 31, 32, 299.

1. Le Lammerlaw est un des pics faisant partie de la chaîne des Lammermoor Hills.
2. Henri de Percy, comte de Northumberland, avait touché 500 livres pour la garde du château de Berwick du 1er décembre 1377 au 15 juillet 1378 (*Rec. Off.*, *Treas. of the Receipt*, *Misc.* $\frac{43}{5}$, n° 55).
3. Robert Ashton, chambellan d'Edouard III, était venu en France pour traiter de la paix (30 avril-13 juin 1377) et avait reçu 100 L. à cette occasion. Le 12 juin, nous le voyons capitaine de Sandgate près Calais. (*Rec. Off.*, *Queen's Rem.*, *Misc.*, *Nuncii* $\frac{231}{33}$ et *Lord Treas. Rem.*, *For. Acc.* 4, m. 77 v°.)
4. C'est le 25 novembre (le jeudi avant la Saint-André) et non le 22 novembre 1378, que le château de Berwick fut pris par les bandes écossaises, durant la nuit, *per quoddam foramen cujusdam turris* (Walsingham, *Hist. angl.*, t. I, p. 388).
5. Le comte de Dunbar, gardien des marches pour l'Écosse, n'admettait pas cette rupture de la trêve et voulait faire rendre le château aux Anglais : les Écossais répondirent qu'ils ne le rendraient ni au roi d'Angleterre, ni au roi d'Écosse, mais qu'ils l'occupaient pour le roi de France. Huit jours après, grâce à ses machines de guerre, le comte de Northumberland reprenait Berwick (Walsingham, *Hist. angl.*, t. I, p. 389).
6. Angleterre, comté de Northumberland.
7. Écosse, comté de Haddington.
8. Écosse, comté de Haddington.

Thommelin Friane se hâte : il arrive à Alnwick auprès du comte de Northumberland, qui envoie des messagers dans tout le Northumberland demandant à tous ceux, chevaliers et écuyers, sur l'aide desquels il croit pouvoir compter, de venir le retrouver sous les murs de Berwick, pour faire le siège du château occupé par les Écossais. A son appel répondent aussitôt les seigneurs de Neuville, de Lucy, de Greystok[1], de Stafford et de Welles, le capitaine de New Castle et le vaillant Thomas Musgrave[2]. Le comte arrive un des premiers à Berwick; son armée compte bientôt près de dix mille hommes, et le siège du château commence. P. 32, 33, 299.

Apprenant ces nouvelles, les barons d'Écosse envoient cinq cents lances sous la conduite d'Archibald de Douglas, cousin d'Alexandre de Ramsay, au secours du château de Berwick. Le comte de Northumberland, avec trois mille hommes d'armes et sept mille archers, dispose son armée en deux batailles et les attend de pied ferme. P. 33 à 35, 299, 300.

Se voyant très inférieurs en nombre, dix contre un, les Écossais, malgré l'avis de Guillaume de Lindsay[3], oncle d'Alexandre de Ramsay, ne veulent pas risquer le combat et se retirent sur la montagne de Lammerlaw près de la Tweed, au delà de Roxburgh[4]. Le comte de Northumberland, le comte de Nottingham et les autres barons anglais font quand même bonne garde cette nuit-là. P. 35, 36, 300.

Le lendemain matin, l'assaut est donné au château de Berwick, qui, grâce aux archers anglais, ne tarde pas à être pris. Tous les défenseurs sont mis à mort, à l'exception d'Alexandre de Ram-

1. Ralph, baron de Greystok en 1377 (Rymer, t. VII, p. 159), est nommé garde des marches le 10 mars 1381 (*Ibid.*, p. 245).
2. Thomas Musgrave, gardien du château de Berwick, en juin 1374 et 1376, était chargé de recevoir les sommes dues pour la rançon de David Bruce (Rymer, t. VII, p. 38 et 109); pour 1377, voy. *Rotuli Scotiæ*, t. I, p. 982.
3. Un Guillaume de Lindesay figure comme écuyer en 1366 et 1367 dans les *Rotuli Scotiæ* (t. I, p. 905ᵃ et 916ᵃ) et comme chevalier en 1398 (t. II, p. 142ᵇ).
4. Écosse, capitale du comté de même nom, sur le Teviot et la Tweed. — Le gardien de Roxburgh pour l'Angleterre était Thomas de Percy, qui reçut 300 livres pour cet office du 1ᵉʳ décembre 1377 au 15 juillet 1378 (*Rec. Off.*, *Treas. of the Receipt*, *Misc.* $\frac{45}{1}$, n° 55).

say, qui devient le prisonnier du seigneur de Percy. Jean Biset est nommé capitaine du château. P. 36, 37, 300.

Le comte de Northumberland et le comte de Nottingham décident de poursuivre les Écossais et de leur livrer bataille. Ils prennent donc le chemin de Roxburgh, en remontant la Tweed; mais bientôt ils tournent à droite, chevauchant vers les monts de Lammerlaw, et envoient en reconnaissance sur la gauche, à Melrose[1], où se trouvait une abbaye de bénédictins, Thomas Musgrave avec trois cents lances et autant d'archers. Thomas Musgrave, ses fils et ses troupes, arrivent à l'abbaye, s'y installent pour s'y reposer, et détachent comme éclaireurs deux écuyers bien montés. P. 37, 38, 300.

Ces deux écuyers tombent dans une embuscade d'Écossais, dont Guillaume de Lindsay est le chef et, sous peine de mort, racontent comment le château de Berwick a été pris, comment tous ceux qui s'y trouvaient renfermés ont été tués à l'exception d'Alexandre de Ramsay, comment les comtes de Northumberland et de Nottingham remontent la Tweed à la recherche des Écossais, et comment Thomas Musgrave et ses fils, Jean Ashton et Thomas Barton[2] avec trois cents lances et trois cents archers sont cantonnés à l'abbaye de Melrose. Guillaume de Lindsay garde ses prisonniers et envoie annoncer ces nouvelles aux barons écossais par un écuyer, qui trouve le gros de l'armée au village de Hondenbray[3]. P. 38, 39, 300.

Instruits de ces choses et désireux de profiter de la division de leurs ennemis, les barons écossais partent la nuit de Hondenbray et marchent sur l'abbaye de Melrose, pour y surprendre Thomas Musgrave et les siens. Mais à minuit, la pluie et le froid les arrêtent, et ils sont obligés de camper dans un bois. P. 39 à 41, 300.

Le matin, entre six heures et neuf heures, une rencontre a lieu entre les fourrageurs écossais et les fourrageurs anglais de l'abbaye de Melrose. L'avantage reste aux Écossais, et les fuyards anglais vont avertir Thomas Musgrave de l'approche des

---

1. Écosse, comté de Roxburgh.
2. On trouve en 1380, dans Rymer (t. VII, p. 258), un Thomas Barton qui pourrait s'identifier avec celui-ci.
3. Cette localité se trouve, sous le nom de Hondenbrae, sur la carte du Lothian de l'atlas de Blaeu, bien au S.-O. de Dunbar.

Écossais, qui, prévenus eux aussi, s'apprêtaient à livrer bataille : ils étaient bien six cents lances et deux cents valets armés de lances, de bâtons et de haches. P. 41, 42, 300.

Thomas Musgrave et ses gens quittent Melrose et, laissant la Tweed à main gauche, s'établissent sur une montagne, qu'on appelle Saint-Gille. C'est là qu'ils sont rencontrés par les éclaireurs écossais, qui préviennent les leurs. Au cri de Douglas! Saint Gille! les Écossais s'avancent, et les deux armées se trouvent en présence.

Des deux côtés on arme des chevaliers : plus de trente, du côté des Écossais, et parmi eux Jacques, fils du comte de Douglas, les deux fils du roi d'Écosse, Robert et David, et un Suédois du nom de Georges de Wesmède; du côté des Anglais, le fils de Thomas Musgrave et deux écuyers appartenant, l'un au seigneur de Stafford, l'autre au seigneur de Greystock.

Les Anglais placent les archers sur leur aile, et au cri de Notre-Dame! Ashton[1]! ils commencent l'attaque. Le choc est terrible, et les archers gênent beaucoup les Écossais, qui ont malgré tout la supériorité du nombre. Parmi eux, Archibald de Douglas qui a de prime abord mis pied à terre, assomme les Anglais avec sa lourde épée dont la lame a bien deux aunes de long. Finalement les Écossais restent maîtres du champ et font cent vingt prisonniers, entre autres Thomas Musgrave et ses fils. Les fuyards sont poursuivis jusqu'à la Tweed, et on tue beaucoup de gens de pied.

Après cette victoire, les Écossais rentrent dans leur pays et décident de se replier sur Édimbourgh, pour que le comte de Northumberland, qui est du côté de Roxburgh, ne puisse leur reprendre leurs prisonniers. C'était agir prudemment, car ils étaient perdus, s'ils fussent restés à Hondebray. P. 42 à 44, 301.

A leur départ de Berwick, le comte de Northumberland, le comte de Nottingham et les barons d'Angleterre se séparent de Thomas Musgrave et vont camper près de Roxburgh; ils apprennent alors que les Écossais qu'ils cherchent sont à Hondebray. Ils partent de nuit pour les surprendre, mais la pluie les arrête eux aussi; et ils arrivent quand les Écossais sont partis. Ils songent alors à

---

1. Le texte de Froissart donne *Arleton*, qui semble fautif.

descendre la Tweed jusqu'à Melrose et à prendre des nouvelles de Thomas Musgrave; ils apprennent en chemin par des fuyards la défaite des leurs, sans plus amples détails, et se logent à Melrose. P. 44 à 46, 301.

Ils ne sont pas longtemps sans savoir que Thomas Musgrave, prisonnier des Écossais, est emmené avec ses fils et 120 prisonniers à Édimbourgh. Voyant qu'il n'y a plus rien à faire, le comte de Northumberland, seigneur de Percy, licencie ses troupes et retourne chez lui. Ainsi finit cette chevauchée.

Les Écossais retournent pour la plupart à Édimbourgh; le comte de Douglas et ses fils restent à Dalkeith. Heureux de leur succès, les Écossais se montrèrent courtois pour le payement des rançons de leurs prisonniers. — Revenons aux affaires de France. P. 46, 47, 301.

CHAPITRE III.

1378, 6 *février*. MORT DE JEANNE DE BOURBON, REINE DE FRANCE. — 1373, 3 *novembre*. MORT DE JEANNE DE FRANCE, REINE DE NAVARRE. — 1378, 7 *et* 8 *avril*. ÉLECTION DU PAPE URBAIN VI (§§ 34 à 39).

En février 1378[1] meurt par son imprudence la reine de France : malgré l'avis des médecins, elle s'était baignée, étant enceinte de sa fille Catherine, qui plus tard devait épouser Jean, fils du duc de Berry[2]. P. 47, 301.

1. C'est le samedi 6 février 1378 que mourut en couches de sa fille Catherine la reine de France, et non *de se coupe*, par suite d'un bain, comme le dit Froissart, en la confondant avec Jeanne de France, reine de Navarre, dont il parle quelques lignes plus loin (*Grandes Chroniques*, t. VI, p. 413). « Ce jour de samedi environ mienuit (les *Grandes Chroniques* disent : dix heures après midi) madame Jeanne de Bourbon, reine de France, trespassa en l'ostel royal de Saint Pol à Paris delés « M. Charles dalphin de Viennois, M. Loys, comte de Valois, ma-« dame Ysabel et mad. Katherine, enfans de elle et du roi Charles, « nostre sire, son espous. Ladite mad. Ysabel assez tost après (le 23 février) ala de vie à trespassement » (*Arch. Nat.*, X¹ᵃ 1471, fol. 103 v°). Jeanne de Bourbon fut enterrée à Saint-Denis le 16 février, et ses obsèques coûtèrent 8550 fr. (*Mandements de Ch. V*, n° 1658); son cœur fut déposé aux Cordeliers de Paris, qui firent ses obsèques le 18 du même mois (*Arch. Nat., ibid.*).

2. La princesse Catherine épousa le 5 novembre 1386 Jean, comte

Bientôt après meurt aussi la sœur du roi de France, la reine de Navarre[1], dont la succession, y compris le comté d'Évreux[2], revenait à ses enfants, sous la tutelle de leur oncle, le roi de France. On ne vit pas sans murmure en France que cette succession pût être administrée par le roi Charles de Navarre, au nom de ses enfants.

Sur ces entrefaites, B. du Guesclin revient de Guyenne[3] après la campagne du duc d'Anjou et ramène avec lui le sire de Mussidan pour le présenter au roi[4]. Le roi et le connétable s'entretiennent des affaires de Navarre, sur lesquelles nous reviendrons plus loin. Pour l'instant parlons du grand malheur qui affligea l'Église et fut pour la chrétienté une source de maux. P. 47, 48, 301.

On se rappelle que le pape Grégoire XI, qui résidait à Avignon, n'avait pu réussir à réconcilier le roi d'Angleterre et

de Montpensier, fils du duc de Berry. Ce mariage auquel fait allusion Froissart ne permet pas de donner une date antérieure à la composition du livre II ou tout au moins de cette partie du livre II.

1. La reine de Navarre, Jeanne de France mourut à Évreux, non pas après Jeanne de Bourbon, comme le dit Froissart, mais bien avant, le 3 novembre 1373 (*Grandes Chroniques*, t. VI, p. 341), par suite d'une syncope dont elle fut prise dans un bain, où elle était *mal gardée*. C'est ce qui ressort de l'autopsie faite après la mort à laquelle se reporte Pierre du Tertre dans sa déposition du 14 juin 1378 (Secousse, *Mémoires*, t. I, 2° partie, p. 154 et t. II, p. 410).

2. Le comté d'Evreux ne faisait point partie de la succession de la reine Jeanne; mais le roi de France, connaissant l'alliance des Anglais et de Charles le Mauvais, cherchait à s'assurer des places de Normandie. La *Chronique des Quatre Valois* (p. 266) met dans la bouche de Charles V une réponse bien nette à son neveu Charles de Navarre, qui ne pouvait croire que son père voulût livrer aux Anglais ses châteaux de Normandie : « Beau nieps, je ne vous vueil pas tollir terre, « maiz je vueil que les chasteaulx soient mis en ma main. » Le roi, comme on le voit, ne cherche pas ici à invoquer le droit des héritiers de la reine Jeanne.

3. Le connétable était de retour à Paris avant le 25 novembre 1377, car à cette date il était présent au Parlement (*Arch. Nat.*, X^{1a} 1471, fol. 97 v°). Le 1er décembre 1377, il cède au duc de Berry, par acte passé au Châtelet, Fontenay-le-Comte en Vendée et Montreuil-Bonnin en Poitou contre 25,000 francs (Hay du Chastelet, *Hist. de du Guesclin*, p. 458-459).

4. Raymond de Montaut, seigneur de Mussidan, qui avait juré fidélité au roi de France le 12 septembre 1377 (*Arch. Nat.*, P. 1334^{16}, n° 111), fut bien reçu par Charles V, qui lui donna deux douzaines d'écuelles d'argent (*Mandements de Ch. V*, n° 1679).

le roi de France. Il résolut de retourner à Rome[1], voulant ainsi échapper aux influences du roi de France et de ses frères[2]. Il fait donc faire tous ses préparatifs de départ aussi bien sur la rivière de Gênes que sur les autres chemins, malgré l'opposition des cardinaux qui redoutaient les Romains.

Le roi de France apprend ce dessein, il s'en irrite et écrit aussitôt au duc d'Anjou d'aller de Toulouse à Avignon pour empêcher ce départ. Le duc d'Anjou part et arrive à Avignon où les cardinaux le reçoivent à bras ouverts. Il essaie de détourner le pape de son voyage, mais rien n'y fait; et Grégoire XI continue ses préparatifs et se dispose à envoyer à Avignon quatre cardinaux pour s'occuper des affaires d'outre-monts, se réservant les cas spéciaux sur lesquels le pape seul peut statuer. Le duc d'Anjou, désespérant de réussir, prend congé du pape, en lui montrant dans quelle triste position il mettrait l'Église, si après sa mort, la populace de Rome forçait les cardinaux à élire un pape de son choix. Malgré tout, le pape veut partir, et s'embarque à Marseille sur des galères génoises qui étaient venues le chercher. Le duc d'Anjou retourne à Toulouse. P. 48 à 50, 302.

Les galères, après un court arrêt à Gênes pour s'approvisionner, arrivent tout près de Rome. Les Romains accueillent le pape avec joie et le mènent en triomphe jusqu'au Vatican[3]. Peu de temps après, le 28 mars 1378, Grégoire XI meurt et est enseveli dans l'église Sainte-Marie-Majeure, où il avait été sur-

---

1. Sur le départ de Grégoire, voy. plus haut t. VIII, p. cxli et 228-229. L'itinéraire du pape depuis le jour de son départ d'Avignon, 13 septembre 1376, jusqu'à son entrée à Rome le samedi 17 janvier 1377, est donné très exactement par le *Journal de Bertrand Boysset* (*Bibl. Nat.*, ms. fr. 5728, fol. 4 r° à 9 v°). Ce *journal*, publié en 1876-1877 d'après un ms. incomplet dans le *Musée* (revue arlésienne *historique et littéraire*, 3ᵉ série), a été dernièrement utilisé par M. H. Moranvillé dans son édition de la *Chronographia regum francorum*.

2. Le pape retournait surtout à Rome par crainte d'une révolution et pour essayer de ramener à lui les Florentins révoltés (Cf. *Chronique des Quatre Valois*, p. 259).

3. Le pape mourut le samedi 27 (et non le 28) mars 1378, au Vatican, « agrevez de maladie de gravelle » (*Arch. Nat.*, X¹ᵃ 1471, fol. 35). Cette date est donnée aussi par la partie du *Journal de Bertrand Boysset* (*Bibl. Nat.*, ms. fr. 5728, fol. 11 v°) qui, comme l'a prouvé M. P. Meyer (*Romania*, t. XXI, p. 565-569), est empruntée à une chronique latine ayant pour auteur Jacopo d'Avellino.

pris par la mort[1]. Ses funérailles furent très belles. P. 50, 51, 302.

Après la mort de Grégoire XI, les cardinaux se retirent au Vatican[2], désireux d'obéir dans leur choix à l'intérêt de l'Église; mais les Romains, au nombre de 30,000, s'assemblent et demandent l'élection d'un pape romain[3], sous peine pour les cardinaux de perdre la vie; ils font plus, et envahissent la salle du conclave, d'où les cardinaux doivent s'enfuir. Sous le coup des menaces, ils se réunissent de nouveau et élisent, pour apaiser le peuple, un saint homme, romain d'origine, le cardinal de Saint-Pierre[4].

Les Romains, heureux de ce choix et fiers de leur victoire, font monter sur une mule le nouveau pape et le promènent en triomphe[5]; le vieillard, usé par l'âge (il avait bien cent ans) et les fatigues, succombe au bout de trois jours[6]. On l'ensevelit à Saint-Pierre. P. 51, 52, 302.

Cette mort déroutait les projets des cardinaux, qui avaient espéré après deux ou trois ans transférer le siège papal à Naples ou à Gênes, loin des Romains. Le conclave se réunit donc de nouveau; et de nouveau, le peuple demande un pape romain sous peine de mort pour les cardinaux : « Donnez-nous un pape romain, qui! vive avec nous; ou sinon, vos têtes seront plus

---

1. Grégoire XI fut enseveli dans l'église de Santa-Maria-Nuova-del-Foro (auj. Sainte-Françoise-Romaine). Voy. Noel Valois, *L'élection d'Urbain VI et les origines du grand Schisme d'Occident*, p. 11 (tir. à part de la *Revue des Questions historiques*, 1890). Nous empruntons au travail définitif de M. Valois les rectifications nombreuses que demande le récit de Froissart relatif à l'élection d'Urbain VI.
2. L'entrée au conclave eut lieu le mercredi 7 avril.
3. Le peuple demandait un pape romain, ou *tout au moins* italien.
4. Francesco Tibaldeschi, archiprêtre de Saint-Pierre et cardinal de Sainte-Sabine, ne fut point fait pape. Après bien des hésitations, le conclave avait déjà nommé Barthélemy Prignano, depuis Urbain VI, quand les cardinaux, craignant d'annoncer ce choix d'un pape *italien* au peuple de Rome qui venait d'envahir le conclave, laissèrent croire pendant quelque temps à la nomination du cardinal de Saint-Pierre, qui n'accepta jamais ce rôle (Valois, *loc. cit.*, p. 52-58).
5. Le seul triomphe du cardinal de Saint-Pierre consista à s'asseoir de force dans la chaise papale, coiffé d'une mitre blanche et revêtu d'une chape rouge, et à être hissé sur l'autel, pour donner aux Romains le simulacre de l'intronisation.
6. Le cardinal de Saint-Pierre mourut le 6 septembre 1378.

rouges que vos chapeaux. » Ces menaces hâtent l'élection; et l'archevêque de Bari, Barthélemy Prignano, est nommé pape sous le nom d'Urbain VI, à la grande joie du peuple romain[1]. A ce moment il n'était pas à Rome[2], mais à Naples, je crois, où on l'envoya chercher. Il est reçu triomphalement, et sa nomination est publiée par toute la chrétienté. Les cardinaux se vantèrent d'avoir fait « bonne et digne élection »; ils se repentirent plus tard d'avoir tant parlé. Le nouveau pape révoque les grâces accordées avant lui, et les membres du clergé de tout pays vinrent à Rome en demander de nouvelles. — Revenons aux affaires de France. P. 52 à 54, 302, 303.

CHAPITRE IV.

Commencement de 1378. ALLIANCE DES ROIS D'ANGLETERRE ET DE NAVARRE. — 21 *juin.* EXÉCUTION A PARIS DE JACQUES DE RUE ET DE PIERRE DU TERTRE. — 20 *avril.* PRISE DE POSSESSION DE MONTPELLIER PAR CHARLES V. — 1379, 4 *février.* TRAITÉ ENTRE LES ROIS DE FRANCE ET DE CASTILLE. — 1378, 27 *juillet.* REMISE DE CHERBOURG AUX ANGLAIS PAR CHARLES LE MAUVAIS. — *Avril-juin.* SOUMISSION AU ROI DE FRANCE DES VILLES ET CHATEAUX NAVARRAIS EN NORMANDIE. — *Août.* LE DUC D'ANJOU MENACE BORDEAUX. — *Fin de* 1378. SIÈGES DE BAYONNE ET DE PAMPELUNE PAR LE ROI DE CASTILLE. — 1378, *août.* LE DUC DE LANCASTRE VIENT ASSIÉGER SAINT-MALO. — *Septembre.* RAVITAILLEMENT DE CHERBOURG. — *Août.* MEURTRE D'OWEN DE GALLES. — *Août et septembre.* RASSEMBLEMENT D'UNE NOMBREUSE ARMÉE A SAINT-MALO. — *Septembre.* LEVÉE DU SIÈGE DE MORTAGNE. PRISE DES FORTS SAINT-LÉGER ET SAINT-LAMBERT. — *Fin décembre.* LEVÉE DU SIÈGE DE SAINT-MALO. — 1379, *janvier.* CAPTURE D'OLIVIER DU GUESCLIN. — 1378, *fin d'octobre.* PRISE DE BARSAC PAR LES ANGLAIS. — 1378, *octobre à janvier* 1379. CHEVAUCHÉES DE THOMAS TRIVET EN GASCOGNE, EN NAVARRE

---

1. Les cardinaux qui avaient fui du Vatican le 8 avril au soir, y revinrent le 9, pour introniser le nouveau pape Urbain VI, dont le couronnement eut lieu le dimanche 18 avril, jour de Pâques.
2. Le nouveau pape était à Rome au moment de son élection.

ET EN CASTILLE. — *Commencement de* 1379. TRAITÉ ENTRE
LES ROIS DE NAVARRE ET DE CASTILLE. — 1379, 30 *mai*. MORT
DU ROI HENRI DE CASTILLE (§§ 40 à 82).

Le roi de Navarre devenu veuf, les hommes de loi du royaume de France pensaient que ses enfants auraient dû être mis en possession de l'héritage de leur mère, y compris la Normandie[1], sous la tutelle de leur oncle, le roi de France, jusqu'à leur majorité. Craignant une telle chose, le roi de Navarre envoie au roi de France l'évêque de Pampelune[2] et Martin de la Carre, pour lui demander de lui rendre ses deux enfants, ou tout au moins Charles, dont le mariage avec la fille du roi de Castille se préparait[3]. En même temps il fait partir en Normandie secrètement deux autres ambassadeurs, Pierre le Basque et Ferrando[4], pour veiller aux moyens de défense de ses châteaux.

1. Comme nous l'avons dit plus haut (p. xxxiv, note 2), le comté d'Évreux n'était pas de l'héritage de la reine de Navarre.
2. L'évêque de Pampelune était à cette époque Martin de Zalva, qui fut nommé cardinal en 1380 par Clément VII et mourut en 1403.
3. Il y a ici confusion dans la chronologie de Froissart : Charles de Navarre, en effet, qui avait épousé Éléonore de Castille, fille du roi Henri, le 27 mai 1375, n'arriva en Normandie que pendant le carême de 1378 (*Grandes Chroniques*, t. VI, p. 432) avec Jacques de Rue, auquel nous voyons attribuer à la date du 3 janvier 1378 une somme de 60 florins pour un mulet destiné au voyage de France (*Arch. de la Ch. des Comptes de Navarre*, caj. 33, n° 2⁵ et n° 104). Charles de Navarre était à Montpellier le 18 février, et n'en repartait que le 1ᵉʳ mars (*Le petit Thalamus*, p. 395-396) pour la Normandie. De là il se rendit avec un sauf-conduit, vers la fin de mars (E. Petit, *Séjours de Charles V*, p. 64), à Senlis, auprès du roi, pour lui demander la délivrance de son familier, Jacques de Rue, qui venait d'être arrêté à Corbeil le 25 mars (*Grandes Chroniques*, t. VI, p. 432). Après avoir prêté serment de remettre en la garde du roi les places de Normandie, il accompagne l'armée royale. Pierre de Navarre, son frère, tombe entre les mains de Charles V, ainsi que Bonne, sa sœur, après la reddition du château de Breteuil, vers la fin d'avril 1378.
4. Ferrando d'Ayens, maître d'hôtel de Charles le Mauvais, était déjà en 1372, avant la mort de la reine de Navarre, « gouverneur et « lieutenant » des terres que le roi de Navarre possédait en Normandie (*Mandements de Ch. V*, n° 1841). Il était en Normandie, préparant tout pour la défense des châteaux navarrais, quand Charles de Navarre y arriva en mars 1378. Il accompagna le jeune prince à Senlis auprès du roi de France, qui le fit arrêter (*Grandes Chroniques*, t. VI, p. 433 et *Chronique du Mont-Saint-Michel*, t. I, p. 9) et bailler « en « garde à aucuns des officiers du roy, pour mener avecques le duc de « Bourgoigne en Normendie, afin qu'il luy fist rendre les dites forte-

La première ambassade ne réussit guère : le roi de France répond qu'il garde ses neveux auprès de lui.

Pierre le Basque et Ferrando arrivent à Cherbourg avec une grande quantité de vivres et de munitions qu'ils répartissent entre plusieurs villes et châteaux de la Normandie et visitent tout le comté d'Évreux, où ils placent des hommes à eux. Pendant ce temps l'évêque de Pampelune et Martin de La Carre reviennent trouver le roi de Navarre à Tudela, pour lui faire part du mauvais résultat de leur mission. Le roi, n'osant pas se risquer à faire la guerre sans alliances, remet à plus tard ses projets de vengeance contre le roi de France. P. 54 à 56, 303.

Le roi de France n'était pas sans avoir connaissance des préparatifs du roi de Navarre en Normandie. De plus les Anglais réunissaient secrètement une flotte, avec 2000 hommes d'armes et 8000 archers, dont les chefs étaient le duc de Lancastre et le comte de Cambridge, se préparant, au dire de bien des gens, à occuper en Normandie les villes et châteaux du roi de Navarre[1].

Vers le même temps on prend en France et on amène à Paris deux secrétaires du roi de Navarre, l'un clerc et l'autre écuyer,

« resses ». Ses biens confisqués, Ferrando (*Arch. Nat.*, JJ 118, fol. 113 v°) fut d'abord enfermé à Caen ; après la levée du siège de Cherbourg, on le transfera à Rouen (*Chr. des Quatre Valois*, p. 278). En 1387, Ferrando était encore prisonnier du roi de France (Kervyn, t. XX, p. 228). C'est par erreur que Jean Cabaret d'Orville (*Chronique du bon duc Loys de Bourbon*, éd. Chazaud, p. 67) le fait mourir à Gavray par suite de l'explosion d'un baril de poudre.

1. Aux termes d'un traité conclu entre le roi de Navarre et le roi d'Angleterre, ce dernier s'engageait à aider Charles le Mauvais à s'emparer du Limousin, lui promettait le gouvernement de la Guyenne et lui fournissait des troupes contre le roi de Castille ; par contre le roi de Navarre cédait aux Anglais ses châteaux de Normandie (*Grandes Chroniques*, t. VI, p. 420-421). C'est pour aller prendre possession de ces forteresses que le duc de Lancastre rassemblait dès le mois de janvier 1378 une nombreuse flotte et que le roi donnait pouvoir à John Merewell, en date du 28 janvier, « d'arrester toutes nefs et « barges de 20 tonneaux et au dessus... devers le south et le west... « pour aller en nostre service à noz gages en un viage affaire sur la « meer en le mois de marcz proschein venant. » (*Rec. Off., French Rolls*, 1 Rich. II, part 1, m. 4). Ce « grant viage » devait compter trois mille hommes d'armes et trois mille archers (*Ibid., Queen's Rem., Misc., Navy* $\frac{602}{10}$), sous le commandement du duc de Lancastre (prenant le titre de roi de Castille et de Léon), qui s'engageait personnellement à fournir 500 hommes d'armes et 500 archers (*Ibid., Treas. of the Receipt, Misc.* $\frac{42}{5}$, n° 43).

Pierre du Tertre et Jacques de Rue. Convaincus d'avoir voulu empoisonner le roi de France pour servir les intérêts du roi de Navarre, ils sont jugés, condamnés à mort et exécutés à Paris[1].

Le roi de France n'hésite plus, et résout de prendre possession en Normandie, pour lui et ses neveux, des villes et châteaux du roi de Navarre, d'autant qu'on répétait partout que le roi de Navarre allait épouser Catherine, la fille du duc de Lancastre[2], et par contre abandonner au duc tout le comté d'Évreux. Le roi de France vient donc à Rouen[3], et rassemble une armée qui, sous les ordres des seigneurs de Couci et de la Rivière[4], se rend sous les murs d'Évreux avec les deux fils du roi de Navarre, pour bien montrer que la guerre est faite dans l'intérêt de ces enfants. Mais la garnison, composée de Navarrais fidèles à leur roi, ne se laisse guère entamer. P. 56 à 58, 303, 304.

Le roi de France envoie comme commissaires à Montpellier, pour prendre possession de la terre et de la seigneurie, Guillaume de Dormans et Jean le Mercier[5]. Les notables de la ville se sou-

1. Pierre du Tertre fut pris à Bernay (voy. p. XLVI, note 3); Jacques de Rue fut arrêté à Corbeil le 25 mars 1378. Tous deux étaient accusés, entre autres crimes, d'avoir voulu empoisonner le jeune prince Charles de Navarre et le roi de France. Leur confession est relatée dans les *Grandes Chroniques* (t. VI, p. 419-432 et 435-439) et la clef de la correspondance secrète existant entre Charles le Mauvais et Pierre du Tertre a été publiée par Secousse (*Mémoires*, t. II, p. 414-417, et par M. de Beaurepaire (*Chronique de Pierre Cochon*, p. 153-157). La véritable cause de leur procès était d'avoir contribué à l'alliance anglo-navarraise et voulu « livrer des chasteaulx que le roy de « Navarre tenoit en Normandie aux Angloiz » (*Chr. des Quatre Valois*, p. 273). Jugés et condamnés par le Parlement (*Arch. Nat.*, X^{1a} 1471, fol. 54 v°), ils furent décapités à Paris le 21 juin 1378, « lundi après le Sacrement » (*Chr. de P. Cochon*, p. 149), la « foire du Lendit seant » (*Chr. des Quatre Valois*, p. 273). Les biens de Pierre du Tertre avaient été confisqués dès le 17 avril et donnés à Jean de Vaudetar et à Gilet Malet. (Secousse, *Mémoires*, t. II, p. 369; *Arch. Nat.*, JJ 112, fol. 114 v°.)
2. Catherine, fille du duc de Lancastre et de Constance de Castille, épousa en 1393 Henri III, roi de Castille, et mourut en 1418.
3. Durant tout l'été de 1378, la présence du roi à Rouen n'est pas signalée (E. Petit, *Séjours de Ch. V*), mais bien celle de Jean le Mercier qui prépare tout pour la guerre prochaine (Moranvillé, *Ét. sur la vie de J. le Mercier*, p. 61) et celle de B. du Guesclin, à qui le 8 mars on offre le vin (*Arch. de la Seine-Inférieure*, 1, 3, 1re col.).
4. L'armée était commandée par le duc de Bourgogne, le duc de Bourbon et Bertrand du Guesclin (*Chr. des Quatre Valois*, p. 266).
5. Ce fut Jean de Bueil, sénéchal de Toulouse, qui fut chargé par

mettent, craignant les gens d'armes du duc d'Anjou et du connétable qui étaient proches. On garde comme prisonniers deux chevaliers, Gui de Gauville[1] et Léger d'Orgessin[2], qui représentent le roi de Navarre à Montpellier; et la ville devient française. P. 58, 59, 304.

En Normandie les garnisons navarraises sont bien décidées à la résistance, celle d'Évreux entre autres, qu'assiègent les seigneurs de Couci et de la Rivière.

Le roi de Navarre, d'un autre côté, apprenant la prise de Montpellier, se décide à demander secours aux Anglais. Il envoie comme messager un clerc en qui il avait grande confiance, maître Pascal[3], qui aborde en Cornouaille et se rend à Sheen[4], puis à Londres, où il est bien reçu par le roi Richard, en présence du comte de Salisbury et de Simon Burley. Mais Richard préférait s'entendre directement avec le roi de Navarre. Pascal retourne donc en Navarre, et Charles le Mauvais s'embarque pour l'Angleterre, emmenant avec lui Martin de la Carre et Pascal[5]. P. 59 à 61, 354.

Peu avant le départ de Charles le Mauvais, le roi de France

---

le duc d'Anjou de prendre possession de Montpellier, le 20 avril 1378 (*Le petit Thalamus*, p. 396) et non pas Jean le Mercier, qui de mars en mai resta en Normandie (voy. H. Moranvillé, *Ét. sur la vie de J. le Mercier*, p. 62, note 4).

1. Gui de Gauville, qui dès 1370 était capitaine du château de Chambrais pour le roi de Navarre (L. Delisle, *Collections de Bastard* p. 156), embrassa bien vite en 1378 la cause du roi de France et ne resta pas son prisonnier. Il obtient le 12 juillet, la restitution des biens confisqués à son père, Guillaume de Gauville (*Arch. Nat.*, JJ 113, fol. 9 v°), le 29 le paiement par le roi d'une indemnité due à Jean de Meudon (*Mandements de Ch. V*, n° 1772) et le 30, des lettres de rémission (*Arch. Nat.*, JJ 113, fol. 20-21).

2. Léger d'Orgessin ne fut pas gardé longtemps prisonnier : nous le retrouvons un peu plus tard au siège de Pacy et le 29 juillet 1378, il obtient des lettres de rémission (*Arch. Nat.*, JJ 114, fol. 142).

3. A Pascal de Ilardia, secrétaire de Richard II, devait être adjoint Garcies Arnaud, sire de Garro, car le 8 avril 1378 nous trouvons la mention d'un paiement fait au patron d'une barque bayonnaise par le roi d'Angleterre pour le retour de cet ambassadeur (*Rec. Off.*, *Treas. of the Receipt, Misc.* $\frac{44}{5}$, n° 64).

4. Sheen, localité absorbée par Richmond, aux environs de Londres.

5. A Pascal de Ilardia étaient adjoints Charlot, le neveu du roi de Navarre, et Garcies Arnaud (*Rec. Off.*, *Treas. of the Rec., Misc.* $\frac{44}{5}$, n° 87).

s'était assuré l'alliance du roi de Castille[1], qui avait déclaré la guerre à la Navarre. Laissant derrière lui, pour garder ses frontières contre les Espagnols, le vicomte de Castelbon[2], le seigneur de Lescun, Pierre de Bearn[3] et Pierre le Borgne, avec de nombreux gens d'armes, le roi de Navarre aborde en Cornouaille et se rend à Windsor où bientôt est conclu le traité suivant : le roi de Navarre s'engage à ne faire aucun accord avec le roi de France ou le roi de Castille, sans le consentement du roi d'Angleterre; il remet Cherbourg[4] entre les mains du roi d'Angleterre, qui en

1. La mention d'un messager et d'un chevalier du roi de Castille à la cour de France en avril et mai 1378 (*Mandements de Ch. V*, n°° 1688 et 1728) se rapportent sans doute à la conclusion du traité entre les rois de France et de Castille. Henri hésita quelque temps à se déclarer pour le roi de France, et essaya même de régler un différend antérieur avec le roi de Navarre en lui cédant Lagroño moyennant 20 000 *doblas*; mais les succès du roi de France en Normandie forcèrent la main au roi de Castille, qui finit par entrer en campagne (Lopez de Ayala, *Cronicas*, éd. 1780, t. II, p. 90-91). Le traité est conclu le 4 février 1379 : le roi de Castille s'engage à armer pour la saison d'été 20 galées qui doivent se réunir à la Rochelle pour de là ravager les îles anglaises; chaque galée avec son équipage coûtera 1200 francs par mois au roi de France; les profits sont partagés par moitié (Hay du Chastelet, *Hist. de du Guesclin*, p. 403-405).
2. Mathieu de Foix, vicomte de Castelbon, obtient en 1391 le comté de Foix du roi de France, qui en 1390 l'avait acheté cent mille francs à Gaston Phébus.
3. Pierre de Béarn, frère bâtard de Gaston Phébus.
4. Le sauf-conduit donné par Richard II au roi de Navarre pour venir en Angleterre avec 500 personnes est valable pour un an à la date du 31 mai 1378 (Rymer, t. VII, p. 196). Garcies Arnaud, un des ambassadeurs du roi de Navarre, part d'Angleterre dès le mois de juin, avec Guillaume de Farington, 100 hommes d'armes et 50 arbalétriers, pour occuper Cherbourg et Mortain au nom du roi d'Angleterre. La remise au roi Richard de ces villes, dont la deuxième n'était pas encore au pouvoir de Charles V à cette époque, avait été faite par Charles de Navarre, dit Charlot, neveu de Charles le Mauvais, le 27 juillet 1378. Dès le 20 du même mois, le roi d'Angleterre avait ordonnancé le premier paiement d'un acompte de 10 000 francs sur les 25 000 qu'il prêtait au roi de Navarre; la dernière quittance de cette somme est du mois de septembre (*Rec. Off.*, *Treas. of the Rec.*, *Misc.* $\frac{42}{33}$, n°° 13, 15, 22; *Ibid.*, $\frac{43}{8}$, n°° 87, 88, 99, 103, 123). Cherbourg était cédé pour 3 ans au roi d'Angleterre, qui promettait de fournir au roi de Navarre pendant 4 mois chaque année 500 hommes d'armes et 500 archers (Rymer, t. VII, p. 201). Dès le 15 juin, de Pont-Audemer, le connétable du Guesclin avait mandé aux vicomte et capitaine de Pont de l'Arche de construire un grand *engin* qui devait être prêt à la fin du mois pour mener à Cherbourg; même

aura la garde trois ans durant, à ses frais; la souveraineté et la seigneurie en demeureront au roi de Navarre. Quant aux villes de Normandie que les Anglais pourront prendre, elles deviendront anglaises, la souveraineté en restant toujours au roi de Navarre. Le roi d'Angleterre doit immédiatement envoyer mille lances et deux mille archers à Bordeaux ou à Bayonne, pour guerroyer en Navarre contre le roi de Castille, aux frais du roi de Navarre. Le duc de Bretagne[1] était présent à la signature du traité; le duc de Lancastre et le duc de Cambridge reçoivent avis d'entrer en Normandie. P. 61 à 63, 304.

Le roi de France attendant les événements avec prudence, se tenait en Bretagne avec les seigneurs de Clisson, de Laval, de Beaumanoir et de Rochefort et le vicomte de Rohan[2], qui avaient

ordre avait été donné à Vernon et à Louviers (*Arch. Nat.*, K 51, n° 32). L'investissement de Cherbourg commence dès le mois de juillet (*Arch. Nat.*, JJ 115, fol. 39).

1. Jean de Montfort, duc de Bretagne, dont l'alliance avec la couronne d'Angleterre avait été confirmée dès 1377 par des lettres de Richard II (*Bibl. Nat., coll. Moreau* 702, *Bréq.* 78, fol. 53-60), avait fait partie d'octobre 1377 à janvier 1378 d'une expédition de Buckingham sur Brest, dont ne parle pas Froissart. Cette expédition, venant après celle de Gui de Brian, qu'avait fait échouer la mort d'Edouard III (*Rec. Off., Queen's Rem., Misc., Army* $\frac{40}{41}$), fut décidée le 10 septembre 1377 (*Ibid., Navy* $\frac{502}{2}$). Le roi demande des subsides au clergé le 29 septembre (*Rec. Off., Close Rolls*, 1 *Rich. II*, m. 3 v°), emprunte sur ses joyaux 5000 livres (*Ibid., Patent Rolls*, 1 *Rich. II*, part. 5, m. 22) et ordonne à Buckingham d'être prêt à partir le 10 octobre (*Ibid., Queen's Rem., Misc., Navy* $\frac{502}{2}$). Le 20 octobre, la flotte part de Londres, forte de près de 2000 hommes d'armes et 2000 archers, et protégée par des nefs bayonnaises (*Rec. Off., Issue Rolls*, 3 *Rich. II*, m. 3), sous le commandement de Buckingham, lieutenant du roi, et de Michel de la Pole, amiral du nord. Le duc de Bretagne emmenait 200 hommes d'armes et 200 archers; Thomas de Percy, 60 hommes d'armes et 60 archers; Robert Knolles, 140 hommes d'armes et 140 archers; Jean d'Arundell, 200 hommes d'armes et 200 archers (*Rec. Off., Issue Rolls*, 1 *Rich. II*, m. 2), etc. La flotte entre le 9 janvier 1378 dans la rade de Brest, et Robert Knolles est nommé gardien du château (*Rec. Off., Lord Treas. Rem., For. Acc.* 4, m. 4 v°) en place de l'écuyer Jean Clerc, qui avait été fait prisonnier par les Français sous les murs de la ville (*Rec. Off., Issue Rolls*, 1 *Rich. II*, m. 10). L'expédition rentre à Southampton le 25 janvier 1378 (*Ibid.*, m. 38 r°), et, à son retour, Buckingham est aussitôt retenu au service de Richard II avec 50 hommes d'armes et 50 archers. Le 1ᵉʳ mai Richard II lui mande d'être à Southampton le 15 juin (*Ibid., Queen's Rem., Misc., Navy* $\frac{502}{2}$).

2. Alain de Rohan reçoit à Paris, le 17 décembre 1377, mandat de

mis le siège sous les murs de Brest, défendu par un écuyer anglais, nommé Jacques Clerc. Pour éviter que les Anglais ne puissent s'établir dans les villes de Normandie, le roi ordonne aux seigneurs de Couci et de la Rivière de se hâter de prendre par force ou en traitant, les villes les plus proches de la mer; et sachant que Cherbourg n'était pas de prise facile, et voulant en empêcher le ravitaillement, il envoie à Valognes[1] des gens d'armes de Bretagne et de Normandie, les Bretons sous les ordres d'Olivier du Guesclin, les Normands sous les ordres du seigneur d'Ivry[2] et de Perceval d'Esneval[3]. P. 63, 64, 304.

Les seigneurs de Couci et de la Rivière avaient mis le siège sous les murs d'Évreux[4], une grande ville de Cotentin, tout près

---

se trouver en Bretagne à la frontière de Brest (Dom Morice, *Preuves de l'Histoire de Bretagne*, t. II, p. 184). C'est donc après cette date qu'il faut mettre le siège de Brest, pendant lequel Jacques Clerc est fait prisonnier (voy. la note précédente) : on a vu que l'arrivée des renforts anglais était de janvier 1378.

1. Valognes, commandé par Guillaume de la Haye (*Mandements de Ch. V*, n° 1825), se rend le 26 avril 1378 à du Guesclin, à Charles de Navarre et au duc de Bourgogne, qui y est encore le 28 (*Arch. Nat.*, JJ 112, fol. 181). Le château ne fut pas démoli (*Chr. du Mont-Saint-Michel*, t. I, p. 11), et la garde, ainsi que celle de la ville, en fut confiée à Jean de Siffrevast, écuyer du roi, aux gages de 500 livres par an (*Mandements de Ch. V*, n°° 1760 et 1920).

2. Charles d'Ivry, enfant servant d'écuelle devant le dauphin en avril 1378 (*Mandements de Ch. V*, n° 1691), est fait capitaine d'Ivry le 1ᵉʳ juillet 1378 (*Bibl. Nat.*, *Pièces orig.* vol. 1561) : on le trouve chambellan du roi en avril 1390 (*Ibid.*).

3. Perceval d'Esneval, chevalier, est au service du connétable le 27 mai 1378 (*Bibl. Nat.*, *Pièces orig.* vol. 1064), assiste au siège de Gavray le 31 mai 1378 (*Mandements de Ch. V*, n° 1731), sert en Picardie en juillet et août 1380 (*Bibl. Nat.*, *Clair.* vol. 43, n° 3229 et vol. 40, n° 2995). En octobre 1397, on le trouve chambellan du duc d'Orléans et sénéchal de Ponthieu (*Bibl. Nat.*, *Pièces orig.* vol. 1064).

4. Le texte de Froissart est ici en contradiction avec lui-même, puisque après avoir raconté la prise d'Évreux, il en reparle plus loin, p. 67, 79 à 81. Le fait qu'il parle d'une grande ville de Cotentin, située près de la mer, montre qu'il s'agit d'Avranches. Certains mss., comme *B* 1, ont corrigé ici après coup *Évreux* en *Evrenses* (*Avranches*); d'autres, comme *B* 7, ont supprimé la phrase caractéristique d'Avranches, relative au voisinage de la mer, ou comme *B* 12, ont remplacé plus loin (p. 67, 79 à 81) *Évreux* par *Avranches*. En adoptant la leçon *Avranches*, pour le paragraphe 46, Froissart n'en reste pas moins fautif d'avoir fait commencé la campagne de Normandie par le siège de cette ville, qui fut prise par Bertrand du Guesclin le 29 avril 1378 (S. Luce, *Chr. du Mont-Saint-Michel*, t. I, p. 10, note 3), alors qu'Evreux

de la mer, qui appartenait au comté d'Évreux. Les habitants, après avoir demandé une trêve de trois jours, entrent en pourparlers, et bientôt les seigneurs de Couci et de la Rivière prennent possession de la ville au nom du roi de France, agissant comme procureur du jeune Charles de Navarre, présent lui-même. Une garnison installée, les Français viennent assiéger Carentan, belle ville et fort château situés au bord de la mer. P. 64, 65, 304.

Depuis la mort d'Eustache d'Aubrecicourt, les habitants de Carentan n'avaient plus de capitaine; aussi ne se sentant pas soutenus, et effrayés par le voisinage des flottes française et espagnole, qui, sous les ordres de Jean de Vienne et de l'amiral espagnol, menaçaient Cherbourg, ils traitent bientôt et se mettent en l'obéissance du roi de France, sous la réserve des droits du jeune héritier, Charles de Navarre[1].

Le château des Moulineaux se rend de même au bout de trois jours[2]; et tandis que l'armée se repose sur les bords de l'Orne, Conches ouvre ses portes aussi[3]. Les garnisons ennemies, rendues

s'était rendu le samedi 17 avril (*Arch. Nat.*, JJ 113, fol. 8ᵉ vᵒ à 9 rᵒ). La démolition du château est ordonnée par le roi en date du 14 juillet 1378 (*Mandements de Ch. V*, nᵒ 1767) et est à peine achevée en 1380 (*Arch. Nat.*, JJ 116, fol. 87). Le 29 juillet 1378, des lettres de rémission sont accordées à des habitants d'Avranches, anciens partisans de Charles le Mauvais (*Arch. Nat.*, JJ 115, fol. 23). Au siège d'Avranches assistaient non seulement le seigneur de Couci et Bureau de la Rivière, mais Bertrand du Guesclin et le duc de Bourgogne, qui dut partir de là pour faire un pèlerinage au Mont-Saint-Michel (É. Petit, *Itinéraires*, p. 138).

1. Carentan se rendit le 25 avril 1378 à l'amiral Jean de Vienne (Terrier de Loray, *Jean de Vienne*, p. 119); le château ne fut pas abattu (*Chr. du Mont-Saint-Michel*, t. I, p. 10-11), mais placé, ainsi que la ville, sous la garde de Guillaume de Villers, chevalier, aux gages de 800 francs par an (*Mandements de Ch. V*, nᵒ 1758). Jean de Vienne ne devait pas être accompagné de la flotte espagnole qui n'arrivait pas en France avant le mois de juin (Terrier de Loray, *loc. cit.*, p. 125, note 1).

2. Le château des Moulineaux, près de Rouen, était certainement rendu avant le 30 juin 1378, époque à laquelle des lettres de rémission sont accordés à un Raoulin le Coq, « clerc » du capitaine du château (*Arch. Nat.*, JJ 114, fol. 159). Le capitaine, nommé par Charles V, fut Guillaume aux Espaulles, chevalier, aux gages de 800, puis de 300 francs par an (*Mandements de Ch. V*, nᵒ 1791).

3. Conches (Eure, arr. d'Évreux) avait dû se rendre en même temps qu'Évreux. Le château ne fut pas démoli (*Chr. du Mont-Saint-*

ainsi libres, se retirent à Évreux[1], dont Ferrando, un Navarrais, était capitaine. P. 65, 66, 305.

Le château de Pacy se rend après deux jours de siège[2]. Les gens du roi de France conquièrent ainsi tous les châteaux et petits forts qui appartiennent au roi de Navarre[3], et le pays

---

Michel, t. I, p. 11), mais confié sans doute à la garde d'Olivier Ferron, écuyer du roi (*Mandements de Ch. V*, n° 1950).

1. Sur le siège d'Évreux, voy. plus loin, p. LII.
2. La reddition du château de Pacy (Eure, arr. d'Évreux), commandé par Léger d'Orgessin, est contemporaine de celle d'Évreux, étant dû comme elle à l'entremise de Barradaco de Barrante (*Arch. Nat.*, JJ 120, fol. 78 v°), en tout cas antérieure au 30 juin 1378, époque à laquelle des lettres de rémission sont accordées à des partisans du roi de Navarre (*Arch. Nat.*, JJ 113, fol. 11 et 15; Secousse, *Mémoires*, t. II, p. 438-439). La démolition du château fut ordonnée par Charles V le 2 septembre 1378, en même temps que celle des châteaux d'Anet et de Nonancourt (*Arch. Nat.*, K 51, n° 36; *Mandements de Ch. V*, n° 1782). Le capitaine nommé par le roi fut Jean de Saquenville, sire de Blarru (*Ibid.*, n° 1752).
3. Froissart est très incomplet dans l'énumération des villes et châteaux de Normandie reçus en l'obéissance du roi de France : il oublie tout d'abord de mentionner ici les sièges de Pont-Audemer et de Mortain, dont il parle dans la première rédaction proprement dite de son premier livre (cf. Buchon, t. I, p. 717-718 et Kervyn, t. IX, p. 78-79). Pont-Audemer, assiégé dès le mois d'avril par l'amiral Jean de Vienne et défendu par Martin Sans Durete, se rendit à B. du Guesclin le 13 juin 1378 (*Arch. Nat.*, JJ 113, fol. 72 v° et 125 v°; K 51, n° 31); le château fut démoli (*Mandements de Ch. V*, n° 1767). Le siège de Mortain, commencé par Colart d'Estouteville, sire de Torcy, sur l'ordre du roi, le 30 avril 1378 (*Mandements de Ch. V*, n° 1705), dura jusqu'à la fin de juillet : B. du Guesclin y paraît le 20 mai (*Chr. du Mont-Saint-Michel*, t. I, p. 10, note 6); le 20 juillet, l'ordonnancement d'une somme payée aux ambassadeurs de Ch. de Navarre par le roi d'Angleterre au sujet de Mortain et de Cherbourg, prouve que ces deux villes étaient toujours navarraises (*Rec. Off.*, *Treas. of the Receipt*, *Misc.* $\frac{45}{6}$, n° 87). Une lettre de rémission du 30 juillet montre que Mortain était rendu à cette date (*Arch. Nat.*, JJ 115, fol. 59). Le château dut être démoli (*Mandements de Ch. V*, n° 1767). D'autres villes et châteaux assez nombreux sont aussi passés sous silence : *Bernay*, rendu le 19 avril 1378 par Pierre du Tertre à du Guesclin et au duc de Bourgogne; *Pont d'Ouve*; *Breteuil*, assiégé dès le 12 avril par le connétable, le duc de Bourgogne et Charles de Navarre, rendu avant le 4 mai, Pierre de Navarre étant dans cette ville; *Beaumont-le-Roger* rendu le 6 mai au connétable et au duc de Bourgogne; *Gavray* rendu avant le 31 mai; *Régnéville* rendu avant le 8 juin; *Anet*, *Chambrais*, *Breval*, *Ivry*, *Orbec*, *Nogent-le-Roy*, *Rugles*, *Nonancourt*, *Saint-Sever*, *Tinchebray* (voy. *Arch. Nat.*, JJ 112 et 113, L. Delisle, *Mandements de Charles V*, Le Prévost, *Mém. et notes pour*

demeure tout entier en leur obéissance, excepté Évreux et Cherbourg. Ils mettent alors le siège devant Évreux, ville toujours fidèle au roi de Navarre et commandée par Ferrando.

Le roi de Navarre était retourné chez lui, comptant sur l'aide des Anglais, qui se faisait attendre. Le duc de Lancastre et le comte de Cambrigde, avant même que le traité eût été signé avec Charles le Mauvais, avaient été retardés par les vents contraires et par la difficulté de rassembler à Southampton 4000 hommes d'armes et 8000 archers. Ce ne fut donc que peu avant la Saint-Jean (24 juin) qu'ils purent partir. En passant à Plymouth, leur flotte se grossit de celle du comte de Salisbury et de Jean d'Arondel[1], qui allaient en Bretagne ravitailler Brest[2] et Hennebont, mais elle doit s'arrêter à l'île de Wight, pour attendre les nouvelles. On apprend alors que la flotte française tient la mer. On renvoie donc à Southampton Jean d'Arondel avec 200 hommes d'armes et 400 archers pour parer à toute surprise. P. 66 à 68, 305.

Le roi de France, craignant un débarquement des Anglais,

---

servir à l'hist. du dép. de l'Eure, t. I, p. 422-423, 215-216, S. Luce, *Chr. du Mont-Saint-Michel*, t. I).

Dès le mois d'avril le roi de France confisque les biens des partisans du roi de Navarre qu'il distribue aux siens, cherche l'apaisement en accordant un grand nombre de lettres de rémission, nomme de nouveaux capitaines et gardes des villes et châteaux, et ordonne la démolition de la plupart des forteresses (*Arch. Nat.*, JJ 112, fol. 113 ; Secousse, *Mémoires*, t. II, p. 369-373).

1. La flotte de Jean d'Arondell, garde de Southampton, forte de 200 hommes d'armes et 200 archers était prête à Southampton dès le 17 mars. Les armements continuent (*Rec. Off.*, *Treas. of the Receipt, Misc.* $\frac{43}{9}$, n° 62), et le 13 juin, le duc de Lancastre décide que la moitié de cette flotte ira ravitailler Cherbourg (*Ibid., Lord Treas. Rem., For. Acc.* 4, m. 1 v°).

2. Le duc de Bretagne avait cédé Brest aux Anglais pour la durée de la guerre moyennant la somme de 1000 livres sterling le 5 avril 1378 (Rymer, t. VII, p. 190-192), et Robert Knolles remit la garde du château aux chevaliers Richard Abberbury et Jean Golofre, le 10 juin 1378, qui le 20 mai 1379 le remirent à Thomas de Percy et Hugues de Calverley (*Rec. Off., Lord Treas. Rem., For. Acc.* 4 m. 11 r°). Dès le commencement de 1378 le ravitaillement de Brest fut une des constantes préoccupations des Anglais (*Ibid., French Rolls*, 1 *Rich. II*, part. 2, m. 17; *Ibid., Queen's Rem., Misc., Realm of France* $\frac{112}{20}$, etc.). Thomas Norwich était gardien des vivres et des munitions de Brest jusqu'en 1381 (*Ibid., Lord Treas. Rem., For. Acc.* 4, m. 62 r°).

avait fait par tout le royaume un mandement général des chevaliers et écuyers. D'autre part le duc d'Anjou[1] avait retenu un grand nombre de gens d'armes, voulant assiéger Bordeaux[2] et Blaye[3]; avec lui se trouvaient le duc de Berry, son frère, le connétable et la fine fleur de la noblesse de Gascongne, d'Auvergne, de Poitou et de Limousin. Le duc d'Anjou avait de plus, avec le consentement du roi, levé une aide qui pouvait bien monter à 1 200 000 francs; mais il ne put agir comme il voulait[4], car le roi rappela le duc de Berry et le connétable, ainsi que les barons qui pouvaient l'aider contre les Anglais. La taille levée par le duc d'Anjou n'en fut pas moins payée. P. 68, 69, 305.

Pendant ce temps, le roi Henri de Castille avec 20 000 hommes assiégeait Bayonne par terre, tandis que sur mer[5] deux cents vaisseaux commandés par Ruy Dias de Rojas, Fernand de Séville, Ambroise Boccanegra, Pedro de Velasco et Ambroise de Calatrava, bloquaient le port. Malgré l'habileté de son capitaine anglais, Mathieu de Gournai[6], la ville aurait succombé à l'attaque des Espagnols, si une épidémie n'eût éclaté parmi l'armée assiégeante, enlevant les trois cinquièmes de ses hommes. Le roi

---

1. A la suite de la prise de possession de Montpellier par Jean de Bueil, le duc d'Anjou avait fait en mai 1378 un voyage dans cette ville, où il avait convoqué les communes des sénéchaussées de Carcassonne et de Beaucaire pour leur demander de nouveaux subsides; puis il s'était rendu à Nîmes, qui se montrait mal disposée à voter la taille demandée. Il était de retour à Montpellier le 17 juin et à Toulouse au commencement de juillet; il passait à Moissac le 26 juillet et s'arrêtait à La Réole le 3 août. C'est là qu'il apprit que le roi de France rappelait auprès de lui le connétable et le duc de Berri (Dom Vaissete, t. IX, p. 866-868).
2. Les préparatifs du duc d'Anjou dataient du mois de mai et, le 1ᵉʳ juin, le conseil de Bordeaux prenait des mesures pour résister à l'armée du duc, qui avait passé la Gironde et s'acheminait vers la ville (*Rec. Off.*, *Queen's Rem.*, *Misc.*, *Realm of the Fr.* $\frac{470}{5}$).
3. Gironde, ch.-l. d'arr.
4. En s'en retournant, le duc d'Anjou mit le siège devant Bazas (19 août 1378), qui avait été ravitaillé dès le 23 juillet par la ville de Bordeaux (*Rec. Off.*, *Queen's Rem.*, *Misc.*, *Realm of Fr.* $\frac{470}{4}$); il était de retour à Toulouse le 6 octobre (Dom Vaissete, t. IX, p. 868).
5. Au 12 mars 1378, la flotte fournie par Bayonne au roi d'Angleterre ne comptait guère que 11 nefs et barges sous le commandement de l'amiral de Bayonne (*Rec. Off.*, *Treas. of the Rec.*, *Misc.* $\frac{43}{5}$, n° 36).
6. Mathieu de Gournai, sénéchal d'Aquitaine, est nommé sénéchal des Landes le 2 août 1378 (*Rec. Off.*, *Vasc. Rolls*, 2 *Rich. II*, m. 6).

Henri, sur le conseil d'un nécromancien de Tolède, lève le siège et vient se reposer à la Corogne[1], tandis que les Espagnols et les Bretons se retirent dans les petits forts qu'ils avaient pris, et que le connétable de Castille avec 10 000 Espagnols met le siège devant Pampelune, défendu par le vicomte de Castelbon, le seigneur de Lescun et le Basque, à la tête de deux cents lances. Le roi de Navarre attendait toujours à Tudela[2] l'armée anglaise, forte de 1000 hommes d'armes et de 2000 archers qui, sous les ordres du seigneur de Neuville et de Thomas Trivet, faisait à Plymouth ses préparatifs pour aller à Bordeaux, sans pouvoir opérer sa traversée pendant plus de quatre mois, tous les grands bateaux anglais étant employés par le duc de Lancastre.

Le duc de Bretagne vient trouver à cette époque[3] le comte de Flandre, son cousin, qui, à la grande indignation du roi de France, le garde auprès de lui plus d'un an et demi. P. 69, 70, 305.

Le duc de Lancastre attendait toujours à l'île de Wight le vent favorable pour partir. Avec lui étaient le comte de Salesbury, amiral de la mer, le comte d'Oxford, connétable de l'armée, le comte Richard d'Arondel, et autres vaillants écuyers et chevaliers[4]. Quand le vent est enfin favorable, la flotte anglaise se dirige vers la France[5]; et ayant appris que l'armée française est devant Évreux et la flotte française dans les eaux de Cherbourg, le duc de Lancastre côtoie la Normandie et passe devant Cherbourg. Il ne rencontre point les vaisseaux français, car l'amiral Jean de Vienne

1. En Galice.
2. En Navarre.
3. C'est dans le courant de 1378, sans doute en mai (Kervyn, t. XXIII, p. 445), que le duc de Bretagne dut passer en Flandre, après l'expédition dont il est parlé plus haut, p. XLIII, note 1.
4. Parmi les chevaliers que Froissart ne nomme pas, il faut citer Philippe et Pierre de Courtenai, Thomas de Percy, ce dernier retenu depuis le 30 janvier 1378 (*Rec. Off.*, *Issue Rolls*, 1 *Rich. II*, m. 20; *Ibid.*, *Queen's Rem.*, *Misc.*, *Navy* $\frac{500}{10}$) et Buckingham, qui emmenait 500 hommes d'armes et 50 archers (*Ibid.*, *Treas. of the Rec.*, *Misc.* $\frac{41}{5}$, n° 126). La flotte quitte l'île de Wight, le 17 juin (*Ibid.*, *Lord Treas. Rem.*, *For. Acc.* 4, m. 38 r°).
5. C'est sans doute pendant cette expédition, au commencement de juillet, que le comte Richard d'Arondel et Pierre de Courtenai subirent en mer la défaite sanglante à laquelle fait allusion le marquis Terrier de Loray (*Jean de Vienne*, p. 125-127).

était à Harfleur[1]. Les Anglais continuent à naviguer vers la Bretagne jusqu'à Saint-Malo, où ils prennent terre[2]. Le capitaine de la ville, un Breton du nom de Morfouace[3], s'apprête à soutenir le siège, avec l'aide de deux cents hommes d'armes que lui amenèrent le vicomte de la Bellière, Henri de Malestroit et le seigneur de Combourg. P. 70 à 72, 306.

Jean d'Arondel, apprenant que la mer est libre, part de Southampton avec ses 200 hommes d'armes et ses 400 archers, arrive à Cherbourg, où il est bien accueilli, et remplace la garnison navarraise par une garnison anglaise[4]. Pierre le Basque, l'ancien capitaine, reste seul avec les Anglais. Au bout de quinze jours Jean d'Arondel retourne à Southampton, dont il était capitaine; et la garnison de Cherbourg, bien établie dans la place, n'a qu'à plus guerroyer contre les gens d'armes français de Valognes. P. 72, 73, 306.

Les Anglais avaient mis le siège devant Saint-Malo, et ravageaient le pays tout à l'entour. Les vivres ne leur manquaient pas; ils avaient près de 400 canons à leur disposition. Les assauts étaient fréquents et dans l'un d'eux succomba un chevalier anglais, nommé Pierre l'Estrange, ce qui mécontenta fort le duc de Lancastre. P. 73, 74, 306.

Revenons à Owen de Galles : depuis un an et demi, il assiégeait la ville de Mortagne[5], commandée par le syndic de Latrau,

---

1. En septembre 1378, le capitaine de Harfleur était le sire de Torcy, qui avait fait fermer le havre par des chaînes (*Arch. Nat.*, JJ 113, fol. 112 v°).
2. Le duc de Lancastre était devant Saint-Malo en août 1378 (*Chr. des Quatre Valois*, p. 274-275).
3. Guillaume Morfouace, écuyer, que nous retrouverons plus tard, lieutenant du capitaine de Saint-Malo en janvier 1374 (*Bibl. Nat., Pièces orig.*, vol. 2050) est en Bretagne sous les ordres de Bertrand du Guesclin en juillet, septembre et décembre 1379, ayant 10 écuyers avec lui (*Bibl. Nat., Clair.*, vol. 78, n°* 6139-6141).
4. Le voyage de Jean d'Arondel eut lieu du 1er au 16 septembre 1378; il transportait avec lui, non seulement des hommes d'armes, mais encore des chevaux et des vivres (*Rec. Off., Treas. of the Rec., Misc.* $\frac{41}{12}$).
5. Owen de Galles n'était guère arrivé sous les murs de Mortagne qu'à la fin de l'année 1377; et c'est à la fin de juillet 1378 que Robert Pfister, écuyer, vint au siège de Mortagne s'entendre avec Jean (et non pas Jacques) Lamb au sujet du meurtre d'Owen de Galles (*Rec. Off., Queen's Rem., Misc., Realm. of Fr.* $\frac{470}{1}$). Jean Lamb était arrivé avec deux valets et avait reçu 522 livres pour son harnais de guerre (*Ibid.*).

quand il reçut la visite d'un gentilhomme gallois nommé Jacques Lamb, venu secrètement d'Angleterre pour venger sur lui la mort du captal de Buch, mort tristement dans la prison du Temple à Paris. Ce gentilhomme se fit si bien venir d'Owen, en lui parlant la langue de son pays et en l'assurant que les Gallois désiraient toujours le voir revenir comme leur seigneur, qu'il le nomma son chambellan et lui accorda toute sa confiance. On sait que Owen était le fils d'un prince de Galles que le roi d'Angleterre avait fait mettre à mort. L'enfant dépouillé de ses terres et chassé de son pays, s'était réfugié à la cour du roi Philippe de France qui l'éleva avec ses neveux d'Alençon et autres. Owen assista à la bataille de Poitiers, puis alla guerroyer en Lombardie, et en France de nouveau, où le roi et tous les barons l'estimaient fort. Nous allons dire comment il mourut. P. 74 à 77, 306, 307.

Owen avait l'habitude pendant le siège de Mortagne de venir le matin, quand le temps était beau, s'asseoir dehors en face du château et de se faire peigner. Jacques Lamb l'accompagnait souvent et l'aidait à s'habiller. Un matin qu'Owen avait envoyé Jacques Lamb lui chercher son peigne, celui-ci revint avec une petite dague et le poignarda. Cela fait, il courut à la porte du château, se fit reconnaître et fut conduit devant le syndic de Latrau, qui accueillit fort mal le traître[1]. P. 77, 78, 307.

Owen fut enseveli dans l'église Saint-Léger. Cette mort, que déplora le roi de France, ne mit pas fin au siège de Mortagne; car, désireux de venger leur capitaine, les chevaliers bretons, poitevins et français, comptaient sur le manque de vivres pour faire un jour ou l'autre capituler la place[2]. Parlons maintenant du siège d'Évreux, poussé vivement par les seigneurs de Couci et de la Rivière. P. 78, 79, 307.

---

1. D'après un compte cité par M. Kervyn (t. XXII, p. 25-26) le meurtre d'Owen de Galles fut payé 20 livres, à la date du 4 décembre 1378. Le même compte nous apprend que Jean Lamb était écossais, et non gallois. Quelques mois plus tard, en octobre 1379, Jean Lamb part de Plymouth pour la Guyenne avec 10 hommes d'armes (*Rec. Off.*, *Queen's Rem.*, *Misc.*, *Army* $\frac{50}{9}$). Il vit encore en 1381, et reçoit à cette époque pour ses gages et ceux de sept hommes d'armes dans les guerres d'Aquitaine 105 fr. (Rymer, t. VII, p. 325).

2. La ville de Mortagne avait été ravitaillée à plusieurs reprises par les soins du conseil royal de Guyenne à Bordeaux, le 31 mars 1378 (*Rec. Off.*, *Queen's Rem.*, *Misc.*, *Realm of Fr.* $\frac{470}{11}$) et le 23 juillet (*Ibid.*, $\frac{470}{6}$).

Le roi de France, qui était alors à Rouen[1], désirait que la ville fût prise le plus tôt possible, car il avait besoin de tous ses gens d'armes pour combattre les Anglais en Bretagne. Aussi les assauts étaient-ils fréquents, et les assiégeants ne manquaient pas non plus de faire savoir aux habitants qu'ils avaient tort d'écouter les conseils du Navarrais Ferrando et qu'ils feraient beaucoup mieux de se rendre à leur seigneur naturel Charles de Navarre, héritier légal de sa mère. Menaces et raisonnements agirent si bien que les bourgeois traitèrent avec le seigneur de Couci[2]. Ferrando, retiré dans le château, essaie de résister; mais bientôt il se rend, et obtient de se retirer à Cherbourg avec tous ses gens et ses bagages. L'armée française reste en Normandie, et le seigneur de Couci et autres chefs vont à Rouen conférer avec le roi au sujet du siège de Saint-Malo. P. 79 à 81, 307, 308.

La perte de Saint-Malo, c'était l'affaiblissement de la Bretagne. Aussi le roi de France rassemble-t-il sous les murs de la ville nombreuse armée : il mande auprès de lui les ducs de Berri, de Bourgogne et de Bourbon, le comte de la Marche, le dauphin d'Auvergne, le comte de Genève, Jean de Boulogne, le connétable Bertrand du Guesclin[3] et ses routiers angevins, poitevins et tourangeaux, les maréchaux de Blainville et de Sancerre, Olivier de Clisson, le vicomte de Rohan[4], les seigneurs de Laval,

---

1. Charles V, qui était resté à Senlis jusqu'au 8 avril 1378, n'était pas à Rouen, mais à Paris du 10 au 28 (É. Petit, *Séjours de Charles V*, p. 65).

2. La ville d'Évreux se rend le 17 avril 1378 (*Arch. Nat.*, JJ 113, fol. 8 v° à 9 r°), grâce à la complicité de Barradaco de Barrante, navarrais (*Ibid.*, fol. 11 v° et JJ 120, fol. 78 v°). Un nouveau capitaine, Jean de Meudon, est nommé, que nous voyons apparaître dès le 24 avril (*Arch. Nat.*, JJ 112, fol. 111 v°). Quant à Ferrando, qui était alors prisonnier du roi de France, sa présence à Évreux et à Gavray, dont il était capitaine, doit être reportée au moment où, avant l'arrivée de Charles de Navarre en Normandie, il cherchait à préparer contre Charles V la défense des places du roi de Navarre. C'est à la même époque que nous retrouvons aussi sa trace à Gavray (*Arch. Nat.*, JJ 118, fol. 52 v°).

3. Le connétable était présent au siège de Saint-Malo en août et septembre 1378, au moins du 26 août au 16 septembre, et correspondait à cette époque avec le duc de Berry, en ce moment à Bourges (*Arch. Nat.*, KK 252, fol. 181 v°).

4. Le 15 octobre 1378 le seigneur de Rohan figure dans une montre, sous le gouvernement d'Olivier de Clisson, passée à la bastille

de Retz, de Rochefort, de Dinan, de Léon et autres barons bretons. Jamais si grande assemblée n'eut lieu en Bretagne : dix mille hommes d'armes et cent mille chevaux. Anglais et Français sont séparés par la rivière, et demandent la bataille; mais le roi de France, craignant un échec, retarde toujours. P. 81 à 83, 308.

Une fois le connétable essaie d'attirer le duc de Cambridge de l'autre côté de la rivière qu'on pouvait traverser à marée basse, mais la mer montante empêche le combat. P. 83, 84, 308.

Voyant qu'ils ne peuvent surprendre les Français et que la campagne s'éternise en escarmouches de fourrageurs, les Anglais se décident à creuser une mine pour entrer dans Saint-Malo. P. 84, 85, 308.

Tandis que Jacques de Montmaur, Perceval d'Esneval, Guillaume de Moncontour et Jacques de Surgières, à la tête de leurs Bretons et Poitevins, assiègent Mortagne, voulant venger la mort d'Owen de Galles, une grande flotte anglaise se rassemble à Plymouth, composée de 120 vaisseaux et de 40 barques, portant mille hommes d'armes et deux mille archers. Ce sont d'une part les quatre capitaines Thomas Trivet[1], Guillaume le Scrop, Thomas Abingdon et Guillaume Cendrin, qui doivent porter secours à la garnison de Mortagne, et à Mathieu de Gournai, défendant Bayonne; de l'autre, le seigneur de Neuville[2], qui, nommé sénéchal de Bordeaux, va soutenir le roi de Navarre contre les Espagnols. La flotte, profitant du vent, part et entre à Bordeaux, la nuit de la nativité de Notre-Dame, le 8 septembre 1378. P. 85, 86, 308, 309.

---

de Gouesnou près de Brest (Dom Lobineau, *Histoire de Bretagne*, t. II, p. 578).

1. L'engagement de Thomas Trivet de servir en Guyenne sous Mathieu de Gournai, sénéchal de Guyenne, avec 80 hommes d'armes et 80 archers, est du 10 mars 1378 (*Rec. Off.*, *Treas. of the Rec.*, *Misc.* $\frac{45}{6}$, n° 30); il emmenait avec lui Geoffroi d'Argentan (*Ibid.*, *Issue Rolls*, 1 *Rich. II*, m. 21). Ils partirent de Plymouth au commencement de juillet, sur 10 nefs de Zélande retenues à cet effet (*Ibid.*, *Treas. of the Rec.*, *Misc.* $\frac{45}{6}$, n°° 51 et 127).

2. Jean de Neuville, qui portait depuis peu le titre de lieutenant du roi en Guyenne, était accompagné du captal de Buch (*Rec. Off.*, *Vasc. Rolls*, 1 *Rich. II*, m. 2), et apportait à Bordeaux des fonds et des munitions (*Ibid.*, *Treas. of the Rec.*, *Misc.* $\frac{45}{6}$, n° 115; *Ibid.*, *Lord Treas. Rem.*, *For. Acc.* 4, m. 31 v°).

Quand les Bretons et Poitevins qui assiègent Mortagne, voient passer cette flotte, ils se décident à accepter les conditions du traité que précédemment leur avait faites le syndic de Latrau; mais celui-ci, comptant être secouru, refuse à son tour.

Aussitôt installé à Bordeaux, le seigneur de Neuville fait un mandement de chevaliers et écuyers gascons et en rassemble quatre mille, avec lesquels il part pour faire le siège de Mortagne. Les Bretons et Poitevins ne les attendent pas, et se retirent en Poitou, laissant seulement dans le fort Saint-Léger[1] une route de Bretons et de Gallois, du parti d'Owen de Galles. P. 87, 88, 309.

Les barons d'Angleterre et les Gascons descendent la Garonne, et viennent assaillir le fort de Saint-Léger; mais ce premier assaut ne réussit pas. P. 88, 89, 309.

Le lendemain, le seigneur de Neuville fait remplir de terre les fossés qui entourent le fort. Les Bretons se voient perdus et entrent en pourparlers : ils rendent le fort et peuvent se retirer où ils veulent. Le syndic de Latrau est alors ravitaillé dans Mortagne, la garnison est augmentée, et l'armée du seigneur de Neuville retourne à Bordeaux par la Garonne. P. 89, 90, 309.

Après leur retour, ils apprennent qu'à six lieues de là, en Médoc, les Bretons occupent le fort de Saint-Lambert[2] et ravagent le pays. Le seigneur de Neuville, accompagné d'Archambaud de Grailly, de Pierre de Rauzan, du seigneur de Duras et de Thomas de Curton, part aussitôt avec trois cents lances gasconnes, pour assiéger le château défendu par un écuyer breton, nommé Virelion. Après trois jours de siège, les Bretons traitent et se retirent en Poitou. Le seigneur de Neuville remet le château en état et y laisse pour le garder un écuyer gascon nommé Pierre de Pressac[3], puis retourne à Bordeaux, pour attendre des nouvelles du roi de Navarre, dont la capitale, Pampelune, était assiégée par l'infant de Castille. P. 90 à 92, 309, 310.

Le siège de Saint-Malo durait toujours, et le capitaine Morfouace résistait vaillamment aux 400 canons anglais qui tiraient

---

1. Charente-Inférieure, canton de Pons.
2. Gironde, canton de Pauillac.
3. De la famille de Preissac, qui comptait parmi ses membres Bermond Arnaud, syndic de Latrau en 1364 (*Bibl. Nat.*, *Pièces orig.*, vol. 2375).

nuit et jour sur la forteresse. D'autre part les deux armées, séparées par un bras de mer, ne pouvaient en venir aux mains. Aussi les rencontres se bornaient-elles à quelques escarmouches entre fourrageurs. Les Anglais continuaient à creuser leur mine, qu'en une nuit Morfouace et les siens purent détruire, grâce à la négligence du comte Richard d'Arondel. P. 92 à 94, 310.

Cette résistance fait réfléchir les Anglais qui, ayant perdu leur saison, songent à rentrer en Angleterre, ne pouvant creuser une nouvelle mine à l'approche de l'hiver. Le duc de Lancastre et le comte de Cambridge donnent donc le signal du départ, et l'armée anglaise arrive bientôt à Southampton, où elle est licenciée. Durant ce temps, Jean d'Arondel[1], capitaine de Southampton, était parti pour secourir à Cherbourg Jean de Harleston et sa garnison. P 94, 95, 310.

Après la levée du siège de Saint-Malo[2], l'armée française se divise : la plus grande partie, les grands barons, les ducs de Berry, de Bourgogne et de Bourbon, le comte de la Marche, le dauphin d'Auvergne, renvoient leurs gens dans leurs foyers; plusieurs d'entre eux viennent vers le roi à Rouen. Quelques Bretons et quelques Normands s'établissent à Valognes, à sept lieues de Cherbourg, espérant rencontrer Jean d'Arondel qui venait de ravitailler cette ville et qui ravageait le pays. Mais dans une reconnaissance que fait Olivier du Guesclin, frère du connétable, avec quarante lances, il est surpris dans les bois par Jean d'Arondel et Jean Coq[3], un écuyer navarrais, et fait prisonnier

---

1. Jean d'Arondel, nommé capitaine de Cherbourg dès le 10 septembre 1378 (*Rec. Off.*, *Lord Treas. Rem.*, *For. Acc.* 4, m. 8 v°), s'engage le 12 octobre 1378 à garder la ville avec 300 hommes d'armes, 200 archers et 60 « balistiers », y compris les compagnies du roi de Navarre qui y sont déjà (*Ibid.*, *Treas. of the Rec.*, *Misc.* $\frac{45}{3}$, n° 134). Il dut arriver à Cherbourg à la fin de novembre ou au commencement de décembre 1378; en tout cas il y est présent le 11 (*Ibid.*, *Misc.* $\frac{42}{22}$, n° 8), et un mandement du roi d'Angleterre en date du 12 décembre (*Ibid.*, n° 4) ordonne le payement d'une somme de 1000 marcs pour le ravitaillement de la place.

2. Le siège de Saint-Malo fut levé à la fin de décembre 1378 : nous trouvons mention, à la date du 27, de personnages *revenant* du siège de Saint-Malo (*Arch. Nat.*, JJ 114, fol. 18). A cette date Charles V n'était pas à Rouen.

3. Ce Jean Coq avait été envoyé en juin 1378 à Southampton au duc de Lancastre (*Rec. Off.*, *Issue Rolls*, 1 Rich. II, part 2, m. 8).

avec dix ou douze autres[1]. Le reste de ses hommes peut retourner à Valognes et raconte l'événement à Guillaume des Bordes et à ses compagnons. P. 95 à 98, 310.

La rançon d'Olivier du Guesclin fixée à 40 000 francs, se partagea entre Jean Coq et Jean d'Arondel, qui retourna bientôt à Southampton, laissant à Cherbourg avec le capitaine Jean de Harleston, plusieurs chevaliers anglais tels que Jean de Copelant, Jean Burley et Thomas Pickworth.

Parlons maintenant de Jean de Neuville, sénéchal de Bordeaux, de Thomas Trivet et des autres. P. 98, 99, 310.

Jean de Neuville attendait toujours à Bordeaux des nouvelles de la guerre de Navarre. Apprenant que quelques gens d'armes bretons et gascons occupent Barsac[2] et ravagent le pays, il envoie contre eux le sénéchal des Landes, Guillaume Elmham, et Guillaume le Scrop, avec deux cents lances et deux cents archers. Cette troupe rencontre à une lieue de Barsac 120 lances ennemies, commandées par Bertrand Raymond, qui est vaincu et fait prisonnier : ses hommes sont tous tués ou pris; et la garnison se rend moyennant la vie sauve. P. 99 à 101, 310, 311.

Le soir de la Toussaint 1378, les Anglais rentrent à Bordeaux, où est arrivé le même jour, sans prévenir, le roi de Navarre, qui vient demander à l'armée anglaise de l'aider, suivant le traité passé avec le roi d'Angleterre, à faire lever le siège de Pampe-

1. La prise d'Olivier du Guesclin et de ses compagnons ne fut qu'un épisode du siège de Cherbourg, qui commencé en juillet 1378 (cf. plus haut, p. XLII, note 4) exigea de longs préparatifs (*Mandements de Ch. V*, n° 1786) et fut poussé avec activité d'octobre à décembre 1378 par Jean le Mercier (H. Moranvillé, *Ét. sur la vie de J. le Mercier*, p. 65-66) et par Bertrand du Guesclin, logé à l'abbaye hors Cherbourg. Le froid obligea l'armée royale à lever le siège, et Guillaume des Bordes resta seul avec quelques troupes pour observer l'ennemi (*Chr. des Quatre Valois*, p. 276-277). Quant à Olivier du Guesclin, transporté à Cherbourg, puis en Angleterre, il fut attribué comme prisonnier à Gui de Brian, à Mathieu de Gournai et à Richard de Abberbury, le 20 octobre 1379 (Rymer, t. VII, p. 230). Le 10 septembre 1380, un sauf-conduit est accordé aux porteurs de la rançon (*Ibid.*, p. 271) et le 13 juillet 1381 un autre sauf-conduit est donné à diverses personnes, entre autres à Bertrand du Guesclin, fils d'Olivier, qui viennent chercher le prisonnier à Calais (*Ibid.*, p. 320). Un mandement de Charles VI, daté du 16 décembre 1381, est relatif à la rançon d'Olivier du Guesclin (*Arch. Nat.*, KK 327, fol. 5 v° et *Mus. Brit.*, *Add. Charters* 17 927).
2. Gironde, arr. de Bordeaux.

lune assiégé par Jean de Castille. Les Anglais lui promettent de se joindre à son armée, quand il l'aura rassemblée. Trois jours après, le roi de Navarre s'embarque pour retourner à Saint-Jean-Pied-de-Port. P. 101, 102, 311.

Tandis que le roi de Navarre va et séjourne à Bordeaux, Jean de Castille, fils du roi Henri, et le connétable du royaume, Pierre Manrique, assiègent Pampelune, avec d'autres barons et chevaliers de Castille, qui précédemment avaient déjà pris et brûlé les villes de Lerin et de Viana près de Logroño[1].

Le seigneur de Neuville, connaissant le traité qui unit le roi d'Angleterre et le roi de Navarre, résout d'envoyer au secours de ce dernier six cents lances et mille archers, commandés par Thomas Trivet[2]. P. 102, 103, 311.

Thomas Trivet fait aussitôt des préparatifs, et, avec ses gens d'armes, tous Gascons, quitte Bordeaux[3] et prend le chemin de Dax. Arrivés à Dax, ils apprennent que le roi de Navarre rassemble son armée à Saint-Jean-Pied-de-Port, et s'en réjouissent. L'idée première de Thomas Trivet était de marcher droit devant lui et de se joindre au roi de Navarre. Il en est déconseillé par son oncle, Mathieu de Gournai, capitaine de Dax, qui l'engage à s'attaquer d'abord aux forts occupés par les Bretons et les Français entre Dax et Bayonne. C'est ce que fait Thomas Trivet, qui prend successivement le fort de Montpin[4], occupé par les Bretons et commandé par Taillardon, un écuyer du comté de Foix, le fort de Claracq[5], occupé par les Gascons et commandé par un Breton

---

1. Ces trois villes sont en Navarre.
2. Un mandement de Richard II, daté de Westminster 1ᵉʳ août 1378 et adressé à Jean de Neuville, fait mention de 500 hommes d'armes et de 500 archers accordés au roi de Navarre pour 4 mois à dater de l'arrivée des troupes à Saint-Jean-Pied-de-Port (*Rec. Off.*, *French Rolls*, 2 *Rich. II*, m. 15).
3. Thomas Trivet et ses compagnons ne quittèrent Bordeaux qu'après le 12 octobre 1378 : à cette date Thomas Trivet, André Andax et Monnot de Plaissan s'engagent pour quatre mois au service du roi de Navarre, qui doit leur bailler la garde de la ville de Tudela (*Rec. Off.*, *Queen's Rem.*, *Misc.*, *Army* $\frac{50}{}$). Thomas Trivet avait 300 lances avec lui (Lopez de Ayala, t. II, p. 92). Dès le 18 mai 1378, le roi de Navarre achetait à Bayonne des arcs et des flèches destinés aux mercenaires anglais (*Arch. de la Ch. des Comptes de Navarre*, caj. 36, n° 6).
4. J'ignore quelle est cette localité : peut-être Montfort (Landes).
5. Basses-Pyrénées, canton de Thèze.

bretonnant, Yvonnet Apprissidi, et le fort de Bésingrand[1], commandé par un écuyer gascon, Roger de Morlac[2]. P. 103 à 105, 311.

De là ils arrivent à Tasseghen[3], château situé à trois lieues de Bayonne. Les Bayonnais, qui avaient eu beaucoup à souffrir de ce château, accourent au nombre de 500, pour aider au siège et amènent avec eux la plus grosse machine de siège qui soit dans Bayonne. Après quinze jours, le château se rend et la garnison est conduite à Bergerac. Les Bayonnais paient aux Anglais 3000 francs pour être maîtres du château et le démolir pierre par pierre. P. 105, 106, 311.

Cependant l'hiver approche, et le roi de Navarre ne voit pas arriver les Anglais à Saint-Jean-Pied-de-Port. D'une part il peut compter sur la fidélité de Perducat d'Albret[4] à Tudela, du comte de Pailhas et de Roger, son frère, à Miranda[5], de Raymond de Bagha à Los Arcos[6]; mais d'un autre côté, les vivres commencent à manquer dans Pampelune, malgré l'activité du vicomte de Castelbon et de ces compagnons; de plus toute la campagne est occupée par les Espagnols. Le roi envoie donc Pierre le Basque en message vers Thomas Trivet, qu'il rencontre sous les murs du château de Pouillon[7] en Bayonnais. Thomas Trivet promet de marcher sur Pampelune, aussitôt après la prise du château de Pouillon; ce qui a lieu au bout de deux jours. P. 106 à 108, 311, 312.

Thomas Trivet, Mathieu de Gournai et leurs gens d'armes retournent donc à Dax et s'y reposent quatre jours. Le cinquième ils partent, Mathieu pour Bayonne, et Thomas Trivet pour Saint-Jean-Pied-de-Port, où il trouve le roi de Navarre, qui avait convoqué son armée à Miranda, pour combattre les Espagnols assiégeant Pampelune.

1. Basses-Pyrénées, canton de Lagor.
2. A cette date, nous ne trouvons qu'un *Gui* de Morlac, au service du connétable en 1378 (*Bibl. Nat.*, *Pièces orig.*, vol. 2055).
3. Peut-être Hastingues (Landes, canton de Peyrehorade), qui n'est pas loin de Bayonne.
4. Nous retrouvons plus tard (29 décembre 1378) aux Arcos « Bertrucat de Labrit », qui reçoit 700 flor. de l'alcade et des jurés (*Arch. de la Ch. des Comptes de Navarre*, caj. 36, n° 54).
5. En Navarre, sur l'Èbre.
6. En Navarre.
7. Landes, arr. de Dax.

Ceux-ci, apprenant qu'ils vont avoir devant eux une armée de vingt mille hommes d'armes, y compris les archers, abandonnés par l'infant de Castille, que son père rappelle, et redoutant les rigueurs de l'hiver, renoncent au siège et se retirent à Logroño et à San Domingo[1]. P. 108, 109, 312.

Le roi de Navarre et les Anglais arrivent alors à Pampelune, où ils se reposent deux ou trois jours; puis chacun prend ses quartiers d'hiver. Les Anglais vont à Tudela; le comte de Pailhas et son frère, à Corella; le seigneur de Lescun, à Puente-la-Reyna; le vicomte de Castelbon, à Miranda et Monnet de Plassac, à Cascante[2]; le roi de Navarre reste à Pampelune. Les Espagnols étant partis, le roi de Castille se retire à Séville.

Cependant Thomas Trivet, se reprochant d'être jusque-là resté inactif en Navarre et voulant profiter de cet hiver exceptionnellement doux, résout de tenter une chevauchée en Espagne, conjointement avec le comte de Pailhas et Roger, son frère. Ils se rassemblent donc à Tudela, et partent la veille de Noël, au nombre de huit cents lances, douze cents archers et autant d'hommes de pied. Ils arrivent au pied du Moncayo[3] qui sert de limite à l'Aragon, à la Castille et à la Navarre. P. 109 à 111, 312.

Ils décident de marcher de nuit et d'aller prendre d'assaut la ville de Soria[4], avec trois cents lances divisées en trois routes, ayant à leur tête le comte de Pailhas, le vicomte de Castelbon et Thomas Trivet. Malheureusement la neige vient à tomber en telle abondance qu'ils doivent s'arrêter, et perdent leur chemin. P. 111, 112, 312.

La surprise était manquée. Le jour suivant, après une escarmouche sous les murs de Soria, où se distingue Raymond de Bagha, les Anglais et les Navarrais repassent le Moncayo et retrouvent le reste de leurs gens. Le lendemain, jour de la Saint-Étienne (26 décembre), ils brûlent quelques villages, entre autres Agreda[5], et entrent à Cascante. P. 112, 113, 312, 313.

1. San Domingo de la Calzada, près de Logroño.
2. Toutes ces villes sont en Navarre.
3. Le Moncayo forme la limite des provinces de Soria, de Calatayud et de Saragosse.
4. Sur le Douro.
5. Prov. de Soria, sur le Moncayo.

Résolu de se venger, le roi Henri de Castille écrit à son fils de convoquer immédiatement ses vassaux, qu'il rejoindra bientôt.

Durant ce temps Thomas Trivet fait une nouvelle pointe sur Alfaro[1], qu'il ne peut prendre grâce à l'attitude énergique des femmes de la ville. P. 113 à 115, 313.

Quinze jours après, l'infant de Castille arrive à Alfaro avec 20 000 hommes de pied et de cheval. Le roi de Navarre convoque alors tous ses gens à Tudela, en attendant la bataille, tandis que Jean de Castille, quittant Alfaro, va rejoindre à San Domingo l'armée amenée par le roi Henri, qui se dispose à assiéger Tudela. Le roi de Navarre sent qu'il va perdre la partie : aussi, malgré l'opposition des troupes anglaises qui veulent combattre, il consent à traiter. Une trêve de six semaines est d'abord conclue, pendant laquelle les négociations se font[2]. On pense tout d'abord à marier l'infant de Castille à la fille du roi de Navarre, mais la chose étant impossible, car l'infant était déjà fiancé, on songe à donner à Charles de Navarre la fille du roi Henri de Castille. Pour cela le roi Henri s'engage à demander au roi de France de laisser Charles revenir en Navarre : ce qu'il fait et obtient. Le roi de Navarre livre en gages pour dix ans au roi Henri ses villes et châteaux d'Estella, de Tudela et de la Guardia[3]; le roi Henri rend aux Anglais Pierre de Courtenai et le seigneur de Lesparre. P. 116 à 118, 313.

Pour payer les gages des Anglais, le roi de Navarre doit envoyer le vicomte de Castelbon[4] emprunter 20 000 francs au

1. Sur l'Èbre.
2. Les préliminaires de la paix eurent lieu à Burgos; elle fut signée en 1379 à San Domingo de la Calzada par les deux rois là réunis. Lopez de Ayala (t. II, p. 102) cite un plus grand nombre de places qui furent livrées comme gages par le roi de Navarre : Los Arcos, St-Vincent, Lerin, etc. Le roi de Castille se réservait par le traité de rester l'ami du roi de France.
3. Laguardia, dans les Provinces Basques.
4. Avant de servir d'intermédiaire entre le roi d'Aragon et le roi de Navarre, le vicomte de Castelbon avait déjà en 1378 prêté de l'argent à ce dernier, comme le montre un compte des *Archives de la Chambre des Comptes de Navarre* (Reg. 161) : « Otro empriestamo del vizconte de « Castelbon para pagar los gages de Mossen Thomas Trevet et para « Mossen Ramon de Bagas, 2100 flor. » D'après Lopez de Ayala (t. II, p. 102), c'est le roi de Castille, et non le roi d'Aragon qui, prenant comme gage le château de la Guardia, prêta au roi de Navarre 20 000 *doblas* pour payer ses mercenaires.

roi d'Aragon, qui accorde volontiers le prêt en gardant comme gages les villes de Pampelune, Miranda, Puente-la-Reyna, Corella et Saint-Jean-Pied-de-Port. Les Anglais retournent alors à Bordeaux et de là en Angleterre, et le mariage se fait de Charles de Navarre et de Jeanne, fille du roi de Castille[1].

La même année meurt[2] le roi Henri de Castille, auquel succède son fils aîné Jean, qui de l'accord des prélats et des barons est proclamé roi d'Espagne, de Castille, de Galice, de Séville et de Cordoue. C'est alors qu'éclate la guerre entre le Portugal et la Castille : nous en reparlerons plus loin; revenons pour l'instant aux affaires de France. P. 118, 119, 313.

CHAPITRE V.

1379. PRISE PAR LES FRANÇAIS DU CHATEAU DE BOUTEVILLE. — THOMAS TRIVET REVIENT EN ANGLETERRE. — AMBASSADE DE PIERRE DE BOURNESEL; IL EST ARRÊTÉ AU PORT DE L'ÉCLUSE SUR L'ORDRE DU COMTE DE FLANDRE. — RETOUR DU DUC DE BRETAGNE EN ANGLETERRE. — *Juillet.* PAYEMENT DE LA RANÇON DU COMTE DE SAINT-POL. — 1379. AFFAIRES DE BRETAGNE. — *4 juillet.* PRISE PAR LES ANGLAIS DE GUILLAUME DES BORDES. — 1378-1379. RAVAGES DES GRANDES COMPAGNIES EN AUVERGNE ET EN LIMOUSIN (§§ 83 à 95).

On sait que le seigneur de Mussidan, fait prisonnier à Eymet, avait embrassé le parti français et avait séjourné plus d'un an à Paris. Mais ne trouvant pas auprès du roi l'accueil qu'il attendait, il s'enfuit et retourna à Bordeaux auprès du sénéchal Jean de Neuville[3]. P. 119, 120, 313, 314.

---

1. Le mariage entre Charles, fils de Charles le Mauvais, et Éléonore (non pas Jeanne) de Castille, avait eu lieu le 27 mai 1375; voy. plus haut p. XXXVIII, note 3.
2. Henri de Castille mourut le 30 mai 1379 à San Domingo de la Calzada, à l'âge de 46 ans passés : il fut enterré à Burgos; Froissart donne plus loin (p. LXII) des détails sur les événements qui ont accompagné la mort du roi Henri.
3. Dès le 9 février 1377, les biens du seigneur de Mussidan avaient été confisqués et donnés en partie à Alain de Beaumont (*Arch. Nat.*, JJ 112, fol. 78). Quand après la bataille d'Eymet (1ᵉʳ septembre), il se

Des quatre seigneurs dont il a été parlé, les seigneurs de Langoiran, de Mussidan, de Rauzan et de Duras, le premier seul restait donc Français, et fortement menacé par les autres qui étaient ses voisins. Dans une expédition qu'il tente avec 40 lances contre la ville de Cadillac[1], il est blessé à mort par le capitaine de la place, Bertrand Courant, qu'il avait provoqué personnellement. P. 120 à 122, 314.

En Saintonge, la garnison anglaise et gasconne, qui occupe le château de Bouteville[2], placé sous les ordres d'Éliot de Plassac, ne cesse de venir piller la campagne sous les murs de la Rochelle et de Saint-Jean-d'Angély. Les seigneurs de Thors, de Pouzauges et autres seigneurs de Poitou et de Saintonge, résolus d'en finir, attirent les Anglais devant la Rochelle. Eliot de Plassac est fait prisonnier, et le château de Bouteville devient français[3]. P. 122 à 124, 315.

A cette époque Thomas Trivet, Guillaume Elmham et les autres chevaliers qui étaient allés en Espagne servir le roi de Navarre, retournent en Angleterre[4]. Reçus à Chertsey[5] par le roi et ses deux oncles, les ducs de Lancastre et de Cambridge, ils leur donnent des détails sur les affaires d'Espagne et sur la mort du roi Henri, survenue le jour de la Pentecôte (29 mai 1379) ainsi que sur le couronnement de son fils Jean qui a eu lieu à Burgos le 25 juillet; ils parlent aussi des joutes qui furent données à Las Huelgas[6] et dont le vainqueur fut le comte de Roquebertin. Les

fut rallié au parti français, il fut bien accueilli à Paris par le roi Charles V (voy. plus haut p. xxxiv, note 4), tandis que les Anglais (4 juin 1378) donnaient à John de Shatton un droit que le seigneur de Mussidan levait autrefois sur les vins à Bordeaux (*Rec. Off.*, *Vasc. Rolls*, 1 *Rich. II*, m. 2), droit qui lui fut rendu le 4 septembre 1378, après son retour au parti anglais (*Rec. Off.*, *Queen's Rem.*, *Misc.*, *Realm of Fr.* $\frac{470}{4}$).

1. Gironde, arr. de Bordeaux.
2. Charente, arr. de Cognac.
3. Le château de Bouteville repris aux Anglais en 1379 ne resta pas longtemps entre les mains des Français : nous voyons en effet en octobre 1385 une tentative malheureuse pour reprendre la place aux Anglais (P. Guérin, *Arch. hist. du Poitou*, t. XXI, p. 254, note 2).
4. Le départ de Thomas Trivet ne dut avoir lieu qu'après le 27 juillet 1379, car un document relatif « al confessor de moss. Thomas Trevet, cavaillero ingles, capitan de Tudela », porte cette date (*Arch. de la Ch. des Comptes de Navarre*, Reg. 161).
5. Chertsey, sur la Tamise, comté de Surrey, à 18 kil. de Londres.
6. Monastère près de Burgos.

ducs de Lancastre et de Cambridge approuvent le roi de Portugal d'avoir refusé d'assister à ces fêtes. P. 124 à 127, 315, 316.

Charles V, désirant resserrer son alliance avec le roi d'Écosse et voulant attaquer les Anglais dans leur pays même, fait partir comme ambassadeur le seigneur Pierre de Bournesel[1], qui arrive bientôt en Flandre, à l'Écluse[2], et étonne tout le monde par son faste et ses dépenses, tandis qu'il attend un vent favorable à sa traversée. Sa présence est signalée au comte de Flandre par le bailli de l'Écluse, qui l'arrête et le conduit à Bruges devant le comte. Celui-ci l'accueille assez mal devant le duc de Bretagne et lui reproche de n'être pas venu le saluer, étant à l'Écluse si près de Bruges. Malmené d'autre part par les paroles du duc de Bretagne, le seigneur de Bournesel retourne à l'Écluse au plus vite et, craignant d'être pris sur mer par la flotte anglaise, revient à Paris auprès du roi[3]. P. 127 à 130, 316, 317.

Il lui raconte son aventure et lui fait part de l'hostilité du comte de Flandre que cherche à atténuer Jean de Ghistelles, cousin du comte, chambellan du roi. Provoqué en duel par Pierre de Bournesel et bientôt mal vu à la cour, Jean de Ghistelles se retire en Brabant auprès du duc Wenceslas. P. 130 à 132, 317.

Outré contre le comte de Flandre, qui vient d'empêcher le voyage de Pierre de Bournesel en Écosse et garde auprès de lui le duc de Bretagne, le roi de France écrit au comte plusieurs lettres de reproches, le considérant comme un ennemi, puisqu'il retient auprès de lui le duc de Bretagne. Le comte, avant d'aller plus loin, veut s'assurer du concours des Flandres : il part donc

---

1. Pierre Conrart, seigneur de Bournesel, chevalier et conseiller du roi, que Charles V avait envoyé en ambassade en 1377 auprès du roi de Castille (*Mandements de Ch. V*, n° 1469) reçoit en don le 12 février 1379 les biens de Gui de Veyrac, sans doute à son retour de Flandre. Il part ensuite, avec Enguerrand de Hesdin et le seigneur de Chevreuse, porteur d'un message adressé au duc d'Anjou, que le roi mande auprès de lui pour se défendre des griefs formulés par les habitants du Languedoc (*Bibl. Nat.*, ms. fr. 10 238, fol. 126).

2. L'Écluse, en holl. Sluis, petit port hollandais, relié à Bruges par un canal.

3. Le mauvais traitement que le bailli de l'Écluse infligea à Pierre de Bournesel donna lieu à une plainte adressée au Conseil du roi, conservée aux *Archives de Lille* et publiée par M. Kervyn de Lettenhove (t. IX, p. 511-516). Cette plainte communiquée au comte de Flandre ne semble pas avoir été accueillie favorablement, à en juger par les réponses qui accompagnent chaque paragraphe.

pour Gand avec le duc de Bretagne, et là, en présence des délégués des bonnes villes, fait lire par Jean de la Faucille[1] les lettres de menaces que lui a adressées le roi de France, et obtient d'eux la promesse de l'aider avec une armée de deux cent mille hommes. Le comte les remercie, et retourne à Bruges. P. 132 à 134, 317.

Le roi de France, informé de ces nouvelles, en conçoit encore une plus grande haine contre le comte de Flandre, qui malgré tout soutient le duc de Bretagne. A la fin ce dernier se décide à rentrer en Angleterre, et arrive à Gravelines, où vient le chercher le comte de Salisbury avec 500 lances et 1000 archers; de là il le conduit à Calais, dont Hugues de Calverley était capitaine. Le duc séjourne à Calais cinq jours, puis s'embarque et arrive à Douvres, où il est reçu avec joie par le roi, les ducs de Lancastre et de Cambridge, et le comte de Buckingham[2]. P. 134, 135, 317, 318.

On sait que le jeune comte de Saint-Pol, Waleran de Luxembourg, avait été autrefois prisonnier par un écuyer de Jean de Gommegnies, puis mené en Angleterre, et cédé au roi Édouard. Plus d'une fois le roi d'Angleterre avait proposé d'échanger ce prisonnier contre le captal de Buch, mais le roi de France

---

1. Jean de la Faucille, que l'on voit plus loin jouer dans les troubles de Flandre un rôle si prudent, et même présider au paiement des gages des hommes d'armes du comte de Flandre, ayant servi à Audenarde en 1379 (*Chronique rimée*, p. p. Le Glay, 1842, p. 47, en note), ne fut pas moins compromis et emprisonné par le duc Aubert à la réquisition du comte : il fut libéré le 4 janvier 1382 (Orig. des *Arch. de Lille*, mentionné dans la *Chr. rimée*, p. 103). D'autres documents relatifs au même personnage sont encore cités par Le Glay : une lettre du duc de Bourgogne, du 3 mai 1383, remerciant Jean de la Faucille de ses bons services (p. 144); une lettre du roi Charles VI, du 18 mai, prenant Jean de la Faucille sous sa protection (p. 145); une lettre du duc Aubert, du 9 septembre, mandant à Jean de la Faucille qu'il ne pourra se rendre à la journée de bataille par lui assignée (p. 146); une lettre de Charles VI, du 7 février 1384, renvoyant Jean de la Faucille de l'accusation d'avoir participé aux troubles de Flandres (p. 148). Le combat singulier, retardé comme on l'a vu plus haut, eut lieu à Lille le 29 septembre 1384, et Jean de la Faucille succomba (Kervyn, t. XXI, p. 182).

2. C'est au plus tard au mois d'avril 1379 que le duc de Bretagne retourna en Angleterre, puisque le 4 mai suivant, ses sujets (Dom Morice, *Histoire de Bretagne*, t. I, p. 364) lui écrivaient en Angleterre de revenir.

avait toujours refusé. Le jeune comte de Saint-Pol, prisonnier sur parole au château de Windsor, devient tout à coup amoureux de madame Mathilde[1], sœur du roi. Le mariage est bientôt décidé, et la rançon du comte de 120 000 francs est abaissée par le roi à 60 000[2], qui doivent être payés avant le mariage. Le comte de Saint-Pol s'engage à revenir en Angleterre au bout d'un an, et s'embarque pour recueillir cette somme. Le comte de Flandre, le duc de Brabant et le duc Aubert l'accueillent bien, mais le roi de France, prévenu contre lui[3], et craignant qu'il ne livre aux Anglais son château de Bohain[4], occupe et garde cette place, puis fait enfermer à Mons le chanoine de Robersart, Eustache, seigneur de Vertaing, Jacques du Sart et Gérard d'Obies[5], qu'il accuse d'être les complices du comte de Saint-Pol dans ses mauvais procédés à son égard. On ne peut rien prouver contre eux ; ils sont rendus à la liberté, et le comte de Saint-Pol retourne en Angleterre, où il paye les 60 000 francs de sa rançon. Il repasse de nouveau la mer, et, par crainte du roi de France, s'établit à Ham-sur-Heure[6], chez son beau-frère, le seigneur de

1. Mahaut, fille de Thomas de Holand et de Jeanne de Kent, plus tard femme du prince de Galles et mère de Richard II, avait épousé en premières noces Pierre de Courtenai.
2. Le comte de Saint-Pol, qui était confié à la garde de Simon de Burley (*Rec. Off.*, *Issue Rolls*, 2 *Rich. II*, m. 1), ne devait payer que 100 000 francs de rançon d'après Rymer (t. VII, p. 224) : 50 000, avant son départ de Calais (juillet 1379), et 50 000 qu'il s'engageait à verser en deux termes, de juillet 1379 à juin (Saint-Jean-Baptiste) 1380. Il laissait comme otage son frère Pierre de Luxembourg. Il partit le 22 juillet pour Calais accompagné de John de Codeford et de Robert Rous (*Rec. Off.*, *Lord Treas. Rem.*, *For. Acc.* 4, m. 11 r° et 13 v°).
3. Le comte de Saint-Pol avait promis hommage de ses terres françaises au roi d'Angleterre, et s'était engagé à lui livrer, 50 jours après son départ de Calais, la ville de Guise, et à défaut son château de Bohain (Rymer, t. VII, p. 225). Charles V chargea Bureau de la Rivière et le seigneur de Couci de confisquer ses biens, « et fut tout mis « en la main du roy de France » (*Chr. des Quatre Valois*, p. 281). Une partie des biens du comte de Saint-Pol avait été dès le mois de décembre 1378 inventoriée et confiée à la garde de Martin de Corbie (*Arch. Nat.*, JJ 113, fol. 179).
4. Aisne, arr. de Saint-Quentin.
5. Une lettre de rémission est accordée par le roi Charles VI le 18 septembre 1381 à Guérart d'Obies et à Thierry de Sommans, partisans du roi d'Angleterre, à la requête du duc de Bourgogne et du comte de Saint-Pol (*Arch. Nat.*, JJ 119, fol. 197).
6. Belgique, prov. de Hainaut, près de Charleroi.

Morialmé[1], où il reste jusqu'à la mort du roi Charles V[2]. P. 135 à 137, 318.

A cette date la Bretagne est divisée au plus haut point[3] : d'un côté les bonnes villes, qui pour la plupart sont du parti du duc et ont aussi avec elles quelques grands noms comme la duchesse de Penthièvre, mère de Jean et de Gui de Bretagne; de l'autre,

---

1. Jean de Condé, seigneur de Morialmé, avait épousé Marie de Saint-Pol, sœur de Walleran de Luxembourg, comte de Saint-Pol.

2. « En cel an (1380), le duc de Braban, oncle de l'empereur et du « roy de France, et le duc Aubert vindrent à Paris pour faire la paix « au conte de Saint Pol, lequel estoit departi de avec les Anglois et « estoit en l'empire es parties de Henault. Eulx disoient que ce que « le dit conte de Saint Pol avoit fait n'estoit fors pour soy delivrer « de prison » (*Chr. des Quatre Valois*, p. 286). Ces négociations ne réussirent pas.

3. Après avoir préalablement consulté le Parlement, Charles V, reprochant au duc de Bretagne d'avoir fait partie de l'expédition anglaise de 1377-1378 (voy. plus haut p. XLIII, note 1), ajourne Jean de Montfort à comparoir devant le roi et ses pairs le samedi 4 décembre 1378 (*Arch. Nat.*, X^{1a} 1471, fol. 133 v°); le 9 décembre, le roi vient lui-même au Parlement : après les plaidoiries des 10, 11 et 13 décembre, le duc est déclaré, le 18 décembre, coupable de félonie; la confiscation du duché de Bretagne et sa réunion au domaine de la couronne est déclarée. Le roi, malgré la protestation de la duchesse de Penthièvre, charge le duc de Bourbon, le maréchal de Sancerre, l'amiral Jean de Vienne, Bureau de la Rivière et d'autres de prendre en son nom possession des places de Bretagne que s'engagent à leur livrer le connétable, Olivier de Clisson et les seigneurs de Laval et de Rohan (*Grandes chroniques*, t. VI, p. 455-456). Dès le mois de février 1379, Charles V enrôle à son service de nombreux Bretons et renouvelle l'engagement de Clisson (*Mandements de Ch. V*, n° 1830); le 10 avril, il mande à Paris le connétable, le seigneur de Laval, Olivier de Clisson et Jean, vicomte de Rohan, et leur énumère ses griefs contre le duc de Bretagne et leur demande leur concours, que promettent les barons. Du Guesclin reste à Paris, tandis qu'Olivier de Clisson ne peut réussir à mettre Nantes entre les mains du duc de Bourbon. De retour en Bretagne Jean de Rohan, malgré les bons procédés du roi à son égard (*Mandements de Ch. V*, n° 1837), et avec l'aide de Jeanne de Penthièvre, organise la résistance à Charles V. Des conciliabules se tiennent, des chefs sont nommés, des ambassades sont envoyées au duc pour l'engager à revenir en Bretagne. La dernière, celle de Jean de Quelen, est du 4 mai 1379 (Dom Morice, *Preuves*, t. II, col. 218). Après avoir échoué dans ses tentatives de conciliation auprès de Jeanne de Penthièvre (*Arch. Nat.*, KK 242, fol. 107) et de son fils Henri, en mai 1379, le duc d'Anjou est nommé le 1er juillet lieutenant général et spécial en Bretagne avec 1100 hommes d'armes. Il commence la campagne de Bretagne.

le connétable Bertrand du Guesclin, les seigneurs de Clisson, de Laval, de Rochefort, le vicomte de Rohan, qui tiennent le pays en guerre avec des compagnies formées de gens de toutes nations et occupent Pontorson et Saint-Malo. Le duc sait tout cela ; il connaît aussi les bonnes dispositions de ses bonnes villes et les funestes entreprises du duc d'Anjou contre ses gens : il ne peut cependant se résoudre à quitter l'Angleterre et à retourner en Bretagne, craignant quelque trahison : le roi d'Angleterre ne l'y engage pas du reste. P. 137, 138, 318.

En Normandie, monseigneur Guillaume des Bordes[1], établi à Valognes dont il est capitaine, cherche de toute façon à harceler la garnison de Cherbourg commandée par Jean de Harleston[2]; avec lui sont le petit sénéchal d'Eu[3], Guillaume Martel[4], Braquet de Braquemont[5], le seigneur de Torci[6], Perceval d'Esne-

1. Guillaume des Bordes, capitaine général du Cotentin, passe le printemps de 1379 à solder les travaux de fortification de Montebourg (*Mus. Brit.*, *Addit. Charters* 10701-10712; Cheltenham 8670).

2. Jean de Harleston, après le ravitaillement de Cherbourg du 3 au 29 avril 1379, avait retenu 160 hommes d'armes, 106 archers et 20 arbalétriers; le 29 il arriva à Cherbourg avec 185 hommes d'armes, 105 archers et 30 arbalétriers. Du 29 avril au 30 décembre 1379, il entretient 300 hommes d'armes, 200 archers et 60 arbalétriers (*Rec. Off.*, *Lord Treas. Rem.*, *For. Acc.* 4, m. 16 v°). Il est remplacé le 23 octobre 1379 comme capitaine de Cherbourg par William de Wyndesore (*Rec. Off.*, *French Rolls*, 3 *Rich. II*, m. 19).

3. Jean le Sénéchal, sénéchal d'Eu, était en juillet 1375 capitaine du château des Moulineaux (*Mandements de Ch. V*, n° 1147) et en août de la même année capitaine de Saint-Sauveur (*Ibid.*, n° 1155). Il sert en 1385 et 1386 en Normandie sous le gouvernement du seigneur de la Ferté (*Bibl. Nat.*, *Clair.* vol. 45, n°° 170-172).

4. Guillaume Martel, châtelain de Gaillard en 1369 (*Mandements de Ch. V*, n° 620), châtelain de Falaise en 1375 (*Ibid.*, n° 1136), chambellan du roi en août 1377 (*Bibl. Nat.*, *Pièces orig.* vol. 1868), était en 1414 seigneur de Bacqueville et premier chambellan du roi (*Coll. de Bastard*, p. 153). Voy. sur ce personnage la notice de M. H. Moranvillé (*Mém. de la Soc. de l'Hist. de Paris*, t. XVII, p. 400-403).

5. Guillaume, sire de Braquemont, dit Braquet, seigneur de Tartigny par sa femme en juin 1380 (*Arch. Nat.*, JJ 117, fol. 84), chambellan du duc d'Orléans, au 10 janvier 1389 (*Coll. de Bastard*, p. 16), chambellan du roi au 4 juillet 1391 (*Bibl. Nat.*, *Pièces orig.* vol. 494), seigneur du Pont Tranquart, capitaine de Chauni-sur-Oise, au 7 avril 1402 (*Coll. de Bastard*, p. 185), maréchal d'Orléans, lieutenant général au duché de Luxembourg, gardien de Mouron, aux 11-13 avril 1402 (*Ibid.*, p. 190).

6. Colart d'Estouteville, seigneur de Torci, est cité comme gardien et gouverneur du château d'Arques, le 20 mai 1379 (*Mandements de*

val[1], le Bègue d'Ivry, Lancelot de Lorris[2] et autres chevaliers. Dans une escarmouche, Lancelot de Lorris provoque en bataille personnelle un chevalier anglais nommé Jean de Copelant, qui le tue; les deux routes en viennent alors aux mains, et tous les seigneurs français sont faits prisonniers, et parmi eux Guillaume des Bordes, que prend un écuyer de Hainaut, Guillaume de Beaulieu[3]. Les prisonniers sont conduits à Cherbourg[4], où ils retrouvent Olivier du Guesclin[5]. P. 138 à 140, 318, 319.

En Auvergne et en Limousin le pays souffre des incursions anglaises : le château de Ventadour[6] est vendu six mille francs à un chef breton, Geoffroi Tête-Noire[7], par Ponce du Bois, écuyer du comte de Ventadour, à la condition que le comte pourra se retirer, avec sa famille et ses armes et bagages, à Montpensier[8],

---

Ch. V, n° 1840); il est nommé capitaine de Cherbourg après la reddition de la ville en 1404 (*Chr. de P. Cochon*, p. 325-326).

1. Sur ce personnage déjà rencontré (cf. p. XLIV, note 3), voy. la notice de M. H. Moranvillé (*Mém. de la Soc. de l'Hist. de Paris*, t. XVII, p. 341-343).

2. Ce *Lancelot*, qu'il faut peut-être identifier avec un *Guérin* de Lorris (cf. H. Moranvillé, *Mém. de la Soc. de l'Hist. de Paris*, t. XVII, p. 395-396), se montre au service du duc d'Anjou en mars 1371 (*Bibl. Nat.*, *Pièces orig.* vol. 1755).

3. Un Guillaume de Beaulieu, cité comme écuyer en 1429 dans Rymer (t. X, p. 435), ne semble pas devoir s'identifier avec celui-ci.

4. L'escarmouche où fut pris Guillaume des Bordes eut lieu le 4 juillet 1379 entre Montebourg et Cherbourg; elle est racontée avec détails dans la première rédaction adoptée par Buchon à la fin du premier livre (t. I, p. 720-721; cf. Kervyn, t. IX, p. 137-139). Guillaume des Bordes fut interné à la tour de Londres, par un mandement adressé au connétable Alain de Buxhull, en date du 12 mai 1380 (*Rec. Off.*, *Close Rolls*, 3 Rich. II, m. 4). Le 30 août 1380, sa rançon est attribuée à Thomas de Felton (*Rec. Off.*, *Patent Rolls*, 4 Rich. II, part 1, m. 22).

5. A la date du 25 mai et du 20 juin 1379, une somme de 100 sols est accordée à Jean Clewell pour conduire de Weymouth à Londres Olivier du Guesclin, deux écuyers et un valet (*Rec. Off.*, *Issue Rolls*, 2 Rich. II, m. 8).

6. Corrèze, commune de Moustier-Ventadour. Le château fut remis à Geoffroi Tête-Noire dans les derniers mois de 1378 (*Dictionnaire statistique... du Cantal*, t. IV, p. 286).

7. En 1379, l'année suivante, Tête-Noire prenait Chalus (*Dict. statistique... du Cantal*, t. IV, p. 286); nous le retrouvons en Nivernais; et Philippe de Jaucourt organise la résistance contre lui (J. Finot, *Recherches sur les incursions des Anglais*, p. 116).

8. Puy-de-Dôme, arr. de Riom.

près d'Aigueperse[1], en Auvergne. Geoffroi prend possession du château, et s'empare par la suite de nombreuses places en Auvergne, en Rouergue, en Limousin, en Querci, en Gévaudan, en Bigorre et en Agenois. D'autres capitaines anglais[2] accompagnent Geoffroi Tête-Noire : Merigot Marchès, qui prend le château de Chalusset[3], le bâtard de Carlat, le bâtard Anglais, le bâtard de Caupenne, Raymond de Sort[4], Gascon, et Pierre le Béarnais. P. 140, 141, 319.

Dans une de ses chevauchées, Mérigot Marchès, avec onze de ses compagnons, se dirige vers Alleuze, près de Saint-Flour, château qui appartient à l'évêque de Clermont; il le prend par surprise, puis se rend à Saint-Flour. Peu de temps après il s'empare par échellement du château et de la terre de Vallon[5]. De la sorte les garnisons de Chalusset, de Carlat[6], d'Alleuze[7] et de

---

1. Puy-de-Dôme, arr. de Riom.
2. Voy. dans Durrieu (*Les Gascons en Italie*, p. 17, note 1) une liste de villes occupées par les Anglais dans le centre de la France.
3. Chalusset (Haute-Vienne) est pris par Mérigot Marchès dans les derniers mois de 1378 (*Dict. statistique... du Cantal*, t. IV, p. 286). Mérigot Marchès, qui doit finir tragiquement plus tard, neveu de Pierre le Béarnais, capitaine de Chalusset, avait soutenu en 1353-1354 la cause du roi Jean (Duplès-Agier, *Rég. crim. du Parlement*, t. II, p. 184, note 1); en 1378 il est en Angleterre, qu'il ne quitte qu'après le 16 octobre 1378, date à laquelle ses biens sont confisqués en France (*Arch. Nat.*, JJ 113, fol. 158 v°). L'année suivante Marchès est capitaine du lieu dit Roc de Borde en Limousin; il s'empare de l'abbaye de Lartige près de Noailhac (Corrèze); mais au bout de huit jours, le sénéchal de Limousin reprend l'abbaye et fait prisonnier Mérigot Marchès, qui est enfermé à Limoges. Au 2 août 1381, sa captivité dure depuis plus d'un an et demi (*Arch. Nat.*, JJ 119, fol. 164).
4. Ramonet de Sort devient plus tard allié du comte d'Armagnac, avec Raymond de Caupène (Dom Vaissete, t. IX, p. 932, note), accorde une trêve d'un an le 3 avril 1388 (*Ibid.*, p. 931, note) et traite les 8 et 15 janvier 1389 (Durrieu, *Les Gascons en Italie*, p. 21, note 1).
5. Allier, arr. de Montluçon.
6. Cantal, arr. d'Aurillac. En octobre 1379, les négociations (voy. plus haut, p. xxvi, note 4) pour le rachat de Carlat occupé par Perducat d'Albret (Dom Vaissete, t. IX, p. 871) réussirent (*Arch. Nat.*, JJ 115, fol. 139 v°) : les Anglais avaient évacué la ville à la Noël (*Ibid.*, JJ 118, fol. 228); ils la reprirent depuis et l'occupèrent encore longtemps (Kervyn, t. XII, p. 352).
7. Cantal, arr. de Saint-Flour. En 1387 Marchès occupait encore ce château, qu'il remet au comte d'Armagnac (H. Moranvillé, *Bibl. de l'Éc. des Ch.*, t. LIII, p. 79). Les autres châteaux sont aussi occupés par les chef de compagnies (cf. Kervyn, t. XIII, p. 352).

Ventadour sont anglaises, et quand elles se réunissent au nombre de cinq à six cents lances, elles ravagent le pays. Pour les combattre, elles trouvent devant elles les seigneurs d'Apchier et de Solleriel, le bâtard de Solleriel et un écuyer de Bourbonnais, Gourdinet[1], qui un beau jour fait prisonnier Mérigot Marchès et le rançonne à 5000 francs. P. 141 à 143, 319.

CHAPITRE VI.

1378, 21 *septembre*. ÉLECTION DU PAPE CLÉMENT A FONDI. — 16 *novembre*. RECONNAISSANCE OFFICIELLE DE CLÉMENT PAR CHARLES V, A L'ASSEMBLÉE DE VINCENNES. — 1379, 14 *avril*. CLÉMENT SE RETIRE A SPERLONGA. — 10 *mai*. SON ENTREVUE A NAPLES AVEC LA REINE JEANNE. — 22 *mai*. CLÉMENT S'EMBARQUE POUR MARSEILLE. — 1380, 29 *juin*. ADOPTION DU DUC D'ANJOU PAR LA REINE JEANNE (§§ 96 à 100).

On sait que, pour contenter le peuple romain, les cardinaux avaient nommé pape l'archevêque de Bari, Barthélemy Prignano, sous le nom d'Urbain VI. Dans la pensée de certains d'entre eux, cette élection n'était que provisoire, car ce pape était d'un caractère trop autoritaire et trop orgueilleux. Aussitôt qu'il fut reconnu par quelques princes de la chrétienté, il se montra si outrecuidant et si mal disposé pour les cardinaux, qu'un grand nombre d'entre eux n'hésitèrent plus, poussés par le cardinal d'Amiens[2], qui espérait être élu à sa place.

Pendant que le pape est à Tivoli[3], les cardinaux se rassemblent après d'assez longs conciliabules hors de Rome, et nomment

---

1. Sans doute le même que Gourdinot, capitaine de Tracros en 1375 pour le roi d'Angleterre, que cite la *Chronique du bon duc Loys de Bourbon* (p. 94-95).

2. Jean de la Grange, ancien évêque d'Amiens, cardinal-prêtre le 20 décembre 1375, était rentré à Rome le lendemain du couronnement d'Urbain VI, le 19 avril 1378 (*Chronographia regum francorum*, p. p. H. Moranvillé, t. II, p. 366, note 1), de retour d'une négociation avec les Florentins.

3. Le pape Urbain avait quitté Rome la veille de la Saint-Jean (23 juin), et n'y rentra que passé le 8 septembre (*Chronographia*, t. II, p. 365).

comme nouveau pape[1] le fils du comte de Genève, Robert de Genève, désigné sous le nom de cardinal de Genève, antérieurement évêque de Thérouanne et de Cambrai, qui prend le nom de Clément.

Le pays romain était alors occupé par un chevalier breton, Sevestre Bude, qui avait combattu et vaincu les Florentins pour le pape Grégoire. Appelé par le pape Clément et les cardinaux de son parti, il se rapproche de Rome, empêchant ainsi le pape Urbain de quitter Tivoli[2]. Les Romains de leur côté prennent à leurs gages des mercenaires allemands et lombards, qui chaque jour escarmouchent contre les Bretons. Pendant ce temps, Clément notifie son élection aux princes de la chrétienté. Le roi de France[3] consulte l'Université de Paris et, après quelques hésitations, de l'avis de ses frères[4] et des prélats, reconnaît le nouveau

---

1. C'est en mai et en juin 1378, un ou deux mois à peine après la reconnaissance du pape Urbain VI, que les cardinaux français mécontents de son caractère fantasque et autoritaire se retirèrent à Anagni (Valois, *L'élection d'Urbain VI*, p. 70-71). Ils déclarèrent nulle l'élection d'Urbain, et bientôt, réunis aux cardinaux d'Avignon, le 21 septembre 1378, ils élurent à Fondi comme nouveau pape le cardinal Robert de Genève, qui fut sacré sous le nom de Clément VII, le jour de la Toussaint (*Le petit Thalamus*, p. 397).

2. Les bandes de Gascons, entre autres celle de Bernardon de la Sale, appelée par le cardinal camérier Pierre de Cros, avaient écrasé les Romains au passage du Teverone (juillet 1378) et étaient accourues se mettre à la disposition du pape Clément (Valois, *loc. cit.*, p. 71). Sur Bernardon de la Sale et son rôle en Italie, voy. Durrieu, *Les Gascons en Italie*, p. 105-171.

3. Le roi de France considéra d'abord jusqu'en juillet 1378 l'élection d'Urbain comme très valable, d'accord avec l'Université de Paris qui lui resta longtemps fidèle. Après cette date il reçoit de Clément une ambassade qui le fait hésiter : il convoque alors à Paris, le 11 septembre et jours suivants, un concile national, qui conclut à la neutralité en attendant plus ample informé. Le roi n'en poursuit pas moins sa correspondance avec Clément, et M. Valois a prouvé d'après des documents nouveaux, que Charles V était déjà résolu à reconnaître Clément depuis longtemps, quand il convoqua à Vincennes l'assemblée du 16 novembre qui fit officiellement acte de reconnaissance du pape Clément. Le roi avait obtenu du pape en échange de son adhésion le droit de lever pendant trois ans une subvention sur le clergé de son royaume; la fixation de la quotité de cet impôt fut laissée à trois prélats français (N. Valois, *Le rôle de Charles V au début du grand schisme*, tir. à part de l'*Annuaire-Bulletin de la Soc. de l'Hist. de Fr.*, année 1887, p. 3-5).

4. Le duc d'Anjou avait dès le premier jour été bien disposé pour

pape. Le roi d'Espagne en fait autant, ainsi que le comte de Savoie, le seigneur de Milan et la reine de Naples. Quant au roi de Bohême et empereur[1], il ne manifeste point d'opinion, bien que tout l'empire, à l'exception de l'archevêché de Trèves, soit du parti d'Urbain. L'Écosse tient pour Clément; l'Angleterre et le comte de Flandre pour Urbain; le Hainaut avec le duc Aubert reste neutre, ce qui fait perdre à l'évêque de Cambrai[2] ses revenus temporels.

L'envoyé du pape Clément, Gui de Maillesec, cardinal de Poitiers, est bien accueilli en France[3], en Hainaut et en Brabant, mais il renonce à aller à Liège et dans les Flandres, dont le comte soutient le pape Urbain; il se fixe à Cambrai[4], où il attend les événements. P. 143 à 148, 320.

L'Église est ainsi divisée : Urbain est reconnu par le plus grand nombre de royaumes; mais Clément a les revenus les plus im-

---

Clément. Quand, en septembre 1378, Jean de Bar, ambassadeur, lui apporte la nouvelle que le pape Urbain a été déclaré intrus en date du 9 août, il n'hésite plus, et embrasse le parti de Clément (29 septembre), auquel il envoie de l'argent à plusieurs reprises et pour lequel il cherche à provoquer des adhésions.

1. Charles IV, empereur et roi de Bohême, mourut le 29 novembre 1378 ; son fils Wenceslas, que le duc d'Anjou essaya de gagner à la cause de Clément (N. Valois, *Louis Ier duc d'Anjou et le grand schisme d'Occident*, p. 13-14), fut confirmé par le pape Urbain le 27 juillet (l'abbé L. Gayet, *Le grand schisme d'Occident, les origines*, t. II, p. 234).

2. L'évêque de Cambrai était alors Jean de Serclaes depuis le 26 novembre 1378. L'abbé de Fontenay avait été nommé nonce apostolique en Hainaut par le pape Clément, le 2 novembre 1378 (*Chr. Belges, Cartul. des comtes de Hainaut*, t. II, p. 282-284).

3. L'envoyé du pape Clément en France et en Écosse était le cardinal Jean du Cros, évêque de Limoges, qui resta à Paris. Le cardinal de Luna et l'évêque d'Amiens étaient envoyés en Aragon, Navarre, Castille et Portugal. Le cardinal Gui de Maillesec avait dans son département le Hainaut, le Brabant, la Flandre, l'Angleterre, l'Irlande, la Norvège, la Frise, etc. Après un séjour prolongé à Paris, il arriva le 4 juin 1379 à Cambrai, où il resta les trois ans de son ambassade, se contentant d'envoyer sans succès en Flandre l'évêque de Cambrai, Jean Serclaes. Le cardinal Guillaume d'Aigrefeuille, envoyé en Allemagne, en Prusse, en Bohême, en Pologne et en Hongrie, fut un peu plus heureux et apporta au pape Clément l'adhésion des trois évêchés de Lorraine, Metz, Toul et Verdun (*Chronographia*, t. II, p. 376-377; cf. *Grandes Chroniques*, t. VI, p. 457-458).

4. D'après les *Grandes Chroniques*, c'est à Tournai que le cardinal de Poitiers s'établit.

portants. Pendant qu'on lui prépare le palais d'Avignon[1], il se retire à Fondi, où il est bientôt rejoint par les mercenaires bretons chassés par les Romains du château Saint-Ange et du bourg Saint-Pierre. A cette nouvelle, Sevestre Bude marche sur Rome, y entre par la porte de Naples, se dirige sur le Capitole où sont rassemblés en conseil les notables de la ville et en massacre plus de deux cents. Cela fait, les Bretons se retirent, sans être inquiétés par les Romains, qui se vengent en tuant et blessant plus de trois cents clercs, bien innocents de toutes ces choses. P. 148 à 150, 320, 321.

Durant son séjour à Fondi, le pape Clément reçoit la visite de la reine Jeanne de Naples[2], cherchant un défenseur contre Charles de la Paix et désirant résigner entre les mains du pape les royaumes qu'elle tenait de l'héritage de son père Louis[3], roi de Sicile[4] et de Naples, duc de Pouille et de Calabre, comte de Provence, puisqu'elle n'avait pas d'héritier mâle pour lui succéder. Une première fois, dit-elle au pape, elle avait été mariée avec André de Hongrie[5], frère du roi Louis de Hongrie,

---

1. Bien qu'occupant le château Saint-Ange à Rome et ayant à sa solde Louis de Montjoie et ses deux lieutenants, Sevestre Bude et Bernardon de la Sale, Clément se rend au château de Sperlonga, près de Gaëte, le 14 avril 1379. Peu de temps après, le château Saint-Ange, assiégé par les Romains, est forcé de capituler (27 avril) et est démoli. Louis de Montjoie, attaqué par Alberigo de Barbiano, est battu avec ses deux lieutenants Sevestre Bude et Bernardon de la Sale; leurs bandes sont dispersées. Le pape Clément s'embarque alors à Gaëte le 9 mai 1379 et se rend à Naples, où il est bien reçu par la reine Jeanne, mais assez froidement par la population (Valois, *Louis Ier*, p. 20-23, 27-33).
2. Comme on vient de le voir par la note précédente, c'est le 10 mai 1379, à Naples et non à Fondi, qu'eut lieu l'entrevue entre la reine Jeanne et le pape Clément.
3. Le père de Jeanne était Charles de Sicile, duc de Calabre, mort en 1328, alors que sa fille avait deux ans.
4. Jeanne n'était reine de Sicile que de nom. En 1377, la reine de fait était Marie, qui devait épouser en 1391 Martin le Jeune, prince d'Aragon.
5. Le premier mari de Jeanne, son cousin André de Hongrie, qu'elle avait épousé étant en bas âge (26 septembre 1333), vécut en mauvaise intelligence avec elle et mourut assassiné au château d'Aversa (non pas à Aix), le 18 septembre 1345, peut-être à l'instigation de la reine. Le pape, suzerain des souverains de Naples, fit faire un procès qui ne frappa que des comparses.

qui ne lui donna pas d'enfant[1] et mourut jeune à Aix en Provence. Elle se remaria ensuite avec Charles[2], prince de Tarente, et en eut une fille. Ce prince, attaqué par le roi de Hongrie, fut vaincu, perdit la Pouille et la Calabre, et mourut prisonnier en Hongrie[3]. Elle conclut alors un troisième mariage avec Jaime, roi de Majorque[4], et eut la pensée de marier sa fille avec Louis de Navarre, qui mourut en venant trouver sa fiancée[5]. Le roi Jaime, s'étant assuré de l'alliance du prince de Galles et non de celle du roi de France, comme le lui conseillait la reine Jeanne, va se faire tuer, en cherchant à reconquérir son royaume sur le roi d'Aragon[6]. Pendant ce temps la reine Jeanne marie sa fille avec Robert d'Artois[7], cousin du roi de France. Elle épouse enfin Othon de Brunswick[8], qui est pris avec elle, par Charles de la Paix, dans le château de l'Œuf : sa fille et son gendre, prisonniers eux aussi, meurent en captivité. Depuis, un traité est intervenu entre elle et Charles de la Paix, qui laisse à ce dernier la Pouille et la Calabre ; mais ce prince cherche déjà à s'emparer des autres

1. André de Hongrie laissait un enfant posthume, Charles Martel, né le 25 décembre 1345, et mort à l'âge de deux ans (P. Anselme, t. I, p. 411).
2. Le second mariage avec Louis (et non pas Charles) de Tarente eut lieu le 20 août 1346 ; deux filles naquirent de ce mariage, mais moururent en bas âge.
3. A l'approche des troupes hongroises, la reine se réfugie en Provence, et le roi de Hongrie occupe le royaume de Naples, qu'il doit abandonner en partie à cause de la peste. La reine s'assure, en lui cédant la ville d'Avignon, la protection du pape, qui la remet en possession de son royaume en 1352. Louis de Tarente meurt en 1362.
4. Au mois de décembre 1362, la reine Jeanne épouse Jayme, dont le père, Jayme II, roi de Majorque, avait été vaincu et tué en 1349 par Pierre IV, roi d'Aragon, qui s'était emparé de sa couronne.
5. C'est sa nièce (et non sa fille) Jeanne de Sicile, fille de Charles de Duras et de Marie de Sicile, que la reine Jeanne maria en premières noces en 1366 avec le frère de Charles le Mauvais, Louis de Navarre, qui mourut en 1372.
6. Jayme mourut en Aragon peu après le 16 février 1375, usé par les fatigues et la maladie (Lecoy de la Marche, *Les relations politiques de la France avec le royaume de Majorque*, t. II, p. 201).
7. Robert d'Artois, fils de Jean sans Terre, était comte d'Eu ; il mourut le 20 juillet 1387.
8. En 1376 Jeanne épousa Othon de Brunswick. Cette alliance mécontenta Charles de la Paix, qui, par son mariage en 1369 avec Marguerite de Durazzo, autre nièce de la reine Jeanne, pouvait aspirer à sa succession.

royaumes : aussi Jeanne remet-elle au pape toutes ses possessions, pour qu'il puisse les attribuer à l'héritier qui lui plaira, capable de les défendre contre Charles de la Paix. Le pape accepte, et les actes authentiques sont dressés de cette donation[1]. P. 150 à 154, 321.

Cela fait, la reine Jeanne et Othon, son mari, retournent à Naples. Quant au pape Clément[2], s'apercevant que le pape Urbain et les Romains cherchent à gagner à leur cause Charles de la Paix et les Napolitains, et craignant, s'il attend plus longtemps, de ne plus pouvoir s'embarquer pour Avignon, comme il le désire, il hâte son départ, accompagné du comte de Roquerbertin, qui est venu le chercher avec des bateaux marseillais et aragonais. Clément arrive bientôt à Marseille, de là à Avignon.

Prévenu de son arrivée, le duc d'Anjou accourt[3]; et le pape

---

1. Les événements auxquels Froissart fait ici allusion postérieurement au mariage de la reine de Naples et d'Othon de Brunswick, se placent bien après le départ du pape Clément pour Avignon (22 mai 1379). C'est à l'instigation du pape Urbain que Charles de la Paix avait envahi les États de la reine Jeanne, déclarée déchue par le pape. C'est alors qu'elle adopta le duc d'Anjou, dont elle espérait le secours (*Chr. des Quatre Valois*, p. 297); mais, assiégée à son retour dans le château de l'OEuf le 17 juillet 1381, elle fut faite prisonnière et étranglée le 22 mai 1382; son mari, prisonnier lui aussi, avait été remis en liberté; plus tard, il devait servir le duc d'Anjou en Italie.

2. Trois jours après son entrevue avec la reine de Naples, Clément retournait à Sperlonga (13 mai 1379); et le 22, il s'embarquait pour Marseille.

3. Le duc d'Anjou avait toujours cherché à couvrir ses projets ambitieux de la sanction du pape Clément. En payement d'une dette contractée autrefois par le Saint-Siège, Clément lui avait accordé par une bulle du 20 avril 1379 la levée pour trois ans des décimes ecclésiastiques en Languedoc et en Guyenne; par une autre bulle du 17 avril, le pape lui avait déjà concédé le royaume d'Adria, formé du démembrement d'une partie des États de l'Église; il était aussi intervenu à propos de l'émeute de Montpellier, dont Froissart ne parle pas. Une fois que le pape fut à Avignon, le duc chercha à exploiter la difficulté que la reine Jeanne avait à se maintenir à Naples en présence de l'hostilité de Charles de la Paix, pour se faire adopter par elle. Un premier conciliabule eut lieu à Avignon (1ᵉʳ janvier 1380); puis deux bulles du pape (1ᵉʳ février) autorisèrent cette adoption. Après de nouvelles négociations à Naples (avril 1380), l'adoption eut lieu le 29 juin (*Arch. Nat.*, J 1043ᴬ, nᵒˢ 3-4) et fut ratifiée par les bulles des 22 et 23 juillet 1380, le duc d'Anjou s'engageant à secourir la reine Jeanne contre les ennemis (Valois, *Louis Iᵉʳ*, p. 24, 40-46).

lui donne l'investiture des royaumes que la reine Jeanne lui a remis. Le duc d'Anjou accepte et s'engage à aller combattre bientôt les ennemis de la reine. Il passe environ quinze jours à Avignon, puis retourne à Toulouse auprès de la duchesse. Le pape reste à Avignon, laissant en Italie Sevestre Bude, Bernardon de la Salle et Florimont guerroyer contre les Romains. P. 154, 155, 321, 322.

La marche de Toscane était occupée en ce temps-là par un chevalier anglais, Jean Hawkwood, qui avait quitté la France au moment du traité de Brétigni. C'était alors un pauvre bachelier, qui se mit à la tête d'une compagnie de *Tard-Venus*. Réuni en Bourgogne à d'autres routiers de diverses nations, Jean Hawkwood assista avec Robert Briquet et Jean Creswey à la bataille de Brignais et contribua avec Bernard de Sorges[1] à la prise du Pont-Saint-Esprit. Il partit ensuite pour le compte du marquis de Montferrat combattre les Milanais et eut pour sa part dans cette expédition 10 000 francs sur 60 000. Cette guerre achevée, une partie de ces bandes rentrèrent en France et furent emmenées en Espagne contre don Pèdre par Bertrand du Guesclin et le maréchal d'Andrehem[2]. Jean Hawkwood resta en Italie[3], au service des papes Urbain V et Grégoire XI[4] contre les Milanais,

---

1. Nous retrouverons plus tard, en 1416, dans l'hôtel et la compagnie de Bernard, comte d'Armagnac (*Bibl. Nat.*, *Clair.* vol. 5, n° 54), ce chef de routiers, que je n'identifie pas, comme M. Durrieu, avec Bernardon de la Salle (*Les Gascons en Italie*, p. 113, note 3). Froissart, en racontant une première fois ces événements (t. VI, p. 69 et suiv.), a mentionné les noms de Briquet et de Creswey, mais a oublié celui de Hawkwood : il peut à plus forte raison avoir passé sous silence celui de Bernardon de la Salle.
2. Voy. É. Molinier, *Étude sur la vie d'Arnoul d'Andrehem* (dans *Mémoires présentés par divers savants*... II° série, t. VI, 1re partie), p. 170 et suiv.
3. Jean Hawkwood était en Lombardie en février 1370 (L. Osio, *Documenti diplomatici tratti dagli Archivi Milanesi*, t. I, p. 139), et à Parme le 8 août 1370 (*Ibid.*, p. 143). Il lutte d'abord contre Louis de Gonzague et Barnabo Visconti (*Ibid.*, p. 159) en 1372, puis il devient l'allié de Barnabo Visconti, qui intercède auprès de lui pour l'empêcher de ravager le pays de Mantoue en 1375 (p. 175) et lui donne sa fille naturelle en mariage en 1377 (p. 191).
4. C'est au service du pape Grégoire XI que, sur l'ordre de Robert de Genève, depuis Clément VII, Hawkwood, déjà connu par ses excès à Faenza, avait massacré en février 1377 les habitants de Césène.

et secourut le seigneur de Couci contre les Lombards et le comte de Vertus[1].

C'est ce capitaine que le pape Urbain appelle auprès de lui après le départ de Clément et prend à sa solde. Hawkwood, aidé des Romains, s'attaque alors à Sevestre Bude et à ses Bretons, qui sont complètement défaits[2] : Sevestre Bude est fait prisonnier et mené à Rome, puis relâché avec un écuyer breton, nommé Guillaume Boileau. Tous deux arrivent à Avignon[3], mais, accusés de vouloir trahir le pape Clément, ils sont arrêtés sur l'ordre du cardinal d'Amiens, qui ne pardonnait pas à Sevestre Bude d'avoir autrefois en Romagne laissé piller ses bagages pour le payement de ses hommes, et ont la tête tranchée à Mâcon; grand sujet de colère pour Bertrand du Guesclin, qui, s'il eût vécu, aurait fait payer cher au pape la mort de son cousin. Parlons maintenant des tristes événements de Flandre. P. 155 à 158, 322.

CHAPITRE VII.

RIVALITÉ A GAND DES FAMILLES DE JEAN YOENS ET DE GILBERT MAHIEU. — 1379, *fin de mai*. LE COMTE DE FLANDRE AUTORISE LES BRUGEOIS A FAIRE DÉRIVER DE LA LYS UN CANAL D'EAU DOUCE. — *Août*. LES GANTOIS FORCENT LES BRUGEOIS A INTERROMPRE LEURS TRAVAUX DE CANALISATION. — 6 *septembre*. MEURTRE A GAND DU BAILLI ROGER D'AUTERIVE. — 8 *septembre*. INCENDIE DU CHATEAU DE WONDELGHEM. — MORT DE JEAN YOENS. — 17 *septembre*. PRISE D'YPRES PAR LES GANTOIS. — *Mi-octobre*. SIÈGE D'AUDENARDE. — *Novembre*. SIÈGE DE TERMONDE. — 1er *décembre*. PAIX DE ROSNE. — 3 *décembre*. LEVÉE DU SIÈGE D'AUDENARDE (§§ 101 à 122).

C'est l'envie qui poussa les villes de Flandre les unes contre

---

1. Voy. Froissart, t. VIII, p. 215.
2. On a vu plus haut, p. LXXIII, note 1, la défaite de Sevestre Bude.
3. Sevestre Bude réclamait au pape Clément une somme de 30 000 francs pour l'avoir aidé à venir d'Italie à Avignon; accusé par le cardinal d'Amiens qui « disoit qu'il l'avoit voulu prendre et detenir « et qu'il avoit pillié en royaume de France et bouté feu et fait « bouter », et mandé à Mâcon par le bailli Oudard d'Atainville, il y fut décapité. Les routiers indignés ravagèrent la campagne de Mâcon (*Chr. des Quatre Valois*, p. 282).

les autres, et, malgré les efforts du comte, la division se mit entre elles. P. 158, 159, 322, 323.

Il y avait alors à Gand un homme instruit, hardi et entreprenant, Jean Yoens[1], que le comte chargea de le débarrasser d'un bourgeois qui le gênait. Une querelle s'éleva donc entre Jean Yoens et ce bourgeois, nommé Jean Doncker[2]; le bourgeois fut tué, et Jean Yoens dut se réfugier à Douai, bien payé par le comte. Le comte fit plus : il obtint le consentement de la ville de Gand au retour de Jean Yoens, qu'il nomma doyen des bateliers.

Une autre famille existait à Gand, les Mahieu[3], composée de sept frères, dont l'un, Gilbert, jalousait Jean Yoens et ne cherchait qu'à le supplanter dans les bonnes grâces du comte.

D'autre part, même haine existait à Damme[4] entre les familles de deux riches bateliers, les Jean Pied et les Jean Bard, dont les uns étaient du parti de Gilbert Mahieu et les autres de celui de Jean Yoens. Pour perdre Jean Yoens, Gilbert fit savoir au comte, qui aimait l'argent, qu'il ne tenait qu'à Jean Yoens qu'on pût établir un droit sur les bateliers, ce qui serait grand profit pour lui. Jean Yoens appelé ne trouva pas la chose faisable, et tous les bateliers réunis, parmi eux les Mahieu, furent de son avis. P. 159 à 163, 323, 324.

Le comte, furieux de voir lui échapper un profit de six ou sept mille florins, nomma Gilbert Mahieu doyen des bateliers à la place de Jean Yoens; et les bateliers n'osèrent pas refuser de payer la redevance au comte. Gilbert accablait de présents l'entourage du comte et ne donnait pas à Jean Yoens tout ce qui lui revenait de son gain de batellerie. Jean Yoens se taisait et attendait. Et Étienne, l'un des frères Mahieu, n'augurant rien de bon de cette attitude, se demandait s'il ne vaudrait pas mieux dès lors se débarrasser de leur ennemi.

---

1. Sur la famille de Jean Yoens, voy. l'édition de Kervyn, t. IX, p. 530 et t. XXIII, p. 299-301.

2. Ce bourgeois, dont le nom défiguré n'est donné que par les manuscrits de la *Chronique de Flandre*, avait été échevin de Gand en 1338 et 1342 (Kervyn, t. XXI, p. 103) : il avait été tué antérieurement à 1352, car à cette date intervient entre Jean Yoens et la famille Doncker un contrat de paix à partie (*Ibid.*, t. XXIII, p. 301).

3. Sur la famille Mahieu, voy. Kervyn, t. IX, p. 529-530 et t. XXII, p. 132.

4. Belgique, prov. de Flandre occidentale, au nord de Bruges.

Les choses en sont là, quand les Brugeois, du consentement du comte, réveillent une vieille querelle en se mettant à creuser un canal entre la Lys et la Reye, pour détourner à leur profit les bateaux venant de l'Artois[1]. C'était la ruine pour Gand. « Ah ! « disent les Gantois, cela ne se passerait pas ainsi, si Jean Yoens « était encore doyen des bateliers ! » Poussés par le récit d'une femme qui en revenant du pèlerinage de Boulogne-sur-Mer avait vu les travaux des Brugeois, les Gantois s'adressent à Jean Yoens pour lui demander conseil. Celui-ci les invite alors à rétablir la vieille association des *chaperons blancs*. La chose se fait, Jean Yoens est élu chef[2] des *chaperons blancs*; et sa bande, forte de plus de 500 hommes, s'apprête à courir sus aux Brugeois. P. 163 à 167, 324.

Les Mahieu regrettent alors de n'avoir pas écouté l'avis d'Étienne. Quant à Jean Yoens, il part avec ses *chaperons blancs* pour Deynse, mais revient bientôt sans avoir trouvé les Brugeois, qui s'étaient enfuis[3]. Ils restent à Gand et se tiennent prêts aux événements. P. 167, 168, 324, 325.

Les Gantois avaient un nouveau sujet de plainte contre le comte, qu'ils accusaient de porter atteinte à leurs franchises, en tenant en prison à Eecloo[4] un meunier, bourgeois de Gand, que le bailli, Roger d'Auterive, refusait de rendre sans le consentement du comte. Les *chaperons blancs* profitaient des circonstances pour se montrer partout et se rendre indispensables. P. 168 à 170, 325.

Les Gantois commencent à murmurer, et Jean Yoens augmente leur mécontentement en leur faisant remarquer que non seulement les franchises de Gand sont atteintes, mais aussi son com-

1. C'est le comte lui-même qui provoqua le dissentiment entre Gand et Bruges; il était venu à Gand après la Pentecôte (29 mai) de 1379 pour assister à un tournoi. Ayant besoin d'argent, il demanda à établir une taxe qui, par l'intervention d'un nommé Gossuin Mulaert, ne lui fut pas accordée. Les habitants de Bruges au contraire se hâtèrent de fournir de l'argent au comte, qui leur permit de creuser un canal entre leur ville et Deynse, pour leur apporter l'eau douce dont ils manquaient (J. Meyer, *Annales rerum Flandricarum*, Anvers, 1561, fol. 170 v°). La révolte contre le comte eut lieu, nous dit la *Chronographia* (t. II, p. 373), « quia impositiones et subsidia colligere et malas « consuetudines in Flandria volebat inducere ».
2. Jean Yoens prit comme lieutenants Gossuin Mulaert, Arnoul Declercq et Simon Colpaert (J. Meyer, *loc. cit*, fol. 170 v°).
3. J. Meyer dit au contraire que quelques Brugeois furent tués.
4. Belgique, prov. de Flandre orientale.

merce, car les gens de Douai et de Lille ne veulent plus y venir depuis qu'a été établie la nouvelle redevance des bateliers. Jean Yoens se défend de vouloir diminuer en rien le patrimoine du comte, mais il lui semble qu'il serait bon d'envoyer une ambassade relative à l'emprisonnement du meunier[1] et aussi aux travaux de canalisation des Brugeois, qui, dit-on, auraient promis au comte dix à douze mille florins par an pour avoir son acquiescement. P. 170 à 173, 325, 326.

Les messagers partent pour Male[2], et parmi eux Gilbert Mahieu; ils reviennent bientôt, ayant gain de cause : le bourgeois d'Eecloo leur sera rendu, les Brugeois ne creuseront plus leur canal et combleront même ce qui a déjà été creusé, le tout à condition que les *chaperons blancs* seront dissous[3]. Jean Yoens démontre alors au peuple que c'en est fait des franchises de Gand, si l'on accepte les conditions du comte; et, craignant lui-même quelque surprise de la part des Mahieu, il donne l'ordre à ses gens de veiller et de se tenir sur leur garde. P. 173 à 175, 326.

Peu de temps après, le bailli de Gand, Roger d'Auterive, arrive à Gand avec 200 chevaux pour exécuter les ordres du comte. Il s'avance jusqu'au marché du vendredi, la bannière du comte à la main, escorté de Gilbert Mahieu et de tous les siens. On devait saisir Jean Yoens et six ou sept de ses gens et leur couper la tête. Jean Yoens, qui se doutait de la chose, avait rassemblé chez lui 400 *chaperons blancs*. Il marche alors au milieu d'une troupe qui grossit jusqu'au marché. A sa vue les Mahieu s'enfuient, et en peu de temps le bailli est saisi et tué[4]; la bannière du comte est mise en pièces et foulée aux pieds. Les gens du comte à leur tour prennent la fuite. P. 175 à 177, 326, 327.

Les Mahieu cependant quittent la ville, y laissant leurs femmes

---

1. Les Gantois réclamaient aussi un autre prisonnier, un *chaperon blanc*, que son attitude provocante avait fait arrêter (J. Meyer, *ibid.*).
2. Château près de Bruges.
3. Le comte promettait la libération des deux prisonniers et s'engageait de plus à abolir l'impôt des bateliers (J. Meyer, *loc. cit.*, fol. 171 r°).
4. Roger d'Auterive fut tué sur le Cauter, le 6 ou le 8 septembre 1379, d'après la *Chronique rimée*, p.p. Le Glay (p. 27 et 29, note 1), le lundi 5, d'après J. Meyer.

et leurs biens, et se réfugient auprès du comte de Flandre, et lui apportent ces nouvelles qui l'irritent.

Les *chaperons blancs*, maîtres de Gand, donnent la chasse aux partisans des Mahieu, et font la loi à tous, secrètement soutenus, disait-on, par les échevins et de puissants personnages de la ville, car autrement l'audace d'une telle canaille eût été inexplicable. Roger d'Auterive fut enseveli dans l'église des Frères Mineurs de Gand. P. 177 à 179, 327.

Les gens sages de Gand regrettaient cependant ce qui s'était passé, mais nul n'osait se mettre en avant pour proposer une réparation au comte. Jean de la Faucille lui-même, renommé pour sa sagesse, avait quitté la ville pour ne pas se compromettre, et attendait les nouvelles à sa maison de campagne. P. 179, 180, 328.

Enfin les notables de la ville se joignent à Jean Yoens et à ses principaux chefs, et décident d'envoyer au comte dix d'entre eux pour lui demander pardon du meurtre de son bailli. Jean Yoens, ne pouvant faire autrement, approuve le projet; et les douze bourgeois arrivent à Male, où ils trouvent le comte fort irrité et ont bien de la peine à obtenir la grâce de la ville, moyennant une amende. P. 180 à 182, 328.

Jean Yoens, resté à Gand, comprenait bien que si le comte pardonnait, c'en était fait de lui; aussi résout-il de l'irriter au point de refuser tout arrangement. Sous prétexte de passer une revue des *chaperons blancs*, il emmène toute son armée, plus de six mille hommes, dans la campagne, près du château de Wondelghem[1], appartenant au comte. On entre dans le château pour le visiter; bientôt on le pille, finalement le feu prend... par aventure. « Rien à faire, dit Jean Yoens; du reste, c'était pour « nous dangereux voisinage[2]! » On rentre à Gand, où les habitants voient encore une fois disparaître l'espérance qu'ils avaient de faire la paix avec le comte. P. 182 à 185, 328, 329.

Le comte, fort irrité de ce nouvel attentat de Jean Yoens, fait venir les douze bourgeois de Gand et leur jure qu'il n'y aura pas de paix entre lui et leur ville, tant que les coupables

---

1. Château près de Gand, aujourd'hui localité assez importante.
2. Le château fut brûlé le 8 septembre 1379, le jour de la Nativité de Notre-Dame (J. Meyer, *loc. cit.*, fol. 171 r°).

n'auront pas été châtiés, et cela en dépit de toutes leurs excuses. Les bourgeois rentrent à Gand, porteurs de ces mauvaises nouvelles, tandis que le comte se rend à Lille et, rassemblant sa noblesse de Flandre, lui demande aide et secours pour se venger. P. 185, 186, 329.

Heureux d'avoir provoqué la guerre, Jean Yoens s'occupe des alliances des Gantois. « L'amitié de Grammont[1] et de Courtrai[2] « est sûre; mais ne serait-il pas bon de s'assurer du concours de « Bruges? » Neuf ou dix mille hommes, choisis par paroisses, partent donc pour Bruges, sous la conduite de Jean Yoens. On veut parlementer et gagner du temps. Les Gantois forcent les portes, et Jean Yoens fait son entrée dans la ville aux côtés du bourgmestre, un bâton blanc à la main. P. 186 à 189, 329, 330.

Un traité d'alliance et de bonne amitié est alors signé entre les villes de Gand et de Bruges; et le calme le plus grand et l'union la plus complète règnent entre les deux partis.

Au bout de trois jours, les Gantois se rendent à Damme, où ils sont bien accueillis. Tout à coup Jean Yoens tombe malade à la suite d'un souper : on parle d'empoisonnement, mais on ne sait rien de positif à cet égard. Transporté de nuit à Ardembourg[3], Jean Yoens y meurt[4], au grand désespoir des Gantois. P. 189, 190, 330.

Le corps, transporté à Gand, est enseveli dans l'église Saint-Nicolas. Cette mort ne brise pas l'alliance de Bruges et de Gand (car les Gantois ont de bons otages leur répondant de la fidélité de leurs alliés), mais elle réjouit fort le parti Mahieu et aussi le comte de Flandre, qui envoie à Ypres de nombreux chevaliers de Lille et de Douai, pour venir à bout promptement des Gantois. Ceux-ci nomment de leur côté quatre capitaines : Jean Pruneel, Guillaume Boele, Rasse d'Herzeele et Pierre du Bois[5], qui,

---

1. Belgique, prov. de Flandre orientale.
2. Belgique, prov. de Flandre occidentale.
3. Aardenburg, Pays-Bas, prov. de Zélande.
4. « Lectica portatus Rodenburgum *seu, quando variant, Ecloniam*, ibi moritur » (J. Meyer, *loc. cit.*, fol. 171 v°).
5. Sur les familles de ces quatre personnages, qui figurent dans des Comptes municipaux, voy. les renseignements qu'a rassemblés M. Kervyn, t. XX, p. 340-341, 362-365; t. XXI, p. 549-550, et t. XXII, p. 390-391. Les familles Boele et Herzeele figurent à l'ar-

à la tête de douze cents hommes marchent sur Courtrai[1]. La ville leur fait bon accueil. Au bout de trois jours, marche sur Thourout[2]; mais en chemin, une avant-garde de trois à quatre mille hommes s'avance jusqu'à Ypres[3]. En vain les chevaliers et, au premier rang, Henri d'Antoing, veulent défendre la ville; en vain messires de Roubaix et Houart de la Houarderie[4] se font tuer : le peuple ouvre les portes aux Gantois[5], qui, comme ils l'ont déjà fait pour les autres villes, signent un traité, demandent des otages, puis retournent à Gand en passant par Courtrai. P. 191 à 194, 330, 331.

Mécontent d'apprendre la reddition d'Ypres et craignant quelque surprise des Gantois sur Audenarde, qui leur livrerait le cours de l'Escaut, le comte, qui se tient à Lille, se hâte de garnir cette ville et d'y envoyer de nombreux chevaliers et écuyers de Flandre, de Hainaut et d'Artois. Les capitaines de Gand à cette nouvelle partent pour faire le siège d'Audenarde[6]; ils sont bientôt rejoints[7] par leurs alliés de Bruges, d'Ypres, de Poperinghe[8], de Messines[9] du Franc de Bruges[10], de Grammont : en tout plus de cent mille hommes. Le comte se jette dans Termonde[11], où il retrouve de nombreux chevaliers d'Allemagne, de Gueldre et de Brabant, et

---

morial des nobles *Poorters* de Gand de 1524 (J. Huyttens, *Recherches sur les corporations gantoises*, entre les p. 184 et 185).

1. D'après la *Chronique rimée* (p. 30), c'est le 11 septembre 1379 qu'eut lieu la marche sur Courtrai.
2. Belgique, prov. de Flandre occidentale.
3. Belgique, prov. de Flandre occidentale.
4. Sur ce nom, voy. Kervyn, t. XXI, p. 568-570. Un Thomas et un Robert de la Houarderie figurent dans J. Meyer.
5. La prise d'Ypres eut lieu le samedi (17 septembre 1379), d'après la *Chronique rimée* (p. 31).
6. Belgique, prov. de Flandre orientale. — Le duc n'avait plus en son obéissance dans toute la Flandre de langue flamande que Audenarde, Alost et Termonde (J. Meyer, *loc. cit.*, fol. 171 v°).
7. Vers le milieu d'octobre (J. Meyer, *loc. cit.*). Ce siège fut le signal d'une levée générale de 100 000 hommes des milices flamandes (Kervyn de Lettenhove, *Histoire de Flandre*, t. III, p. 438).
8. Belgique, prov. de Flandre occidentale.
9. Belgique, prov. de Flandre occidentale.
10. Châtellenie s'étendant sur le territoire des environs de Bruges, et dont l'administration, bien que distincte de celle de Bruges, était fixée dans la ville même.
11. Belgique, prov. de Flandre orientale.

parmi eux son cousin, Thierri, comte de Berg[1]. P. 194, 195, 331.

Le siège d'Audenarde dura longtemps avec ses assauts et ses escarmouches[2]. La ville comptait bien huit cents lances, chevaliers et écuyers[3]. C'étaient, venant de Flandre, Jean de Ghistelles[4], les seigneurs de Villers et d'Escornay[5]; venant de Hainaut, Gautier d'Enghien[6], Hugues d'Antoing[7], le seigneur de Briffeuil, le seigneur de Lens, Jean de Gommegnies, les trois frères Jean, Daniel et Josse d'Halewin[8], le seigneur d'Estaimbourg[9], Gérard de Marquillies, Eustache et Rasse de Montigny, d'autres encore : en tout cent cinq, qui faisaient bonne garde. Après avoir mis à l'abri dans les églises les femmes et les enfants, ils avaient recouvert les toits de terre pour résister au feu lancé par les Flamands. P. 195, 196, 331, 332.

Étant devant Audenarde, les Flamands apprennent que le comte est à Termonde avec le comte de Berg et de nombreux chevaliers; ils se dirigent de ce côté au nombre de 6000, sous la conduite de Rasse d'Herzeele, et arrivent à un village situé sur la Dendre[10], à une petite lieue de Termonde. Passé minuit, ils se remettent en marche, espérant surprendre la ville; mais ils sont dénoncés par les gens du pays et reçus par toute la garnison en armes. C'est d'une part le comte de Flandre, avec Gossuin De

---

1. Froissart le nomme duc des Monts.
2. D'après la *Chronique rimée* (p. 47) le siège d'Audenarde dura sept semaines.
3. Les noms cités par J. Meyer sont beaucoup plus nombreux que ceux donnés par Froissart.
4. Dans Meyer (*loc. cit.*, fol. 172 v°) un Gui de Ghistelles est fait chevalier pendant le siège d'Audenarde.
5. Les seigneurs de Villers et d'Escornay sont mentionnés dans la *Chronique rimée* (p. 46) comme ayant reçu pour la délivrance des villes assiégées, le premier 518 l., 4 s., et le second 919 l., 18 s.
6. Gauthier d'Enghien était arrivé à sa majorité au commencement de l'année 1377, et par un acte du 3 février avait ratifié le traité de paix conclu entre ses oncles et le duc Albert de Bavière (*Chr. belges, Cartul. des comtes de Hainaut*, t. II, p. 254-255).
7. Hugues d'Antoing reçoit, d'après la *Chronique rimée* (p. 46), 2810 l., 8 d.
8. Outre ces trois Halewin, J. Meyer (*loc. cit.*, fol. 172 v°) nomme encore un Olivier, un Gautier, un Tristan et un Girard Halewin.
9. Le seigneur d'Estaimbourg est appelé dans Meyer *Frossardus Staimborgius*.
10. Rivière qui se jette dans l'Escaut à Termonde.

Wilde[1], grand bailli de Flandre, Jean de Gruthuse, Gérard de Rasseghem[2], Philippe De Jonghe, Philippe de Masmines[3] et autres, tels que Hugues de Rigni[4]; d'autre part le comte de Berg, avec Thierri de Brederode[5] et autres; ailleurs encore Robert d'Assche[6], Jean Vilain et Robert le Maréchal[7]. L'assaut dure longtemps : les blessés sont nombreux; le chevalier bourguignon Hugues de Rigni est tué. P. 196 à 199, 332.

A midi passé, Rasse d'Herzeele fait cesser l'assaut et sonner la retraite. Les Gantois se retirent, et le lendemain retournent au siège d'Audenarde. Maîtres de la campagne, les Flamands rendent difficile le ravitaillement de la ville, et le siège se poursuit, coupé par des assauts et des escarmouches[8], où viennent faire leurs premières armes les nouveaux chevaliers d'Artois, de Flandre et de Hainaut. P. 199, 200, 332, 333.

La prise de la ville n'était qu'une affaire de temps, pouvant facilement être affamée; d'autre part le comte de Flandre, ainsi que sa mère la comtesse Marguerite d'Artois, désirant traiter, la comtesse Marguerite écrit à Philippe, duc de Bourgogne (qui après la mort du comte Louis pouvait par sa femme Marguerite réclamer l'héritage de Flandre), de venir la trouver à Arras, où elle était alors. Il s'y rend, et avec lui Gui de la

---

1. Gossuin De Wilde était en 1369 receveur de Flandre, avant d'être grand bailli (Van Duyse et de Busscher, *Invent. anal. des chartes... de Gand*, n°° 431 et autres).

2. Messire Gérard de Rasseghem appartenait à la maison du comte de Flandre : au mois de juillet 1379, c'est devant lui et les maîtres d'hôtel du comte que sont payés les gages des hommes d'armes envoyés pour la défense des villes (*Chr. rimée*, p. 46).

3. Le nom de Philippe de Masmines est cité en 1376 comme celui d'une des plus anciennes familles commerçantes de Gand (J. Huyttens, *Recherches sur les corporations gantoises*, p. 185).

4. Hugues de Rigni, chevalier bachelier en 1365, avait accompagné à Romans le duc de Bourgogne, envoyé par le roi auprès de l'empereur (É. Petit, *Itinéraires*, p. 463); il est appelé par le duc à Châlon-sur-Saône, où il séjourne avec 7 chevaux du 12 au 17 août 1368 (*Ibid.*, p. 478).

5. Thierri de Brederode est qualifié dans J. Meyer (*Loc. cit.*, fol. 172 r°) de « Hollandus præfectus vigiliarum ».

6. Messire d'Assche reçoit en 1379, d'après la *Chronique rimée* (p. 46), 352 l., 12 s.

7. Sur Jean Vilain et Robert le Maréchal, voy. Kervyn, t. XXIII, p. 254-255, et t. XXII, p. 86.

8. Un assaut des plus sérieux fut donné le vendredi 4 novembre (J. Meyer, *loc. cit.*, fol. 172 r°).

Trémoïlle[1], Jean de Vienne, amiral de France, Gui de Pontallier[2] et d'autres. Le duc, après avoir vu la comtesse, arrive à Tournai et envoie en parlementaire auprès de l'armée assiégeante d'Audenarde l'abbé de Saint-Martin[3]. Rendez-vous est donné au duc entre Tournai et Audenarde, à Rosne[4], où pendant quinze jours ont lieu les conférences. Les prétentions des Gantois sont grandes[5]; mais, en présence de l'attitude énergique de la garnison d'Audenarde et des plaintes de ceux de Bruges, du Franc et d'Ypres qui redoutent l'approche de l'hiver, ils cèdent. Le duc de Bourgogne donne à Rosne un banquet où la paix est décidée. Le comte pardonne sans réserve aucune et doit venir habiter Gand, dont les habitants s'engagent à lui rebâtir son château de Wondelghem[6]. La paix est publiée partout, le siège est levé, et le comte

1. Les archives de la famille de La Trémoïlle ne contiennent que trois pièces de 1374, 1386 et 1393, relatives à ce personnage (*Chartrier de Thouars. Documents historiques et généalogiques*, p. 7-12). Premier chambellan de Philippe le Hardi, conseiller et chambellan de Charles VI, il épousa Marie de Sully, fut fait prisonnier à Nicopolis et mourut à Rhodes en 1397.

2. Nommé maréchal de Bourgogne aux gages de 300 livres, le 30 décembre 1364 (*Arch. de la Côte-d'Or* citées par É. Petit, *Itinéraires*, p. 459), Gui de Pontallier, seigneur de Talmay, était en 1381 gouverneur de Bourgogne (*Ibid.*, p. 150); il mourut à Nicopolis.

3. Jean Galet, abbé de Saint-Martin de Tournai, de 1367 à 1387. La *Chronique rimée* met à la place l'abbé de Saint-Pierre et de Saint-Bavon (1340-1394).

4. Belgique, prov. de Flandre orientale, sur la rivière qui porte le même nom.

5. Les Gantois demandaient cinq choses : le respect de leurs franchises, la remise en état de tout ce qui avait pu être fait contrairement à ces franchises, le pardon des dommages faits aux seigneurs, la mise hors la loi de ceux qui avaient combattu avec les seigneurs, la démolition du côté de Gand des fortifications d'Audenarde et de Termonde (*Chr. rimée*, p. 50-51). Le comte acceptait les trois premières conditions, et s'engageait à transporter sa cour à Gand. Les conférences commencèrent le 18 novembre : le 11, les gens d'Ypres étaient allés brûler Cassel. Le 1ᵉʳ décembre, Louis de Male ratifiait à Malines le traité de paix conclu avec les Flamands par le duc de Bourgogne (Gachard, *Notice hist. et descript. des archives de la ville de Gand*, p. 37 et 54, dans les *Mémoires de l'Académie royale* de Belgique, t. XXVII, 1853).

6. Les *Antiquités de Flandre* de Wielant, donnent les principales clauses du traité, « en ceste manière qui s'ensuyt : Est asscavoir que
« le conte pardonne tous meffaictz et conferme leurs privilèges pour
« en joyr ainsi qu'ilz jouissoient à sa joyeuse entrée et ainsi que on
« en usoit du temps du conte Robert, et osta tous empeschemens

licencie ses troupes pour venir à Lille confirmer ce qui a été fait. P. 200 à 204, 333, 334.

Après la levée du siège d'Audenarde, Jean Pruneel va à Tournai échanger les signatures du traité avec le comte de Flandre et le duc de Bourgogne, et retourne ensuite à Gand[1]. Le duc de Bourgogne avait tant fait pas ses belles paroles que les Gantois laissaient intacte la ville d'Audenarde, alors que dans les préliminaires du traité, au moment de lever le siège, il avait été convenu qu'ils auraient le droit d'abattre les murs, les tours et deux portes du côté d'Audenarde. Le duc de Bourgogne part alors pour la France[2], et le comte, après être resté quelques temps à Lille, vient à Bruges, dont les habitants cherchent à calmer les mauvaises dispositions du comte et à se faire pardonner leur hostilité passée, en rejetant la faute sur les *menus mestiers* de la ville qu'avait entraînés Jean Yoens. P. 204, 205, 334.

« faictz au contraire; *item* que tous fugitifz pouroient retourner chas-
« cun en sa chascune si avant qu'ilz veullent prendre sur les informa-
« tions que l'on fera à leur charge; *item* que tous bailliz, sergeans et
« aultres officiers qui par ceste paix seroient despoinctez de leurs
« offices, seront tenuz de respondre de leurs abuz; et s'ilz sont trouvez
« coulpables, ne pouront jamais avoir office; *item* que les informa-
« tions seront faictes par gens de bien que les trois villes choisiront,
« et que desormais seront faictes samblables informations sur les in-
« fractions des privilèges desdictz trois villes, par xxv personnes, qui
« se choisiront, est assçavoir: par Gand nœuf, par Bruges viii et par
« Ypre viii, et que les loiz seroient renouvellez selon les privilèges et
« coustumes du pays; *item* que le prevost de Sainct Donas ne viendra
« plus au conseil du conte et sera depoincté de son office de chan-
« ceillier; avecq pluisieurs aultres articles » (*Recueil des Chroniques de Flandre*, p. p. De Smet, t. IV, p. 305-306). Le comte s'engageait de plus à licencier ses troupes allemandes et à venir tenir sa cour à Gand, en attendant que son château de Wondelghem ait été rebâti. La paix signée, le siège d'Audenarde fut levé le samedi 3 décembre 1379 (J. Meyer, *loc. cit.*, fol. 173 r°).

1. La nomination des enquêteurs auxquels fait allusion le traité cité dans la note précédente eut lieu vers la Noël 1379 (*Chr. rimée*, p. 58).

2. Le 15 décembre, le duc de Bourgogne était à Malines (É. Petit, *Itinéraires*, p. 146).

CHAPITRE VIII.

1379, 13 *juillet*. TRAITÉ D'ALLIANCE ENTRE LE ROI D'ANGLETERRE
ET LE DUC DE BRETAGNE. — 3 *août*. LE DUC DÉBARQUE EN
BRETAGNE. — 6 *décembre*. NAUFRAGE ET MORT DE JEAN D'ARONDEL.
— *Commencement de* 1380. PRISE DE DINAN PAR OLIVIER DE
CLISSON (§§ 123 à 126).

Tandis que le duc de Bretagne est en Angleterre auprès du roi Richard, le roi de France envoie en Bretagne son connétable, qui occupe Pontorson et ravage le pays[1]. Les bonnes villes, désirant le retour du duc, lui députent en ambassadeurs Geoffroi de Karimel et Eustache de la Houssaye, qui s'embarquent à Conq[2] et arrivent à Southampton, puis à Londres, et reçoivent la promesse du duc de revenir bientôt dans son duché. P. 205, 206, 334, 335.

En effet le duc fait ses adieux à la duchesse, s'assure par traité de l'appui du roi d'Angleterre, et s'embarque à Southampton[3]

---

1. Depuis la campagne de Normandie, B. du Guesclin avait séjourné presque entièrement en Bretagne avec son armée, à laquelle s'était joint dans la première quinzaine d'août le jeune Charles de Navarre (*Bibl. Nat.*, ms. fr. 26016, n° 2613), qui reçut 800 livres parisis pour son voyage en Bretagne (*Arch. Nat.*, KK 326, fol. 3 v°), où il devait rester jusqu'à la fin d'octobre. Du Guesclin occupait Pontorson et allait souvent à Saint-Malo pour ravitailler la flotte française, qui surveillait la côte; il négociait aussi pour réoccuper la Roche-sur-Yon, ce qu'il réussit à faire à des conditions assez dures (Kervyn, t. IX, p. 537). Il correspondait régulièrement avec le duc d'Anjou, ainsi que Clisson, qui de Redon, le 2 septembre 1379, demandait des renforts (Hay du Chastelet, *Hist. de du Guesclin*, p. 476).

2. Écart de la commune de Beuzec-Conq, Finistère, arr. de Quimper, canton de Concarneau, dont il faut le distinguer (cf. t. VII, p. LXVI, note 4 et t. VIII, p. LXXI, note 4).

3. Rappelé par ses sujets (voy. plus haut., p. LXVI, note 3), le duc de Bretagne conclut à Londres, le 13 juillet 1379, un traité d'alliance avec Richard II par l'entremise de Thomas de Percy, dont les pouvoirs sont du 9 juillet (Rymer, t. VII, p. 223-224). Par ce traité, le roi d'Angleterre s'engage à payer les gages de 2000 hommes d'armes et de 2000 archers retenus par le duc en vue de l'expédition de Bretagne pour 4 mois et demi (*Rec. Off., Treas. of the Rec., Misc.* $\frac{44}{5}$ et *Issue Rolls*, 2 *Rich. II*, m. 16). Le duc s'embarque à Southampton le 22 juillet (Dom Morice, *Hist. de Br.*, t. I, p. 365) sur des bateaux retenus

avec Robert Knolles, les deux chevaliers-messagers[1], cent hommes d'armes et deux cents archers. Le vent les amène à Guérande, où ils débarquent[2], et se dirigent sur Vannes[3], où le duc est bien reçu. Au bout de cinq jours, il se rend à Nantes, où les barons viennent l'assurer de leur obéissance et se plaindre des Français. Le duc les rassure en leur disant d'attendre pour agir l'arrivée des renforts anglais[4].

en juin (*Ibid*, *Queen's Rem.*, *Misc.*, *Navy* $\frac{210}{11}$), accompagné d'une partie de ses troupes et de Gauthier Skirlawe et Richard de Aberbury en prévision d'un traité à venir (*Ibid.*, *Nuncii* $\frac{232}{12}$).

1. De ces deux chevaliers, l'un tout au moins, Geoffroi de Kerimel, était rentré en France précédemment, puisque nous voyons le duc lui annoncer son retour en passant en mer à la hauteur de Caen (Dom Morice, *Hist. de Br.*, t. I, p. 365).

2. Le duc de Bretagne débarque, non pas à Guérande, mais en face de Saint-Malo, dans l'estuaire de la Rance, le 3 août 1379 (Dom Morice, *Hist. de Br.*, t. I, p. 365). Ses bateaux de transport, laissés en arrière sous le commandement de Hugues de Calverley, entrent aussi dans la Rance après un combat, victorieux d'après Walsingham (*Hist. angl.*, t. I, p. 405-407), très disputé d'après le marquis Terrier de Loray (*Jean de Vienne*, p. 135). La flotte anglaise, après avoir débarqué Jean de Montfort, était encore à Quidallet (auj. Saint-Servan) le 10 août, comme l'écrit B. du Guesclin au duc d'Anjou (Dom Morice, *Preuves*, t. I, col. 225). D'après une autre lettre du connétable, la flotte ennemie partit le 19, faisant route vers les îles normandes (Kervyn, t. IX, p. 536) ; elle dut revenir d'Harfleur vers le 8 septembre (Nativité de Notre-Dame) : Les Anglois, nous dit la *Chronique* de P. Cochon (p. 157), furent bien quinze jours « devant « Saint-Maalou... et ne firent rien et s'en ralèrent en leur païs ».

3. A peine débarqué, le duc se rend à Dinan, où le 9 août il tient un conseil des barons de Bretagne « en disant qu'il se veut gouverner « à l'ordonnance desdis barons et autres, et faire au roy ce que faire « li devra » (Dom Morice, *Preuves*, t. II, col. 226), puis il fait le 20 août avec 140 Anglais son entrée à Rennes, d'où il doit se rendre à Guingamp (Hay du Chastelet, *Hist. de du Guesclin*, p. 473).

4. Avant de demander des renforts au roi d'Angleterre, le duc de Bretagne avait essayé de traiter. Dès le 19 août, Hugues de Calverley faisait des propositions à B. du Guesclin, qui les communiquait au duc d'Anjou en le pressant d'arriver (Kervyn, t. IX, p. 536-537). Ce dernier n'arrive guère que vers la fin de septembre (*Bibl. Nat.*, ms. fr. 26 016, n° 2613). Les conférences du traité, le 26 à Dinan et le 27 à Dol, l'empêchent même de se rendre à l'appel du roi de France (*Bibl. Nat.*, ms. fr. 10 238, fol. 126). Une trêve intervient, et le duc de Bretagne demande l'arbitrage du comte de Flandre (Hay du Chastelet, *Hist. de du Guesclin*, p. 395), qui est accepté par le duc d'Anjou à Angers le 26 octobre (Dom Morice, *Preuves*, t. II, col. 233-235). D'autre part, « plusieurs parlemens » ont lieu à Saint-Omer (*Chr. des Quatre Valois*, p. 284) et à Arras (H. Moranvillé, *Et. sur la vie de J. le Mercier*, p. 76) ; les envoyés

Vers la Saint-André de cette année (30 novembre), meurt à Prague Charles de Bohême, roi d'Allemagne et empereur de Rome, qui, avant de mourir, avait assuré sa succession à son fils Charles, dont l'élection se fait à Aix-la-Chapelle[1]. P. 206 à 209, 335.

A peu près à la même époque ont lieu les pourparlers du mariage du jeune roi Richard d'Angleterre. On aurait désiré une union avec la maison de Hainaut, en souvenir de la bonne reine Philippe, mais le duc Aubert n'avait pas de fille en âge d'être mariée; d'autre part on ne pouvait songer à Blanche de Lancastre, la cousine du roi, qui n'apportait pas de nouvelle alliance. On se décide donc pour la sœur du jeune roi de Bohême, et Simon Burley est envoyé en ambassade pour négocier ce mariage[2]. Il arrive à Calais, puis à Bruxelles, en passant par Gravelines, Bruges et Gand; il y trouve la cour de Hainaut au milieu de fêtes auxquelles assistaient le duc Aubert, le comte de Blois, le comte de Saint-Pol, Robert et Guillaume de Namur et une foule de chevaliers. Le duc et la duchesse lui donnent des lettres pour l'Allemagne, approuvant ce projet de mariage; il se dirige sur Cologne, en passant par Louvain. P. 208, 209, 335.

Le roi d'Angleterre envoie en même temps en Bretagne deux cents hommes d'armes et quatre cents archers[3], commandés par Jean d'Arondel, ayant sous ses ordres Hugues de Calverley, Thomas Banastre, Thomas Trivet, Gautier Paveley, Jean Bourchier, Robert Ferrers et Raoul Basset. Le départ a lieu à

---

anglais, comme Gauthier Skirlawe, circulent de Calais en Picardie (*Rec. Off.*, *Queen's Rem.*, *Misc.*, *Nuncii* $\frac{333}{14}$, et *Lord Treas. Rem.*, *For. Acc.* 4, m. 12 v°); mais le roi se montre trop exigeant, en demandant la confiscation du duché de Bretagne, qui serait attribué à Henri de Blois (*Chr. des Quatre Valois*, p. 284); et Jean de Montfort se tourne définitivement du côté de l'Angleterre.

1. C'est le 29 novembre 1378 que mourut Charles IV, « filium suum « primogenitum regem Romanorum, in regno Boemie sibi succes- « sorem, relinquens » (*Chronographia*, t. II, p. 372).

2. L'évêque de Hereford fut aussi mêlé aux négociations de ce mariage, qui ne devait avoir lieu que plus tard; nous trouvons en effet mention d'un voyage qu'il fit à cette occasion, du 31 décembre 1380 au 28 mars 1381 (*Rec. Off.*, *Queen's Rem.*, *Misc.*, *Nuncii* $\frac{333}{14}$).

3. Les montres des compagnies de Jean d'Arondel et autres sont passées le 4 octobre 1379 (*Rec. Off.*, *French Rolls*, 3 *Rich. II*, m. 21); le 26 un dernier paiement de vivres est mandaté, tout proche du départ (*Ibid.*, *Patent Rolls*, 3 *Rich. II*, part I, m. 19 v°).

Southampton, mais le vent contraire oblige la flotte à suivre les côtes de Cornouaille, puis la pousse dans la mer d'Irlande, où viennent se briser sur les rochers trois bateaux, montés par Jean d'Arondel, Thomas Banastre, Huges de Calverley, Gautier Paveley et près de cent hommes d'armes. Quatre-vingts d'entre eux périssent, et dans le nombre Jean d'Arondel[1], Thomas Banastre et Gautier Paveley. Hugues de Calverley n'échappe qu'à grand peine à la mort, car lui et sept marins survivent seuls à tous ceux qui sont à bord de la nef. Thomas Trivet et les autres retournent alors à Southampton et racontent leurs aventures. C'est ainsi que le duc de Bretagne ne put être secouru cette année par les Anglais, à son grand dommage, car il eut beaucoup à souffrir des Français et des Bretons, qui menés par Clisson prirent et pillèrent la ville de Dinan[2]. P. 209 à 211, 335, 336.

CHAPITRE IX.

Fin de 1379. LE COMTE DE FLANDRE A GAND. — 1380, 22 *février*. PRISE D'AUDENARDE PAR JEAN PRUNEEL ET LES CHAPERONS BLANCS DE GAND. — *Avril*. EXÉCUTION DE JEAN PRUNEEL; TROUBLES EN FLANDRE (§§ 127 à 136).

Une des conditions de la paix faite entre le comte de Flandre

---

1. Le naufrage où périt Jean d'Arondel eut lieu vers le 6 décembre 1379 (propè festum S. Nicolai; le compte des dépenses de l'expédition est arrêté au 3 décembre (*Rec. Off.*, *Treas. of the Rec.*, *Misc.* $\frac{41}{12}$). Th. Walsingham donne de nombreux détails sur cet événement et sur les mœurs impies et débauchées de Jean d'Arondel, qui avait embarqué de force des nonnes sur ses navires (*Hist. angl.*, t. I, p. 418–425).
2. Après le licenciement presque total de l'armée royale, qui avait suivi la trève, le 18 novembre 1379, Clisson avait été laissé en Bretagne pour continuer le siège de Brest, dont les amiraux Thomas de Percy et Hugues de Calverley (*Rec. Off.*, *Queen's Rem.*, *Misc.*, *Realm of Fr.* $\frac{442}{27}$) avaient la garde, y ayant même fait dernièrement un séjour d'un mois, du 18 juillet au 14 août 1379 (*Rec. Off.*, *Treas. of the Rec.*, *Misc.* $\frac{41}{10}$) et où Thomas de Percy devait retourner après le naufrage de Jean d'Arondel (Dom Morice, *Hist. de Br.*, t. I, p. 370). C'est au commencement de 1380 que Clisson, après avoir renoncé à assiéger Guérande, après avoir vu ses terres ravagées et avoir assisté à l'échec de la flotte espagnole devant Saint-Nazaire, prit et pilla la ville de Dinan (Dom Morice, *Histoire de Br.*, t. I, p. 368-370).

et les Gantois, avait été que le comte viendrait demeurer à Gand. Mais, installé à Bruges, Louis de Male ne se pressait pas de tenir sa promesse; aussi les Gantois envoyèrent-ils quatre notables pour essayer de le ramener. Ces messagers prirent le chemin de Bruges en passant par Deynse et rencontrèrent en route, entre Deynse et Bruges, le comte qui, sur le conseil du prévôt de Haerlebeke[1] et de tous les siens, se rendait à Gand; mais, sans leur prêter attention, il s'arrêta à Deynse pour dîner. P. 211 à 213, 336.

Après dîner, les messagers de Gand exposent au comte combien leur ville désire le voir, se réjouissant de sa venue et de son pardon. Le comte, après avoir rappelé de nouveau tous les griefs qu'il a contre les Gantois, entre autres le meurtre de son bailli et l'incendie de son château, dit au seigneur de Reighersvliet d'apporter le vin en signe de réconciliation. Le lendemain ils chevauchent tous vers Gand. P. 213, 214, 336.

Le lendemain de son arrivée à Gand, le comte convoque les Gantois sur la place du marché du vendredi et les harangue : comme condition de son pardon, il demande la dissolution des *chaperons blancs*, mais cette demande est mal accueillie, et les *chaperons blancs* ne se gênent pas pour montrer au comte leur hostilité. P. 214 à 217, 337.

Au bout de cinq jours, le comte quitte Gand pour aller à Lille, où il se dispose à passer l'hiver[2]. La plupart des Gantois attribuent la mauvaise humeur du comte à Gilbert Mahieu et aux siens; mais Jean Pruneel et les autres chefs des *chaperons blancs* font courir le bruit que l'été suivant le comte rompra la paix, et qu'il leur faut faire des provisions en cas de siège. Nouveau sujet de mécontentement pour le comte. Il est difficile d'affirmer qu'on eût pu empêcher cette guerre d'éclater, car, sans parler des *chaperons blancs* qu'on aurait pu anéantir dès le principe, restait la question des franchises municipales que les Gantois furent toujours unanimes à défendre. P. 217 à 219, 337, 338.

Le comte de Flandre n'était pas depuis longtemps à Lille

---

1. Belgique, prov. de Flandre occidentale.
2. J. Meyer (*Annales rerum Flandricarum*, fol. 173 v°) place ici, à la fin de 1379, un court voyage à Paris que le comte de Flandre aurait fait avec sa mère Marguerite d'Artois; cf. Kervyn de Lettenhove, *Hist. de Flandre*, t. III, p. 446.

qu'Olivier d'Auterive, cousin germain de Roger d'Auterive, Philippe de Masmimes, le Gallois de Masmimes et d'autres, envoient défier la ville de Gand pour le meurtre du bailli ; et rencontrant 40 bateliers, bourgeois de Gand, qui transportent du blé sur l'Escaut, ils les mutilent et leur crèvent les yeux, pour venger la mort de Roger d'Auterive ; après quoi ils les renvoient à Gand.

Grande colère des Gantois ; Jean Pruneel, le vrai capitaine des *chaperons blancs*, part un soir avec 500 hommes et entre sans coup férir dans Audenarde[1], dont il démolit immédiatement deux portes, ainsi que les murs et les tours qui regardent du côté de Gand. Le comte apprend bientôt ces nouvelles, qui le rendent furieux. Il fait aussitôt partir pour Gand des commissaires qui reprochent aux habitants d'avoir rompu la paix obtenue par le duc de Bourgogne. Le maire et les jurés se plaignent à leur tour des mauvais traitements infligés aux 40 bateliers, et, tout en désavouant Jean Pruneel, ils justifient cependant sa conduite en invoquant le témoignage du duc de Bourgogne, qui sait fort bien que la démolition des murs d'Audenarde était une des clauses du traité, clause qu'à sa prière ils ont bien voulu abandonner. Les commissaires partent en menaçant, et retournent à Lille. P. 210 à 223, 338, 339.

Un échange de dépêches a lieu. Enfin le 12 mars 1380, par l'entremise de Jean de la Faucille, de Gilbert de Grutere[2] et de Simon Bette[3], un accord se fait : Audenarde est rendu au comte, et Jean Pruneel est banni de Flandre pour avoir pris Audenarde à l'insu des Gantois ; d'autre part reçoivent même châtiment Philippe de Masmines et Olivier d'Auterive, pour avoir maltraité les bourgeois de Gand. Jean Pruneel se retire à Ath[4] en Brabant,

---

1. La ville d'Audenarde aurait été prise le 22 février 1380 (fête de la chaire de Saint Pierre d'après J. Meyer (*Loc. cit.*, fol. 173 v°), et rendue au comte 12 jours après (5 mars), ce qui se rapproche de la date du 12 mars donnée plus loin par Froissart. Vers la même époque, du 18 février au 3 mars 1380, une émeute éclatait à Bruges, où l'échevin, Jean le Roux (*Chr. rimée*, p. 64-66), était massacré dans l'église Saint-Donat.

2. Gilbert de Grutere, cité en 1358 et 1360 dans les *Recherches sur les corporations gantoises* de Huyttens (p. 60 et 185), était doyen des métiers de Gand en 1381 (Kervyn, t. XXI, p. 81) ; sa famille figure dans l'Armorial de 1524.

3. La famille Bette figure à l'Armorial de 1524.

4. Belgique, prov. de Hainaut.

Philippe de Mamines à Valenciennes, puis, sur la plainte des Gantois, à Warlaing[1], près de Douai; les autres quittent aussi la Flandre et vont en Brabant ou ailleurs. P. 223 à 225, 339.

Le comte fait aussitôt réparer les murs d'Audenarde, malgré la sourde opposition des Gantois. Jean de la Faucille, ne voulant pas se compromettre, se retire à Nazareth[2] près de Gand.

Pendant ce temps, le comte se fait remettre par le duc Aubert, régent du Hainaut, Jean Pruneel, qu'on décapite à Lille[3]. Nombreuses exécutions à Ypres[4] parmi ceux qui avaient ouvert les portes aux Gantois. P. 225, 226, 339, 340.

Toutes ces nouvelles arrivent aux Gantois, qui à leur tour redoutent les représailles du comte. « Nous aurons tout à craindre du comte et de ses barons, dit Pierre du Bois, tant que sur notre territoire il restera debout un seul château! Détruisons donc les châteaux! » Ils partent au nombre de 1500 et pendant huit jours brûlent et abattent les châteaux du pays de Gand[5], puis reviennent à la ville.

Les chevaliers et les écuyers de Flandre apprennent à Lille ces désastres: unis à leurs amis de Hainaut, ils partent aussitôt, ayant pour chef le Hase de Flandre, l'aîné des bâtards du comte, et cantonnés soit à Audenarde, soit à Alost[6], à Gavre[7], à Termonde, ils harcèlent les Gantois, les relancent jusqu'à leurs murs et détruisent leurs moulins à vent. Le jeune sénéchal de

---

1. Nord, commune d'Alnes, arr. de Douai.
2. Belgique, prov. de Flandre orientale.
3. La remise de J. Pruneel entre les mains du comte de Flandre fut l'occasion de la signature d'une sorte de traité d'extradition contre les fauteurs de désordres entre le comte de Flandre, le régent de Hainaut et les ducs de Bourgogne et de Brabant, 15 avril 1380 (*Chr. belges, Cartul. des comtes de Hainaut*, t. II, p. 288-290). A la suite de ce contrat, le duc de Bourgogne chargea, le 24 avril 1380, Gérard de Ghistelles, son chambellan, de se transporter à Ath avec les gens du comte de Flandre, pour y recevoir du duc Albert trois prisonniers bannis de Gand (*Chr. belges, Cartul. des comtes de Hainaut*, t. II, p. 291); Jean Pruneel devait être un de ces trois prisonniers.
4. Le comte entre à Ypres le 7 avril 1380 et met à mort 700 habitants (Kervyn, *Hist. de Flandre*, t. III, p. 448-449).
5. Il y eut à ce propos association nouvelle entre les trois villes Gand, Bruges et Ypres (*Chr. rimée*, p. 61); les seigneurs furent chassés à Courtrai comme à Ypres (p. 62-63).
6. Belgique, prov. de Flandre orientale.
7. Belgique, prov. de Flandre orientale.

Hainaut, Jacques de Werchin, est parmi les plus ardents et se distingue entre tous ; malheureusement il mourut jeune au château d'Obies[1], près de Mortagne[2]. P. 220 à 226, 340, 341.

Les Gantois veulent alors forcer Hugues, seigneur d'Antoing, qui tenait de la ville de Gand sa châtellenie de Viane[3], à les servir, sous peine de voir son château de Viane détruit. Refus du seigneur d'Antoing, qui fortifie son château et harcèle la garnison de Grammont, alliée des Gantois. D'autre part Gauthier, seigneur d'Enghien, fait beaucoup de mal aux Gantois. Et la guerre se continue ainsi, avec d'autant plus d'acharnement, que les capitaines des Gantois n'espèrent plus pouvoir sauver leurs têtes par un traité quelconque. P. 228 à 230, 341.

Pour lutter plus avantageusement contre les *chaperons blancs*, le comte rappelle alors en Flandre tous ceux qui en avaient été bannis, leur abandonne le pays ; à leur tête il place le Gallois de Masmines et Pierre de Steenhuyse. Ces deux chefs de routiers pendant trois semaines tiennent et ravagent la campagne entre Audenarde et Courtrai. Rasse de Herzeele quitte alors Gand avec les *chaperons blancs* et marche sur Deynse, croyant y trouver les gens du comte, qui se retirent à Tournai et se rassemblent dans la Pevèle[4], aux environs d'Orchies[5], de Lesdain[6], de Rongy[7] et de Warlaing, empêchant ainsi tout commerce[8] entre Douai et Lille. On craint alors que les Gantois, unis à ceux de Courtrai et de Grammont, ne viennent assiéger le comte à Lille ; mais ils ne peuvent vaincre les hésitations des gens de Bruges et d'Ypres ; et le siège n'a pas lieu.

Les Gantois, redoutant l'intervention du roi de France, l'avaient assuré de leurs bonnes intentions, affirmant qu'ils ne faisaient la guerre que pour défendre leurs franchises municipales. Le roi et le duc d'Anjou n'étaient du reste que peu disposés pour le comte

---

1. Nord, arr. d'Avesnes.
2. Nord, arr. de Valenciennes.
3. Belgique. prov. de Hainaut, tout près de Grammont.
4. Pevèle ou Pévelois, région des Flandres ayant Cysoing (Nord) comme capitale.
5. Nord, arr. de Douai.
6. Nord, arr. de Cambrai.
7. Belgique, prov. de Hainaut, au sud de Tournai.
8. Le comte de Flandre avait fait prévenir les marchands de n'avoir plus à compter sur lui pour les défendre (*Chr. rimée*, p. 73).

de Flandre, qui avait soutenu le duc de Bretagne; et le pape Clément voyait dans ces troubles des Flandres un châtiment pour le comte, qui n'avait pas voulu se déclarer pour lui. P. 230 à 232, 341, 342.

CHAPITRE X.

1380, 13 *juillet*. MORT DE BERTRAND DU GUESCLIN DEVANT CHATEAUNEUF-RANDON. — *Du 23 juillet au 16 septembre*. CHEVAUCHÉE DU COMTE THOMAS DE BUCKINGHAM EN FRANCE, POUR SE RENDRE EN BRETAGNE, A TRAVERS L'ARTOIS, LA PICARDIE, LA CHAMPAGNE, LE GATINAIS, LA BEAUCE ET LE MAINE. — 16 *septembre*. MORT DE CHARLES V (§§ 137 à 168).

Le connétable Bertrand du Guesclin assiégeait, entre Mende et le Puy, Châteauneuf-Randon[1], défendu par des Anglais et des Gascons[2], quand il tomba malade et mourut. On apporta son

1. Lozère, arr. de Mende.
2. Bertrand du Guesclin avait toujours espéré que la campagne de Bretagne finirait par un traité, et l'on peut supposer, sans mettre en doute son dévouement à Charles V, qu'il préférait cette solution à toute autre, n'ayant pas comme Clisson des raisons d'hostilité personnelle contre Jean de Montfort. Aussi quand les pourparlers du traité n'eurent pas abouti, Jean le Mercier, qui gardait rancune au connétable de lui avoir reproché précédemment l'échec du siège de Cherbourg (*Chr. des Quatre Valois*, p. 277), ne manqua pas de représenter au roi que B. du Guesclin n'avait pas fait son devoir dans la campagne de Bretagne et qu'il « estoit de la bande du duc » (*Chr. du bon duc Loys de Bourbon*, p. 112), espérant ainsi faire nommer connétable Olivier de Clisson. La manœuvre faillit réussir, car Bertrand, furieux d'avoir été desservi auprès du roi, fait entendre bien haut qu'il renonce à son épée de connétable français et qu'il va se retirer en Espagne. Le roi lui députe à Pontorson les ducs d'Anjou et de Bourbon pour lui assurer qu'il n'ajoute pas foi à ces calomnies. A en croire Cabaret d'Orville (*Chr. du bon duc Loys de Bourbon*, p. 114), du Guesclin aurait alors refusé de reprendre son épée de connétable et se serait acheminé vers l'Espagne par le gouvernement du duc de Bourbon. Il est plus naturel de croire que B. du Guesclin resta comme connétable au service du roi, d'autant que les pièces de cette époque portent la mention : *sous le gouvernement de Mgr le connestable de France* (Dom Morice, *Preuves*, t. II, col. 248-250), au commencement de juin 1380, à la veille de son départ pour le Midi, où l'appelaient les réclamations des villes contre les compagnies. Au commencement de l'année, Per-

corps aux Cordeliers du Puy, puis on le transporta à Saint-Denis, où le roi le fit enterrer auprès de son tombeau, après de magnifiques obsèques[1].

Le roi songe alors à nommer connétable le seigneur de Couci, auquel il vient de donner la terre de Mortagne, en Hainaut[2], dont il dépouille le jeune Jacques de Werchin; mais le seigneur de Couci refuse cette charge, dont il croit plus digne Olivier de Clisson. Le jour même de la mort de du Guesclin, Châteauneuf se rend[3] : la garnison s'en va en Limousin et les gens du connétable viennent en France[4], où le roi les accueille bien.

Parlons maintenant de monseigneur Thomas, comte de Buckingham, fils cadet du roi Édouard d'Angleterre, qui se dis-

ducat d'Albret avait pris en effet Montferrand en Gévaudan (*Le petit Thalamus*, p. 400); en avril Chaliers et Châteauneuf-Randon tombaient à leur tour au pouvoir des Anglais (*Ibid.*). Au mois de juin, B. du Guesclin, qui était parti avec 300 hommes d'armes (*Chr. du bon duc Loys de Bourbon*, p. 116), arrivait avec le duc de Berry devant Chaliers, qui se rendait au mois de juillet (*Le petit Thalamus*, p. 400). De là le connétable va mettre le siège devant Châteauneuf-Randon; mais il tombe bientôt malade, empoisonné, d'après la *Chronique de P. Cochon* (p. 158), et meurt le vendredi 13 juillet (*Grandes Chroniques*, t. VI, p. 466), remettant au maréchal de Sancerre son épée de connétable pour la donner au roi (*Chronographia*, t. II, p. 393).

1. Le corps du connétable fut d'abord déposé dans l'église des Jacobins (auj. Saint-Laurent) du Puy, où le 23 juillet fut célébré un service funèbre (*Le petit Thalamus*, p. 400). Ses entrailles restèrent au Puy (Dom Vaissete, t. IX, p. 881); son cœur, primitivement placé dans l'église des Jacobins de Dinan, fut transporté le 9 juillet 1810 dans l'église Saint-Sauveur de la même ville (J. Ogée, *Dict. hist. et géogr. de la prov. de Bretagne*, t. I, 1840, p. 223); son corps, d'abord transféré à Moulins, fut enterré à Saint-Denis au pied du tombeau de Charles V (*Chr. du bon duc Loys de Bourbon*, p. 118), après de magnifiques funérailles.

2. La donation de Mortagne-sur-l'Escaut (Nord, arr. de Valenciennes) n'est datée que du 27 septembre 1380 (*Arch. Nat.*, JJ 118, fol. 12 v°).

3. La garnison anglaise, ignorant la mort de Bertrand du Guesclin, se rendit le lendemain de sa mort (*Grandes Chroniques*, t. VI, p. 467 et *Chr. du bon duc Loys de Bourbon*, p. 118), le 14 juillet 1380, et déposa les clés du château sur son lit de mort (*Chronographia*, t. II, p. 393; *Chr. des Quatre Valois*, p. 285).

4. Les troupes du connétable allèrent faire le siège de Montferrand (Lozère, arr. de Marvejols, commune de Banassac), ainsi que dit *Le petit Thalamus de Montpellier* (p. 400) : « e d'aqui lo seti fo mudat a Montferrant ».

pose à traverser la France avec une armée, pour venir en Bretagne. P. 233 à 234, 342.

Les renforts promis par les Anglais au duc de Bretagne n'étaient pas arrivés : on a vu le triste sort de l'expédition de Jean d'Arondel. Le duc pressé par Olivier de Clisson, Gui de Laval et autres, envoie en Angleterre le seigneur de Beaumanoir et Eustache de la Houssaie[1], qui arrivent à Londres un peu avant la Pentecôte 1380, avant donc le 13 mai. P. 234, 235, 342, 343.

Le roi d'Angleterre reçoit très bien à Windsor les deux ambassadeurs. Pendant les préparatifs qu'on fait du Parlement qui doit se tenir à Westminster, meurt, à Londres, Guichard d'Angle, comte d'Huntingdon, qui est enseveli en grande pompe dans l'église des Augustins[2].

Le parlement s'assemble, et l'on décide que le comte de Buckingham se rendra à Calais et traversera la France pour aller en Bretagne, avec trois mille hommes d'armes et trois mille archers. P. 235, 236, 343.

Les chevaliers bretons repartent alors, porteurs de lettres du roi Richard.

L'armée anglaise pendant ce temps se rassemble à Douvres,

---

1. Le 10 janvier 1380, le duc de Bretagne avait envoyé des ambassadeurs en Angleterre, et un traité avait été signé (Dom Morice, *Preuves*, t. II, col. 236); le roi de France y répondait le 4 février par un traité d'alliance avec le roi Jean de Castille (Hay du Chastelet, *Hist. de du Guesclin*, p. 403-405). Mais le traité conclu avec l'Angleterre n'ayant pas stipulé le nombre d'hommes d'armes à fournir, le duc renvoie en ambassade au mois de mars Jean de Beaumanoir et Eustache de la Houssaye, auxquels il faut joindre Étienne de Guyon, Mathieu Raguenel, Jean de la Chapelle et Richard Clerc (*Rec. Off.*, *Issue Rolls*, 3 *Rich. II*, m. 17). Pendant ce temps, les États de Bretagne font une tentative auprès du roi de France, qui semble disposé à s'en rapporter à l'arbitrage du comte de Flandre (Dom Morice, *Hist. de Bret.*, t. I, p. 372) et continue d'autre part avec l'Angleterre les pourparlers de paix commencés en 1379 (Kervyn, t. IX, p. 545), où nous voyons intervenir, du 31 mars au 6 juin, Thomas, évêque de Rochester, Jean de Cobham et Gauthier Skirlawe (*Rec. Off.*, *Queen's Rem.*, *Misc.*, *Nuncii* $\frac{632}{19}$ et $\frac{632}{23}$; *Lord Treas. Rem.*, *For. Acc.* 4, m. 16 r° et 24 v°). L'expédition de Buckingham n'en était pas moins décidée dès le mois de mars précédent, après la seconde ambassade de Jean de Beaumanoir.

2. Contrairement à ce que dit Froissart, ce personnage bien connu, qui mourut le 4 avril 1380, fut enterré très modestement, comme il le désirait, à Reading (voy. Kervyn, t. XX, p. 36).

puis à Calais, et les capitaines de Boulogne, d'Ardres[1], de la Montoire[2], d'Éperlecques[3], de Tournehem[4], de Hames[5], de Licques[6] et autres châteaux s'apprêtent à soutenir un siège.

Le roi de France apprend à Paris le passage de l'armée anglaise : il envoie alors en Picardie[7] le seigneur de Couci[8], qui établit son quartier général à Péronne, en Vermandois. Le capitaine d'Ardres était alors le seigneur de Sempy[9]; Jean de Longvilliers commandait à Boulogne et Jean de Fosseux[10] à Montreuil-sur-Mer[11].

Buckingham arrive à Calais[12] trois jours avant la fête de Sainte-Madeleine (19 juillet 1380). P. 236 à 238, 343.

1. Pas-de-Calais, arr. de Saint-Omer.
2. Ruines dans le parc du château de la Cressonnière, à Nielles-lès-Ardres, Pas-de-Calais, arr. de Saint-Omer.
3. Pas-de-Calais, arr. de Saint-Omer.
4. Pas-de-Calais, arr. de Saint-Omer.
5. Hames-Boucres, Pas-de-Calais, arr. de Boulogne.
6. Pas-de-Calais, arr. de Boulogne.
7. Le roi avait nommé le 2 août le duc de Bourgogne, capitaine général du royaume. Il n'arrivait guère à Amiens que le 22 juillet (É. Petit, *Itinéraires*, p. 148). Bureau de la Rivière avait été retenu pour servir en Picardie le 10 juillet aux gages de 1000 francs d'or par mois (*Mandements de Ch. V*, n° 1938), ainsi que Jean de Beuil aux gages 200 francs d'or, le 10 août (*Ibid.*, n° 1948). Le jeune Charles de Navarre était avec le duc de Bourgogne aux gages de 500 francs d'or (*Arch. Nat.*, KK 326, fol. 15).
8. Dès le 20 juin nous trouvons le seigneur de Couci commandant en Picardie, à Hesdin (*Bibl. Nat.*, *Clair.* vol. 14, n° 925), puis à Abbeville le 4 juillet (*Ibid.*, *Clair.* vol. 68, n° 5305), à Hesdin, le 22 (*Ibid.*, *Clair.* vol. 17, n° 1131), puis à Chartres le 6 septembre (*Ibid.*, *Clair.* vol. 35, n° 2623); il était aux gages de 600 francs par mois.
9. Jean de Sempy paraît à Boulogne le 1ᵉʳ juin 1380 (*Bibl. Nat.*, *Clair.* vol. 17, n° 1157), à Thérouanne le 26 (*Ibid.*, *Clair.* vol. 65, n° 5031), à Hesdin le 2 août (*Ibid.*, *Clair.* vol. 17, n° 1147).
10. Jean de Fosseux, chevalier qui a déjà figuré dans Froissart, servait en Picardie sous les ordres d'Enguerrand de Couci, et était le 5 juillet à Abbeville et le 19 à Hesdin, où sa compagnie était passée en revue (*Bibl. Nat.*, *Clair.* vol. 49, n°ˢ 3647 et 3649).
11. Pas-de-Calais, ch.-l. d'arr.
12. L'expédition de Buckingham fut préparée dès le 17 mars 1380, date à laquelle les premiers bateaux furent retenus (*Rec. Off.*, Issue Rolls, 3 Rich. II, m. 23; *Ibid.*, 4 Rich. II, m. 11) tant pour transporter les troupes que pour protéger la flotte (voy. aussi à la date du 18 avril *Rec. Off.*, Queen's Rem., Misc., Nuncii $\frac{222}{12}$). Mais ce n'est qu'au mois de juin qu'on songea réellement à partir. Le roi avait engagé ses joyaux à l'archevêque de Cantorbéry et obtenu pour cette expédition 10 000 livres sur les dîmes du clergé et 4592 l., 14 s., 2 d. sur les droits

Trois jours après, départ pour Marquise[1] de l'armée anglaise, commandée par le comte de Buckingham, les comtes d'Oxford et Devonshire, Guillaume de Latimer, connétable de l'armée, et Gautier Fitz-Walter, maréchal de l'armée, qu'accompagnent de nombreux chevaliers (longuement énumérés). P. 238 à 240, 343, 344.

Repos de trois jours à Marquise[2]. On passe devant Ardres, pour aller gîter à Ausque[3]. Le petit castel de Vrolant[4] est pris. A cette occasion on arme de nouveaux chevaliers, et l'on attend à Ausque l'arrière-garde de Guillaume de Windsor. Le lendemain gîter à Éperlecques. P. 240 à 242, 344, 345.

touchés sur les laines, les cuirs et les peaux aux portes de Londres, de Saint-Botolph's et de Kingston-sur-Hull (*Ibid., Patent Rolls*, 3 *Rich. II*, part 2, m. 11; voy. aussi Rymer, t. VII, p. 256). Le 18 juin, le maire de Londres, John Philippot, se rend à Sandwich pour veiller aux préparatifs des barques des Cinq-Ports, qui doivent escorter Buckingham (*Ibid., Issue Rolls*, 3 *Rich. II*, m. 23); le 20, un don de 1000 livres à vie est fait à Buckingham (*Ibid., Patent Rolls*, 4 *Rich. II*, part 1, m. 40); le 24, des prières solennelles sont dites (*Ibid., Close Rolls*, 4 *Rich. II*, m. 9); le 26, Buckingham est nommé lieutenant du roi d'Angleterre en France (*Bibl. Nat., coll. Moreau* 702, *Bréq.* 78, fol. 114-117); enfin l'armée part au mois de juillet, et arrive à Calais par fractions : Buckingham y arrive le 19. Primitivement la compagnie de Buckingham devait compter 2000 hommes d'armes et 2000 archers (*Rec. Off., Issue Rolls*, 3 *Rich. II*, m. 23); un peu plus tard, au mois de mai, elle n'avait plus que 1200 hommes d'armes et 1390 archers (*Ibid., Lord Treas. Rem., For. Acc.* 4, m. 40 v°); au moment du départ, son effectif était réduit à 1000 hommes d'armes et à 1100 archers, auxquels il fallait joindre 220 hommes d'armes et 220 archers retenus par Robert Knolles, 50 h. d'a. et 30 ar. retenus par Eustache de Vertaing; 200 h. d'a. et 200 ar. retenus par Thomas de Percy, 200 h. d'a. et 200 ar. retenus par Hugues Calverley; 200 h. d'a. et 200 ar. retenus par Raoul de Basset, 70 h. d'a. et 80 ar. retenus par J. de Harleston, 250 h. d'a. et 220 ar. retenus par Guillaume de Latimer, 100 h. d'a. et 200 ar. retenus par Guillaume de Windsor, etc., en tout 2470 hommes d'armes et 2590 archers (*Rec. Off., Issue Rolls*, 3 *Rich. II*, m. 17).

1. Pas-de-Calais, arr. de Boulogne.
2. Pendant leur séjour à Marquise, les Anglais durent faire une pointe sur Étaples qu'ils brûlèrent avec d'autres villes, comme nous l'apprend la *Chronique des Quatre Valois* (p. 285), alors que les négociations de paix entre la France et l'Angleterre n'étaient pas interrompues (cf. plus haut, p. xcviii, note 1).
3. Nordausque, Pas-de-Calais, arr. de Saint-Omer.
4. Château que Kervyn place tout près de Nordausque, mais que je n'ai pas trouvé sur les cartes.

Le lendemain à six heures, marche sur Saint-Omer. Les gens de la ville qui avaient veillé toute la nuit de crainte d'une surprise, courent aux créneaux. Mais le comte de Buckingham se contente de regarder la ville de loin, du haut d'une colline. Quelques jeunes chevaliers, nommés à cette occasion, viennent chercher aventure sous les murs de la ville, mais on ne leur répond pas. Gîter à Esquerdes[1], entre Saint-Omer et Thérouanne[2]. Le lendemain, marche sur Thérouanne. P. 242 à 244, 345.

Quand les gens d'armes de Boulogne, d'Ardres, de Tournehem, d'Audrehem[3], de la Montoire, de Hames et des châteaux du Boulonnais et du pays de Guines[4] voient que les Anglais marchent ainsi devant eux sans s'arrêter, ils se rangent au nombre de deux cents lances sous les ordres des seigneurs de Sempy et de Fransures[5], et se mettent à poursuivre et à harceler l'armée anglaise, qui, sans s'arrêter à Thérouanne, va gîter et se reposer un jour à Wizernes[6]. P. 244, 245, 345.

A Wizernes, le comte de Buckingham reçoit la visite du duc de Tesschen, l'ambassadeur de l'empereur, qui, accompagné de Simon Burley, se rend[7] en Angleterre pour négocier le mariage du roi Richard et d'Anne de Bohême. L'armée passe devant Lillers[8] et gîte à Bruay[9], toujours poursuivie par les seigneurs de Fransures et de Sempy. P. 245, 246, 345.

Le lendemain matin, départ pour Béthune[10], où le seigneur de Couci avait envoyé d'Arras le seigneur d'Hangest, Jean et Tristan

---

1. Pas-de-Calais, arr. de Saint-Omer.
2. Pas-de-Calais, arr. de Saint-Omer. — *La Chronique des Quatre Valois* (p. 286) rapporte qu'aux environs de Thérouanne les Anglais prirent et abattirent deux petites forteresses.
3. Pas-de-Calais, arr. de Saint-Omer.
4. Pas-de-Calais, arr. de Boulogne.
5. Nous trouvons Jean de Fransures, chevalier banneret, en 1363 en Anjou et en 1368-1369 en Picardie (*Bibl. Nat.*, *Pièces orig.* vol. 1239).
6. Pas-de-Calais, arr. de Saint-Omer.
7. Nous avons la mention d'une ambassade de Simon de Burley vers le roi des Romains pour le mariage de Richard II, du 18 juin au 31 décembre 1380 (*Rec. Off.*, *Lord Treas. Rem.*, *For. Acc.* 4, m. 22 v°).
8. Pas-de-Calais, arr. de Béthune.
9. Pas-de-Calais, arr. de Béthune.
10. Pas-de-Calais, ch.-l. d'arr.

de Roye, Geoffroi de Charni[1], Gui de Honnecourt et autres. Les Anglais passent en vue de Béthune à neuf heures du matin, mais ne tentent pas l'assaut, et vont gîter à Souchez[2]. A six heures du soir, les seigneurs de Sempy et de Fransures se jettent dans Béthune et renseignent le seigneur de Couci sur la chevauchée des Anglais, qui continuent leur marche le lendemain, passent devant Arras en ordre de bataille et vont gîter le jour même à Avesnes-le-Comte[3], le lendemain à Miraumont[4], puis à Cléry-sur-Somme[5]. Le seigneur de Couci envoie alors le seigneur de Hangest à Bray-sur-Somme[6], Jacques de Werchin à Péronne[7], avec le seigneur d'Havré, Jean de Roye, Gérard de Marquillies et autres; il part lui-même pour Saint-Quentin[8], et dirige sur Ham[9] en Vermandois le seigneur de Clary, Tristan de Roye et Gui de Honnecourt. P. 246, 247, 346.

Le seigneur de Brimeu[10] s'étant écarté de la route du seigneur de Couci, est fait prisonnier, ainsi que ses deux fils Jean et Louis, par Thomas Trivet et quelques chevaliers. P. 247 à 249, 346.

Le lendemain a lieu la montre de l'armée anglaise, et dans une embuscade, au mont Saint-Quentin devant Péronne, Gérard de Marquillies, Louis de Vertaing, Houard de la Houarderie, Bouchard de Saint-Hilaire et dix hommes d'armes sont faits prisonniers par les Anglais. P. 249 à 251, 346, 347.

Les Anglais restent trois jours à Cléry-sur-Somme[11]; le qua-

1. Geoffroi de Charni, chevalier, bailli de Nantes, naguères bailli de Caux, au 16 mars 1388 (*Coll. de Bastard*, p. 158)
2. Pas-de-Calais, arr. d'Arras.
3. Pas-de-Calais, arr. de Saint-Pol.
4. Somme, arr. de Péronne.
5. Somme, arr. de Péronne.
6. Somme, arr. de Péronne.
7. Somme, ch.-l. d'arr.
8. Aisne, ch.-l. d'arr.
9. Somme, arr. de Péronne.
10. David de Brimeu, chevalier banneret, seigneur d'Humbercourt, bailli d'Hesdin (É. Petit, *Itinéraires*, p. 637), figure dans une revue à Hesdin, le 19 juillet 1380 (*Bibl. Nat.*, Clair. vol. 22, n° 1580); nous le trouvons conseiller et chambellan du duc de Bourgogne en 1409 (*Bibl. Nat.*, Pièces orig. vol. 519). Le 1er mai 1378 il offre des chiens au roi (*Mandements de Ch. V*, n° 1706).
11. Les Anglais durent pendant leur séjour à Cléry-sur-Somme s'avancer en Vermandois et menacer Villers-aux-Érables (arr. de Montdidier), car les habitants de cette ville se réfugient dans la forteresse et sont traités de *hurons* par un charretier, se moquant de leur

trième, ils gîtent à l'abbaye de Vaucelles[1] près de Cambrai. Le lendemain ils se dirigent vers Saint-Quentin, et dans une escarmouche entre les gens du duc de Bourgogne, Jean de Mornai[2] est pris avec dix hommes d'armes de sa compagnie. Le soir le gros de l'armée gîte à Fervaques[3], et l'avant-garde à Fonsomme[4]. P. 251, 347.

Le lendemain, départ pour Saint-Quentin, dont la garnison ne répond pas aux provocations : on gîte à Origny-Sainte-Benoîte[5] et dans les villages voisins. L'abbaye de femmes d'Origny est épargnée, grâce au seigneur de Vertaing, neveu de l'abbesse ; mais, durant la nuit, un engagement sérieux a lieu à Ribemont[6].

Les jours suivants, on gîte à Crécy-sur-Serre[7], puis à Vaux[8], devant Laon, après avoir passé la Serre[9], puis à Sissonne[10], puis à Cormicy[11] et Hermonville[12] tout près de Reims, après avoir passé l'Aisne à Pontavert[13]. Manquant de vivres, l'armée anglaise force les Rémois à lui en fournir, passe la Vesle[14] et vient gîter à Beaumont-sur-Vesle[15]. P. 252 à 254, 347, 348.

lâcheté (*Arch. Nat.*, JJ 117, fol. 151). A Cléry-sur-Somme, le comte de Buckingham passe en revue son armée, où figurent trois nouveaux chevaliers (*Rec. Off.*, *Lord Treas. Rem.*, *For. Acc.* 4, m. 41 v°).

1. Abbaye cistercienne, ayant un abbé régulier, située un peu au sud de Cambrai.
2. Jean de Mornai, seigneur de la Motte-Tilly, déjà chambellan du duc de Bourgogne en 1372, reçut 1000 livres de pension pour sa bravoure à Roosebeke, d'après un compte d'Amiot Armand, cité par M. É. Petit (*Itinéraires*, p. 684).
3. Couvent cistercien de femmes, auj. ferme en face de Fonsomme, sur la rive droite de la Somme.
4. Aisne, arr. de Saint-Quentin.
5. Aisne, arr. de Saint-Quentin. — Le château de Béthancourt (Oise) se met en état de défense à cette date (*Arch. Nat.*, JJ 117, fol. 149 v°).
6. Aisne, arr. de Saint-Quentin.
7. Aisne, arr. de Laon. — Tandis que les Anglais étaient à Crécy-sur-Serre, le seigneur de Couci envoya le vicomte de Meaux défendre la ville de Laon (*Arch. Nat.*, JJ 123, fol. 47).
8. Écart de Laon.
9. Affluent de l'Oise.
10. Aisne, arr. de Laon.
11. Marne, arr. de Reims.
12. Marne, arr. de Reims.
13. Aisne, arr. de Laon.
14. Affluent de l'Aisne.
15. Marne, arr. de Reims.

Les Anglais trouvent le lendemain le pont de Condé-sur-Marne[1] détruit; ils le rétablissent, passent la rivière et gîtent ce jour-là à Cherville[2] et le lendemain à Vertus[3]. La ville, refusant de payer rançon, est complètement brûlée, à l'exception de l'abbaye où loge le comte de Buckingham.

Le lendemain, après escarmouche devant le château de Montmort[4] appartenant à Gauthier de Chatillon, on gîte à la Bailloterie[5], sur le chemin de Troyes. Le jour suivant, on se dirige sur Plancy[6]. Surpris par un parti d'Anglais, le seigneur de Hangest manque d'être fait prisonnier et se réfugie à grand'peine, poursuivi par un homme d'armes nommé Pierre Brochon, dans le château, qui subit un assaut. L'armée anglaise continue sa route, passe l'Aube, et gîte à Vallant-Saint-Georges[7]. P. 254 à 258, 348, 349.

Pendant que les Anglais chevauchaient sur Vallant, leur avant-garde avait rencontré Jean de Roye, accompagné de 20 lances, se dirigeant sur Troyes; elle les avait poursuivis et avait fait quatre prisonniers, entre autres, Gui Gouffier[8], écuyer du duc de Bourgogne.

L'armée quitte Vallant le lendemain, et gîte tout près de Troyes[9], à Barberey-Saint-Sulpice[10]. P. 258, 259, 349, 350.

Le duc de Bourgogne était à Troyes[11], désireux de combattre

---

1. Marne, arr. de Châlons.
2. Marne, arr. de Châlons. — Le texte de Froissart porte Genville-sur-Marne : Cherville est sinon sur la Marne, du moins très proche de la rivière.
3. Marne, arr. de Châlons.
4. Marne, arr. d'Épernay.
5. Ferme près de Germinion, Marne, arr. de Châlons. — Le texte de Froissart porte Pelotte.
6. Aube, arr. d'Arcis.
7. Aube, arr. d'Arcis.
8. Nous ne trouvons qu'un *Jean* Gouffier figurant dans une montre à Corbie, le 1ᵉʳ août 1380 (*Bibl. Nat.*, *Clair.* vol. 54, n° 4098). Les *Itinéraires* de M. É. Petit ne mentionnent pas cet écuyer.
9. Le 24 août, sous les murs de Troyes, Thomas Trivet renouvelle son engagement à raison de 4 s. par jour jusqu'au 31 décembre 1380 (*Rec. Off.*, *Lord Treas. Rem.*, *For. Acc.* 4, m. 40 v°).
10. Aube, arr. de Troyes. — Le texte de Froissart porte Barnart Saint Siple.
11. Les *Itinéraires* de M. É. Petit (p. 148) indiquent la présence du duc de Bourgogne à Troyes du 23 au 25 août 1380, date à laquelle il part pour aller trouver le roi à Melun. Auparavant il s'était occupé à

les Anglais, contrairement aux idées du roi de France, qui craignait un échec; il avait avec lui de nombreux chevaliers : c'étaient le duc de Bourbon, le duc de Bar, le comte d'Eu, les seigneurs de Couci et de Châtillon, Jean de Vienne, amiral de France, Hugues de Vienne, les seigneurs de la Trémoïlle, de Vergi, de Rougemont, de Sempy et autres, qui, aux portes de la ville, avaient fait bâtir une bastille en bois, pouvant bien abriter mille hommes.

Le lendemain de leur arrivée à sept heures, les Anglais, bien équipés et parés de leurs plus belles armes, s'avancent vers la ville; et le comte de Buckingham envoie vers les chevaliers français les deux hérauts, Chandos et Aquitaine, pour leur proposer le combat. P. 259 à 262, 350.

Les chevaliers anglais s'y préparent du reste, surtout les nouveaux chevaliers, comme Pierre Brochon, Jean et Thomas Paveley, qui brûlent de faire leurs premières armes. Raoul de Gruyères[1] refuse d'être armé chevalier dans une campagne où l'on se bat chrétien contre chrétien; il le devint plus tard dans la croisade de Prusse. P. 262 à 264, 350, 351.

Les chevaliers français de leur côté vont prendre leur poste de combat dans leur bastille, et défilent devant le duc de Bourgogne. P. 264, 265, 351.

Les hérauts anglais, ne pouvant parvenir jusqu'au duc de Bourgogne, retournent auprès des leurs, pendant que les jeunes chevaliers commencent à escarmoucher. P. 265, 266, 351.

Un écuyer anglais, Jean Stone[2], fait sauter son cheval pardessus les barrières; il est tué presque aussitôt. Le gros de l'armée anglaise s'ébranle alors; et le duc de Bourgogne, ne se sentant pas en force, évacue la bastille, protégé dans sa retraite par les archers génois. Les Anglais, voyant qu'il n'y a pas de

---

mettre en état de défense le château de Montbard (*Arch. de la Côte-d'Or*, B 5314, fol. 19).

1. Nous voyons figurer Raoul de Gruyères dans un différend avec Othe de Grantson (1391-1394) dans les *Itinéraires* (p. 540 et 551) de M. É. Petit.

2. Le nom de ce chevalier anglais n'est donné tel que par le ms. de Breslau; il est laissé en blanc dans le ms. de Leide : il devient *Jennequin Bolston* dans un des mss. de Cheltenham, est remplacé par la mention *né de l'évêché de Lincoln* dans certains mss., enfin se transforme en *Lionnet de Northbury* dans d'autres (cf. p. 352).

bataille à venir, reviennent gîter à Saint-Lyé[1], et le lendemain vont passer la nuit à Mâlay-le-Vicomte[2], près de Sens, où ils restent deux jours. P. 266 à 268, 351, 352.

Les Anglais, dans leur chevauchée vers la Bretagne, ne manquaient pas de dire qu'en cette occasion ils ne faisaient point la guerre au roi de France pour leur propre compte, mais étaient simplement aux gages du duc de Bretagne qui les avait appelés. Le roi Charles profite de la circonstance pour écrire une lettre secrète aux habitants de Nantes, la clef de la Bretagne, et, en leur garantissant leurs anciennes franchises, les invite à ne pas rompre les traités passés, en ouvrant leurs portes aux Anglais. Les Nantais, à l'insu du duc de Bretagne qui séjournait à Vannes, lui promettent fidélité.

Revenons aux Anglais, gîtés près de Sens, où leur présence avait attiré le duc de Bar, les seigneurs de Couci, de Fransures et de Sempy. P. 268 à 270, 352, 353.

Après s'être reposée à Mâlay-le-Vicomte, l'armée anglaise part un mercredi matin[3], traverse l'Yonne au-dessus de Sens,[4] et vient gîter à Gron[5], à une lieue de Sens; elle gîte le lendemain à Nemours[6], le surlendemain à Beaune-la-Rolande[7], le jour suivant à Pithiviers[8], où elle reste trois jours; le quatrième jour, elle se dirige sur le château de Toury[9], qui est occupé par le seigneur de Sempy, Olivier de Mauni et Gui le Baveux[10]. Les Anglais tentent

1. Aube, arr. de Troyes. — Froissart parle ici d'un Barbon près de Saint-Lyé, qui doit être Barberey-aux-Moines.
2. Yonne, arr. de Sens.
3. En suivant jour par jour l'itinéraire très exact de la chevauchée de Buckingham, on constate que c'est le mercredi 29 août que l'armée anglaise traverse l'Yonne.
4. C'est entre Sens et Villeneuve-le-Roy (auj. Villeneuve-sur-Yonne) que les Anglais traversèrent l'Yonne (*Grandes Chroniques*, t. VI, p. 467); ils mirent le feu par tout le pays, malgré les 300 hommes d'armes français qui les « chevauchoient », et de là menacèrent Villeneuve-la-Guyard (*Arch. Nat.*, JJ 118, fol. 102).
5. Yonne, arr. de Sens. — Le texte de Froissart porte Jenon.
6. Seine-et-Marne, arr. de Fontainebleau. — Nous trouvons mention d'un Guichard de la Jaille poursuivent les Anglais à cette date et gitant à Machault (S.-et-M.) (*Arch. Nat.*, JJ 119, fol. 22).
7. Loiret, arr. de Pithiviers.
8. Loiret, ch.-l. d'arr.
9. Eure-et-Loir, arr. Chartres.
10. Gui le Baveux, qui, en 1357, devant Chartres, paraît dans une montre avec 4 autres chevaliers et 25 hommes d'armes (*Bibl. Nat.*,

l'assaut, qui est interrompu par la joute de Gauvain Michaille[1] et de Janekin Cator. P. 270 à 273, 353, 354.

La fin de la joute est ajournée. P. 273, 274, 354.

Le lendemain, départ pour Janville[2]. L'armée, marchant en trois batailles, s'attend chaque jour à une attaque, désirée par les Français, mais toujours différée par le roi Charles. P. 274, 275, 354.

Janville était gardé par plus de 300 lances, avec le Barrois des Barres[3], Guillaume le Bâtard de Langres[4], le Bègue de Villaines, Jean de Rély[5], les seigneurs d'Hangest et de Mauvoisin[6] et

---

Pièces orig. vol. 232), est retenu par le roi en juin 1369 (*Mandements de Ch. V*, n⁰ˢ 549, 566, 900 et 646); il est chambellan du duc de Bourgogne en 1369 (É. Petit, *Itinéraires*, p. 479) et prend part à la prise de Brive-la-Gaillarde en 1374 (*Chr. du bon duc Loys de Bourbon*, p. 58); il est seigneur de Tillières en 1378; il paraît au siège de Breteuil le 12 avril 1378 (*Bibl. Nat., Pièces orig.* vol. 232) et reçoit, outre ses gages, 100 francs le 14 pour ne pas piller le château (*Mandements de Ch. V*, n° 1693), ce qui prouve que Breteuil se rendait à cette date (cf. plus haut, p. XLVI, note 3). Capitaine et garde d'Évreux en septembre 1378, Gui le Baveux accompagne le jeune Charles de Navarre, dont il devient conseiller, au siège de Cherbourg, le 23 juin 1379 (*Bibl. Nat., Pièces orig.* vol. 232) et paraît au Mans le 17 mai 1380, à Saint-Malo le 16 juin et à Caen le 8 juillet (*Bibl. Nat., Clair.* vol. 11, n⁰ˢ 644-645); devenu chambellan du roi, il achète le 3 septembre une terre ayant appartenu à Pierre du Tertre (*Arch. Nat.*, JJ 119, fol. 17); il fait partie de la table du roi le jour du couronnement à Reims de Charles VI (*Chr. du bon duc Loys de Bourbon*, p. 120).

1. Gauvain Michaille, que nous trouvons pour la première fois en 1375 écuyer de l'hôtel du duc de Bourbon, est souvent cité dans la *Chronique du bon duc Loys de Bourbon*. Il est blessé à Roosebeke en 1382, puis en 1386; nous le retrouvons le 9 juin 1399, écuyer d'écurie du duc de Bourbon, recevant un don de 100 francs du duc d'Orléans (*Coll. de Bastard*, p. 41) : c'est par erreur que Cabaret d'Orville en fait un chevalier en 1386 (p. 185).

2. Eure-et-Loir, arr. de Chartres.

3. Jean des Barres, dit le Barrois, chevalier, apparaît comme chambellan du roi en 1383; il est capitaine et garde de Châtillon-sur-Indre, pour le duc de Touraine, en 1389 (*Bibl. Nat., Pièces orig.* vol. 203).

4. Guillaume le Bâtard sert sous le gouvernement du duc de Bourgogne le 3 août 1380 à Corbie (*Bibl. Nat., Clair.* vol. 102, n° 9); voy. aussi É. Petit, *Itinéraires*, p. 514.

5. En janvier 1379, Jean de Rély vend des bois près de Montlhéry pour fonder une messe à Sainte-Catherine du Val des Écoliers (*Arch. Nat.*, J 736, n° 16 et JJ 114, fol. 65 v°). Un autre Jean de Rély, peut-être le même, est « oubloyer » du roi en 1384 (*Bibl. Nat., Pièces orig.* vol. 2457).

6. Sans doute Gui Mauvoisin, chevalier, écuyer du duc d'Anjou en 1376 (*Bibl. Nat., Pièces orig.* vol. 1902).

autres. L'armée anglaise détruit le moulin de Janville, brûle a tour du Puiset[1], et, pressée par le manque d'eau, vient gîter à Ormoy[2] sur la Connie[3], où elle se repose deux nuits. Le lendemain, elle traverse la Ferté-Villeneuil[4] près de Châteaudun[5] et gîte dans la forêt de Marchenoir[6], où elle s'établit pour trois jours. P. 275 à 277, 354, 355.

Dans cette forêt se trouve l'abbaye du Petit Cîteaux, fondée par le comte Thibaud de Blois[7]. Le comte de Buckingham ordonne de l'épargner; et les Anglais tentent deux reconnaissances, l'une sur le château de Marchenoir, défendu par Guillaume de Saint-Martin[8], l'autre sur le château de Viévy[9], qu'ils se gardent d'assiéger. P. 277, 278, 355.

Le lendemain de la fête de Notre-Dame (9 septembre), on décide de continuer la joûte de Gauvain Michaille et de Janekin Cator. Gauvain Michaille, blessé à la cuisse à la première passe, est renvoyé avec 100 francs, auprès des barons français du pays. Les Anglais prennent la direction de Vendôme[10], et vont gîter dans la forêt de Coulommiers[11]. P. 278, 279, 355.

Cependant une action semble s'apprêter contre les Anglais; les habitants de Nantes, avec lesquels le roi a secrètement traité par l'entremise du duc d'Anjou[12], demandent des troupes pour les dé-

---

1. Eure-et-Loir, arr. de Chartres.
2. Commune de Courbehaye, Eure-et-Loir, arr. de Châteaudun. — Bureau de la Rivière était revenu en hâte mettre en état de défense son château d'Auneau (Eure-et-Loir); voy. S. Luce, *La France pendant la guerre de Cent Ans*, 2ᵉ série (1893), p. 84.
3. Affluent du Loir.
4. Eure-et-Loir, arr. de Châteaudun.
5. Eure-et-Loir, ch.-l. d'arr.
6. Loir-et-Cher, arr. de Blois.
7. Thibaud IV, comte de Blois, puis de Champagne.
8. Un Guillaume de Saint-Martin est verdier de Longchamp en 1377-1380 (*Bibl. Nat.*, Pièces orig. vol. 2764), sans doute le même que celui qui figure ici et se trouve mentionné jusqu'en 1387 comme « garde du chastel de Marchesnoir », au service du comte de Blois (*Bibl. Nat.*, Pièces orig. vol. 2763); son sceau fait partie de la *Collection de Bastard* (p. 212).
9. Viévy-le-Rayer, Loir-et-Cher, arr. de Blois.
10. Loir-et-Cher, ch.-l. d'arr.
11. Loir-et-Cher, arr. de Vendôme.
12. C'est Jean de Beuil, chambellan du duc d'Anjou, qui servit d'intermédiaire dans cette négociation (Dom Morice, *Hist. de Bret.*, t. I, p. 374).

fendre; le duc d'Anjou à Nantes, le duc de Bourgogne au Mans[1], partout aux environs les ducs de Bourbon, de Lorraine et de Bar, le comte d'Eu, le seigneur de Couci s'apprêtent, malgré les ordres du roi, à empêcher l'armée anglaise de traverser la Sarthe.

Le roi tombe gravement malade. On dit qu'autrefois il avait été empoisonné par le roi de Navarre[2], puis guéri par un médecin que lui avait envoyé l'empereur. Se sentant mourir, il appelle auprès de lui ses trois frères, les ducs de Berri, de Bourgogne et de Bourbon, laissant de côté le duc d'Anjou, dont il connaît les idées ambitieuses; il leur recommande son fils Charles, leur parle de la gravité des affaires de Flandre, que lui a prédite un astrologue[3], leur conseille de lutter contre les tendances anglaises du duc de Bretagne, de nommer Olivier de Clisson connétable de France, de chercher en Allemagne une femme pour son fils Charles, et enfin d'alléger le plus tôt possible les impôts qui écrasent le peuple[4].

Le duc d'Anjou, quoique absent de Paris, était mis au courant de tout ce qui se passait, et quand le roi mourut, il se tenait dans la pièce voisine de la chambre mortuaire. P. 279 à 284, 355 à 357.

L'armée de Buckingham cependant avait quitté la forêt de

1. Le séjour au Mans du duc de Bourgogne vers le 9 septembre n'est pas marqué dans les *Itinéraires* de M. E. Petit.
2. C'est à l'année 1371 qu'il faut reporter les tentatives d'empoisonnement attribuées au roi de Navarre; cf. *Grandes Chroniques*, t. VI, p. 425-426.
3. Jusqu'à sa dernière heure, Charles V montra son goût pour l'astrologie et les astrologues; le 20 mai 1380, moins de quatre mois avant sa mort, il faisait don à Thomas de Pisan d'une place et tour « faisant « le coing sur Saine d'entre les viez murs et les nouviaux qui passent « pardevant nostre hostel de Saint Pol, droit au front du fossé de « l'ille Nostre Dame » (*Arch. Nat.*, JJ 117, fol. 56). Un ms. ayant appartenu à Charles V, et décrit dans le *Cabinet des mss.* de M. L. Delisle (t. III, p. 336, note 1), contient au fol. 158 la table des *nativités* du roi et de ses enfants.
4. Dès l'année 1380, Charles V avait diminué un certain nombre de feux en France (*Mandements de Ch. V*, n°° 1900, 1901, etc.). A la date même de sa mort, on connaît une ordonnance (*Ordonnances des rois de France*, t. VII, p. 710-711; Kervyn, t. IX, p. 549-550; *Mandements de Ch. V*, n° 1955), par laquelle le roi faisait « abatre le subcide « des feux qui couroit par son royaulme sur le peuple, dont le peuple « estoit moult grandement grevé » (*Chr. des Quatre Valois*, p. 288). On se demandait jusqu'ici si cette ordonnance avait été mise à exécution; M. L. Finot a prouvé dans la *Bibliothèque de l'École des Chartes* (t. L, 1889, p. 164-167) qu'on ne saurait le mettre en doute.

Coulommiers. Près de Vendôme, elle rencontre les gens du seigneur de Hangest; Robert de Hangest[1], Jean de Montigny[2], Guillaume de Launai et cinq ou six autres Français sont faits prisonniers. Un peu plus loin Robert Knolles s'empare du seigneur de Mauvoisin. L'armée passe devant Vendôme, traverse le Loir et gîte à Azé[3]; le lendemain elle gîte à Saint-Calais[4], où elle se repose deux jours; le troisième jour, elle gîte au Grand-Lucé[5], le lendemain, à Pontvallain[6]. P. 284, 285, 357.

Le duc d'Anjou ayant quitté Angers, les gens d'armes français, garnissent le lit de la Sarthe de longs pieux, et creusent de grands fossés. Ces travaux retardent l'armée anglaise, qui, après de grands efforts, passe quand même et vient gîter à Noyen[7]. P. 285 à 287, 357, 358.

Le même jour le roi Charles mourait à Paris en l'hôtel Saint-Pol[8]. Le duc d'Anjou se saisit aussitôt de tous les bijoux du roi,

1. Robert de Hangest reçoit le 19 mars 1389 certaines sommes du duc de Touraine (*Coll. de Bastard*, p. 16).
2. Jean de Montigny figure comme écuyer panetier du duc d'Orléans en 1406 (*Coll. de Bastard*, p. 56).
3. Loir-et-Cher, arr. de Vendôme.
4. Sarthe, ch.-l. d'arr. — Les Anglais s'avancèrent jusqu'à la Bazoche-Gouet dans l'Eure-et-Loir, arr. de Nogent-le-Rotrou (*Arch. Nat.*, JJ 118, fol. 102 v°).
5. Sarthe, arr. de Saint-Calais.
6. Sarthe, arr. de la Flèche.
7. Sarthe, arr. de la Flèche.
8. « Au jour d'ui (dimanche, 16 septembre 1380), environ douze « heures, à heure de midi, mon tresredoubté seigneur messire Charles « le Quint, par la grace de Dieu roy de France, est alez de vie à tres- « passement à *Beauté sur Marne*, près de Saint Mor des Fossés, delessez « monseigneur Charles, son aisné filz, dalphin de Viennois et à present « roy de France, messire Loys, second et puisné, comte de Valoys, « et madame Katherine de France, tous meneurs d'ans » (*Arch. Nat.*, X¹ᵃ 1471, fol. 382). D'après les *Grandes Chroniques* (t. VI, p. 470), les jeunes princes étaient à Melun, à cause de l'épidémie qui régnait à Paris. Christine de Pisan dans son *Livre des faits* a inséré un récit de la mort de Charles V, dont l'original latin, retrouvé par M. Hauréau et attribué par M. S. Luce à Philippe de Mézières, a été traduit de nouveau dans *La France pendant la guerre de Cent Ans* (seconde série, p. 46-65). Quelques heures avant de mourir, Charles V, tourmenté par le souvenir du schisme (*Chr. des Quatre Valois*, p. 287), tint à déclarer par un procès-verbal notarié, que, tout en considérant Clément VII comme le véritable pape, il se conformait dès maintenant à l'opinion qu'adopterait plus tard l'Église à ce sujet (Voy. N. Valois, *Annuaire-Bulletin de la Société de l'Hist. de France*, année 1887, p. 251-255).

qui pouvaient lui servir pour l'expédition d'Italie qu'il projetait[1]. Le corps du roi traversa Paris, à visage découvert, jusqu'à l'abbaye de Saint-Denis où il fut enseveli suivant ses instructions, ayant à ses pieds le connétable Bertrand du Guesclin[2]. Malgré la volonté du roi, le duc d'Anjou prend la direction du royaume[3]. C'est vers la Saint-Michel que le roi était mort. On décide que le nouveau roi Charles serait couronné à Reims à la Toussaint[4]. Ses trois oncles, les ducs d'Anjou, de Berri et de Bourbon, furent nommés régents du royaume jusqu'à la majorité du roi, c'est-à-dire jusqu'à l'âge de vingt et un ans[5]. Le couronnement futur est annoncé au duc de Brabant, au duc Aubert, au comte Jean de Blois, au duc de Gueldre, au duc de Julliers, au comte d'Armagnac et au comte de Foix. On se hâte moins pour avertir les ducs de Bar et de Lorraine, le dauphin d'Auvergne et le seigneur de Couci, occupés à la poursuite de l'armée de Buckingham; mais le comte de Flandre n'est pas oublié.

Les Gantois sont très affectés de la mort du roi qui leur était favorable et n'aimait pas le comte de Flandre. P. 287 à 289, 358, 359.

1. Le duc d'Anjou, qui rêvait une expédition en Italie (voy. plus haut p. LXXV, note 3 et LXXVI), s'empara non seulement des joyaux de Charles V, mais encore d'une partie du trésor de Melun que le roi destinait au paiement de certains legs. Un mandement de Charles VI, publié par S. Luce (*Bibl. de l'Éc. des Ch.*, t. XXXVI, 1875, p. 302-303), ordonne un prélèvement sur les aides pour compenser les 32 000 francs *pris* par le duc d'Anjou à la mort du roi.

2. Le lundi 17 septembre, le corps fut apporté à Saint-Antoine (*Grandes Chroniques*, t. VI, p. 469); il y resta jusqu'au lundi 24, où les obsèques eurent lieu à Notre-Dame, après une petite émeute des écoliers (*Chr. des Quatre Valois*, p. 288); le mardi 25, il fut porté à Saint-Denis, où le lendemain de nouvelles obsèques furent faites (*Arch. Nat.*, X^{1a} 1471, fol. 282). Charles V, alors dauphin, avait vers le 25 octobre 1362 choisi sa sépulture dans la chapelle de l'église de Saint-Denis qui est à l'entrée du côté du cloître (*Arch. Nat.*, K 49, n° 74). Son cœur fut porté à Rouen « en la mestresse eglise » (*Chr. de P. Cochon*, p. 160).

3. Suivant *Le petit Thalamus* (p. 401), c'est le duc d'Anjou qui fut régent, d'après l'ordonnance de 1374 (*Ordonn.*, t. VI, p. 46); cf. aussi la *Chronique du religieux de Saint-Denis*, t. I, p. 16.

4. Le sacre de Charles VI eut lieu à Reims, le dimanche 4 novembre 1380.

5. La majorité des rois de France avait été fixée en 1374 par Charles V (*Ordonn.*, t. VI, p. 26-30) à quatorze ans.

CHRONIQUES
DE J. FROISSART.

LIVRE DEUXIÈME.

§ 1. En ce temps que li dus de Bourgoingne fist son armée en Picardie, si comme il est contenu chi dessus, li dus d'Ango estoit en le bonne cité de Thoulouse dalés madame sa femme, et visoit et soutilloit nuit et jour comment il porroit porter contraire et dommaige les Englès; car il sentoit encores pluiseurs villes et castiaus sur la rivière de Dourdonne et les frontières de Roerge, de Thoulousain et de Quersin et de Limosin [qui contrarioient grandement le païs et travailloient toutes gens dont il avoit l'obeïssance. Si s'avisa qu'il y pourveroit de remède, et jeta son advis à aler mettre le siège devant Bergerach pour tant qu'elle est la clef de Gascoingne, tant que sur la frontière de Rouergue, de Quersin et de Limosin]. Et pour tant que il sentoit pluiseurs grans barons de Gascoingne bons Englès et contrairez à lui, tels que le seigneur de Duras, le seigneur de Rosem, le seigneur de Moucident, le seigneur de Lagurant, le seigneur de Gernolz et de Carlès, messire Pière de Landuras et pluisieurs aultres, il s'avisa que il feroit un grant et poissant mandement de toutes bonnes gens d'armes pour resister contre les dessus dis, et estre si fors que pour tenir les camps. Si escripsi par devers messire Jehan d'Armignacq que à che besoing il ne lui volsist faillir, et ossi devers le seigneur de Labreth. Et avoit mandé en France le connestable, le marissal de France messire Loys de Sansoirre, et ossi le seigneur de Coucy et pluisieurs aultres barons, chevaliers et escuiers en Picardie, en Bretaigne et en Normendie, qui tous estoient desirant de lui servir et de leurs corps avanchier; et ja estoient venus dalés lui li connestablez et li mareschaux de France. Bien sçavoit li dus d'Ango que il y avoit un grant differend entre les cousins et proïsmes des seigneurs de Pumiers, gascons, et messire Thumas de Felleton, grant senescal de Bourdiaux et de Bourdeloix : la raison pourquoi, je le vous diray.

§ 2. En devant ce temps, en l'an de grace mil trois cens et settante et cinc, estoit avenu une cruelle justice en la cité de Bourdiaus, emprise, faite et acomplie de messire Thumas de Felleton, lieutenant dou roi d'Engleterre ens es marces de Bourdiaux, sus le seigneur de Pommiers, qui s'appielloit messires Guillaumes, et tout par amise de traïson, de coi on fu mout esmerveilliés. Et furent pris un jour en la cité de Bourdiaux, au commandement et ordonnance dou senescal, chis sires de Pumiers et uns siens clers,

conseilliers et secretaires [de la nacion de Bour-
deaulx], qui s'appelloit Jehan Coulon. Et fu prouvé
sur iaux, si comme je fus adont informés, que li sires
de Pommiers se devoit rendre, son corps et ses castiaux, françois; ne onques ne s'en peut escuser ne
oster que il ne l'en convenist morir. Et furent li sires
de Pumiers et ses clers publiquement decolés en le
cité de Bordiaux, en le place, devant tout le pueple, dont on fu mout esmerveilliés et tinrent ce fait
à grant blasme chil de son lignage. Et se parti de
Bourdiaux et de Bourdeloix chis gentilz chevaliers,
oncles au dessus dit, messires Aymenions de Pumiers,
et prist ce fait en grant vergoingne, et jura que
jamais pour le roy d'Engleterre ne s'armeroit; si s'en
alla oultre mer au Saint Sepulcre et en pluisieurs
aultres voiages. Et quant il fu retournés, il s'ordonna
françois et se mist, lui et sa terre, en l'obeïssance
dou roi de France, et deffia tantost le seigneur de
Lespare, gascon, et li fist grant guerre, pour tant que
il avoit esté au jugement rendre de faire morir sen
nepveu le seigneur de Pumiers.

Encores pour ce meïsmes fait et soupechon et pour
le castel de [Fronsach] qui fu pris et livrés aux
Franchois, qui estoit de l'eritage le seigneur de Pumiers, morut et fu decolé en le cité de Bourdiaux
messires Jehans de Plasac. Et en furent acuset de
ceste mesme traïson messires Pierres de Landuras
et messires Bertrans dou Franc, et en tinrent prison
à Bourdiaux plus de un mois; mais depuis en furent
il delivré par le pourcas de leurs amis, car on ne
pooit riens prouver sur iaux. Et en demora un lonc
temps en grant dangier et en telle tache et paroles

messires Gaillars de Vighiers : dont on estoit moult
esmerveilliés, pour tant que il n'estoit mies ou païs,
mais en Lombardie avec le seigneur de Couci et ens
ou service dou pape Grigoire, qui l'en aidièrent à
5 escuser, quant la congnoissance leur en fu venue.
Et en demora li chevaliers sour sen droit. Si se en-
gendrèrent et nourrirent en Gascoingne, [pour ces
besoignes], pluisieurs haynes couvertes, dont pluisieurs meschiefs depuis en nasquirent.

10 § 3. Quant li dus d'Ango vei que temps fu de partir de la cité de Thoulouse et que la greigneur partie
de ses gens d'armes estoient venu et trait sus les
camps, et par especial le connestable [de France] en
qui il avoit mout grant fiance, il se parti de Thou-
15 louse et se mist au chemin tout droit devers Bregerach. De Bregerach estoit gardiens et capitaine messires Perducas de Labreth, et se tenoit à un castel à
une lieuwe près de là que on appelle Montcucq. Tant
se esploitièrent les gens de l'ost dou duc d'Ango que
20 il vinrent devant Bregerach, et se logièrent [à l'en-
viron], au plus près de la rivière qu'il peurent, pour
avoir l'aise d'iaux et de leurs chevauz. Là estoit,
avoecq le duc d'Ango, grans gens et nobles, premierement messires Jehans d'Armignacq à grant
25 route, li connestables de France ossi à grant charge,
messires Loys de Sansoirre, messires Jehans de Bueil
et messires Pierres de Bueil, Yeuwains de Gales,
messires Meurisses [de Triseguidi] qui jadis fu en Bretaigne de la partie des François Bretons li uns des
30 Trente, messires Alain de Biaumont, messires Alain
de la Houssoye, [messires] Guillaume de Moncontour,

messires Pierre de Mornay, messires Jehan de Vers, messires Bauduin de Crenon, Tiebaut dou Pont, Aliot de Calay et pluisieurs autres bonnes gens d'armes en grans routes. Si se estendirent et firent leurs logeis sur ces biaux prés au lonc de la rivière de Dourdonne, et estoit grant plaisance au regarder. Au plus près dou logeis le duc d'Ango estoit logiés li connestables de France. Si venoient souvent li compaignon, qui desiroient les armes et leurs corps à avanchier, escarmuchier as barrières : si en y avoit souvent des trais, des blechiés et des navrés, ensi comme en telz advenues li fait aviennent.

§ 4. Au chief de sis jours que li sièges se fu mis devant Bregerach, vinrent en l'ost dou duc, en grant arroy et bien acompaigniés de gens d'armes et de brigans, li sires de Labreth et messires Bernard de Labreth, ses cousins. Si y furent receu à grant joye, car li hos en fu grandement reconforté et renforchié. Au huitime jour dou siège, furent li dus d'Ango et les cappitaines de l'ost en conseil comment on polroit le plus tost et le plus appertement grever chiaux de Bregerach. Si heut là plusieurs paroles dictes et devisées, et furent sus un estat longement que 'de assaillir la ville. Depuis heurent nouvel conseil que li assaus leur pooit trop blechier de leurs hommes à petit de conquest. Et se departi chis consaus, sans avoir nul certain arrest, fors que de tenir le siège; car encores attendoit on grant gens d'armes qui venoient de France, par especial le seigneur de Couci.

§ 5. Vous devés sçavoir que messires Thumas de

Felleton, qui se tenoit à Bourdiaus et qui sentoit ses
ennemis à douse lieuwes prez de là et si poissans que
de poissance il ne pooit resister contre iaux, n'estoit
mie bien liés, et toute le saison avoit entendu que li
dus d'Ango avoit fait son mandement. Pour coi, l'estat des François il avoit mandé en Engleterre au roi
et à son conseil; mais chil qui envoiiet y avoient
esté, n'avoient nient esploitiet, car li païs d'Engleterre
estoit en branle et en different l'un contre l'autre. Et
par especial li dus de Lenclastre n'estoit mie bien en
la grace dou commun pueple; pour coi, pluisieurs
incidences perilleuses et hayneuses avinrent puis en
Engleterre. Et ne se partirent en ce temps nulles gens
d'armes d'Engleterre pour venir en Gascoingne ne en
Bretaigne : de coi, cil qui les frontières tenoient pour
le jouene roy, n'en estoient mie plus resjoï. Et estoit
advenu que messires Thumas de Felleton avoit prié
le seigneur de Lespare d'aller en Engleterre pour
mieux enfourmer le roi ses oncles et le païs des besoingnes de Gascoingne, affin qu'il y pourveissent de
conseil. Et estoit li sires de Lespare, à le prière de
messire Thumas, partis de Bourdiaus et entrés en
mer; mais il heut une fortune [de vent sur mer] qui
le bouta en le mer d'Espagne. Si fu rencontré de nefs
espaignolles à qui il heut la bataille, mais il ne peut
obtenir la place pour li, et fu pris et menés prisonniers en Espaigne, et là [fu] plus de an et demi, car
il estoit tousjours aggrevés dou lignage de chiaux de
Pumiers.

§ 6. Messires Thumas de Felleton, qui mout vaillans chevaliers estoit, avoit escript et mandet mout

especialement au seigneur de Moucident, au seigneur
de Duras, à celui de Rosem, à celui de Lagurant, qui
estoient [les quatre barons] li plus vaillant, li plus
haut et li plus poissant de toute Gascoingne, de le
partie des Englès, que, pour leur honneur et pour
l'eritage dou roi leur seigneur aidier et deffendre et à
garder aucunement, il venissent à Bourdiaux à toute
leur poissance. Chil chevalier, qui en tous cas se voloient acquiter envers le roi leur seigneur et ses officiers, estoient venus à Bourdiaux ; et quant il se
furent tous mis ensamble, il se trouvèrent bien cinc
cens lances, et se tenoient à Bourdiaux et en Bourdelois dou temps que li dus d'Ango estoit à siège
devant Bregerach. Et heurent avis messires Thumas
de Felleton et chil quatre baron gascon, que il chevaucheroient sur les frontières des Franchois et se
metteroient en lieu parti, pour sçavoir se sus leur
avantaige il porroient riens pourfiter. Et se departirent de Bourdiaus par routes plus de trois cens
lanches, et se misent sus les camps et prisent le
chemin de le Riole, et vinrent sus un certain pas et
une ville que on appielle Ymet, et là se logièrent.
De ceste embusche et de cest affaire ne sçavoient riens
li François, dont il heurent près receu un grant
damage.

§ 7. Ensi se tint li sièges devant Bregerach, et y
heut fait pluisieurs escarmuces et apertises d'armes
de chiaux de dehors à chiaux de [dedens]; mais petit
y gaignoient li François, car messires Perducas de
Labreth, qui capitaines en estoit, en songnoit tellement que nulz blasmes ne l'en doit reprendre. Or

heurent conseil chil de l'oost pour leur besoingne
approchier et pour plus grever leurs anemis, que il
envoiieroient à le Riole querre un grant engien que
on appielle une truie, liquels engiens estoit de telle
5 ordonnance que il gettoit pierres de fais, et se pooient
bien cent hommes d'armes ordonner dedens et en
approchant assallir la ville. Si furent ordonné, pour
aller querre cel engien, messires Pières de Bueil,
messires Jehan de Vers et messires Bauduins Cre-
10 nons, li sires de Moncalais et li sires de Quaines; et
se partirent de l'ost à tout trois cens lances de bonnes gens d'estoffe, et passèrent à gué la rivière de
Dourdonne, et chevaucièrent devers le Riole et fisent
tant qu'il y parvinrent. Entre le Riole et Bregerach,
15 en une place que on dist à Ymet, estoient li Englès
en enbusce plus de quatre cens combatans, et riens
ne sçavoient des François. Nouvelles vinrent en l'ost
et au connestable de France que li Englès chevauchoient; mais on ne lui sçavoit point à dire quel
20 chemin il tenoient. Tantost, et pour la doubtance
de ces gens qui chevauchoient ossi, il mist sus une
autre armée de gens d'armes, pour contregarder les
fourrageurs qui chevauchoient entre la rivière de
Dourdonne et la rivière de Geronde, desquelz il fist
25 capitaines messire Pières de Mornay, Yeuwain de
Galles, Thiebault dou Pont et Aliot de Calay. Si
estoient bien en celle route deus cens lances de gens
d'estoffe. Messires Pierre de Bueil et li autre, qui
estoient allé querre celle truie à le Riole, esploitiè-
30 rent tant que il y vinrent, et le fisent sus grans fuisons de cars chargier; et puis se misent au retour
devers l'ost et par un autre chemin que il ne fussent

venu, car il leur convenoit tenir le plus ample chemin pour leur caroy, et passer par Ymet ou assés près où li Englès estoient en embusce. Or heurent si belle aventure, ainçois qu'il peussent venir jusques à là, que, à une petite lieuwe de Ymet, y trouvèrent li François l'un l'autre; et quant il se furent tous mis ensamble, il estoient bien sis cens lances : si cheminèrent plus hardiement et à plus grant loisir.

Nouvelles vinrent à messire Thumas de Felleton [et aux barons de Gascoingne qui à Ymet se tenoient] que li François chevauçoient et venoient ce chemin et amenoient un trop grant engien de le Riole devant Bregerach. De ces nouvelles furent il tout resjoï, et disent que c'estoit ce qu'il demandoient. Adonc s'armèrent il et montèrent sour leurs chevaux et se ordonnèrent dou mieux qu'il peurent. Quant il furent tout trait sus les camps, il n'eurent gaires atendu quant evous venir les François qui venoient en bon arroy et en grant route. Sitost comme il se porrent congnoistre et appercevoir, comme cil qui se tenoient à ennemi li un l'autre et qui se desiroient à avanchier et combatre, en esporonnant leurs chevaux et en abaissant les glaves, en escriant leurs cris, entrèrent l'un en l'autre. Là heut de premiers, je vous di, fait tamainte belle jouste et grans appertises d'armes, et maint chevalier et escuier reversé jus de sen cheval à terre. En fais d'armes et en telz poingneys perilleux n'est aventure qui ne aviengne. Là fu Allios de Callay, qui mout appers escuiers et [bon] hommes d'armes estoit, conssuis de cop de glave ou haterel d'un large fer de Bourdiaus, ossi trenchant et affillé que nuls rasoirs. Chis fers lui trencha tout le

haterel et lui passa oultre et lui coppa toutes les
vaines, douquel cop il fu porté à terre et là tantost
mors, dont ce fu damages, quant par telle aventure
il fina ensi son temps. Là avoit un chevalier de Berri
et de Limosin, qui s'appielloit messire Jehan de Lignac, appert hommes d'arme et vaillant durement,
qui ce jour y fist tant mainte belle proèche.

§ 8. Moult fu chis rencontres durs et fors et bien
combatus de l'un costé et de l'autre en celle place
que on dist Ymet, assés près dou dit village; et quant
les lances furent faillies, il sacquièrent les espées,
dont il se rencontrèrent fierement, et se combatoient
main à main mout vaillanment. Là heut fait tamain-
tes grandes appertises d'armes, mainte prise et mainte
rescousse. Et là fu mors sus le place, dou costé des
Englès, uns chevaliers gascons qui s'apeloit li sires
de Gernolz et de Carlès et, dou costé des François,
Thiebaut dou Pont. Cheste bataille fu mout bien
combatue et longement dura, et y heut fait de biaux
fais d'armes; car che estoient toutes gens de fait. Par
coi la bataille dura plus longement, mais finablement
li Englès et li Gascon ne peurent obtenir le plache,
et les conquisent li François par biau fait d'armes.
Et là prist et fiancha messires Jehans de Lignacq prisonnier messire Thumas de Felleton, senescal de
Bourdiaus. Et furent là pris sus le place li sires de
Mucident, li sires de Duras, li sires de Longheren
et li sires de Rosem et s'en sauvèrent petit, de la
part des Gascons et des Englès, qui ne fussent pris ou
mort. Et chil qui se sauvèrent encontrèrent, sour leur
retour vers Bourdiaus, le senescal [des Landes], mes-

sire Guillaume Helmen, et le maieur de Bourdiaus,
messire Jehan de Multon, à tout cent lances, qui s'en
venoient à Ymet; mais quant ils oyrent ces nouvelles,
il retournèrent devers Bourdiaux.

§ 9. Apriès ceste besoingne faicte et le camp delivré, et que tout chil qui prisonnier estoient furent
mis en ordonnance, on se mist au retour pour revenir au siège de Bregerach. Vous devés sçavoir que li
dus d'Ango fu grandement resjoys de ces nouvelles,
quand il sceut de verité comment ses gens avoient
esploitié, et que toute la fleur de Gascoingne de ses anemis, chevaliers et escuiers, estoient pris, et messires
Thumas de Felleton qui tant de contraires lui avoit
portez, ossi. Et ne volsist mie de ceste aventure avoir
cinc cens mil frans. Tant esploitièrent messires Pières
de Bueil, messire Jehan de Lignac, Yeuwain de Gales
et les autres qu'il vinrent en l'oost devant Bergerach,
dont parti il s'estoient. Si furent grandement festiiet
et conjoy dou duc d'Ango, dou connestable, des
barons et de leurs amis, et tinrent ceste aventure à
belle, à bonne et à pourfitable pour iaux. A l'endemain, la truie, que amenée et achariée avoient, fu
levée au plus près de Bregerach comme il porent,
qui grandement esbahi chiaux de la ville. Et heurent
entr'iaux avis et conseil comment il se maintenroient et en parlèrent à leur cappitaine, car il veoient
bien que longuement il ne se pooient tenir; et si
n'atendoient secours ne confort de nul costé, ou cas
que messires Thumas de Felleton, leurs senescaux,
estoit pris, et li chevalier de Gascoingne, ens esquelz il
avoient heu grant esperance. Messires Perducas leur

dist que il estoient encores fort assés pour iaus tenir et bien pourveu de vivres et d'artillerie, par coi il ne fesissent nul mauvais marchié. Si demora la chose en cel estat jusques à lendemain que on sonna en
5 l'ost les trompettes d'assault, et se mist cascuns à sa livrée. Li connestables de France, qui estoit sus les camps en grant arroy avant que on assausist Bregerach ne que nulz des leurs fussent blechiet ne traveilliet, envoia parlementer à chiaux de le ville, et leur fist
10 remoustrer comment il tenoient tous leurs cappitaines par lesquels confors leur peust estre venus, et que ja estoient il en traictiet que de devenir boins François, et yaux et leurs terres mettre en l'obeissance dou roi de France, par coi nulz secours ne leur
15 apparoit de nul costé; et, se il se faisoient assallir et prendre par force, ensi que il le seroient, on metteroit la ville en feu et en flamme et à destruction, sans nul prendre à mercy. Ches manaches esbahirent mout chiaux de Bregerach, et demandèrent [temps] à avoir
20 conseil; on leur donna. Adonc se misent li bourgois de la ville ensamble et sans appeller leur cappitaine, et estoient en volenté et furent que d'iaux rendre bons François, affin que paisievlement et doucement on les volsist prendre sans mettre nulles gens d'armes
25 en leur ville. On leur accorda legierement. Quant messires Perducas de Labreth entendi ces traictiés, il monta à cheval et fist monter ses gens et passa les pons et s'en vint bouter au chastel de Moncucq, et Bregerac se rendi françoise. Si en prist li con-
30 nestables la possession, et y envoia capitaine et gens d'armes pour le tenir et garder.

§ 10. Quant Bregerach se fu rendue françoise, li dus d'Ango heut conseil que il chevaucheroit plus avant et venroit mettre le siège devant Chastillon sur la Dourdonne. Ches nouvelles s'espandirent parmi l'ost, et s'ordonna cascuns à ce faire. Et se partirent li dus, li connestables et toutes gens d'armes, exepté li marissaulx [de France], qui demora derière pour attendre le seigneur de Coucy, car il devoit estre là [au soir], ensi qu'il fu. Et alla à tout grant route de ses gens li marescaux à l'encontre de lui; si se recoeillirent mout amiablement, et demorèrent celle nuit en le plache dont li dus s'estoit au matin partis. Si vint li dus et li host logier ce jour en uns biaux prés sur la Dourdonne, ou chemin de Chastillon. En la route et de la charge le seigneur de Coucy estoient messires Aymenions de Pumiers, messires Tristrans de Roye, messires Jehans de Roye, li sires de Fagnoelles, messires Jehans de Jeumont, messires Jehans de Rosoyt, messires Robers de Clermont et pluisieurs autres chevaliers et escuiers. A l'endemain, il se departirent de leurs logeis et chevauchièrent tant, en le compaignie dou mareschal de France, que il vinrent en l'ost dou ducq, où il furent receu à grant joye.

En allant vers Chastillon sciet une ville que on appielle Sainte Foy. Li avant garde dou duc, ainçois qu'il parvenissent à Castillon, se traisent celle part et l'environnèrent et le commenchièrent à assaillir fortement. En la ville de Sainte Foy n'avoit fors hommes de petite deffence, qui ne se fisent point longhement assaillir, mais se rendirent, et en yaux rendant elle fu toute pillie.

§ 11. Li sièges fu mis devant Castillon. Si se logièrent li seigneur et toutes manières de gens d'armes devant Castillon et sus la belle rivière de Dourdonne, et furent là environ quinse jours. Si y ot pluisieurs escarmuces et envayes devant les barrières, car il y avoit aucuns Englès et Gascons, qui là s'estoient retrectz de le desconfiture de Ymet, qui tenoient la ville assés vaillanment.

Encorez estoient li quatre baron gascon, qui à Ymet avoient esté pris, en l'ost dou duc et en grant traictiet d'iaux tourner françois, mais messires Thumas de Felleton n'en estoit mie requis, pour tant qu'il estoit Englès; et fu mis à finance de son maistre messire Jehan de Lignac, à qui il paia trente mil frans, et puis fu delivrez, mais ce ne fu mies si tost. Tant furent menet, traitiet et parlementet li quatre baron gascon que il se tournèrent françois, et heurent en convent au duc d'Ango, par leurs fois et sour leurs honneurs, qu'il demorroient boins François à tousjours mais, yaux et leurs terres, et parmi tant li dus d'Ango les delivra tous quittes. Si se departirent dou duc, et sus bon convenant, li sires de Duras et li sires de Rosem, en l'entente que pour raller en leurs païs; et li sires de Moucident et li sires de Lagurant demorèrent en l'ost avoec le duc d'Ango, qui les tenoit tout aise, et souvent disnoient et soupoient en son logeis avoec lui.

§ 12. Chil baron de Gascoingne trouvèrent le duc d'Ango mout amiable, quant si legierement il les laissa passer, dont depuis s'en repenti : [vez ci] pour coi. Sur les camps s'avisèrent li sires de Rosem et li

sires de Duras, et parlementèrent ensamble en disant :
« Comment porrions nous servir le duc d'Ango et les
François, quant nous avons tous jours esté loial Englès?
Il vaut trop mieux à mentir no serement devers le
duc d'Ango que devers le roi d'Engleterre, no naturel
seigneur, qui nous a tant de biens fais. » Che pourpos il tinrent et se ordonnèrent sur che que il
yroient à Bourdiaus et se remoustreroient au senescal
des Landes, messire Guillaume Helmen, et lui diroient
que leurs coers nullement ne se pooient [rapporter] à
che que il deviengnent françois. Dont chevaucièrent
chil doy baron ensamble, et esploitièrent tant que il
vinrent à Bourdiaus. Il y furent receu à grant joye,
car on ne sçavoit encores riens de leur convenant.
Li senescaux des Landes et li maires de Bourdiaux
leur demandèrent des nouvelles comment il avoient
finet. Il respondirent que, par constrainte et sour
manache de mort, li dus d'Ango les avoit fait devenir François : « Mais, seigneur, nous vous disons
bien que, au faire le serement, toudis en coer nous
avons reservé nos fois devers no naturel seigneur le
roi d'Engleterre; ne pour cose que nous avons dit
ne fait, nous ne demorrons ja François. » De ces paroles furent li chevalier d'Engleterre tout resjoï, et
disent qu'il se acquitoient loiaument envers leur
seigneur.

Au chief de cinc jours après, li dus d'Ango estant
devant Chastillon, vinrent nouvellez en l'ost que li
sires de Duras et li sires de Rosem estoient tourné
Englès. De ces [nouvelles] furent li dus d'Ango, li
connestables et les barons de France moult esmerveilliet. Adonc manda li dus d'Ango devant li le seigneur

de Moucident et le seigneur de Lagurant, et leur remoustra de coi il estoit enfourmés, et leur demanda qu'il en disoient. Chil baron, qui tout courouchiet estoient, respondirent : « Monseigneur, se il voellent mentir leurs fois, nous ne volons pas mentir les nostres. Et ce que nous vous avons dit et juret, nous vous tenrons loiaument ; ne ja ne serons repris dou contraire, car par vaillance et biau fait d'armes vos gens nous ont conquis. Si demorrons en vostre obeissance. » — « Je vous en croi bien, respondi li dus d'Ango, et je jure à Dieu premierement et à monsigneur mon frère que, nous parti de chi, nous n'entendrons jamès à autre cose si arons mis le siège devant Duras et destruit la terre au seigneur de Duras, et puis apriès celi de Rosem. » Ensi demora la cose en cel estat, li dus d'Ango courouciés pour le defaute de ce que il avoit trouvé en ces deux barons de Gascoingne, et li sièges de Castillon.

§ 13. La ville de Chastillon sus la Dourdonne estoit ville et heritage au captal de Buc, que li rois de France avoit tenu en prison à Paris. Le siège estant devant Chastillon, y eschei une très grant famine, ne à paines, pour or ne pour argent, on ne pooit recouvrer de vivres. Et convenoit les fourrageurs sus le païs chevaucier douse ou quinze lieuwes pour avitaillier l'ost : et encores alloient il et retournoient en grant peril, car il y avoit pluisieurs castiaux et garnisons sus les frontières, qui issoient hors et faisoient embusches sur iaux. Et les atendoient as destroix et as passages et, quant il se veoient plus fort que li fourrageur n'estoient, il [leur] courroient sus; et les mehaignoient et ochioient et affoloient et leur tolloient leurs vitailles : pour coi il ne pooient ne osoient chevauchier, fors en grans routes.

Tant fu li sièges devant Castillon et tant fu constrainte par assaulz et par engiens que il ne se peurent plus tenir, et se rendirent saulve leur vies et le leur. Et s'en partirent toutes gens d'armes qui dedens estoient et qui partirs'en volrent, et s'en vinrent à Saint Malquaire où il y a forte ville et bon castiel. Quant Chastillon fu rendue, li dus d'Ango en fist prendre la saisine et la possession et le feauté et hommage de toutes les gens, et y renouvella officiers; et y mist cappitaine de par lui ung chevalier de Touraine, qui s'appielloit messires Jaques de Montmartin.

Au departement de Castillon, il jettèrent leur advis quelle part il trairoient. Et fu avisé qu'il iroient devant Saint Malquaire; mais il y avoit sus le païs, ainchois qu'il y peussent venir, aulcuns petis fors qui n'estoient pas boin à laissier derière pour les fourrageurs, et s'en vinrent au departement de Castillon mettre le siège devant [Sauveterre]. Là vinrent autres nouvelles dou seigneur de Rosem et dou seigneur de Duras, que il n'estoit mies ensi que on avoit raporté. Voirement estoient il allé à Bourdiaus, mais on ne sçavoit sus quel traictié. Ches nouvelles s'espardirent en l'ost en pluisieurz lieux, tant que li sires de Moucident et li sires de Lagurant en furent enfourmé, et en parlèrent au seigneur de Coucy et à messire Pières de Bueil que il vosissent les chevaliers aidier à escuser et que c'estoit grant simplesse de croire parolles volans si legierement. Il respondirent que il le feroient volentiers, et en parlèrent au duc, et li dus leur dist que il verroit volentiers tout le contraire de ce que il avoit oy dire. Si demora la chose en cel estat, et li sièges devant [Sauveterre].

5 La ville de [Sauveterre] ne les tint que trois jours, car li chevaliers qui sires en estoit se rendi au duc, son corps, ses hommes et tout le sien. Et parmi tant il passèrent oultre, et vinrent devant Sainte Bazille, une boine ville fermée, qui se rendi et mist en l'obeissance
10 dou roi de France. Et puis s'en vinrent devant Montsegur et, tantos que il furent là venu, il le assaillirent, et point ne l'eurent de ce premier assault; si se logièrent et rafresquirent le nuit. Et l'endemain, de rechief, il se misent en ordonnance pour assaillir;
15 et quant chil de le ville veirent que c'estoit acertes, si s'esbahirent et conseillièrent entr'iaus. Finablement, consaux se porta que il se rendirent, saulve leur vies, leurs corps et leurs biens. Il furent ensi receu, et puis chevaucièrent oultre devers une autre bonne
20 ville fremée, qui sciet entre Saint Malquaire et le Riole et a à nom Auberoche. Là furent il quatre jours, ainçois que il le peussent avoir, et se rendirent par traictiet; et puis vinrent devant Saint Malcaire.

§ 14. Tous les jours mouteplioit li hos dou duc
25 d'Ango, et venoient gens de tous costés, car chevalier et escuier qui se desiroient à avanchier le venoient veoir et servir. Si fu mis li sièges devant Saint Malcaire biaux et fors et bien ordonnés. Et vous di que là dedens estoient retrait toutes manières de gens
30 d'armes, qui estoient parti des garnisons qui rendu s'estoient. Si en estoit la ville plus forte et mieux gar-

dée. Si y heut là pluisieurs grans assaux et biaux, et fait tamainte belle escarmuche devant les barières.

Adonc fu ordonné dou duc d'Ango et dou connestable de France, le siège estant devant Saint Malcquaire, que les cappitaines et leurs routes chevauçassent le païs, li uns chà et l'autre là. Si s'espardirent gens d'armes de tous lés : premierement li mareschaus de France à grant route, li sires de Coucy ossi à grant route, Yeuwains de Galez à grant route, messires Perchevaux d'Aineval, Normant, et Guillaumes de Moncontour à grant route. Si demorèrent ces gens d'armes sis jours sus les camps, et prisent pluisieurs villes et petis fors, et misent tous le païs de là environ en leur subjeccion et en l'obeissance dou roi de France; ne [nuls ne] leur alloit au devant, car le païs estoit tout wis et despourveus de gens d'armes dou costé dez Englès. Si s'en alloient li fuiant devers Bourdiaux. Quant il heurent fait leurs chevaucies, il s'en retournèrent en l'ost. Chil de Saint Malcaire congneurent bien que longhement il ne se pooient tenir que il ne fuissent pris, et on leur prommettoit tous les jours, se par force il estoient pris, sans merci il seroient tout mort. Si se doubtèrent de le fin que elle ne leur fust trop cruelle, et fisent un secret traictiet devers les François que volentiers il se renderoient, saulve le leur et leurs biens. Et les gens d'armes qui dedens [Saint Makaire] estoient perchurent ce convenant; si se doubtèrent des hommes de la ville que il ne fesissent aucun mauvais traictiet contre iaux. Si se traisent tantost au castiel qui est biaus et fors et qui fait bien à tenir, et y boutèrent tout le leur et encorez assés dou pillage de le ville.

Adonc se rendirent chil de Saint Malcaire et se misent tout en l'obeissance dou roi de France.

§ 15. Nouvelles estoient venues au duc d'Ango, très le siège de devant Monsegur, que la duchoise, sa femme, estoit [à Thoulouse] ajeute d'un biau fil. Si devez savoir que li dus et tout li host en estoient plus liet, et li fait d'armes empris plus hardiement. Sitost que Sains Malcaires se fu rendue, on entra dedens le ville, car là avoit biau logeis et grant. Si se aisièrent et rafresquirent toutes manières de gens d'armes, et bien trouvèrent de coy, car la ville estoit bien pourveue. Adonc fu li castiaux environnés, et mist on engiens devant, qui ouniement y gettoient pières de faix, et che esbahi grandement chiaux de le garnison.

Entroes que on estoit là à siège, vinrent les vraies nouvelles dou seigneur de Duras et dou seigneur de Rosem, par un hiraut qui les apporta, que il estoient tourné englès. Dont dist li dus que, lui delivré de Saint Malcaire, il venroit tout droit mettre le siège devant Duras, et fist en ceste instance fortement et fierement assaillir chiaux dou castel, car il ne le voloit mie laissier derrière. Chil qui ens ou castel estoient, veoient que il estoient assaillis de tous costés et que nuls confors ne leur apparoit, et bien sçavoient que li dus ne li connestables ne partiroient jamès de là si les aroient ou bellement ou autrement : de coi, tout consideré, il se misent en traictiet et rendirent le castiel, sauf leurs corps et leurs biens, et furent encorez avoecq ce conduit jusques à Bourdiaus. Ensi fu Saint Macquaire, ville et castiau, françoise. Si en prist

li dus la possession et y establi capitaine et castelain,
et puis se deslogièrent toutes gens d'armes et prisent
le chemin de Duras.

§ 16. Tant esploitièrent les hosts au duc d'Ango
que il vinrent devant Duras, et quant il se deubrent
approchier, il fu ordonné de tantost assaillir. Dont se
misent gens d'armes en ordonnance d'assaut et tous
leurz arbalestriers paveschiés devant, et ensi approchièrent
le ville. Et vous di que il y avoit là aucuns
varlès dessoubz les seigneurs qui s'estoient pourveus
d'eschièles pour avoir mieux l'avantaige pour monter
sus les murs. Si furent en pluisieurs lieux ces esquièles
drecies et mises contre ces murs; et lors fu li assauls
grans et orribles. Chil qui montoient se combatoient
main à main à chiaux de dedens, et dura de venue
chis assaus mout longhement. Si heut là fait sus les
esquièles pluisieurs grans appertises de armes, et se
combatoient chil de dehors à chiaux de dedens main
à main, et dura chiux assaus le plus grant partie
dou jour. Quant il se furent bien combatu et traveilliet,
par l'ordonnance des marescaux on sonna les
trompettes de retraite. Si se retrait çascuns en son
logeis. Che soir arrivèrent en l'ost messires Alains de
la Houssoye et messires Alains de Saint Pol et une
grant route de Bretons, qui avoient chevaucié vers
Liebronne et assailli une garnison d'Englès qui s'appielle
Cadillac. Si l'avoient pris à force et ochis tous
chiaux qui dedens estoient.

§ 17. Quant ce vint au matin, li dus d'Ango commanda
que on allast à l'assaut et que çascuns s'i

esprouvast sans faintise, et fist assavoir par un cri et par un hirault que li premiers qui enteroit dedens Duras, il gaigneroit cinc cens frans. La convoitise de gaignier fist avanchier pluisieurs povres compaignons; dont furent esquielles levées en pluisieurs lieux autour des murs. Et là commença li assaulz fiers et grans et qui fu bien continués, car li jouene chevalier et escuier, qui se desiroient avanchier, ne s'espargnoient nient, mais s'abandonnoient et assailloient de grant volenté.

Li sires de Lagurant estoit sour une esquièle tout premiers, l'espée ou poing, et rendoit grant painne à ce que il peust entrer premiers en la ville, non pour gaignier les cinq cens frans, mais pour exauchier sen nom, car il estoit durement courouchiés sus le seigneur de Duras pour tant que si legierement il s'estoit retournez englès. Et vous di que chis sires de Lagurant y fist de la main merveilles d'armes, et tant que ses gens et pluisieurs autres estrangiers estoient esbahi de ce qu'il faisoit. Et tant se avancha que de sa vie il se mist en grant aventure, car chil de dedens par force li esrachèrent son bachinet à tout le camail hors de la teste, et heust esté mort sans remède; mais uns siens escuiers, qui de priès le sievoit, le couvri de se targe et descendi petit à petit jus; mais il rechut, en descendant, tamaint dur horion sus sa targe. Si fu mout prisiés à cel assaut de tous chiaux qui le veirent.

D'autre part, messires Tristrans de Roye et messires Perchevaux d'Aineval, sus une eschielle, assalloient moult vaillanment; et ossi faisoit messires Jehans de Jaimont et messires Jehans de Rosoyt.

Çascuns à sen endroit y faisoit merveilles d'armes.
D'autre part, à un autre crestiel, estoit li sires de
Soriel montés sur une esquielle, et se combatoit main
à main à chiaux de dedens; et disoient li aucun qui le
veoient que, se nuls pooit avoir l'avantage de entrer
premiers dedens, il en estoit ou chemin. Li chevaliers ne s'aventuroit mies pour le pourfit des cinc cens
frans, fors que pour son honneur et pour l'avance-
ment de son corps; mais, ensi que les fortunes sont
perilleuses et merveilleuses à pluisieurs gens, il fu là
de chiaux dedens boutez si très roit de cop de glave,
que il fu reversez ou fons dou fosset, et li rompi li
colz. Ensi morut li chevaliers, et ossi fist uns escuiers de
Bretaigne qui s'armoit de gueulez à deux kieuvrons
estreciés d'or et d'asur, et dont li connestables fu
moult courouchiés. Adonc se resgrami li assauls et
renforcha de toutes pars plus grant que devant. Et là
fu boins chevaliers li sires de Moucident, et monstra
bien, à che qu'il assalloit, qu'il estoit boin françois.
Finablement li ville de Duras fu par force concquise,
et y entrèrent tout premiers messires Tristans de Roye
et messires Jehans de Rosoit. Quant les gens d'armes
qui dedens Duras estoient veirent que leur ville se
commenchoit à prendre, si se retraisent ou castiel et
laissièrent convenir le demorant.

§ 18. Ensi fu la ville de Duras prise et pillie, et
chil tout mort qui dedens furent trouvet, et puis se
retraisent les gens d'armes dedens leur logeis. Si se
desarmèrent et aisièrent, car il trouvèrent bien de
coi. A l'endemain, li connestables de France monta à
cheval, et li mareschaux de France avec lui; et en

allèrent aviser le castiel et veoir par quel costé on le
porroit assaillir et prendre. Tout ymaginet, il le trouvèrent merveilleusement fort, et disent que sans lonc
siège il n'estoit miez à prendre, et à leur retour il
contèrent tout ce au duc d'Ango. « Ne puet chaloir,
dist li dus; j'ai dit et juret que jamais de chi
ne partiray si arai le castel à ma volenté. » Respondi li connestables : [« Et vous n'en serés ja
desdis. »]

Adonc fist on drechier tous les engiens qui là
estoient au tour dou castel, et mettre en oevre carpentiers pour faire et carpenter atournemens d'assaus
pour esbahir chiaux dou chastiel. Quant chil dou
fort veirent les atournemens et l'ordonnance de
chiaux [de la ville] et des François, et que li assauls
leur seroit plus felenés et perilleux, si se avisèrent
que il se metteroient en traictié. Si traictièrent devers
le connestable que on les volsist prendre à merci,
sauf leurs corps et le leur, et il renderoient le castel.
Li dus d'Ango heut conseil, par l'avis dou connestable, que il ne voloit plus traveillier ne blechier ses
gens, et que il les prenderoit par ce parti. Au tierch
jour, il se partirent et furent conduit là où il voloient
aller. Et li connestables prist la possession dou castel, mais il me semble que li dus d'Ango ordonna et
commanda que il fust abatus.

§ 19. Après le conquès de le ville et dou castel de
Duras, li dus d'Ango ordonna à demorer en le ville
de Landuras, car li sires de Landuras estoit devenus
françois de la prise qui fu à Ymet, messire Jehan de
Jeumont, messire Jehan de Roye et messire Jehan

de Rosoit, à tout cent lances de bonnes gens, pour
tenir et garder la frontière encontre les Bourdelois;
et heut volenté de retourner arrière vers Thoulouse
et veoir sa femme qui estoit relevée d'un biau fil, et
voloit à ces relevailles à Thoulouse tenir et faire une
grant feste. Si ordonna par toutes les villes et les
castiaux, que en celle saison il avoit conquis, gens
d'armes, et mist en garnison pour resister poissanment contre les ennemis; et donna toutes manières
d'autres gens congiet. Et dist à Yeuwain de Gales:
« Vous prenderés de vostre charge Bretons, Poitevins et Angevins, et en irés en Poito mettre le siège
devant Mortaigne sus mer, que li soudis de l'Estrade
tient; et ne vous partés, pour mandement que on
vous fache de par le roy, tant que vous en ayés la
saisine, car c'est une garnison qui moult nous a
fait de contraires. » — « Monseigneur, respondi
Yeuwains, à mon loial pooir obeïrai à vostre commandement. »

Là furent ordonné en l'ost, de par le duc d'Ango
et le connestable, tout chil qui avoec Yeuwain de
Gales devoient aller en Poito. Si se departirent dou
duc bien cinc cens lances de bonnes gens d'armes et
prisent le chemin de Saintonge pour venir vers
Saint Jehan d'Angeli; et li dus d'Ango, li connestables, li sires de Coucy, li marescaux de France,
messires Jehans et messires Pierres de Bueil retournèrent arière à Toulouse, et trouvèrent que la duchoise estoit nouvellement relevée. Si y ot à ces
relevailles grans fiestes et grans joustes. Après ces
festes, li connestables de France et li sires de Coucy
retournèrent en France et li marescaux de Sansoirre

s'en alla en Auvergne en confortant le dauffin d'Auvergne et les barons d'Auvergne qui guerrioient as Englès qui se tenoient en Limosin et en Roerghe sus les frontières d'Auvergne. Or parlerons comment Yeuwains de Gales mist en celle saison le siège devant Mortaigne sus mer et comment il constraindi chiaux de le garnison.

§ 20. Ieuwains de Gales qui voloit obeir au commandement dou duc d'Ango, car bien sçavoit que che que li dus faisoit, ch'estoit li ordenance dou roi Charle de France, son frère, car il paioit tous les deniers dont ces emprises se faisoient, s'en vint à Saintez en Poito et là se rafresci. Et ossi firent toutes gens d'armes en ce bon païs et cras entour Saintes et Pons en Poito, sus ces belles rivièrez et praeries qui là sont. Si estoient en se compaignie li sires de Pons, li sires de Tors, li sires de Vivone, messires Jaque de Surgières et grant fuison de chevaliers et d'escuiers de Poito. D'autre part, des Bretons et des Normans estoient cappitaines messires Meurisses Trisiguedi, messires Alain de le Houssoye, messires Alain de Saint Pol, messires Perchevaux d'Aineval, Guillaume de Moncontour, li sires de Montmore et Morelet, ses frères. Si se departirent ces gens d'armes et leurs routes, quant l'ordenance fu; et s'en vinrent devant Mortaigne, liquels castiaux est li plus biaux et li plus fors seans sour le rivière de Garonne et après sour l'embouque de le mer, qui soit sour toutes les marces et frontières de Poito, de le Rocèle et de Saintonge.

Quant Yeuwains de Gales [fu venus], et chil baron

et chevalier avoec lui, devant Mortaigne, il bastirent leur siège bien et sagement, et se pourveirent petit à petit de tout ce que il leur besongnoit. Bien sçavoient que par assault jamais le castel ne conquerroient fors que par famine et par lonc siège. Si ordonna Yeuwains quatre bastides à l'environ, par coi nuls ne les peuwist avitaillier par mer, par le rivière ne par terre. A le fois, li jone chevalier et escuier, qui avanchier se voloient et qui les armes desiroient, alloient jusques as barrières dou chastel, et là escarmuchoient à chiaux de dedens, et chil dou fort à yaux. Si y avoit fait pluisieurs grans appertises d'armes. Dedens Mortaigne estoit uns chevaliers gascons, qui s'appelloit li soudis de l'Estrade, vaillant chevalier et boin homme d'armes durement, par lequel conseil il ouvroient ensi comme à leur capitaine. De vins et de vivres dedens le castel avoient il assés et largement; mais de autres menues coses, le siège durant, heurent il grant necessité.

§ 21. Li rois Charles de France, coique il se tenist à Paris en ses deduis ou où mieux lui plaisoit en France, sans ce que de sa personne il s'armast, faisoit ensi à tous lés guerriier sez ennemis les Englès, et avoit partout ses alliances tant que as roiaumez et païs voisins, plus que nuls de ses predicesseurs, quatre ou cinc rois endevant, n'eussent onques esté ne heu, et tenoit grandement à amour chiaux dont il pensoit à y estre aidiés. Et pour ce qu'il sentoit le roi Richart d'Engleterre jone et le païs en toueil, il avoit envoiiet en Escoche devers le roi Robert, car li rois David estoit mort, amiables traitiez et remonstrances

d'amour qui dou temps passé avoient esté entre
les rois de France ses predicesseurs et le roi Robert
Brus d'Escoce, sen tayon, et le roy David, son
oncle, pour tousjours entretenir aliances et amour,
et que de leur partie il fesissent bonne guerre et
aspre as Englès et les ensonniassent tellement que
il ne heussent poissance de passer la mer. De coi il
estoit avenu que li rois Robers d'Escoche, en celle
saison qui li rois Edouwars d'Engleterre estoit mors
et li rois Richars couronnés, assembla sen conseil en
Haindebourcq. Et là furent la greignour partie des
barons et des chevaliers d'Escoche, dont il pensoit
à estre servis et aidiés. Et leur remonstra comment li
Englès, dou temps passet, leur avoient fait pluiseurs
anois, ars leur païs, abatus leurs castiaux, ochis et
rançonnés leurz hommes : dont li temps estoit venus
que de che il se pooient contrevengier, car il y avoit
un jone roy en Engleterre, et si estoit li rois Edouwars
mors, qui les belles fortunes avoit heuwes : pour coi,
il en fust respondus de une commune et boine volenté.
Li baron d'Escoce et li jouene chevalier et escuier,
qui se desiroient à avanchier et à contrevengier les
anois et damages que li Englès leur avoient fait dou
temps passé, respondirent que il estoient tout apresté,
apparilliet et pourveu de chevauchier en Engleterre,
dou jour à l'endemain, quant on vorroit. Ches nouvelles
plaisirent grandement au roi d'Escoce, et dist
à tous grans mercis.

Là furent ordonnés quatre contes à estre capitaines
de ces gens d'armes, ch'est assavoir : le conte
de Douglas, le conte de Mouret, le conte de le Mare
et li contes de Surlant; et connestables d'Escoche,

messire Archebaut Douglas, et mareschal de toute
l'ost, monseigneur Robert de Versi. Si fisent leur
mandement tantost et sans delai à estre à un certain
jour à la Mourlane. Là est li departemens auques
d'Escoce et d'Engleterre. Che mandement faisant et
ces gens d'armes assemblant, se parti Alixandre de
Ramesay, uns moult vaillans escuiers d'Escoce, et se
avisa de emprendre et achiever à son pooir une
haulte emprise. Et prist quarante compaignons de sa
route, tous bien montés; et chevauchièrent tant, de
nuit et par embusces à le couverte, que sus un adjournement il vinrent à Bervich, qui se tenoit englesse.

De la ville de Bervich estoit cappitaines uns escuiers au conte de Northombrelant messire Henri de
Persi, qui s'appielloit [Jehans] Bisès, et dou castel de
Bervich uns mout appers chevaliers qui s'appielloit
Robers [Asneton]. Quant li Escot furent venu jusques
à Bervich, il se tinrent tout coi et envoiièrent une
espiie devant devers le castel pour sçavoir en quel
estat on y estoit. Li espiie entra ens es fossés où point
d'iauwe n'a ne puet avoir, car il sont sus savelon
boulant, et regarda desoubz et deseure, et n'y oy ne
vei ame, et tout cela rapporta il ensi à son maistre.
Adonc s'avancha Alixandre de Ramesay, et fist avanchier ses compaignons tout coiement et sans sonner
mot; et entrèrent ens es fossés, et estoient pourveu
de bonnes esquielles que il drechièrent contre les
murs. Alixandres fu tout li premiers qui y monta,
l'espée en la main, et entra par les murs ens ou chastel, et tout li sien le sieuwirent que onques n'y heut
contredit. Quant il furent tout ens, il se traisent
devers le grosse tour où li cappitaines dormoit, Robert

[Asneton]; et avoient boines grossez haches, de coi il commenchièrent à fraper en l'uis. Et au desrompre li capitaine se esvilla soudainement, qui toute nuit avoit dormi et fait trop povre gait, tant que il le compara, et ouvri l'uis de se cambre, et cuida de premiers que ce fussent chil de là dedens qui le vosissent mourdrir, pour tant que en le sepmaine il avoit heu estri à yaux; et ouvri une fenestre sus les fossés et salli hors tous eshidés, sans ordenance et sans advis, et tant que il se rompi le hateriel, et là morut. Li gaite dou chastel, qui sus le jour se estoit un petit endormi, oy la friente; si s'esvilla et perchut bien que li chastiaux estoit eschiellés et emblés. Si commencha à sonner en sa trompette : « Trahi ! trahi ! » Jehans Bisès, qui estoit capitaine de la ville et qui veilloit, entendi celle voix; si s'arma et fist armer tous les plus aidables de la ville, et se traisent tout devant le castiel, et ooient bien le hustin que li Escot faisoient là dedens; mais entrer n'y pooient, car la porte estoit fermée et li pons levés. Lors s'avisa chis Jehans Bisès d'un grant advis, et dist à chiaux de le ville qui dalés lui estoient : « Or tos, rompons les pons au lés devers nous, par coi chil qui dedens [sont] ne puissent issir, fors par no dangier. » On courut tantost as haches et as cuignies, et fu li pons devers la ville rompus. Encorez envoia Jehans Bisès un certain homme des siens à [Anwich], à douze petites lieuwes de là, devers le seigneur de Persi, que tantost et sans delay il venist là à toute sa poissance, et que li castiaux de Bervich estoit [pris] et emblés des Escos. Encores dist il à Thommelin Friane que il y envoia : « Ditez à monseigneur de Persi le convenant où vous nous laissiés, et comment li Escot sont enclos ou chastel et n'en pueent partir, fors au saillir hors pardessus les murs. Si se hastera plus tost dou venir. »

§ 22. Alixandre [de] Ramesay et ses gens, qui eschielet avoient le chastel de Bervich et qui trop bien cuidoient avoir esploitiet, et ossi avoient il, car il eussent esté seigneur de la ville se Jehans Bisès n'y heust pourveu de conseil, prisent et ochisent de chiaux de là dedens desquels qu'il vorrent, et les prisonniers enfremêrent en le tour et puis s'ordonnèrent et disent ensi : « Alons là jus en la ville, car elle est nostre. Nous en prenderons tout l'avoir et ferons apporter ceens par les boins hommes et femmes de la ville, et puis bouterons le feu en la ville, car elle ne fait pas à tenir pour nous; et dedens trois ou quatre jours venra secours d'Escoche, par coi nous sauverons tout no pillage, et au departir nous y bouterons le feu. Ensi paierons nous nostre hoste. » A ce pourpos s'accordèrent tout li compaignon, car il desiroient à gaignier. Si restraindirent leur armeures, et prist çascuns le lance en son poing, car il en avoient là dedens assés trouvés, et ouvrirent le porte et puis avalèrent le pont.

A ce que li pons cheï, les cordes qui le portoient rompirent ; car li pons n'eut point d'arrest ne de soustenance, car li baus sur coi il devoit cheoir estoit ostés, et les planeques deffaites au lés devers le ville. Quant Jehans Bisès et chil de la ville qui en la plache estoient veirent ce convenant, si commencièrent tout d'une voix à huier et à dire : « Tenés vous là ; tenez vous là, Escot failli. Point n'en partirés sans no congiet. » Quant Alixandres [de] Ramessay en vei le couvenant, si perchut bien que chil de la ville avoient esté bien avisé de eulx mettre ens ou parti où il se trouvoient. Si refremèrent le porte pour le trait, et s'enfremèrent là dedens. Si entendirent à garder leur castiel, et misent hors les mors ens es fossés, et les prisonniers enfremèrent il en une tour. Bien se sentoient en forte place assez pour iaux là tant tenir que secours leur seroit venus d'Escoche, car li baron et li chevalier faisoient leur amas à le Mourlane et là environ ; et ja estoit li contes de Douglas et messires Archebaux Douglas partis de Dalquest et venus à Dombare. Or parlerons de l'escuier Jehan Biset comment il vint à Anwich devers le seigneur de Persi et lui segnefia ceste adventure.

§ 23. Tant exploita Thommelin Froiane que il vint à Anwich et entra en le porte par le congnissance que il y ot, et estoit si matin que li sires de Persi estoit encorez en sen lit. Tant fist que il parla à lui, car besoings le hastoit : « Sire, li Escot ont celle nuit pris et emblet le castiel de Bervich ; et le capitaine de Bervich m'envoye devers vous, affin que vous en soiés avisés, car vous estes gardiens de ce païs. » Quant li contes Henris de Northombrelant, sires de Persi, entendi ces nouvelles, si se hasta dou plus tost qu'il peut pour conforter et conseillier chiaux de Bervich, et envoiia messages et lettres partout en la contrée de Northombrelant as chevaliers et escuiers et à tous hommes dont il pensoit à estre aidiés, en iaux mandant et segnefiant que tantost et sans delai il

venissent à Bervich, car il alloit assegier les Escos qui
s'estoient bouté ens ou castel. Chis mandemens fu
sceus parmi la contrée. Dont se partirent de leurs
hosteux toutes manières de gens d'armes, de chevaliers et d'escuiers et d'archiers; et vinrent là li sires
de Noefville, li sires de Lussi, li sires de Grascop, li
sires de Stafort, li sires de Weles, li capitaine dou
Noef Chastel et ung mout vaillant chevalier et boin
homme d'armes, qui s'appielloit messires Thumas
Mousegrave. Et tous premiers li contes de Northombreland avoec ses gens s'en vint à Bervich : dont chil
de la ville de sa venue furent mout resjoy. Ensi se
fist li sièges des Englès en celle saison devant le
chastel de Bervich, et tous les jours venoient gens de
toutes pars, et furent bien dis mil. Et environnèrent
le castel par telle manière et assiegèrent de si près
que uns oiselès ne s'en fust point partis sans congié;
et commenchièrent li Englès à faire mine pour plus
tost venir à leur entente des Escos et de reprendre
le castiel.

§ 24. Nouvelles vinrent à ces barons et chevaliers
d'Escoce que li contes de Northombrelant et li baron
et li chevalier de celi contrée avoient assegiet leurs
gens ens ou chastel de Bervich. Si s'avisèrent l'un par
l'autre que il venroient lever le siège et rafresquir le
chastel; et tenoient ceste emprise, que Alixandre [de]
Ramesay avoit faicte, à haulte et belle. Et dist li
connestables d'Escoce messires Archebaus Douglas :
« Alixandre est mon cousin, et lui vient de haute gen-
tillesse d'avoir empris et achievé si haute emprise
que d'avoir pris le castel de Bervich. Si le devons

tous à ce besoing conforter ; et, se nous poons lever le siège, il nous tournera à grant vaillance. Et je voel que nous allons celle part. » Dont ordonna il liquel seroient de se route et liquel demorroient. Si prist cinc cens lances à l'eslite tous les milleurs d'Escoce ; et se partirent tout bien monté et en boin couvenant, et chevauchièrent vers Bervich.

Ches nouvelles vinrent as Englès et as barons de Northombrelant qui estoient à Bervich en grant estoffe, car il estoient bien dis mil hommes parmi les archiers, que li Escot venoient pour lever le siège et rafresquir le castel. Si heurent tantost conseil comment il se maintenroient [et dirent que ilz prendroient place et terre et les attendroient et les combatroient], car ossi les desiroient il à avoir. Et fist li sires de Persi toutes manières de gens armer et appareillier et traire sus les camps et faire leur monstre. Si se trouvèrent bien trois mil homme[s] d'armes et sept mil archiers. Quant li contes de Northombrelant vei que il estoient tant de gens, si dist : « Or, nous tenons sur nostre place, car nous sommes gens assés pour combatre le poissance d'Escoce. » Si se misent en uns biaux plains au dehors de Bervich en deux batailles et en bonne ordonnance. Et n'eurent pas là esté une heure, quant il perchurent aulcuns coureurs escos qui chevauçoient devant, trop bien montés, pour aviser les Englès. Là heut aulcuns chevaliers et escuiers d'Engleterre, qui trop volentiers se fussent avanchiet de courir jusques à ceulx qu'il veoient chevauchier, qui ne leur heust rompu leur [propos] ; mais li sires de Persi leur disoit : « Souffrés vous et laissiés venir leur grosse [route]; car, se il ont volenté de nous combatre, il nous approceront de plus près. » Ensi se tinrent tout coy li Englès, qui bien avisèrent leurs deux batailles et quel quantité de gens il pooient [estre].

§ 25. Quant li coureur escochois heurent avisé le couvenant dez Englès, si retournèrent à leur maistres et leur recordèrent tout che que il avoient veu et trouvé, et leur disent : « Seigneur, nous avons chevaucié si avant, en approchant les Englès, que nous avons avisé en partie leur couvenant; et vous di que il vous attendent en deux belles bataillez ordonnées sus uns plains, et pooient estre en çascune bataille cinc mil hommes : si aiiés sur ce avis. Nous les aprochames de si près que bien congneurent que nous estions coureur escot; mais il n'en fisent nul semblant, ne onques nuls d'iaux ne se deffoucqua pour chevauchier sur nous. » Quant messires Archebaus de Douglas et li chevalier d'Escoche qui là estoient oyrent ces parolles, si furent tout pensieu et dirent : « Nous ne poons veoir que nostre pourfit soit à chevaucier maintenant plus avant sus les Englès, car il sont dix contre un de nous, et toutes gens de fait. Si polrions plus perdre que gaignier, et folle emprise ne fu onques bonne faite. » Là avoit Alixandre de Ramesay un vaillant chevalier à oncle, qui s'apeloit Guillaume de Lindesée, qui mettoit grant paine que ses cousins fust confortés, et disoit : « Seigneur, mon nepveu, sus le fiance de vous et de vostre confort, a fait sa chevaucie et pris le chastel de Bervich. Si vous tournera à grant blasme, se il est perdus; et une autre fois chil de nostre costé ne s'aventuront point si volentiers. » Là respondirent li autre, et disoient que on ne le pooit amender, et que tant de bonnes gens qui là estoient ne se pooient pas perdre ne mettre à l'aventure de estre perdu, pour l'emprise d'un escuier. Et fu acordé entr'iaux dou retraire plus avant en leur païs et logier sus les montaignes près de la rivière de Tuyde, et là se retraïsent tout bellement et par loisir. Quant li contes de Northombreland et li contes de Notinghem et li baron d'Engleterre perchurent que li Escot ne traïroient plus avant, si envoièrent leurs coureurs assavoir que il estoient devenu. Il rapportèrent que il estoient retrait vers la Mourlane oultre Rosebourcq. A ces nouvelles, sur le soir, se retraïsent tout bellement li Englès en leurs logeis, et fisent boin gait jusques à l'endemain.

§ 26. Environ heure de prime, furent toutes manières de gens d'armes et d'archiers aparilliet pour aller assaillir le castel de Bervich. Et lors commencha li assaus, qui fu grans et fors, et dura tout le jour jusques à remontière; ne onques on ne vit peu de gens si bien tenir ne deffendre que li Escochois faisoient et se deffendoient, ne ossi castel assallir si asprement, car on avoit esquielles en pluiseurs lieux drechies contre les murs, et là montoient gens d'armes les targes sus leurs testes, et venoient combatre main à main as Escos. Si estoient à le fois rués jus et reversés ou fons des fossés. Et ce qui plus ensonnioit et traveilloit les Escos, ch'estoient li archier d'Engleterre qui traioient si ouniement que à paines osoit nuls apparoir as deffences. Tant fu chis assaulz continués et pourmenés, sans nul chès, que li Englès entrèrent de force et de fait ens ou chastel. Si commenchièrent à prendre et à ochire tous ceux que il trouvèrent ; ne onques nus n'en escappa de tous chiaux qui dedens estoient, qui ne fust mort, exepté Alixandre [de] Ramessay qui fu prisonniers au seigneur de Persi. Ensi fu li castiaux de Bervich delivrés dez Escos. Si en fu capitaine, de par le conte de Northombreland, Jehans Bisès, uns mout vaillans escuiers qui l'avoit aidié à reconquerre, ensi que vous avés oy, liquels le fist remparer de tous poins et refaire le pont que il avoient romput. Or parlerons nous de l'ordenance des Englès comment il perseverèrent.

§ 27. Apriès le reconquès dou castiel de Bervich, li contes de Northombreland et li contes de Nothinghem, qui estoient li doi plus grant de l'oost, avisèrent, ou cas que il avoient toutes leurs gens mis ensemble, que il chevaucheroient vers leurs ennemis et, se il les trouvoient, il les combateroient. Ensi fu il devisés et ordonnés en leur host, et se departirent tout un matin et chevaucièrent le chemin de Rosebourcq, tout contremont la rivière de Thuyde. Quant il heurent chevauchiet ensamble environ trois lieuwes, il heurent nouvel conseil. Et avisèrent li doi conte qui là estoient que il envoiieroient de leur gens devers Miauros, une grosse abbaye de noirs moisnes qui siet sour la rivière de Thuide et le departement des deux roiaulmes, pour sçavoir se il y avoit là nuls Escos embuschiés ; et iaux et leur plus grosse route [chevaucheroient] vers la Mourlane. Et, à faire che chemin, il ne pooit estre qu'il n'eussent nouvelles dez

Escos. Si fu ordonnés à cappitaine de ces gens d'armes [qui devoient estre trois cens lances et autant d'archiers, un moult vaillant chevalier qui s'appelloit messires Thomas Mousegrave. Si se departirent ces gens d'armes] de l'ost, et prisent le chemin [li un] à destre et li autre à senestre. Et chevauchièrent tant messires Thommas Mousegrave et ses fils, à tout trois cens lances et ottant d'arciers, que il vinrent à Miauros, et se logièrent de haulte heure pour rafreschir yaux et leurs chevaux et pour enquerir justement où li Escot estoient. Il envoiièrent deux escuiers des leurs, bien montés, pour chevauchier sour le païs à savoir dou couvenant des Escos ne où il se tenoient.

§ 28. Chil doi escuier, quant il se furent parti de leurs maistres, chevauchièrent tant qu'il s'embatirent sus une embusche des Escos, desquels messires Guillaume de Lindesée estoit chiés. Et se tenoit là à l'aventure pour oyr nouvelles de Bervich et de son nepveu Alixandre [de] Ramesay en quel parti il pooit estre des Englès, et mout le desiroit à sçavoir; et pooit avoir avoec lui environ quarante lances. Si tost que chil Englès furent entré en leur embusche, il furent happet, dont li chevaliers heut grant joye, et leur demanda de quel part il venoient. Envis parloient pour descouvrir le fait de leurs maistres; mais parler les convint, car li chevaliers leur prommist que il leur torroit les testes se il ne disoient verité de tout che que on leur demanderoit. Quant ce vint au fort et il virent que autrement il ne pooient finer, il parlèrent et recordèrent comment li castiaus de Bervich estoit conquis, et tout chil qui dedens avoient esté trouvet,

mort, exepté Alixandre [de] Ramesay, et après comment
li contes de Northombrelant et li contes de Notinghem chevauchoient amont le Thuyde pour trouver
les Escos, et comment monseigneur Thumas Mousegrave et ses fils et monseigneur Jehan Asneton et
monseigneur Thumas Barton et bien trois cens lances et ottant d'archiers estoient logiet et arrestet en
l'abeye de Miauros; et puis recordèrent comment
de ces chevaliers il estoient envoiié sur le païs pour
savoir justement où li Escot se tenoient. « Par ma
foy, respondi Guillaumes de Lindesée, vous nous
avés trouvez, mais vous demorrez avoec nous. » Lors
furent trait d'une part et requierquiet as compaignons,
sus les tiestes, que bien les gardassent. Et puis tantost il fist partir ung homme d'armes de sa route et
lui dist : « Chevauciés devers nos gens et leur dites
tout ce que vous avés oy et le couvenant dez Englès;
et je me tenray chi jusques au soir pour sçavoir se
autres nouvelles nous venront. » Chis hommes d'armes se parti et chevaucha tant que il vint en un gros
village oultre le Thuyde et la Mourlane, que on dist
Hondebray, entre les montaignes; et là a bon pays
et cras et belles praeries, et pour ce s'i tenoient li
Escot. Sus le soir, vint là li escuiers, et trouva le
conte de Douglas, le conte de Muret, le conte de Surlant, messire Archebaut de Douglas et lez aultres. Si
tost que il fu venus, on sceut bien que il apportoit
nouvelles. Si fu mené devers les seigneurs asquels il
recorda tout l'affaire, ensi que vous avés oy.

§ 29. Quant li chevalier escochois entendirent que
li chastiaux de Bervich estoit repris des Englez, si

furent grandement courouchié, mais che les confortoit et raleschoit que monseigneur Thumas Mousegrave et li chevalier et escuier dessus la rivière dou Hombre estoient logiet à Miauros, assés en jeu parti. Si se ordonnèrent que sur ces nouvelles il se departiroient de là, et iroient deslogier leurs anemis et reconquerir aucune cose de leurs damages. Si s'armèrent et ensielèrent leurs chevaux, et se partirent tout de nuit de Hondebray et chevaucièrent devers Miauros à l'adrèche, car bien congnissoient le païs. Et furent là venu environ mienuit, mais il commencha à plouvoir une si grosse [plueve] et si ouniement, et monta uns [tel] vens que à paines pooient il tenir leurs chevauls et si fors, qui les frapoit parmi les visages, qu'il n'y avoit tant joli qui ne fussent si vain de le pleuve et dou vent que merveilles. Et li page, de froit, ne pooient porter leurs lances, mais les laissoient cheoir, et se desroutoient li un de l'autre et perdoient leur chemin. Adonc s'arrestèrent les ghides, par le commandement dou conestable, tout coi sur les camps, à l'encontre d'un grant bos parmi où il les couvenoit passer; car aucun sage chevalier et bien usé d'armes, qui là estoient, disoient que il chevauçoient folement et que ce n'estoit mies estas de chevauchier ensi par tel temps et à tel heure, et que plus y porroient perdre que gaignier. Si se quatirent et esconsèrent, yaux et leurs chevaux, desoubz quesnes et grans arbres, tant que li jours fust venus. Et li aucun, qui tout engelet estoient et tout hors mouilliet, faisoient grans feux pour iaux ressuyer et rescauffer; mès, ainçois qu'il peussent venir au feu, il heurent trop de paine. Touteffois, de fuisilz et de

secqs bois il en fisent tant qu'il en heurent assés en
pluisieurs lieux. Et dura ceste plueve et ceste froi-
dure jusques à soleil levant, et toudis plouvina il
jusques à prime.

§ 30. Entre prime et tierce se commencha li jours
à rescauffer, et li sollaux à luire et à monter, et les
alloes à canter. Adonc se traïsent ensamble les cappitaines pour conseillier quel cose il feroient, car il
avoient failly à leur entente à venir de nuit à Miauros. Si fu conseillié que il se desjuneroient là sus les
camps de ce que il avoient, et se rafreschiroient
yaux et leurs chevaux, et envoiieroient leurs varlès
fourragier sus le païs. Ensi fu fait qu'il fu ordonné.
Et se departirent la greigneur partie de leurs varlès
fourrageurs, et s'espardirent ens es villages voisins :
si rapportèrent li pluisieur fain et avaine pour leurs
chevaux et vivres assés pour leurs maistres. D'aultre
part, li fourrageur englez, qui en l'abeye de Miauros
estoient logiet, pour trouver vivres, avoient ce matin
chevaucié si avant que li aucun fourrageur englès et
escot se trouvèrent. Et ne l'eurent mie les varlès
englès d'avantage; mais en y ot en ce rencontre des
mors, des blechiés et des batus, et leurs fourrages
perdus, tant que les nouvellez en vinrent à monseigneur Thumas Mousegrave et as chevaliers d'Engleterre qui à Miauros estoient. Dont disent il que li
Escot n'estoient pas loing de là. Si sonnèrent leurs
trompettes et fisent ensieller leurs chevaux et s'armèrent et heurent conseil que d'iaux traire sus les
camps. Ossi furent aviset d'iaux li chevalier d'Escoce
par leurs fourrageurs. Si se hastèrent, dou plus tost

qu'il peurent, de rafreschir yaux et leurs chevaux, et puis yaux mettre en ordenance de bataille au lonc de ce bois et tout à le couverte. Si estoient bien sis cens lances et deux mil aultres gens, que nous appel-
5 lerons d'orez en avant gros varlès, à lances, à haches et as bastons d'armes. Et disoient ensi messires Archebaus de Douglas et li contes de Douglas ses cousins : « Il ne puet nullement demorer que nous n'aions besoingne, car li Englès chevauchent ou chevauche-
10 ront à ceste remontière. Si soyons sur no garde, et les combatons, se nous les veons à jeu parti. » Adonc ordonnèrent il deux de leurs hommes d'armes à courir, pour descouvrir lez Englès et sçavoir le couvenant, et se tinrent tout coi en leur embusche.

15 § 31. Messires Thumas Mousegrave et li chevalier de Northombrelant de sen costé, qui mout desiroient à jeu parti à trouver lez Escos, se departirent de Miauros et prisent le chemin de Mourlane et laissièrent la rivière de Thuyde à le senestre main
20 et montèrent amont vers une montaigne que on claime Saint Gille. Là estoient li doy coureur d'Escoce, qui trop bien avisèrent [les Englès] et qui tantost se partirent et retournèrent à leurs maistres, et leur disent le couvenant comment il chevauçoient, et
25 n'y avoient veut ne aviset que troix banières et dis pennons. De ces nouvelles furent li Escot tout resjoï et disent de grant volenté : « Chevauchons vers yaux, ou non de Dieu et de saint Jorge, car il sont nostre. » Adonc prisent [il un cri, et me samble que tout
30 devoient criier : « Douglas ! Saint Gille ! » pour la cause de] la montaigne qui s'appelloit Saint Gille. Il n'eu-

rent pas chevauchié une demie lieuwe que il veirent
leurs ennemis, et li Englès yaux; dont congneult li
une partie et li autre que combatre les couvenoit. Là
fist li contes de Douglas sen fil messire Jame chevalier et lui fist lever banière; et là fist il chevaliers
deux des filz le roi d'Escoche, messire Robert et
messire David, et tout doi levèrent banière. Et y
heut fait sus le place environ trente chevaliers de le
partie des Escos, et uns chevaliers de Suède qui s'appelloit messires Jorges de Wesmède, et porte d'argent
à un fier de molin de gheules à une bordure endentée
de gheules et crie : « Mesonde ! » D'autre part, monsigneur Thumas de Mousegrave fist sen fil messire
Thumas chevalier : et li sires de Stafort et li sires de
Grascop ossi en fissent çascun de sen hostel et de sa
congnissance. Si ordonnèrent leurs archiers et misent sus elle. Et fu ce jour li cris des Englès : « Nostre
Dame! Arleton! »

Là commencha chis rencontres grans et fors, et
archier à traire et à ensonniier gens d'armes; mais
toutesfois li Escot estoient grant fuison. Si ne
pooient mie li archier partout entendre. Là heut fait
entre ces chevaliers et escuiers, de l'une partie et de
l'autre, mainte jouste et mainte belle apertise d'armes, et pluisieurs hommes reversés de leurs chevaux,
fait mainte prise et mainte rescousse. De premières
venues, messires Archebaux de Douglas, qui estoit
grans chevaliers et adurés durement et ressoingniés
de ses ennemis, quant il deut approchier, mist piet à
terre et prist à son usage une longhe espée qui avoit
d'alemielle bien deux aulnes. A paines le peust uns
aultres homs lever ensus de terre; mais elle ne lui

coustoit nient au masnier, et en donnoit les cops si
grans que tout ce qu'il aconsieuwoit, il mettoit par
terre; et n'i avoit si hardi ne si joli, de le partie des
Englès, qui ne ressoingnast ses cops.

Là heut belle bataille et dure et longhement combatue : de ce que elle dura, che ne fu pas plenté, car
li Escochois estoient troys contre un et toutes
gens de fait. Je ne di mie que li Englès ne se por-
tassent très vaillanment; et y fisent grant fuison de
belles apertises d'armes, mais finablement il furent
desconfi, et obtinrent li Escot la place, et furent pris
monseigneur Thumas Mousegrave et ses filz et pluisieurs autres chevaliers et escuiers. Et heurent li
Escot bien sis vins prisonniers boins, et dura la cache
jusques à la rivière de Thuyde, et là en heut de mors
et d'ochis de chiaux de piet grant plentet.

Si se retraïsent li Escochoix après celle desconfiture sour leur païs, et heurent avis et conseil que il
s'en iroient tous devers Haindebourcq, car il savoient par leur prisonniers que li contes de Northombreland et li contes de Nothinghem estoient sour le
païs par delà la Tuyde sus le chemin de Rosebourcq;
et estoient gens assés pour combatre les Escos et
toute leur poissance : pour coi leur chevaucie se
pooit bien desrompre, pour iaux traire à sauveté et
garder leurs prisonniers. De ceste cose faire et dou
retraire sans sejourner furent il bien conseilliet; car,
se ce soir il fussent revenu à leurs logeis de Hondebray, il heussent esté en aventure de estre tout rué
jus, si comme je vous diray.

§ 32. Li contes de Northombreland et li contes de

Notinghem et li baron d'Engleterre, quant il se partirent de Bervich [et de messire Thumas Mousegrave et furent venu sus les camps à l'encontre de Rosebourcq], furent enfourmé par leurs espies que li Escot, que il demandoient à trouver et à combatre, estoient logiés à Hondebray : dont il estoient tout resjoï, et avoient jetté leur advis que de nuit il les venroient escarmuchier. Et venoient là celle propre nuit que s'en estoient parti li Escot; mais il pleut si fort et si ouniement que il ne peurent parfurnir leur emprise, et se logièrent ens es bos jusques à l'endemain. Et quant il vinrent au jour, de rechief il envoièrent leurs espies à savoir où li Escot se tenoient; et chil qui envoiiet y furent rapportèrent que li Escos estoient parti et que il n'en avoient nulles nouvelles. Adonc heurent il conseil que il se trairoient devers Miauros pour là oyr nouvelles de monseigneur Thommas Mousegrave et de leurs compaignons. Quant il se furent disné et rafreschi yaux et leurs chevaux, il chevaucièrent tout contreval la rivière de Thuyde en venant vers Miauros, et avoient envoié leur coureurs par delà l'iawe assavoir quelles nouvelles il en porroient oyr. Droit après la desconfiture dou rencontre dou camp Saint Gille que je vous ay dit, chil coureur trouvèrent leur gens qui fuioient ensi que gens desconfis. Si recordèrent de la bataille ce qu'il en savoient. Adonc retournèrent chil coureur à leurs maistres et amenèrent avoec iaux les fuians : si leur recordèrent, au plus priès qu'il peurent, la verité des Englès et des Escos et de la bataille. Bien sçavoient que leurs gens estoient desconfi; mais il ne pooient sçavoir liquel y estoient ne mort ne pris. Quant chil seigneur de Northombrelant [et de Notinghem] entendirent ces nouvelles, si furent plus pensieu que devant, à boine cause ; car il estoient courouchié pour deus afaires, l'un pour ce que leurs gens avoient perdu, l'autre que point n'avoient trouvé les Escos que tant desiroient à combatre. Si eurent là sus les camps grant conseil dou poursieuwir ; mais il ne sçavoient lequel chemin li Escot tenoient, et si approchoit li viespres, sique, tout conseilliet, il se traïsent à Miauros, et là se logièrent.

§ 33. Il ne sceurent onques sitost venir à Miauros que les nouvelles leur vinrent veritables de le bataille et que messires Thumas Mousegrave et ses filz et bien sis vins hommes d'armes estoient pris, et les enmenoient li Escot et s'en raloient devers Haindebourcq. Chil baron de Northombreland veirent bien que ce damaige il leur couvenoit porter, et que pour le present il ne le pooient amender. Si passèrent la nuit au mieux qu'il peurent, et à l'endemain se deslogièrent. Et donna li sires de Persi, contes de Northombreland, congiet à toutes manières de gens de retraire çascun en son lieu, et il meismes se retraist en sen païs, et tout li autre ou leur. Ensi se desrompi ceste chevaucie. Et li Escot ossi s'en retournèrent à Haindebourcq li aucun ; mais li contes de Douglas et ses filz demorèrent sour le chemin à Dalquest. Si fu grant nouvelle parmi Escoche de ceste besoingne et de le belle journée que leur gens avoient heuwe. Si goïrent paisiblement, chevalier et escuier, de leurs prisonniers et les rançonnèrent courtoisement, et finèrent au mieux qu'il peurent. Nous

nous souffrerons à parler des Escos à present et parlerons d'autres incidences qui advinrent en France.

§ 34. En ce temps trespassa, ou mois de fevrier, la royne de France et de [se coupe], che disoient li medecin ; car elle gisoit d'enfant de madame Catheline sa fille, qui puis ce di fu duçoise de Berri, car elle heut à mari Jehan de Berry, fil au duc Jehan de Berri. Là, si comme je vous dy, en celle gesine, n'estoit pas bien haitie, et lui avoient li maistre deffendu les baings, car il lui estoient contraire et perilleux. Nonobstant ce, elle se volt baignier et là conchupt le mal de la mort. Si demora li rois Charles de France vesves, ne onques puis ne se remaria.

§ 35. Après le trespas de le royne de France trespassa la royne de Navare, suer germaine au roi de France. Cheste roïne de Navare morte, murmurations se eslevèrent en France entre les sages et les coustumiers, que la conté d'Ewrues, qui sciet en Normendie, estoit, par droite hoirrie de succession de leur mère, revenue as enfans dou roi de Navare, qui estoient desoubz eage et ou gouvernement dou roi Charle de France, leur oncle. Chis rois Charles de Navare estoit soupechonnés dou temps passé d'avoir fait, consenti et eslevet ou roiaume de France tant de maux que de sa personne il n'estoit mie dignes ne tailliés de tenir heritage ou roiaume en l'ombre de ses enfans.

Si revint d'Acquitaines, en ce tamps, en France, li connestables, qui s'estoit toute la saison tenus avoecq le duc d'Ango, et amena en sa compaignie le seigneur de Moucident, de Gascoingne, pour veoir le roi et acointier de lui, ensi qu'il fist. Si fu li connestables receus dou roi à grant joye, et li sires de Moucident pour l'amour de lui. Entre le roi et le connestable heut pluisieurs paroles et secrés consaux, qui point si tost ne s'ouvrirent sus l'estat de France et de Navare. Nous retournerons assés briefment à ceste matère; mais, pour cronisier justement toutes les notables advenues qui à ce temps avinrent ou monde, je vous parlerai d'un grant commencement de pestilence qui se bouta en l'Eglise : de coi toute chrestienté, pour ce temps, fu en grant branle, et mout de maulz en nasquirent et descendirent.

§ 36. Vous avés ci dessus oy recorder comment papes Gregoires XI° de ce nom, qui pour le temps tenoit le saint siège de Romme en la cité d'Avignon, quant il vei que il ne pooit trouver nulle paix entre le roi de France et le roi d'Engleterre, dont trop lui venoit à desplaisir, car mout i avoit traveilliet et fait traveillier les cardinaux, se avisa et heut devotion que il iroit viseter Romme et le Saint Siège que sains Pières et sains Pols avoient edefiiet et augmentet. Et ossi, très s'enfance, il avoit prommis que, se en son vivant il estoit ja prommeus de si haut et de si digne degré que à celi de papalité, à son loïal pooir il ne tenroit son siège ailleurs que là où sains Pières l'avoit tenu. Chis papes estoit de petite et povre complection et maladieux. Si ressongnoit tant paine que nuls plus de lui; et lui, estant en Avignon, il estoit si fort quoitiés des besoingnes de France et tant traveilliés dou roi et de ses frères que à paines pooit il à el entendre. Si dist en soi meismes que il les eslongeroit

pour estre mieus à son repos. Si fist faire et ordener
ses pourveances grandes et belles sus la rivière de
Janneues et par tout les cemins, ensi comme à si
haute personne comme il estoit appertenoit; et dist
à ses frères les cardinaulz que tout s'avisassent, mais
il voloit là aller et iroit. De celle motion furent tout
li cardinal esbahi et courouchiet, car il ressongnoient
trop les Rommains, et l'en heussent volentiers des-
tourné, se il peussent; mais onques ne peurent.

Quant li rois de France entendi ce, si en fu durement courouchiés, car trop mieus lui estoit il [là] à
main que autre part. Si escripsi tantost à son frère le
duc d'Ango, qui estoit à Thoulouse, en lui segnefiant,
ces lettres veues, il allast en Avignon et parlast au pape
et lui brisast son voiage. Li dus d'Ango fist ce que li
rois lui mandoit, et vint en Avignon où il fu receus
des cardinaux à grant joie, et se loga au palaix dou
pape, pour mieux avoir loisir de parler à lui. Vous
devez croire et poez savoir que il s'aquita grandement de parler au pape et de lui remonstrer pluisieurs parolles pour lui brisier ce pourpos; mais
onques li papes n'i volt entendre. Et quoique li dus
d'Ango sejournast en Avignon, toudis se esploitoient
les besoingnes et les pourveances dou pape. Si furent
ordonné quatre cardinal à demorer en Avignon pour
entendre as besoignes de dechà les mons; et leur
donna li papes plaine poissance de faire ce que
il pooit faire, reservé aucuns cas papaulx que il ne
puet donner à nul homme ne hoster de sa main.
Quant li dus d'Ango vei que il n'en venroit point à
chief, pour raison ne belle parole que il sceut dire
ne monstrer, si prist congiet au pape et lui dist au

partir : « Pères saint, vous en allés en ung païs et
entre gens où vous estes petit amés, et laissiés le
fontaine de foy et le roiaume où li Eglise a plus de
voix et d'excellence que en tout le monde ; et par
5 vostre fait porra cheoir l'Eglise en grant tribulacion ;
car, se vous morez par dedelà, che qu'il est bien
apparant, si comme vos maistres phisiciens le me
dient, li Rommain, qui sont merveilleux et traître,
seront maistres [et seigneurs] de tous les cardinaulz et
10 feront pape de force à leur seance. » Nonobstant
toutes ces parolles et pluisieurs autres belles raisons,
onques il ne volt arrester que il ne se mesist à chemin, et vint à Marceille où les galées de Genneues
estoient toutez ordonnées pour lui venir querre ; et
15 li dus d'Ango retourna arrière à Thoulouse.

§ 37. Papes Grigoires monta en mer à Marseilles à
belle compaignie et grant, et ot bon vent pour lui et
pour ses gens. Et prirent terre à Geneues, et là se
rafresquirent il, et rechargèrent leurs galées de nou-
20 velles provisions ; puis rentrèrent ens et siglèrent
tant que sans peril il arrivèrent assés priès de Romme.
Vous devez sçavoir que li Rommain furent mout liet
de sa venue, et montèrent tout li capitoles de Romme
sour chevaus couvers, et l'amenèrent à grant triomphe
25 à Romme. Si se loga ou palais Saint Pière et visetoit
souvent une eglise ou clos de Romme, que il avoit
grandement à grace, et y avoit fait faire des biaus
ouvraiges, que on appelle Nostre Dame Majour :
ouquel clos et en laquelle eglise de Nostre Dame,
30 assés tost après que il fu là venus, il morut [le
XXVIIIe jour de mars mil trois cens settante et set,

avant Pasques], et fu ensepvelis là dedens, et là gist.
Se li fist on son obsèque grandement et bien, ensi
comme à pape appertient.

§ 38. Tantost apriès la mort dou pape Grigoire,
li cardinal se traïsent en conclave ou palais Saint
Pierre. Sitost comme il y furent entré pour eslire
à leur usage [pape], qui fust bons et pourfitables pour
l'Eglise, li Rommain se queillirent et assemblèrent
mout efforciement et vinrent ou bourc Saint Pière,
et estoient bien là plus de trente mil, c'uns c'autres,
tous encoragiés de mal faire, se la cose n'aloit à leur
volenté. Et vinrent pluisieurs fois devant le conclave
et disoient ensi : « O vous, seigneur cardinal, delivrés
de faire pape, car trop vous y mettés; et se le faites
Rommain, car nous ne volons autre. Car, se aultre
vous le faisiés, li pueples de Romme ne li concille
ne le tenroient point à pape, et vous metterez tous
en aventure de estre mort. »

Li cardinal, qui estoient ou dangier des Rommains
et qui ces paroles entendoient, n'estoient mie bien
aise ne bien assegur de leurs vies, et les apaisoient et
abatoient leur ire et mautalent ce qu'il pooient. Et
tant se mouteplia ceste cose et la felonie des Rommains que chil qui le plus prochain estoient dou conclave, pour doner cremeur as cardinaux et à celle fin
que il descendissent plus tost à leur volenté, rompirent par leur mauvaiseté le conclave où li cardinal
estoient; et bien cuidièrent lors li cardinal estre
mort, et s'enfuirent, [pour sauver leurs vies], li uns
chà et l'autre là. Li Rommain ne se tinrent mie atant,
mais remisent les cardinaux ensamble, volsissent ou

non, et leur disent que il feroient pape. Li cardinal, qui se veoient ou dangier des Rommains et en grant peril, s'en delivrèrent pour apaisier le pueple. Nequedent, il le fisent par bonne election d'un mout saint homme cardinal et de la nacion romaine et que Urbains V^{es} avoit fait cardinal, et l'appelloit [on] le cardinal Saint Pierre.

Cheste election plaisi grandement as Rommains, et ot li preudons tous les drois de papalité, mais il ne vesqui que trois jours. Je vous diray pourcoi. Li Rommain, qui desiroient à avoir ung pape rommain, furent si resjoï de ce pape que il prisent le preudomme, qui bien avoit cent ans, et le montèrent sur une blanque mulle, et le menèrent et pourmenèrent tant parmi Romme, en exauchant leur mauvaiseté et en monstrant que il avoient vaincu les cardinaulz quant il avoient ung pape rommain, que il fut tant traveillié de la paine et dou traveil que il heut, au tierch jour il s'alita et morut. Si fu ensevelis en l'eglise Saint Pière de Romme et là gist.

§ 39. De la mort de ce pape furent li cardinal tout courouchiet, car il veoient bien que les cosez alloient mal; car, ce pape vivant, li cardinal avoient avisé que il se dessimuleroient entre les Rommains deux ou trois ans et metteroient le siège allieurs que à Romme, à Naplez ou à Genneuez, hors dou dangier des Rommains; et ensi comme il avoient proposé, il en fust avenu; mais par sa mort fu tout rompu. Dont se remisent en conclave li cardinal en plus grant peril que devant, car tout li Rommain s'assemblèrent tout ou boureq Saint Pière et devant le conclave; et

monstroient par semblant que ils vosissent tout tuer
et brisier, s'il n'aloit à leur volenté. Et disoient as
cardinalz, en escriant par dehors le conclave : « Avisés
vous, [avisez vous] seigneur, et nous bailliés ung
pape rommain qui nous demeure; ou autrement
nous vous ferons les testes plus rouges que vostre
capel ne soient. »

Telz parolez et telz manacez eshahissoient bien les
cardinaux, car il avoient plus chier à morir confès
que martir. Adonc, pour iaux hoster de ce dangier et peril, il se delivrèrent de faire pape; mais
ce ne fu mie de l'un de leurs frères cardinaux ; ainchois esleurent et nommèrent l'arcevesque de Bar,
ung grant clercq et qui mout avoit traveilliet pour
l'Eglise.

A ceste promocion de papalité, pour le romain
pueple apaisier, li cardinal de Geneues bouta hors sa
teste par une des fenestres dou conclave et dist tout
hault au pueple de Romme : « Apaisiés vous, car
vous avez pape rommain, Berthemieu dez Aigles,
archevesque de Bar. » Li pueples respondi tout
d'une voix : « Il nous souffist. » A ce jour n'estoit
pas chilz archevesques à Romme, et croi qu'il estoit
à Naples : si fu tantost envoiiés querre. De ces nouvelles fu il grandement resjoïs et vint à Romme
et s'amoustra as cardenaux. A sa venue, on lui fist
grant feste, et fu entre les cardinaux pris et eslevés
et heut toutes les droitures de papalité et ot nom
Urbain, VIe de ce nom. Si en heurent li Rommain grant
joie, pour le boin Urbain V[n] qui mout les avoit amés.
Sa creacion fu segnefie et publie par toutes lez eglises
de chrestienté, ossi as empereurs, as rois, as dus et

as contes ; et le mandèrent li cardinal à leurs amis que pape avoient par bonne et digne election : dont despuis aucun s'en repentirent que parlé en avoient si avant. Si [revoca] chis papes toutes gracez en devant faites. Si se departirent de leurs contrées et de leurs lieux [toutes manières de clercs] et se allèrent vers Romme pour avoir graces. Nous nous souffrerons ung petit à parler de ceste matère, et nous retournerons à nostre principal histore et as besoingnes de France.

§ 40. Vous avez bien chi dessus oy recorder comment li rois de Navarre fu vesves, qui avoit heu à femme le suer dou roy de France, et comment li sage et li coustumier dou roiaume de France, par l'avis l'un de l'autre, disoient et pourposoient que li heritages as enfans dou roi de Navare, qui leur [venoit] de par leur mère, leur estoit escheus, et que li rois de France, leurs oncles, par le succession de sa suer, en devoit avoir, ou nom de ses nepveus, la mainburnie ; et devoit y estre toute la terre que li rois de Navare tenoit en Normendie raportée en la garde dou roy de France, tant que si nepveu aroient eage. De toutes ches coses se doubtoit bien li rois de Navare, car il sçavoit mout des usagez et coustumes de France. Si se avisa de deus coses, l'une que il envoieroit l'evesque de Panpelune et messire Martin de le Kare en France devers le roi, en lui priant et traictant doucement que par amour il lui volsist renvoiier ses deux enfans Charle et Pierre ; et, se il venoit à plaisance [au roy] que tous deux ne les volsist renvoiier, à tout le mains il lui renvoiast Charle, car mariage se commenchoit à tractiier de lui et de la fille

le roi Henri de Castille. La seconde cose estoit que,
nonobstant tout ce que il envoieroit en France, secretement ossi il envoieroit en Normendie viseter et
rafresquir les castiaux, affin que li François n'i peussent mettre la main; car de fait, s'il n'estoient pourveu, il s'i porroient bouter et, se il en avoient pris
la possession, il ne lez [en] osteroit mie, quant il vorroit. Si avisa deux mout vaillans hommes d'armes
navarois et ens esquels il avoit mout grant fiance.
L'un estoit nommés Pières Bascle, et l'autre Ferrando. Li premier message vinrent en France, li
evesques de Panpelune et messires Martins de la Kare;
et parlèrent au roi à grant loisir, en yaux mout humi-
liant et recommandant le roi de Navare, et en priant
que ses deux fieux il lui volsist renvoiier. Li rois respondi que il en aroit advis. Despuis en furent il respondu, ou nom dou roi et present le roi, que les
deus enfans ses nepveus li rois amoit bien dalés lui
et que nullement il ne pooient [mieulx estre] et que
mieux les devoit amer le roi de Navare dalés le roi
leur oncle que aultre part, et que nuls il n'en ren-
voieroit, mais les tenroit dalés lui et leur feroit tenir
estat bel, grant et souffissant, ensi que à enfans de
roi et ses nepveus appertenoit. Autre responce il
n'en peurent avoir.

Vous devés sçavoir, entretant que cil traicteur
estoient en France, Pierre Bascle et Ferrando arrivèrent à Chierebourcq à tout grans pourveances de
vins, de vivres et d'arteillerie. Si departirent ces
pourveances en pluisieurs lieux ens es villes et ens es
castiaux dou roi de Navare en Normendie; et vise-
tèrent chil doi gouverneur, de par le roi de Navare,

toute la conté d'Ewrueux et renouvellèrent officiers et misent gens à leur plaisance. Entrues retournèrent en Navare li evesques de Panpelune et messires Martins de le Care, et recordèrent au roi, que il trouvèrent à Tudelle, tout ce que il avoient trouvé en France. Si ne fu mies li rois de Navare trop resjoys de ces nouvelles, quant il ne pooit avoir ses enfans dalés lui, et en queilla en grant hayne le roy de France et lui heust volentiers de fait monstré, se il peust; mais se poissance ne se pooit mies estendre si avant, en grevant et guerriant le royaume de France, se il n'avoit alloiances ailleurs. Encores se souffri il de toutes ces coses tant que il heut mieux cause de parler et que on lui fist plus grant grief que on n'avoit encores fait.

§ 41. Li rois de France et ses consaulz estoient bien enfourmet que li rois de Navare faisoit en Normendie ravitaillier et rafresquir les chastiaux et les villes que il nommoit estre siens. Si ne savoit à quoy il voloit penser.

En ce temps, se faisoit une secrète armée dez Englès sus mer, et estoient deus mil hommes d'armes et huit mil archiers et n'avoient nuls [d'eulx] chevaux : de laquelle armée li dus de Lencastre et li conte de Cantbruge estoient chief. Et tout ce avoient li Normant rapporté sceurement au roi de France que ceste armée se mettoit sus allencontre des bendes de Normendie. On ne sçavoit mies à dire quelle part il se volroient traire, et suposoient li aucuns ou roiaume de France que li rois de Navare les faisoit mettre sus pour rendre et livrer ses castiaus au roi d'Engleterre.

[1378]   LIVRE DEUXIÈME, § 41.   57

Si fu ensi dit au roi de France que il allast ou fesist
aller au devant hasteement, pour coi il fust sires des
castiaus le roi de Navare, et que trop avoit atendu.
Car, se li Englès s'i boutoient, il porroient bien trop
grever le roiaume de France; et seroit li une des
plus belles entrées que il porroient avoir, se il estoient seigneur en Normendie des cités, des villes
et des castiaux que li rois de Navare à ce jour y
tenoit.

En ce temps furent pris en France doy secretaire
dou roi de Navare, uns clers et uns escuiers. Li clers
se nommoit maistre Pière dou Tiertre, et li escuiers
Jaques de Rue; et furent amené à Paris et là examinet, et congneurent si avant des secrés du roi de
Navare qu'ilz avoient volu empoisonner le roy de
France, en voellant le roiaume de France adamagier, que il les convint morir, et furent executet à
mort à Paris.

Ches nouvellez et haynes se mouteplioient tellement sur le roi de Navare, que li rois de France jura
que jamais n'entenderoit à autre cose, si aroit hosté
hors de Normendie et attribué à lui et pour ses nepveus les villes et chastiaux que li rois de Navare
tenoit. De jour en jour, venoient durez informacions
et nouvelles, pour le roi de Navare, en France et en
l'ostel dou roi; car on disoit tout notoirement que li
dus de Lenclastre devoit donner Katheline sa fille au
roi de Navare, et parmi tant li rois de Navare devoit
delivrer au duc de Lenclastre toute la conté d'Ewrueux.
Ches parollez estoient trop bien creuez en France,
car li rois de Navare y estoit petitement amés. Si s'en
vint en ce temps li rois de France sejourner à Roem,

et fist ung grant mandement de gens d'armes, desquelz li sires de Coucy et le seigneur de la Rivière estoient chief et meneur. Si se traïsent toutes ces gens d'armes devant Ewrueux, une cité en Normendie,
5 qui se tenoit navaroise. Et [avoient] chil doi baron avoec yaux les deulx fils au roi de Navare, Charle et Pière, pour moustrer à chiaux dou païs de la conté d'Ewrueux que la guerre que il faisoient, c'estoit ou nom des enfans, que li heritages estoit leur et rescheus
10 de par leur mère, et que li rois de Navare n'y avoit nulle cause dou tenir; mais la greigneur partie des gens d'armes estoient si conjoint d'amour au roi de Navare que il ne sçavoient partir de son service. Et ossi li Navarois, qui y estoient amassé et que li rois
15 de Navare y avoit envoiiez, lui faisoi[en]t sa guerre plus belle.

§ 42. Li rois de France envoia commissaires de par lui à Montpellier pour saisir toute la terre et baronnie
20 de Montpellier que li rois de Navare tenoit. Quant chil commissaire de par le roy, messire Guillaume de Dormans et messire Jehan le Merchier, furent venu à Mon[t]pellier, il mandèrent des plus notables de la ville et leur moustrèrent les commissions. Chil de Mon[t]-
25 pellier obeïrent, car faire leur convint. Se il heussent desobey, mal pour yaulx; car li dus d'Ango et li connestables de France estoient sur le païs à tout grans gens d'armes qui ne demandassent mies mieux que la guerre à chiaux de Mon[t]pellier. Si furent pris
30 et prisonnier doi chevalier de Normendie, gouverneur et regart à Mon[t]pellier de par le roy de Navare, messires Ghis de Gauville et messires Legiers d'Or-

gensi, et demorèrent depuis grant temps en prison.
Ensi fu toute la ville de Mon[t]pellier et la baronnie
franchoise.

§ 43. Nous retournerons à l'armée de Normendie
et conterons comment li sires de Couchi et li sires
de la Rivière y esploitièrent. Il vinrent devant
Ewrues et misent le siège. Chil de ces garnisons
dou roy de Navarre estoient tous clos contre les
Franchois, et n'estoit mie leur entente d'iaux si tost
rendre.

Quant li rois de Navare entendi que on avoit pris
et saisi la ville de Montpellier et toute le terre, et que
grans gens d'armes estoient en le conté d'Ewrueux
qui lui prendoient et abatoient ses villes et ses maisons, si veï bien que c'estoit adcertes, et heut pluisieurs ymaginacions et consaulz avoecq chiaux où il
avoit la plus grant fiance. Finablement, il fu regardé
en sen conseil que il ne pooit nullement estre aidiés
ne confortés, se ce n'estoit dou costé des Englès; et
heut conseil que il y envoieroit un sien especial
homme avoec lettres de creance pour sçavoir se li
jouenes rois d'Engleterre et ses consaulz y vouroient
point recoellir alliances, et il leur jur[er]oit de ce jour
en avant et seelleroit à estre boins et loials devers les
Englès, et leur metteroit à main toutes les forteresses
que il tenoit en Normendie. Pour faire ce message et
aller en Engleterre, il appella un sien clercq, sage
homme et bien enlangaigiet, en qui il avoit grant
fianche, et lui dist : « Maistre Paschal, vous en irés
en Engleterre. Esploitiez si bien que vous en raportés
boinnes nouvelles. Pour tous jours mais, je me voel

tenir et alloier avoecq les Englès. » Maistre Pascal fist
ce dont il estoit chargiés, et apparilla ses besoingnes,
et monta en un port en Navare, et singla tant que il
prist terre en Cornuaille, et puis chevaucha tant par
ses journées que il vint à Chenes dalez Londres, où
li rois se tenoit. Si se traist devers lui et lui recom-
menda le roi de Navare, son seigneur à lui. Li rois lui
fist boine chière. Et là estoient li conte de Salebrin
et messire Simon Burlé, qui s'ensonnioient dou
parler et dou respondre, et disent que li rois venroit
à Londres et là manderoit son conseil, et seroit là
respondu.

Maistre Paschal se contenta de ces parolles et vint
à Londres, et li rois fist là venir son conseil au jour
qui nommez y fu. Là remoustra maistres Pascal au
roy et à son conseil ce dont il estoit chargiés, et parla
si bel et si sagement que il fu volentiers oys. Et fu
respondus par le conseil que li rois heut que les
offres, que li rois de Navare mettoit avant en termes,
faisoient bien à recoellir et non pas à renonchier.
Mais bien appartenoit à faire si grans alliances que li
rois de Navare y venist en personne pour oyr plus
plainement ce que il voloit dire, car li rois d'Engleterre estoit uns jouenes sires, si le verroit volentiers; et, ou cas que il venroit là, ses besoingnes en
vaurroient trop grandement mieux. Sur cel estat s'en
parti maistre Pascal et retourna en Navare, et recorda
tout ce que il avoit trouvé et comment li jouenes
rois d'Engleterre et ses consaulz le voloient vëoir.
Adonc respondi li rois de Navare et dist qu'il yroit.
Si fist apparillier un vaissiel que on appelle lin, qui
va par mer de tous vens et sans peril. Si entra li rois

de Navare dedens ce vaissiel à privée maisnie. Toutesfois, il enmena messire Martin de la Kare et maistre Pascal avoecq lui, et esploitièrent tant qu'il vinrent en Engleterre.

§ 44. Un petit avant sen partement, li rois de France, qui avoit enchargié en grant hayne le roy de Navare et qui savoit couvertement par les gens de l'ostel de Navare tous les secrés traictiés que il avoit as Englès, avoit tant esploitié devers le roi Henri de Castille, que il l'avoit deffiiet et lui faisoit grant guerre. Si avoit, avant son partement, li rois de Navare laissiet en son païs le visconte de Castielbon, le seigneur de Lescut, Pière de Berne et le Bascle et grant gens d'armes, tant de son païs comme de la conté de Fois, pour garder les frontières contre les Espaignars. Quant il fu montés en mer, il heut vent à volonté, et prist terre en Cornuaille. Et puis esploita tant par ses journées que il vint à Wyndesore, où li rois Richard et ses consauls l'atendoient, qui le rechurent liement; car il en pensoient mieux à valoir de sa terre de Normendie, especialement de la ville et dou chastel de Chierebourcq, dont li Englès desiroient mout à estre seigneur. Li rois de Navare remoustra au roi d'Engleterre sagement et doucement et par biau langaige ses besoingnes et ce pour coi il estoit là venus, et tant que mout volentiers il fu là oys dou roi et de son conseil, et sour ce conseilliés et reconfortés tant que bien s'en contenta. Je vous diray comment traictiet se portèrent entre ces deux rois : que li rois de Navare devoit à tousjours mais demorer bons englès et loiaux, et ne pooit ne devoit faire paix

ne acort au roi de France ne au roi de Castille, sans
le sceu et consentement dou roi d'Engleterre. Et devoit le ville et le chastel de Chierbourcq mettre en la
main dou roi d'Engleterre ou de ses gens, liquels le
devoit à ses coustenges faire garder trois ans, mais
tous jours la souverainnité et seignourie demoroit au
roi de Navare; et, se li rois d'Engleterre ou ses gens
pooient par leur poissance obtenir les villes et les castiaux, que li rois de Navare avoit adonc en Normendie, contre le roi de France ou les Franchois, elles
demoroient englesses, mais tous jours la souverainnité en retournoit au roi de Navare : laquelle cose li
Englès prisoient moult pour le cause de che que il
pooient avoir une belle entrée en Normendie, qui
leur estoit trop bien seant. Et devoit li rois d'Engleterre, en celle saison, envoiier mil lances et deux mil
archiers par la rivière de Geronde à Bourdiaux ou
à Bayone, et ces gens d'armes entrer en Navare et
faire guerre au roi de Castille. Et ne se devoient partir
dou roiaume de Navare tant que il y heust point
de guerre as Espaignolz; mais, ces gens d'armez et
archiers, yaux entrés en Navare, li rois de Navare
les devoit [païer] de tous poins [et] estoffer, ensi que à
yaux appertenoit et que li rois d'Engleterre a coustume et usage de paiier ses gens. Pluisieurs traictiés,
ordenances et alliances furent là faictes, escriptes et
seellées et jurées à tenir entre le roi d'Engleterre et
le roi de Navare, qui assés bien se tinrent. Et furent
là nommet dou conseil dou roi d'Engleterre, liquel
iroient en Normendie et liquel en Navare; et pour
tant que li dus de Lenclastre et li contes de [Cantebruge] n'estoient mies à ces traictiés, mais li dus de

Bretaigne y estoit, fu là dit et parlementet que on leur envoieroit tous ces traictiés seellez, affin que il se hastassent d'entrer en Normendie.

§ 45. Li rois Charles de France, qui fu sages et soutieus, et bien le moustra tant que il vesqui, estoit tout plainement enfourmés de l'armée d'Engleterre; mais mies ne sçavoit ne pooit sçavoir, fors par supposicion, là où elle se volroit traire ou en Normendie ou en Bretaigne. Et pour ces doubtes il se tenoit en Bretaigne grans gens d'armes, des quels li sires de Clichon, li sires de Laval, li viscontes de Rohem, li sires de Biaumanoir et li sires de Rochefort en estoient cappitaine et gouverneur; et avoient assis Brest par bastides, non autrement, par coi on ne les peuwist avitaillier. De Brest estoit cappitaine uns escuiers englès, vaillant homme, qui s'appielloit Jaque Clercq. Et pour ce que li rois de France savoit bien que li rois de Navare estoit allés en Engleterre et esperoit bien que, ains son retour, il feroit couvenances et alloiances à son adversaire d'Engleterre, et se doubtoit de ceste armée qui se tenoit sus mer que de force il ne presissent terre en Normendie et de fait il se boutassent ens es castiaux qui se tenoient dou roi de Navare, il envoia hasteement devers le seigneur de Coucy et le seigneur de la Rivière, en remoustrant ces besoingnes, que il se delivrassent de reconquerir ces castiaux, n'eussent cure comment, par traictiés ou par acas, et par especial les plus prochains des bordes de le mer. Bien sçavoient que Chierebourcq n'estoit mies à prendre legierement. Et affin que par terre chiaus de Chierebourcq ne se peussent ravitallier, li rois de France envoia à Valoingne grant gens d'armes des basses marces de Bretaigne et de Normendie : desquels, pour les Bretons, estoit capitains messires Oliviers de Claiequin et, des Normans, li sires de Yvery et messires Perchevaus d'Aineval.

§ 46. Li sires de Couci et li sires de la Rivière avoient à grant poissance assis la cité d'Evreux, et tous jours leur venoient gens de tous costés que li rois de France leur envoioit. Ewrueux est une cité qui est belle et forte et près de le mer ou clos de Costentin, qui pour ce temps se tenoit au roi de Navare, car elle est de la conté d'Ewreuses. Chil d'Evreuses, qui se veoient enclos et assegiés de leur voisins, qui leur prommettoient que, se de force il se faisoient prendre, il seroient sans remède tous perdus, hommes et femmes et enfans mors, et la ville repueplée d'autres gens, se doubtoient grandement, car confort ne leur apparoit de nul costé. Et vëoient, se vëoir le voloient, leur jone heritier Charle de Navare, auquel li heritages de la conté d'Evrueux devoit appartenir de par madame sa mère et la succession de lui ; et ooient par ces deux seigneurs, le seigneur de Coucy et le seigneur de la Rivière, qui bien estoient enlangaigiet et qui biel leur savoient remoustrer, toutes les incidences où il pooient encourir. Et ossi li evesques dou lieu s'enclinoit de la partie dou roi de France. S'avisèrent, tout consideret, que mieux leur valloit à rendre leur cité en amour, puisque requis de leur seigneur en estoient, que demorer en peril. Si prisent

chiaux d'Evreuses une trieuwe à durer trois jours;
et en celle trieuwe chil d'Evreuses pooient paisiblement venir en l'ost et chil de l'ost en Evreuses. En
ces troix jours furent li traictiet si bien ordonné et
acordé que li sires de Couci et li sires de la Rivière
entrèrent en la cité et en prisent le possession de
par le roi de France, comme commissaire autentique
là envoiiet et procureur general pour l'enfant de Navare, qui present estoit à tous ces traictiés. Et renouvellèrent chil doi seigneur toutes manières d'officiers;
et, quant il s'en partirent, il le pourveïrent, pour le
doubte des rebellions, de boines gens d'armes, et
puis s'en partirent et vinrent mettre le siège devant
Carenton, une belle ville et fort chastel, seant sur mer
et sus les marces de Kem.

§ 47. Chil de Carenton n'avoient point de cappitaine de nom, ne heu despuis la mort messire Eustasse d'Aubrecicourt, qui là morut et qui leur capitaine avoit esté bien quatre ans, et ne se veoient
conseilliet ne confortet de nullui, fors que d'iaux
meïsmes, et sentoient sus mer l'amiral de France
messire Jehan de Viane, et l'amiral d'Espaigne avoec
lui, gisant à l'ancre à grant gent devant Chierebourcq. Et ne sçavoient nul des traictiés dou roi de
Navare ne quel cose il avoit fait ne esploitié en
Engleterre, et estoient tous les jours assaillis par deux
manières, les unes par armes, et les aultres par parolles, car li sires de Coucy et li sires de la Rivière songnoient grandement que il heussent [chiaux] de Carenton. Et tant en songnièrent que par traictié il [les]
heurent; et se misent et rendirent en l'obeïssance dou

roi de France, reservé pour le temps advenir le droit que leurs jones heritiers messires Charles de Navare y pooit avoir.

A tous traictiés chil seigneur de France s'enclinoient pour eux delivrer d'estre en saisine et possession des villes et castiaux que il desiroient à avoir. Si prisent Carenton, ville et castiel, et le rafresquirent de nouvelles gens. Et puis s'en partirent et vinrent devant le castel de Mouliniaux, et n'y furent que trois jours, quant par traictiés il l'eurent; et puis vinrent devant Conches. Si se logièrent sus celle belle rivière d'Orne qui queurt à Kem, et s'i rafresquirent tant que il sceurent la volenté de ceux de Conces, liquel par traictiés se rendirent, car che que li sires de Coucy et li sires de la Rivière avoient l'enfant de Navare avoec iaux, enbellissoit grandement leur fait. Et ossi en ces forteresses navaroises avoit peu de gens dou roiaume de Navare, et che que il en y avoit, si n'estoient ce mies seigneurs de villes ne de castiaux ne de traictiés; mais quant on se rendoit au roy de France ou ses commis, il estoient ou traictiet par condicion telle que il se departoient, se il voloient, et se traioient quelque part qu'il voloient et qu'il leur plaisoit. Et tout chil qui s'en partoient, ne se trayoient aultre part que à Evreux, dont Ferrando, uns Navarois, estoit cappitaine.

§ 48. Après le conquès dou castel de Conches qui se rendi par traictié, si comme vous avés oï, on s'en vint devant Pasci, et là heut assault et des bleciés, uns et aultres. Au second jour il se rendirent, et demora li castiaux au roi de France. Et puis chevaucièrent oultre et raquisent finablement tout ce que li rois de Navare en devant avoit tenu en Normendie, exepté Evreux et Chierebourcq. Et quant il heurent tout raquis, castiaux et petits fors, et que tous li païs fu en leur obeïssance, il s'en vinrent mettre le siège devant Ewrueux, là où il a cité, bourcq et chastel, et tout separet l'un de l'autre. Et sont et ont tousjours esté par usage li plus fort Navarois de Normendie, ne n'i amèrent chil d'Ewrues onques parfaitement seigneur autre que le roi de Navare. Si fu Ewrues assiegie mout poissanment, et se tint là li sièges longhement, car Ferandos en estoit cappitaines, qui pluisieurs apertises d'armes y fist de soy meïsmes et fist faire.

En ce [temps] estoit li rois de Navare retournés en son païs et cuidoit autrement avoir esté aidiés des Englès qu'il ne fu, quoyque li Englès n'y heussent point de pourfit, ensi qu'il apparut, car li dus de Lenclastre et li conte [de Cantebruge], endevant tous ces traictiés, avoient heu vent contraire pour arriver en Normendie; et ossi ung grant mandement que il avoient fait de quatre mil hommes d'armes et de uit mil archiers, il n'estoient pas sitost venu à [Hantonne], où tout montèrent en leurs nefs chargies de pourveances. Pour coi il fu ainçois la Saint Jehan que tout ensamble, ensi que gens d'armes doivent partir, il se partirent des pors d'Engleterre. Et encores, quant il se departirent des havenes d'Engleterre, il trouvèrent à Plewemoude le conte de Salebrin et messire Jehan d'Arondiel qui s'en devoient aller en Bretaigne pour ravitaillier et rafresquir chiaux de Brest et chiaux de Hainbon, qui n'avoient peu avoir

vent. Et se misent chil doi seigneur en l'armée dou
duc de Lenclastre et de son frère, le conte [de Cante-
bruge]; mais il prisent terre en l'ille de Wisque, et là
sejournèrent un grant temps pour aprendre des nouvelles et où il se trairoient, ou en Bretaigne ou en
Normendie. Là oïrent nouvelles que li armée de
France estoit sus mer : si fu renvoiiés messires
Jehans d'Arondiel, à tout deus cens hommes d'armes et quatre cens archiers, à Hantonne, pour
esquieuwer les perils qui leur pooient venir sus mer.

§ 49. Pour le cause de ce que li rois de France
estoit veritablement enfourmés de par les Normans
que li Englès estoient trop poissant sur mer et ne
savoient où il voloient traire, avoit il par tout son
roiaume fait un especial mandement que cascuns fust
apparilliés, chevaliers et escuiers, montés à cheval et
armés de toutes armes, ensi comme à lui appartenoit, pour venir et aller là où il les manderoit. Ossi
li dus d'Ango, toute celle saison, avoit retenu gens
d'armes de tous costés sus l'intencion que de mettre
le siège devant Bourdiaux et Blaves, et avoit sen
frère, le duc de Berry, et le connestable de France en
se compaignie et toute la fleur de chevalerie de Gascoingne, d'Auvergne, de Poito et de Limosin. Et pour
ceste emprise traire à bon chief et pour avoir plus
grant quantité de gens d'armes, par le consentement
dou roi de France, sen frère, il avoit en la Langhe
d'Oc queillie une aide si grande et si grosse que elle
avoit bien monté douse cens mil frans. Et ne [pot] en
celle saison li dus d'Ango faire sa emprise, car li rois
de France remanda le duc de Berri, son frère, et le

connestable de France et tous les hauls barons dont il pensoit à yestre aidiés et servis, car bien estoit segneffiés que les Englès estoient sus mer, mais il ne [sçavoit] où il voloient traire; et quoique ceste emprise de la Langhe d'Och se rompesist, les povres gens qui avoient esté traveilliet de paier le grande somme, je vous sçai bien à dire que il ne reurent mies leurs deniers.

§ 50. En ce temps tenoit siège, à bien vint mil Espaignols et Castellans, li rois Henris de Castille devant le cité de Bayone, et le assiega très en yvier, et y fut toute le saison. Et y ot faites tant maintes grandes apiertises d'armes par mer et par terre, car dans Radigos de Roulz et dans Ferrans de Sebille et Ambroise Boukenègre, Pière Walesque et Ambroise de Caletrave estoient à l'ancre devant Bayone à bien deus cens vaissiaux et donnoient trop à faire à chiaux de Bayone, de laquelle ville, pour le temps, estoit gardiens et cappitaine uns mout vaillans chevaliers d'Engleterre, qui s'appelloit messire Mahieu de Gournay. Li sens et li proèche de lui reconforta grandement la ville. Et voellent li aucun dire, et le sçai par chiaux qui dedens furent enclos, que li Espaignol fussent venu à leur entente de Bayone, mais uns si grans mortoires se bouta en l'ost que des cinc en moroient les troix; et avoit là li rois Henris avoec lui un nigromacien de Toulette, qui disoit que li airs estoit tous envenimés et corrompus, et que à ce on ne pooit mettre remède que tous ne fussent en peril de mort. Pour celle doubte, li rois se desloga, et se deffist li sièges. Mais li Espaignol et li Breton

avoient sus le païs conquis grant fuison de castiaux et de petis fors; si se boutèrent ens. Et li
rois s'en vint rafreschir à la [Couroingne] et envoia
mettre le siège son connestable devant Panpelune
5 en Navare, à tout bien dis mil Espaignols, en laquelle cité li viscontes de Castielbon et li sires de
Lescut et li Bascles estoient à tout deus cens lances,
qui grandement de la cité songnoient. Et li rois
de Navare, qui tout nouvellement estoit revenus
10 d'Engleterre, se tenoit à Thudèle et atendoit grant
confort de jour en jour, qui lui devoit venir d'Engleterre. Et voirement en estoit il ordené, car de par le
roi et son conseil li sires de Nuefville et messires Thumas Trivès estoient à Plewemoude ou sus le païs là
15 environ, à tout mil hommes d'armes et deus mil
archiers, et faisoient leurs pourveances grandes et
grosses pour venir arriver ou havene de Bourdiaux ;
mais il n'avoient mie passage à leur volenté, car li
grande armée le duc de Lenclastre avoient presque
20 tous les grans vassiaux dou roiaume d'Engleterre :
pour quoi il furent en sejour à Plewemoude ou là
environ plus de quatre mois.

En ce temps, s'en vint li dus de Bretaigne en Flandres dalés le conte de Flandres, sen cousin, qui le
25 rechut à grant joie, dont li rois de France heut
depuis grant indignacion de ce que il le tint dalés lui
plus d'[un] an et demi, si comme vous orrés recorder
avant en l'istore.

§ 51. Li dus de Lenclastre et li contes [de Cante-
30 bruge] et leur armée qui estoit grande et grosse,
car là estoient tout li noble d'Engleterre, sejournè-

rent en l'isle de Wisque, à l'encontre de Normendie
et d'un païs que on appielle Cauls, et desiroient trop
à sçavoir l'estat de Franche, car nulle chertainneté
n'en avoient. Sitost que il peurent perchevoir que il
heurent point de vent, il entrèrent à leurs vassiaux,
cascuns sires à sa charge. Et estoit amiraux de la mer
le conte de Salebrin, et connestables de l'ost li contes
d'Aquesufort; là estoient li contes d'Arondiel, qui
s'apielloit Richart, [li contes] de Douvesiere, li contes
de Northombrelant, li contes de Notinghem, messires
Thumas de Hollandes, contes de Quent, messires
Jehans de Hollandes, ses frères, li contes de Stafort,
li contes de Suffort, messires Guillaumes de Montagut,
messires Hue de Cavrelée, messires Robert Canolles,
messires li canonnes de Robersart et pluisieurs vaillans
chevaliers et escuiers. Si singlèrent de celle marée
tout coiement au lés devers Normendie; et ne sçavoient pas encores arresteement entr'iaux quelle part
il se trairoient ne où il prenderoient terre, car il
desiroient mout à trouver l'armée dou roi de France
sus mer; et leur avoit on dit, yaux estans à l'ancre
en l'isle de Wicq, par une nef balenghière qui s'estoit
emblée en Normendie, que li sièges des François
estoit devant Ewrues, et li armée de mer de par le
roi de France gisoit à l'ancre devant Chierebourcq.
Dont, sus celle entente, il s'en vinrent tout flotant
les bendes de Normendie et querant les aventures.
Et passèrent devant Chierebourcq, mais riens n'y
trouvèrent, car messires Jehans de Viane et son
armée estoient retrait ou havene de Harflues. Pour
che ne se veurrent mies là arrester la navie d'Engleterre, car il avoient vent à volenté pour aller vers

Bretaigne : si passèrent oultre, et s'en vinrent ferir ens ou havene de Saint Malo de l'Ille, et là ancrèrent et prisent terre, et yssirent de leurs vaissiaux petit à petit et se logièrent. En ce temps, estoit gardiens et capitaines de la ville de Saint Malo uns escuiers bretons, bon homme d'armes durement, qui s'apeloit Morfouache. Quant il veï les Englès venus et qu'il se apparilloient pour là mettre le siège, si ne fu mies trop esbahis ; mais se pourveï et ordonna sagement et vaillanment à l'encontre d'iaux.

Les nouvelles furent tantost sceues sus le païs que li dus de Lenclastre et li armée d'Engleterre avoient pris terre et arrest à Saint Malo, car li viscontes de le Berlière, messires Henris de Malatrait et li sires de Combourch s'en vinrent bouter dedens Saint Malo à deus cens hommes d'armes, desquels Morfouache fu grandement resjoïs et reconfortés, car autrement il heust eu fort temps.

§ 52. Messire Jehan d'Arondiel qui se tenoit à Hantonne à tout deus cens hommes d'armes et quatre cens archiers, entendi par gens qui furent pris sur mer en une nef normande, que l'armée dou duc de Lenclastre avoit nettiet tous les havenes de Normendie des Franchois, et que nuls n'en y avoit sur mer. Si ordonna tantost ses vaisseaux et ses besoingnes et quatre nefs chargies de pourveances, et puis entra en sa navie. Il heut vent à volenté ; si s'en vint ferir ou havene de Chierebourcq, où il fut des compaignons receus à grant joie. Et demora li castiaux de Chierebourcq en la garde et ou peril des Englès, et s'en [partirent] li Navarois. Mais pour ce ne s'en parti mies Pierres Bascles, qui capitaines en avoit esté, ainchois demora dalés les Englès, et le tinrent à compaignon. Et vous di que Chierebourcq n'est point à conquerre, se n'est par famine, car c'est uns des plus fors chastiaux dou monde et bien confortés de le mer de toutes pars. Si fisent chil qui dedens se tinrent pluisieurs bielles yssues et emprises sour chiaux de [Valoingne], quant messire Jehan d'Arondiel s'en fu partis, car il n'y sejourna que quinse jours depuis que il heut ravitaillié [Chierebourcq], et s'en vint arriver à Hamptonne, dont il estoit cappitaine. Or parlons dou siège de Saint Malo.

§ 53. Quant li Englès entrèrent premierement ou havene de Saint Malo, il trouvèrent grant fuison de vassiaux de le Rochelle, tous chargiés de bons vins. Li marchant heurent tantost tout vendu : li vin furent pris et deschargiet et les nefs arses. Or se fist li sièges devant Saint Malo grans et biaux, car il estoient bien gens pour le faire. Si commenchièrent à courir li Englès sur le païs et à faire mout de desrois; et chil qui estoient le plus souvent sour les camps, ce estoient messires Robers Canolles et messires Hues Broés, ses nepveus, qui congnissoient le païs. Chil doi couroient presque tous les jours, et li canonnes de Robersart en leur compaignie; une fois perdoient, et le plus gaignoient. Si gastèrent et ardirent tout le païs environ Saint Malo. Li hos dou duc de Lanclastre et dou conte [de Cantebruge], son frère, estoit mout plentiveuse de tous vivres, car il leur en venoit fuison d'Engleterre et des isles prochaines qui appendoient à yaux. Si y heut fait devant

Saint Malo par pluisieurs fois pluisieurs grans assauls
durs et merveilleux et bien deffendus, car il y avoit
dedens très bonnes gens d'armes qui n'estoient mies
legiers à conquerir, mais bien gardant et deffendant
contre les assaillans. Et fisent li seigneur de l'ost
ouvrer et carpenter manssions d'assault, et avoient
en l'ost bien quatre cens canons mis et assis tout
autour de le ville, qui constraindoient durement
chiaux de le ville. Entre les assauls en y heut un dur
et pesant et merveilleux, car il dura un jour tout
enthier; et là [furent] ochis et blechiés pluisieurs Englès, car chil de dedens se deffendoient si vaillanment
que nulles gens mieux d'iaux. Et là heut mort à l'assault
un chevalier d'Engleterre qui s'appielloit messires
Pière l'Estrangne, pour lequel li dus de Lenclastre et
ses frères furent moult courouchiet. Nous parlerons
un petit dou siège de Mortaigne sus mer en Poito, et
de Yeuwain de Galles.

§ 54. Ieuwain de Gales avoit durement abstraint chiaux de Mortaigne en Poito, dont li soudis
de l'Estrade estoit cappitaine, et les avoit assiegés
en quatre lieux et par quatre bastides. La première des bastides [seoit] sour le bout d'une
roche devant le castel, sur le debout de la rivière de
Garone, par où devant il convient toutes nefs passer
allant de Garone en la mer et de la mer rentrant en
Garone; et là en ceste bastide estoit Yeuwains de
Gales. La seconde bastide estoit entre l'yauwe et le
castel, bas en uns prés et devant une posterne dont
nuls ne pooit yssir ne partir, s'il ne voloit yestre
perdus. La tierce bastide estoit à l'autre lés dou

castel. La quatrisme bastide estoit en l'eglise de
Saint Ligier, à demie lieuwe près dou fort. Ches
bastides et ches sièges avoient tellement constraint
chiaux de Mortaigne par là estre longement, car li
sièges dura longement priès d'un an et demi, que il
n'avoient de coi vivre ne cauche ne sorler en piés;
et si ne leur apparoit confors ne secours de nul
costé, dont il estoient tout esbahi.

Che siège estant devant Mortaigne, yssi hors dou
roiaume d'Engleterre et de la marce de Gales uns
escuiers galois. Peu fu gentils homs, et bien le demous-
tra, car onques gentil coer ne pensa ne fist traïson;
et s'appielloit chis Jaque Lambe. A son departement,
il fu fondés sus maise entente, et voellent li aucun
dire en Engleterre meïsmes que à son departement
il fu chargiés et enfourmés d'aulcuns chevaliers
d'Engleterre de faire la traïson et le mauvaistié
qu'i[l] fist, car Yeuwains de Gales estoit grandement
haïs en Engleterre et en Gascoingne pour le cause
dou captal de Bues que il prist et aida à ruer jus
devant Subise en Poito, de laquelle prise on ne le
pot onques ravoir ne pour escange dou conte de
Saint Pol ne pour autrui, ne pour or ne pour argent
que on en sceust offrir ne presenter; et le convint
morir par merancolie en la tour dou Temple à Paris,
dont grandement desplaisoit à ses amis.

Chis Jaques Lambes, en ce temps, arriva en Bretaigne et fist tant par son esploit que il vint en Poito.
Et partout passoit, car il se disoit à estre des gens à
chel Yeuwain de Gales, pour tant que il parloit assés
bon françois et sçavoit galois, et disoit que il venoit
de la terre de Gales pour parler à Yeuwain. De che

estoit il assés legierement creus; et fu des gentils
hommes dou païs, pour l'onneur et amour de
Yeuwain, aconvoiiés jusques à Mortaigne où li sièges
se tenoit, et là laissiés. Adonc se traïst sagement et
5 bellement chis Jaques Lambe devers Yeuwain, quant
il veï que heure fu, et se engenilla devant lui, et lui
dist en son langaige que il estoit yssus hors de Gales
pour lui veoir et servir. Yeuwains, qui nul mal n'i
pensoit, le crut legierement et l'en sceut bon gré, et
10 lui dist tantost que son service il voloit bien avoir, et
puis lui demanda des nouvelles [dou païs]. Il l'en dist
assés, fussent voires ou bourdes, et lui fist acroire que
toute li terre de Gales le desiroient mout à ravoir à
seigneur. Cheste parolle enamoura mout ce Jaque
15 Lambe de Yeuwain, car cascuns par droit revient
volentiers au sien, et en fist tantost son cambrelencq.
Chis Jacques de plus en plus s'acointa [si] bien de
Yeuwain, que il n'avoit en nullui si grant fiance
comme il avoit en lui. Tant s'enamoura Yeuwains
20 de Jaque et tant le creu que il y en mescheï, dont
ce fu damages, car il estoit grans et haus, gentis
durement et bon homme et vaillant as armes. Et
fu jadis fils un prince de Gales que le roi d'Engleterre avoit fait decoler, la cause pourcoi je l'ignore;
25 et avoit li rois d'Engleterre saisi toute la terre et la
princhauté de Gales et encachié cel enfant, liquels
en sa jovenesse s'en vint demorer en France et
remonstra ses besongnes au roi Phelippe de France,
qui volentiers y entendi et le retint dalés lui; et fu,
30 tant comme il vesqui, des enfans de sa cambre
avoecq ses nepveus d'Alenchon et autres, et ossi fist
li rois Jehans. [Et s'arma toudis du temps du roi

Jehan], et fu à le bataille à Poitiers, mais point n'y
fu pris ; mieux ou ottant lui vausist à estre mort. Et
quant la paix fu faicte, il s'en alla en Lombardie, et
là continua les armes ; [et quant la guerre fu renouvelée, il retourna en France] et s'i porta si bien que
il fu grandement alosés et amés dou roi de France
et de tous les seigneurs. Or parlons de sa fin, dont je
parole envis, fors tant que pour sçavoir ou tamps
advenir que il devint.

§ 55. Yeuwains de Gales avoit en usage, lui estant
à siège devant Mortaigne, que volentiers dou matin,
quant il estoit levés, mais que il fesist bel, il s'en
venoit devant le castel seoir sour une tronche qui là
avoit esté dou temps passé amenée pour ouvrer au
castel ; et là se faisoit pignier et galonner le chief une
longhe espasse, en regardant le castel et le païs d'environ, et n'estoit en nulle doubte de nul costé. Et
par usage nuls n'aloit là si songneusement avoecq lui
que chis Jaque Lambe, et mout souvent lui advint
que il s'i parvestoit et apparilloit de tous poins ; et
quant on voloit parler à lui ou besoingnier, on le
venoit là querre. Avint que le darain jour que il y
vint, che fu assés matin ; et faisoit bel et cler, et avoit
toute le nuit fait si caut qu'il n'avoit peu dormir.
Tous desboutonnés en une sengle cote et sa chemise,
affublé [d']un mantel, il s'en vint là et s'i assist, che
Jaque Lambe en sa compaignie. Toutes gens en son
logeis dormoient ne on n'y faisoit point de gait, car
il tenoient ensi que pour conquis chiaux de le forteresse. Quant Yeuwains de Gales se fu assis sus celle
boise et tronche de bois, que nous appellons souche

en françois, il dist à Jaque Lambe : « Allés querir
mon pigne. Je me voel ichi un petit rafreschir. » —
« Monseigneur, respondi chis, volentiers. » En allant
querir ce pigne et en raportant, li diables alla entrer
ou corps de ce Jaque, car avoec le pigne il apporta
une petite courte darde espagnolle à un large fer,
pour acomplir sa mauvaistié. Si très tost que il fu venu
devant son maistre, sans riens dire, il [l']entoise
et l'avise, et li lance celle darde ou corps qu'il avoit
tout nu, et li passe tout oultre et le reverse d'autre
part : vous poés bien croire que il estoit mort. Quant
il ot ce fait, il lui lait le darde ou corps, et se part et
se trait tout le pas à le couverte devers le castiel et
fait tant que il vint à la barière. Si fu mis ens et
recoellis des gardes, car il s'en fist congnissable, et
fu amenés devant le soudis de l'Estrade : « Sire, dist il
au soudis, je vous ay delivret dou plus grant ennemi
que vous heussiez. » — « De qui ? » dist li soudis. —
« De Yeuwain de Gales, » respondi Jaque. — « Et
comment ? » dist li soudis. — « Par telle voie, »
respondi Jaques. Adonc lui recorda de point en point
toute l'istoire, ensi que vous avés oï. Quant li soudis
l'eut entendu, si crolla la teste et le regarda fellement,
et dist : « Tu l'as mourdry, et saches bien, tout consideré, que, se je ne veoie nostre plus grant pourfit en
ce fait, je te feroie trenchier la teste et jetter corps et
teste ens es fossés; mais puisqu'il est fait, il ne se puet
deffaire. Mais c'est damaige dou gentil homme, quant il
est ensi mort; et plus y arons de blasme que de loenge. »

§ 56. Ensi alla de la fin Yeuwain de Gales et fu
ochis par grant mesaventure et par traïson, dont

chil de l'ost furent durement triste et courouchié, quant il le sceurent, et ossi furent toutes manières de bonnes gens, quant les nouvelles en furent sceues, et par especial li rois Charles de France; et mout le plaindi, mais amender ne le pot. Si fu Yeuwains de Gales ensevelis en l'eglise de Saint Legier, où on avoit fait une bastide, à demie lieuwe près dou castel de Mortaigne; et là furent tout li gentil homme de l'ost à son obsèque, qui lui fu fais mout reveranment. Pour ce ne se deffist mie li sièges de devant Mortaigne, car il y avoit des boins chevaliers et escuiers bretons et poitevins et françois, qui jamais ne s'en fussent parti, se poissance n'i mettoit remède; et furent en plus grant volenté que devant de conquerir le fort pour yaux contrevengier de la mort Yeuwain de Gales, leur boin cappitaine. Et se tinrent là, en ce parti que il estoient ordonné, sans faire nuls assaus, car bien sçavoient que il les avoient si abstrains que vivres de nuls costés ne leur pooient venir ne aultre pourveance nesune, dont il demoroient en grant dangier. Nous nous souffrerons [à parler] tant qu'à present dou siège de Mortaigne sus mer, et retournerons au siège de Saint Malo, et premierement nous parlerons dou siège d'Ewr[e]ux, et comment chil qui assiegé l'avoient perseverèrent.

§ 57. Le siège estant devant Ewreux, [chiaux qui assegié l'avoient, c'estoient] li sires de Couci et li sires de la Rivière qui souverain en estoient, ooient souvent nouvelles dou roi de France, car il se tenoit à Roem au plus près de ses gens que il pooit par raison, et estoit se intencion que il se delivrassent

de prendre Ewr[e]ux ou de le avoir par composicion
au plus tost que il peussent, car il sentoit les Englès
efforciement en Bretaigne. Si voloit que toutes gens
d'armes se traïssent de celle part pour lever le siège
de Saint Malo ou pour combatre les Englès. Chil doi
seigneur, à l'ordonnance dou roi, s'en acquitèrent
loiaulment et vaillanment, car presque tous les jours
y avoit assault ou escarmuche, et avoec tout ce grans
moyens par biaux traictiés que chil seigneur envoioient
as bourgois de la ville, en yaux remonstrant que il se
faisoient trop guerrier et essillier leurs biens sans
raison et abatre ou plat païs leur maisons, car il
avoient leur droit seigneur naturel avoec iaux, messire Charle de Navare, auquel, par la succession de
sa dame de mère, toute la conté d'Ewr[e]ux lui estoit
devolue et rescheue, et ne tenissent mie l'erreur ne
l'oppinion d'un fol Navarois qui là estoit, Ferrando,
pour iaux tous perdre, car bien sceussent, avoec le
bon droit que il avoient en le querelle dou calenge
de icelui pour qui il faisoient la guerre, de là jamais
ne partiroient si en aroient leur volenté; et, se de
force il estoient conquis, non par traictiet, il seroient
tout mort et sans merci, et au mieux la ville repeuplée
de nouvelles gens. Tels offres et tels parolles et tels
manaches estoient remonstrées à chiaux d'Ewr[e]ux;
et pour ce ne demoroit mies que il ne fussent tous les
jours assaillis. Chil d'Ewrues se commenchièrent à
doubter, car confors ne leur apparoit de nul costé, et
[si] veoient es requestes des dessus dis seigneurs
pluisieurs [causes] raisonnables, pour tant que li rois
de France ne calengoit mies la terre pour lui, fors que
pour son nepveu Charle de Navare : si entrèrent en

traictiet devers le seigneur de Coucy. Quant Ferandos sceut[ce], si se tint ens ou chastel sans partir, et ne [voult] estre à nuls des traictiés. Finablement il se rendirent, sauf leur corps et tout le leur as camps et à le ville, et rechurent Charle de Navare à seigneur, et puis assisent le castiel. Ferrandos, qui se veoit assegiés et ensus de tous confors, commencha à traictier devers ces seigneurs de France que, se on le voloit laissier partir, les siens et tout le leur, et conduire sauvement jusques à Chierebourcq, il renderoit le chastel. On lui [respondit] oïl. Assés tost après, chil dou chastel chargèrent tout [le leur] et se partirent d'Ewr[e]ux ou conduit le seigneur de Coucy qui les fist mener à Chierebourcq. Ensi fu toute Ewr[e]ux franchoise. Après ce conquès, li sires de Coucy et li sires de la Rivière, messires Jehans Le Merchier et toutes les cappitaines de l'ost se traïsent [à Roem], là où li rois de France se tenoit, pour sçavoir quel cose il feroient, car bien avoient entendu que li siège des Englès estoit devant Saint Malo en Bretaigne. Si les rechupt li rois de France liement, et conjoï especialement le seigneur de Coucy et le seigneur de la Rivière de che que il avoient si bien esploitié. Si demo[rè]rent ces gens d'armes en Normendie, et ne furent nuls des cappitaines cassés, mais retenus et toudis paiiés avant de leurs gaiges.

§ 58. Li rois de France, qui se tenoit pour le temps en le cité de Roem, avoit bien entendu comment li Englès avoient poissanment assis le ville de Saint Malo ; et presque tous les jours ses gens, qui dedens estoient, estoient assaillis et durement abstrains. Si ne

mies voloit perdre ses gens ne la boine ville de Saint
Malo, car, se elle estoit englesse, Bretaigne de ce
costé en seroit trop affoiblie. Si avoit li rois de France
en celle instance, pour icheux conforter et remedier
contre la poissance des Englès, fait un très especial et
fort mandement auquel nuls n'avoit osé desobeïr. Et
s'avalèrent, à tout très grans gens d'armes, si doi
frère, li dus de Berri et li dus de Bourgoingne, li dus
de Bourbon, li contes de la Marce, li dauffins d'Auvergne, li contes de Genèves, messires Jehans de Boulongne et ossi grant fuison de chevaliers, de barons et
de toutes bonnes gens d'armes. Et manda li rois à son
connestable messire Bertran de Claiequin que nullement il ne [de]laiast que il ne fust à celle assemblée.
Li connestables ne volt mies desobeïr, mais vint à
tout gran[s] gens d'armes d'Ango, de Poito et de
Thouraine. Ossi fisent li doi maressal de France, li
maressaux de Blainville et li maressaux de Sansoirre.
D'autre part, revinrent messires Oliviers de Clichon,
li viscontes de Rohem, li sires de Laval, li sires de
Rais, li sires de Rochefort, li sires de [Dinant], li sires
de Lion et tout li baron de Bretaigne, et furent bien
dis mil hommes d'armes, et estoient sur les champs
plus de cent mil chevaux. Si se logièrent toutes ces
gens d'armes de France au plus près de leurs anemis
par raison que il peurent; mais il i avoit entr'iaux et
les Englès un flueve de mer et une rivière, et, quant
la mer estoit retraite, je vous dy que aulcun jone chevalier et escuier qui aventurer se voloient, se abandonnoient en celle rivière plate et y faisoient de grans
apertises d'armes. Onques si grande assamblée de
bonnes gens d'armes ne fut faicte [en Bretaigne] ne

de si noble et bonne chevalerie, comme elle fut là,
car, se li François y estoient poissanment, ossi estoient
li Englès. Et se cuidoient bien et li un et li autre combatre, car il en faisoient tous les jours les apparans,
et s'ordonnoient sus les camps, banières et pennons
ventelans, et se remonstroient en bataille. De veoir
la poissance des Franchois et le grant fuison de
seigneurs, de banières et de pennons qui là estoient,
estoit grant plaisance; et s'ordonnoient mout souvent
par bataille et venoient sur la rivière et monstroient
par semblant proprement que il se voloient combatre.
Et le [cuidoient] li Englès, en disant ensi : « Veci,
veci nos ennemis qui tantost, à basse euwe, passeront
la rivière pour nous combatre. » Mais il n'en avoient
nulle volenté, car li rois de France de son temps res-
soingnoit si les fortunes perilleuses, que nullement il
ne voloit que ses gens s'aventurassent pour combatre
par bataille, se il n'en avoient de set les cinc.

§ 59. En ces monstres et en ces assamblées, et ensi
heriant et a[r]doiant l'un l'autre, avint une fois que li
contes [de Cantebruge] dist ensi et jura, se plus veoit
de tels ahaities, puisque on ne les venoit combatre,
il les iroit combatre, quel fin que il en deussent
prendre; et avoi[t] adonc l'avant garde et grant fuison
de bonnes gens avoecq lui, qui tout se desiroient à
avanchier. Li connestables de France, qui savoit
d'armes quanques on en pooit sçavoir et qui sentoit
les Englès cauls et boulans et aventureux, ordonna
une fois toutes ses batailles sus le sablon et au plus
près de la rivière comme il pot par raison et tout à
piés. Li contes [de Cantebruge], qui estoit d'autre

part, en veï la manière; si dist : « Qui m'aime, si me
sieuche, car je m'en irai combatre. » Adonc se frappa
en l'iauwe qui estoit au plat, mais li flueves revenoit,
et se mist ou droit fil de la rivière, sa banière et
toutes ses gens, et commenchièrent li archier fort à
traire sus les François. Adonc se retraï li connestables de France et fist retraire ses batailles sus les
camps, qui cuida lors tout veritablement que les
Englès deuissent passer, et voulentiers heust veu que
il les heust tenus oultre l'iauwe. Li dus de Lenclastre,
à tout une grosse bataille, estoit de son costé tout apparilliés pour servir son frère, se il veïst que besoings
fust; et dist à Gerart d'Obies, un escuier de Haynnau
qui estoit dalés lui : « Gerart, regardés mon frère
comment il se aventure. A ce qu'il monstre, il donne
exemple as François que il se combateroit volentiers,
mais il n'en ont nulle volenté. » Ensi se porta ceste
besoingne sans nul fait d'armes qui à recorder fache.
Li François d'un lés et li Englès d'autre, [estant
priés de combatre], li flos commencha à monter. Si
se retraïsent li Englès hors de la rivière et s'en
vinrent à leur logeis, et li François se retraïsent ossi
au leur.

§ 60. De tels ahaities, de tels affaires et de tels
monstres l'un contre l'autre, le siège estant devant
Saint Malo, il y heut pluisieurs [faites]. Li François gardoient bien et tellement leur frontière que
li Englès n'osoient passer la rivière. Si avint il par
pluisieurs fois que amont sus le païs aucun chevalier et escuier breton qui congnissoient le marche,
chevauchoient par compaignies et passoient la rivière

à gué et rencontroient souvent les fourrageurs des Englès. Là en y avoit souvent des rués jus : une heure perdoient, li autre gaignoient, ensi que en tels fais d'armes les aventures aviennent. Le siège durant et ces envaïes faisant, li seigneur d'Engleterre, pour leur besongne approchier, avisèrent que il feroient une mine pour entrer dedens Saint Malo, ne autrement il ne le pooient avoir, car la ville estoit bien pourveue de gens d'armes qui songneux en estoient ; avoec tout ce, il avoient grant fuison de toutes pourveances et d'arteillerie qui mout aidoit à leur besoingne. Et presque tous les jours il les convenoit armer et mettre ensamble pour atendre la bataille, se li François traioient avant, pour laquelle cose il n'avoient pas trop de loisir pour le faire assaillir, fors que de leurs canons; mais de ce avoient il très grant plenté et qui mout grevoient la ville. Si avisèrent lieu et place pour faire leur mine, et furent mineur et houilleur mis en oevre. Nous nous tairons un petit d[ou] siège de Saint Malo, et parlerons dou siège de Mortaigne en Poito et comment chil qui assis l'avoient perseverèrent.

§ 61. [Vous avés bien chi dessus oï recorder la mort de Yeuwain de Gales et comment il fu mourdris, et ossi comment li Breton et li Poitevin estoient pardevant [Mortaigne], desquels messires Jaques de Monmore, messires Perchevaux d'Aineval, Guillaumes de Moncontour et messires Jaques de Surgières estoient cappitaine; et ne veurent mies pour ce brisier leur siège, quoyque il furent mout courouchié de la mort Yeuwain de Gales, leur souverain

cappitaine, car il avoient grant desir de contrevengier
sa mort sour chiaux de la forteresse. Si avés oï comment messires Thommas Trivet, messires Guillaumes
Scrouip, messires Thumas Abretons [et] messires
5 Guillaumes Cendrins, à une [compaignie de hommes
d'armes] et d'archiers, estoient ordonnés de venir à
Bourdiaux, tant que pour conforter chiaux de Mortaigne comme [ossi] messire Mahieu de Gournay qui
se tenoit à Bayone et qui tous les jours avoit à faire
10 en celle marce contre les Gascons et les Bretons qui
y tenoient pluiseurs fors. Cil quatre chevalier dessus
nommet et leurs routes avoient geu à Plewemoude
bien un mois, et ne pooient avoir vent qui leur
durast pour aller en Gascoingne, dont il estoient
15 mout courouchié, mais amender ne le pooient. Et si
avés oï comment li sires de Nuefville, d'Engleterre,
estoit ordonnés à tout gens d'armes et archiers de
venir conforter contre les Espaignols le roi de
Navare et pour estre senescal de Bourdiaux et de
20 Bourdeloix. Si se trouvèrent toutes ces gens d'armes
à Plewemoude et furent mout resjoï l'un de l'autre.
Depuis la venue le seigneur de Nuefville, il ne sejournèrent point plenté que il heurent vent à volenté : si
entrèrent en leurs vaisseaus qui chargiet estoient, et
25 desancrèrent dou havene de Plewemoude et levèrent
les voilles et singlèrent devers Gascoingne. Et estoient
d'une flote sis vins vassiaux et quarante barges, et
pooient estre environ mil hommes d'armes et deus mil
archiers. Et n'eurent nul empeschement sus [mer]
30 que chis vens ne leur durast toudis ; si entrèrent ou
havene de Bourdiaux le nuit Nostre Dame en septembre, l'an de grace mil trois cens soixante et dix wit.

§ 62. Quant li Breton et li Poitevin, qui tenoient le siège devant Mortaigne sus mer, les veïrent passer, de une flote si grant quantité de vassiaux trompant, cornemusant et faisant grant feste, si furent tout pensieu, et cil dou fort tout resjoï, car bien pensoient que il seroient temprement delivré, ou il y aroit bataille, et que pas pour noiant faire il ne venoient ou païs que il n'i heust aucun esploit d'armes. Messires Jaques de Monmore et les cappitaines de l'ost se misent ensamble en conseil et parlementèrent longhement comment il se maintenroient, et se repentoient des traictiés que il avoient laissiet passer, car un petit endevant li soudis de l'Estrade avoit volu rendre le fort, sauf tant que yaux et le leur s'en peussent yestre allé à Bourdiaux sauvement; mais li Franchois n'i volrent entendre. Si envoiièrent un heraut parlementer à iaux que maintenant il seroient receu à traictiés. Li soudis leur fist respondre que [maintenant] il n'avoient que faire d'entrer en nul traictié, et que leurs secours estoit venus: ou francement s'en partiroient, ou tout en leur volenté demorroient. Si demora la chose en ce parti, et li sires de Noefville et li Englès s'en vinrent à Bourdiaus. Si furent de messire Guillaume Helman, senescal des Landes, et de messire Jehan de Multon, maire de le cité de Bourdiaux, et de l'arcevesque dou lieu et des bourgois et des dames grandement et bel conjoï et receu. Si se loga li sires de Noefville en l'abeïe de Saint Andrieu, et fu et demora senescal de Bourdiaux et de Bourdeloix. Assés tost après, li sires de Noefville fist un mandement de chevaliers et d'escuiers gascons qui pour englès se tenoient, et assembla tant de toutes manières de gens que il furent bien quatre mil. Si ordonnèrent naves et vassiaux sour la rivière de Garone, et se departirent de Bourdiaux en instance que pour venir lever le siège de Mortaigne.

5   Ches nouvelles furent sceues en l'ost des Franchois que Englès et Gascons, gens d'armes et archiers, venoient efforciement contreval la rivière de Garonne pour lever le siège et iaux combatre. Si se misent les capitaines tout ensamble et se conseillièrent. Si fu
10 ensi conseilliet que il n'estoient mie poissans ne gens assés pour attendre tel host : si leur valoit mieux à perdre leur saison dou siège de Mortaigne que d'iaux mettre en plus grant peril. Et sonnèrent les trompettes de deslogement et boutèrent les feus en
15 leurs logeis et se deslogièrent sans plus riens faire, et se retraïsent en Poito. Mais tout ne se departirent mies, ainçois demora une grant route de Bretons et de Galois, des gens Yeuwain de Gales, ou fort de Saint Ligier, et disent que il faisoit bien à tenir contre
20 tout homme : si retraïsent toute leur artillerie là dedens.

§ 63. Chil chevalier d'Engleterre et chil Gascon, qui venoient à plain voile en barges, en [hoquebos] et en calans parmi la rivière de Garone, s'arrestèrent
25 à l'ancre devant Mortaigne, et puis yssirent hors petit à petit de leurs vassiaux. Et tout ensi comme il yssoient, il se ordenoient pour venir combatre le fort de Saint Ligier où chil Breton estoient retrait. Là heut de venue grant assault et dur et entroes
30 que on assalloit, li sires de Noefville envoia un hiraut parler au soudis et sçavoir comment il lui estoit. Li

hiraus fist son message et raporta que tout estoient en boin point, mais il estoient si nus que il n'avoient sorler en piet.

Li assauls devant Saint Ligier dura bien trois heures que riens n'y conquisent, mais en y ot des blechiés et des navrés assés. Adonc se logièrent li seigneur et toutes manières de gens, et fu leur entente que point de là ne partiroient si aroient conquis le fort de Saint Ligier. Et estoient trop courouchié que le seigneur de Monmore [ne le seigneur de Montcontour] ne seigneur de nom ne le tenoient, et que dedens enclos il n'estoient ; mais chil seigneur sagement parti s'en estoient et les Bretons laissiés y avoient.

§ 64. Quant ce vint à l'endemain, li sires de Noefville et chil chevalier d'Engleterre ordonnèrent que on iroit assaillir. Si sonnèrent leurs trompettes et departirent leurs livrées, et puis approchièrent le fort de Saint Ligier. Si commencha li assaus durs, grans et fors merveilleusement. Chis fors de Saint Ligier siet sour une roche que on ne puet, fors à malaise, approchier ; et, au plus foible lés, il y a grans fossés qui ne sont mies à passer legierement. Si se travilloient li assallant grandement et riens ne faisoient, mais en y avoit des mors et des blechiés grant fuison. Adonc cessa li assaus, et fu aviset pour le mieux que on rempliroit les fossés et puis on aroit milleur avantage d'assaillir. Si furent les fossés remplis à grant paine et tout teret par deseure [telement que tout homme y pouoit passer]. Quant li Breton, qui dedens le fort estoient, veïrent che, si se doub-

tèrent plus que devant, et raison fu, et entrèrent en
traictiés. Chil seigneur d'Engleterre qui avoient bien
ailleurs où entendre tant as besoingnes dou roi de
Navare comme à delivrer pluisieurs fors que li Breton
5 tenoient en Bourdeloix et en Bayonnois, s'acordèrent legierement à ces traictiés; et fu li fors de Saint
Ligier rendus parmi tant que chil qui le tenoient s'en
partoient sans peril et damage, yaux et le leur, et
estoient conduit là où il voloient aller. Ensi demora
10 li fors de Saint Ligier englès, et vinrent li seigneur
ou castel de Mortaigne. Si trouvèrent le soudis de
l'Estrade ou parti que li hiraus avoit dit. Si fu mis
en arroy, ensi comme il appartenoit, et li fors rafresquis, ravitaillés et repourveus de nouvelles gens;
15 et puis s'en retournèrent par la rivière de Garonne
à Bourdiaux le cemin que il estoient venu.

§ 65. Quant chil chevalier furent retourné à Bourdiaux, entrues que il s'i rafresquissoient, il entendirent que à sis lieuwes de là il y avoit Bretons qui
20 tenoient un fort que on dist Saint Maubiert, en un
païs que on appielle Madoch, liquel Breton grevoient
grandement le païs où il sejournoient. Si fisent chargier leurs pourveances grandes et belles sus la rivière
de Garonne et toute leur artillerie; et puis montèrent
25 as chevaux environ trois cens lances, et s'en vinrent
par terre jusques à Saint Maubiert. Là estoient des
Gascons avoec [messire Jehan] de Noefville, messires
Archebaus de Grailly, [messires Pierres] de Rosem, li
sires de Duras et [Thomas] de Courton. Quant chil
30 baron et leurs routes furent venu devant Saint Maubert, il se logièrent et tantost allèrent assaillir; et y

heut de ce premier grant assaut et dur, car li Breton qui Saint Maubert tenoient, estoient toutes gens de fait et de grant volenté, et avoient un cappitaine breton, un escuier allosé et usé d'armes, qui s'appielloit Virelion, auquel il se ralioient et par qui conseil il usoient. Chis premiers assauls ne greva nient les Bretons. Adonc se retraïsent Englès et Gascon à leurs logeis, et à l'endemain il fisent drechier leurs engiens devant le fort, qui jettoient pières et mangonniaux pour effondrer les thois de le tour où il se tenoient. Le tierch jour qu'il furent là venu, il ordonnèrent un assaut et disent que telle ribaudaille que chil Breton estoient ne leur devoient point longhement tenir ne durer. Là heut grant assaut et dur, et tamaint homme mort et blechié; ne onques gens ne se deffendirent si vaillanment que chil Breton faisoient. Toutesfois finablement il regardèrent que confort ne leur apparoit de nul costé : si entrèrent en traictiés, car il veïrent bien que chil seigneur ne les lairoient point en paix si les aroient conquis, com longement qu'il y deussent [demorer]. Traictiés se portèrent entre les seigneurs de l'ost et iaux, qu'il renderoient Saint Maubert et s'en partiroient, iaux et le leur, sans damage, et se retrairoient en Poito ou quelque part qu'il volroient, et seroient jusques à là conduit. Ensi leur fu tenu comme il le traictièrent, et se departirent li Breton sans damage et rendirent Saint Maubert. Quant li sires de Nuefville le reut, il le fist remparer, rafresquir et ravitaillier de nouvelles pourveances et d'artillerie, et y mist Gascons pour le garder et un escuier gascon qui s'appelloit Pières de Presiacq, bon homme d'armes et vaillant durement; et puis s'en retournèrent à Bourdiaux, et là se rafresquirent. Si entendoient tous les jours que li sièges estoit devant Panpelune en Navare que l'enfant de Castille avoit assegiet, mais il n'ooient nulles certaines nouvelles dou roi de Navare, dont il estoient tout esmerveilliet. Et ossi li rois de Navare n'ooit nulles nouvelles d'iaux, dont il lui tournoit à grant desplaisir. Nous retournerons as besoingnes de Bretaigne et de Normendie, et parlerons dou siège de Saint Malo et comment il se persevera.

§ 66. Devant la ville de Saint Malo heut grant siège et poissant, et fait maint assault et dur, car li Englès qui devant se tenoient, avoient bien quatre cens canons qui jettoient nuit et jour dedens la forteresse. Li cappitains qui s'appielloit Morfouace, vaillant hommes d'armes durement, songnoit moult bien dou deffendre et dou garder, avoec les bons consauls de messire Henri de Malatrait, dou seigneur de Combor et dou visconte de le Berlière, et tant que nuls damaiges ne leur estoit encores apparant. Sus les plains, ens ou païs, si comme je vous ay dit autreffois, estoit toute la fleur de France, tant que de grans seigneurs; et se trouvoient bien quinse mil hommes d'armes, chevaliers et escuiers, et estoient bien cent mil chevaux et plus. Et volentiers heussent combatu les Englès à leur avantage, se il peussent, et li Englès ossi yaux en avoient grant desir, ce poés vous bien croire, se il veïssent leur plus biel; mais ce qui leur brisoit leur pourpos, et brisa par trop de fois, c'estoit que il y avoit une rivière grande et grosse, quant li mers retournoit, entre [les] deus hos, par coi il ne pooient avenir l'un à l'autre. Et toudis se faisoit li mine : bien s'en doubtoient chil de Saint Malo.

Vous devés sçavoir que en tels assemblées et en tels fais d'armes comme là avoit, ne pooit yestre que à le fois li fourrageur ne se trouvassent sour les camps ou rencontrassent, car il y avoit des appers jovenes chevaliers d'un lés et de l'autre qui se desiroient à avanchier. Si en y avoit à le fois des rués jus de l'un costé et de l'autre, ensi que en tels fais d'armes tels aventures aviennent. Li mineur dou duc de Lenclastre ouvroient songneusement nuit et jour en leur mine pour venir pardesoubs terre dedens la ville et faire reverser un pan de mur, affin que tout legierement gens d'armes et archiers peussent entrer ens. De cel affaire se doubtoient grandement Morfouache et li chevalier qui dedens estoient, et congnissoient assés que par ce point il pooient yestre perdu, et n'avoient garde de nul assaut fors de cesti là, car leur ville estoit bien pourveue de toute artillerie et de vivres pour yaux tenir deux ans, se il leur besoingnoit, et avoient entr'iaux grant cure et grant entente comment il porroient rompre celle mine, et estoit le plus grant soing que il avoient dou brisier. Tant y pensèrent et traveillièrent que il en vinrent à leur entente et par grant aventure, ensi que les coses doivent avenir merveilleusement.

Li contes Richars d'Arondiel devoit une nuit faire le gait à tout une quantité de ses gens. Chis contes ne fu mies bien songneux de faire che où il estoit commis, et tant que chil de Saint Malo le sceurent, ne sçai par leur espies ou autrement. Quant il sceurent que heure fu et que, sus le fiance dou gait, toute li

hos estoit endormie, il partirent secretement de leur
ville et vinrent à le couverte à l'endroit où li mineur
ouvroient, qui gaires n'avoient mais à ouvrer pour
acomplir leur emprise. Morfouache et se route, tout
5 apparilliet de faire che pour quoi il estoi[en]t là venu,
tout à leur aise et sans deffence rompirent leur mine,
de coi il y heut aucuns mineurs là dedens estains
qui onques ne s'en partirent, car la mine reversa sur
iaux. Et quant il heurent ce fait, il disent que il res-
10 veillieroient l'ost au lés devers leur ville, affin que
chil de l'ost sentesissent et congneussent que vaillanment il s'estoient porté. Si s'en vinrent ferir en l'un
des corons, en escriant leur cry et en abatant tentes
et trefs et logeis et en blechant et ochiant gens, tant
15 que toute li host se commencha durement à effraer.
Adonc se commencha à retraire Morfouache et li sien
dedens Saint Malo sans point de damage. Et chil de
l'ost s'armèrent et se traïsent devant le tente dou duc
qui fu grandement esmerveilliés de ceste advenue et
20 demanda que ce avoit esté. On lui recorda que
par le faute dou gait on avoit perdu le mine et receu
ce damaige. Adonc fu mandés li contes d'Arondiel
devant le duc de Lenclastre et le conte [de Cante-
bruge]. Si fu grandement aqueullis de ceste avenue,
25 mais il s'escusa au plus bel qu'il pot et en fu, si
comme j'oïch dire adonc, tous honteux et heust
plus chier avoir perdu cent mille frans.

§ 67. Cheste besoingne avenue et ceste mine perdue, li seigneur de l'ost se traïsent ensemble à con-
30 seil pour sçavoir quel cose il feroient. Si regardèrent
l'un par l'autre que il avoient perdu leur saison,

lequelle cose n'estoit pas à recouvrer, et que de faire nouvelle mine il ne venroient jamais à chief, car la saison s'en alloit aval et li yviers approchoit. Si heurent conseil, tout consideré pour le meilleur, que il se deslogeroient et s'en retrairoient en Engleterre. Adonc fu ordonné de par le duc et les marescaus dou deslogier et de rentrer en leur navie qui gisoit à l'ancre ou havene de Saint Malo. Tantost fu deslogiet tout et toursé et mis es vassiaux. Il avoient vent à volenté; si entrèrent en leur navie et siglèrent devers Engleterre. Si arrivèrent et prisent terre à Hamptonne, et là issirent de leurs vaissiaux et trouvèrent que messires Jehans d'Arondiel, la capitaine de Hamptonne, estoit allés à Chierebourcq pour rafresquir le garnison et veoir les compaignons, messire Jehan de Harleston et les autres. Ensi se desrompi en celle saison li armée des Englès, et se traïsent cascun en son lieu; et rapassèrent Alemant et Haynuier le mer et retournèrent en leur païs. Si commencièrent à murmurer les communautés d'Engleterre sus les nobles en disant que il avoient en celle saison petit esploitié, quant Saint Malo leur estoit ensi eschapée, et par especial li contes Ricars d'Arondiel en avoit petite grace. Nous nous soufferons à parler de chiaux d'Engleterre, et parlerons des François et de Chierebourcq.

§ 68. Assés tost après le departement de Saint Malo et que li François heurent rafresqui le ville et le chastel, li connestables de France et li [baron] heurent conseil que il venroient mettre le siège devant Chierebourcq, dont messires Jehans de Harleston estoit

cappitaine, et avoit dalés lui et desoubz lui pluisieurs
chevaliers et escuiers, englès et navarois. Mais toute
ceste grant host ne se traïst mies ceste part, ainchois
se departirent li dus de Berri, li dus de Bourgoingne,
li dus de Bourbon, li contes de la Marce, li dauffins
d'Auvergne et tous les chiefs des grans seigneurs, et
renvoièrent leur gens en leur païs; et li pluisieurs
vinrent veoir le roi qui se tenoit à Roem, qui liement
les rechut. Aucun Breton et Normant, environ trois
cens lances, s'en vinrent à Valongne, à sept lieuwes
de Chierebourcq, et là fisent leurs bastides. Bien
sçavoient que monseigneur Jehans d'Arondiel avoit
rafresqui la garnison, et supposoient bien que il y
estoit encores.

Entre Chierebourcq et Valoingne, de ce costé, ce
sont tous haus bos et forte forest de une part et
d'autre jusques à la cité de Coustances. Et [pueent]
chil de Chierebourc issir et chevauchier sus le païs à
l'aventure, toutes fois qu'il voellent, car il ont fai
parmi le bois un chemin et si fort haiiet d'un lés et
d'autre que, quant il sont en leur chevaucie, on ne
les puet approchier, et est Chierebourcq un des fors
chastiaux dou monde. Chil qui estoient en garnison
à Valongne estoient mout courouchiés de ce qu'il
ne pooient porter damage as Englès qui herioient le
païs. Si s'avisa messires Oliviers de Claiequin, frères
à messire Bertran, que il venroit à le couverte chevauchier parmi les bois et aviser Chierebourq de
plus près, pour sçavoir se on porroit devant mettre
le siège; à tout le mains, se il pooient prendre la ville
qui siet bien en sus dou chastiel, il feroient un grant
esploit, car tantost il l'aroient si fortefiie que chil

dou chastel ne polroient issir ne saillir hors, qu'il ne rechussent damage. Messires Oliviers en ce pourpos perseverra et prist environ quarante lances et guides qui bien le sceurent mener parmi les bois, et se partirent par un matin de Valoingne et tant chevaucièrent que il vinrent oultre les bois à l'encontre de Chierebourcq.

En ce propre jour, estoit messires Jehans d'Arondel venus ens ou bourcq esbatre, et [là] avoit amené [avecques lui] un escuier navarois qui s'appelloit Jehan Cocq, pour monstrer la ville. Evous que nouvelles vinrent ou bourcq que li François chevauchoient et estoient là venu pour aviser la plache : « Sire, che dist Jehans Coc à messire Jehan d'Arondiel, j'ai entendu que messires Oliviers de Claiequin, frère dou connestable, a passé le bois pour aviser nostre forteresse. Pour Dieu, que il soit poursievis! Je vous pense tellement aconduire et mener que il ne nous puet escapper que il ne nous viengne ens es mains. Et d[ou c]onquès tout soit moitié à moitié. » — « Par ma foi, ce dist messires Jehans, je le voel. » Adonc s'armèrent il secretement et montèrent as chevaux, et furent environ cent lances, tous compaignons d'eslite; et se partirent de Chierebourcq et entrèrent ens es bois que onques li Franchois n'en sceurent riens, et entrèrent en leur chevauchoire.

Quant messires Oliviers de Claiequin heust avisé le plache que il veï durement forte et en lieu impossible pour assegier ne pour hostoiier, si se retraïst et prist le chemin de Valoingne, tout ensi comme il estoit venus. Il n'eut pas chevauchié deus lieuwes d'assés,

quant evous Jehan Coc et messire Jehan d'Arondiel
et leur route qui avoient esté si justement mené que
il vinrent droit sur iaux en escriant : « Nostre Dame!
Arondiel! » Quant messires Oliviers oï ce cri et les
veï de rencontre, si volsist bien yestre à Valongne,
et monta tantost sus un bon coursier et se cuida
sauver, car il ne se veoit pas à jeu parti pour combatre. Si entrèrent ses gens ou bois, li uns chà et
l'autre là, et sans deffence; trop peu s'en tinrent
ensamble. Jehans Coc, comme bons hommes d'armes et vaillans, poursievi de si près messire Olivier
que finablement il le prist et fiancha son prisonnier.
Et en y ot des autres pris dis ou douse; li demorant
se sauvèrent et se boutèrent ens es bos et retournèrent à Valongne, quant il peurent, et recordèrent à
monseigneur Guillaume des Bordes et as compaignons
qui là estoient, comment il avoient perdu et par embusche, et que messires Oliviers de Claiequin estoit
demorés. Et de che furent li chevalier et escuier bien
courouchiés, mais amender ne le peurent. Si fu messires Oliviers de Claiequin de chiaux de le garnison
de Chierebourcq amenés ou castel, et fu là dit que
il paieroit bien quarante mil frans. De la prise dou
chevalier furent grans nouvelles en France et en
Engleterre, et demora la cose un temps en cel estat.

§ 69. Messires Oliviers de Claiequin demora prisonniers un temps à Chierebourcq en le garde de
Jehan Coc, navarois, qui pris l'avoit; mais messire
Jehan d'Arondiel partoit au pourfit. Depuis fina messires Oliviers pour lui et pour tous chiaux qui avoecq
lui furent pris, mais ce ne fu mies si tost.

Quant la garnison de Chierebourcq fut rafresquie et ravitaillie, messires Jehans d'Arondiel s'en parti et s'en retourna arrière à Hamptonne dont il estoit capitains. Si demorèrent en Chierebourcq avoec messire Jehan de Harleston, capitaine dou lieu, aucuns chevaliers englès, tels que messire Jehan de Coppellant, messire Jehan Bourlé, messire Thumas Picourde et pluisieurs autres chevaliers et escuiers qui grandement ensongnièrent tant qu'il n'i prisent point de damage. Nous nous soufferons à parler de chiaus de Chierebourcq tant que lieux [et temps] venra, et parlerons de messire Jehan de Nuefville, senescal de Bourdiaus, et de ses compaignons, messire Thomas Trivet et des aultres, comment il perseverèrent.

§ 70. Bien estoit informés li sires de Noefville, qui se tenoit à Bourdiaux, que l'enfant de Castille à tout grant poissance d'Espaignols, avoit assegié la bonne cité de Panpelune, le visconte de Castielbon et le seigneur de Lescut, Raymons de Ramasen et pluisieurs autres dedens, et si n'ooit nulles certaines nouvelles dou roi de Navare où il se tenoit, dont il estoit tous esmerveilliés; mès il supposoit que hasteement il en orroit nouvelles. Ossi cil dou païs de Bourdelois lui prioient trop fort que il ne se volsist mies departir de la marce de Bourdiaux ne faire vuidier ses gens d'armes, tant que gens d'armes bretons ne françois tenissent riens sus le païs. Et par especial on lui disoit que chiaux de Besacq herioient trop [le païs de] Bordiaux; et demanda li sires de Noefville quel quantité de Bretons il pooit avoir en Besac. On lui dist que il pooient estre environ cinc cens combatans. Adonc appella il le senescal des Landes, messire Guillaume Helman, et messire Guillaume Scromp, puis leur dist : « Prendés deux ou troix cens lances de nos gens et ottant d'archiers, et allés veoir chiaux de Besac, et faites tant que vous en delivrés le païs, et puis entenderons à plus grant cose. » Li doi chevalier ne veurrent mie desobeïr, mais prisent deux cens lances des leurs et ottant d'archiers, et passèrent le Garonne, et puis chevaucièrent vers Besac.

Che propre jour que li Englès chevauchoient, ossi chil de Besach chevaucoient environ sis vins lances, tout contremont la rivière de Garonne, pour sçavoir se il trouveroient point de navie, et avoient à capitaine un chevalier de Pieregorch qui s'appelloit messires Bertrans Raymons, bon homme d'armes et allosés durement. A une petite lieuwe de Besac, li Englès et li François trouvèrent li un l'autre. Quant messires Bertrans veï que combatre le convenoit, si ne fu nient effraés, mais ordonna ses gens et mist en bon convenant; et estoient presque tout gascon. Evous venus les Englès, lances abaissies et ferant chevaux des esporons quanques il pooient randonner, et se boutèrent en iaux de plains eslais. Là en y ot de premièr[e] venue des abatus des uns et des autres, et fait tant mainte belle appertise d'armes. Finablement li François gascoing ne peurent souffrir ne porter le fais, car li Englès estoient là grant fuison et toute gent d'eslite : si furent tout chil de le garnison de Besac mort ou pris; petit s'en sauvèrent. Et fu pris messires Bertrans Raimons et prisonniers à messire Guillaume Helman; et, tantost le camp delivré, il chevaucièrent devers Besac. Quant chil de la garnison veïrent que leurs gens estoient mort et pris, si furent tout esbahi et rendirent le fort, sauf leur vies. Ensi fu Besac englesse, et puis retournèrent à Bourdiaux sus la Garonne.

§ 71. Che propre jour fu la nuit de la Toussains, l'an mil trois cens soissante et dis uit, que li Englès retournèrent de Besach; et en ce propre jour vint li rois de Navare à Bourdiaux, dont on ne se donnoit de garde. Si le recheurent li Englès mout honnourablement et le logièrent, lui et ses gens, à leur aise; et lui demandèrent des nouvelles de son païs et des Espaignols, car il en estoient chargiés de l'enquerre et dou sçavoir. Il leur en dist assés, et respondi plainement que Jehan, l'enfant de Castille, avoit assegié Panpelune à grant puissance, et estoient mout constraint chil qui dedens estoient. Si leur requeroit et prioit, scelon l'ordonnance et commandement que il avoient heu dou roi d'Engleterre et que il savoient les grans alloiances que il avoient ensamble, que il se volsissent prendre priès de conforter ses gens et lever le siège. Chil chevalier d'Engleterre respondirent que il en estoient en boine volenté et que par iaux ne leur negligence ne demorroit pas le siège à lever, mès en ordeneroient hasteement. Et disent encores ensi : « Sire, vous retournerés en vostre païs, et ferés un especial mandement et [assamblerés vos gens, et nous serons là sur un certain jour; et quant tous seront venus, nous en serons de plus forts ensemble], car vos gens cognoissent mieux le païs que nous ne fachons. » Li rois de Navare respondi que il parloient bien et que ensi seroit fait. Despuis ces

parolles ne fu il avoec les Englès que trois jours. Si
prist congié et se parti de Bourdiaux, et se mist au
retour et prist le chemin de la marine, car il y avoit
environ Bayone et le cité de Dax en Gascoingne
pluisieurs [fors] que Breton tenoient; et tant fist li
rois de Navare qu'il vint en le ville de Saint Jehan
dou Piet des Pors, et là se tint.

§ 72. Entroes que li rois de Navare fist son voiage
à Bourdiaux et sejourna là, et que depuis il retourna
en son païs, Jehans de Castille, aisnés fils au roi
Henri de Castille qui chiés se faisoit de ceste guerre,
et le connestable dou roiaume de Castille avoec
[lui], qui s'appelloit dans Pières de Maric, tenoient le
siège et avoient en devant tenu environ la bonne cité
de Panpelune et grant gent desous iaux. En leur
compaignie estoient li contes dant Alphons, li contes
de Medine, li contes de Marions, li contes de Ribedé,
Pières Ferrans de Balesque et Pierres Gonsart de
Mo[n]desque et pluisieurs autres barons et chevaliers
de Castille et leurs gens. Et avoient cil Espaignol, en
venant devant Panpelune, pris et ars la ville de Lo-
rinch et le cité de Viane dalés Le Groing; et n'i avoit
seigneur nul en Navare, qui s'osast monstrer contre
iaux, mais se tenoit cascuns en son fort et ens es montaignes. Et tout che savoit bien li rois de Navare, car
tous les jours il avoit messagiers allans et venans;
mais ils seulx n'y pooit remediier sans le poissance et
le confort des Englès.

Li sires de Noefville, qui se tenoit à Bourdiaux et
qui là estoit envoiés de par le roi d'Engleterre et son
conseil, ensi que vous sçavés, pooit bien savoir les

nouvelles des grans alliances que li rois ses sires et li rois de Navare avoient ensamble, et avoit ja prommis au roi de Navare que il les acompliroit à son loial pooir. Si pensa sus et appella messire Thomas Trivet, un moult vaillant chevalier, et lui dist : « Messire Thomas, vous savés comment nous sommes envoiié pardechà pour regarder as frontières dou païs et bouter nos ennemis hors, et pour conforter et conseillier le roi de Navare ; et ja a il chi esté et nous a remonstré le grant besoing que il lui touche. Vous fustes presens où je li heuch couvenant que il seroit servis et aidiés. Il convient que il le soit : autrement, nous y ariens blame, siques, chiers amis et compains, je vous ordonne à estre chiés de nos gens en ceste guerre, et voel que vous y allés à tout sis cens lances et mil archiers. Et je demorrai en le marce de Bourdiaux, pour tant que j'en suis senescaux et regars de par le roi d'Engleterre, et entenderay as besoingnes qui y demeurent, car encores n'est pas tous li païs bien nettiés ne delivrés de nos ennemis. » — « Sires, respondi messires Thumas, vous me faites plus d'onneur que je ne vaille, et je obeïray à vous, car c'est raison, et m'en acquiteray à mon loial pooir. » — « Messire Thumas, respondi li sires de Noefville, de cela sui je tous confortés. »

§ 73. Depuis ne demora gaires de temps que messires Thommas Trivès ordonna toutes ses besoingnes et se departi de la cité de Bourdiaus à toute sa charge de gens d'armes et d'archiers, et prist le chemin de Dax en Gascoingne. En sa compaignie estoient messires Guillaumes Cendrins, messires Thumas Abreton, messires Jehan Afuselée, messires Henris Paule, messires Guillaume Triquelet, messires Loys Malin, messires Thumas Foucque, messires Robers Haston, Andrieux [Hausdrach] et [Monnet] de Plaisac, gascons.

Quant ces gens d'armes et leur routes furent parvenues jusques à Dax en Gascoingne, il oïrent là nouvelles que li rois de Navare estoit à Saint Jehan dou Piet des Pors et faisoit là son mandement et son amas de gens d'armes : si en furent plus resjoï.

De la cité de Dax estoit capitains uns chevaliers d'Engleterre, oncles à messire Thomas Trivet, qui s'appielloit messire Mahieu de Gournay, liquels rechut son [nepveu] et tous les autres moult liement et les aida tous à logier. Li intencion de messire Thumas Trivet estoit telle que d'aler tout droit son chemin et sans arrest; mès monseigneur Mahieux de Gournay li dist : « Biaux niés, puisque vous estes chi à poissance de gens d'armes et d'archiers, il fault delivrer le païs de aucuns Bretons et François qui tiennent bien douse fors entre chi et Bayonne. Autrement, se vous les laissiés derrière, il vous porteront en cel yver trop de contraires; et, là où vous le ferés, le païs vous en sara bon gré, et je vous en prie. » — « Par ma foy, respondi messires Thommas, et je le voel. »

Assés tost apriès ces parolles, il fist ordonner ses besongnes, et se misent toutes manières de gens d'armes et d'archiers sus les camps, et vinrent devant un fort que on clamoit Monpin, que Bretons tenoient; et en estoit capitaine uns escuiers de la conté de Fois, que on appeloit Tallardon. Sitost que ces gens d'armes furent là venu, il commenchièrent à assaillir fort et dur, et fut appertement continués li assauls et

tant que de force li fors fu pris. Si furent mort tout
chil qui dedens estoient, exepté Taillardon, mès il
demora prisonniers. Si fu li castiaux remparés et
rafreschis de nouvelles gens; et puis passèrent oultre,
et vinrent devant un fort que on clamoit Clarelack,
et le tenoient Gascons. Quant ces gens d'armes
furent venu, il assallirent tantost, mais il ne l'eurent
mie d'assaut ne le premier jour; si se logièrent.
Quant ce vint à l'endemain, il retournèrent tout à l'assaut et l'assallirent de si grant volenté que de force
il le prisent. Si furent tout mort chil qui dedens
estoient, hormis le capitaine qui estoit bretons bre-
tonnans et s'appeloit Yvenès Apprissedi. Chis demora
devers les Englès prisonniers, et fu li castiaus tous
ars. Et puis passèrent oultre, et s'en allèrent devant
un autre fort que on nommoit Besenghen; et en estoit
cappitaine uns escuiers gascons qui s'appelloit Rogiers
de Morelach. Li Englès furent deus jours devant ainchois que il le heussent; et quant il l'eurent, ce fu par
traictiet, et s'en partirent tout chil qui dedens
estoient, sain et sauf et sans damage, et se retraïst
cascuns où il amoit le mieux.

§ 74. De ce castiel vinrent il devant Tasseghen, un
castiel seant à trois lieuwes de Bayone, et misent là
le siège. Sitost que li Bayonnois sceurent que li castiaux estoit assegiés, il en furent mout resjoï et vinrent là au siège bien cinc cens hommes de le ville à
lances et à pavais, et y firent acariier le plus grant
engien de Bayone. Chil de le garnison de Tasseghen
avoient porté tant de contraires as Baïonnois que pour
ce les desiroient il mout à tous destruire; et jamais ne

les heussent heus, se n'eust été le sens et l'avis des Englès. Avoecq encores toute leur force il furent là quinse jours, ainchois que il les peussent avoir, et quant il l'eurent, ce fu par traictiet. Encores s'en partirent il sans damage et sus le conduit et sauveté de messire Thumas Trivet, qui les fist mener et conduire jusqu'à Bregerach qui se tenoit franchoise. Si acatèrent le castiel chil de Bayone as Englès trois mil frans, et puis l'abatirent et en fisent mener toute la pière à Bayone, ne onques depuis n'y heut chastel. Si s'en vinrent li Englès rafresquir à Bayone, où il furent recoellit à grant joie et heurent toutes coses à leur volentet parmi leurs deniers païans.

§ 75. Li rois de Navare, qui se tenoit en la ville de Saint Jehan dou Piet des Pors, estoit durement courouchiés de ce que li Englès sejournoient tant à venir, car ses païs estoit en très grant peril. Et bien vous di que Panpelune eust esté prise et conquise des Espaignols, se n'eust esté li sens et la boine garde dou visconte de Chastielbon, qui en estoit cappitaine à tout deus cens lances de Gascons et Foisois; mais li sens de lui et la bonne ordonnance le garda de tous perils.

De la ville de [Thudelle] en Navare estoit capitaine messires Perducas de Labreth. De la cité de Mirande estoit cappitains li contes de [Pallas], et avoec lui messires Rogiers, ses frères. De une autre forte ville en Navare que on appelloit Arques, estoit cappitaines uns chevaliers de Casteloingne qui s'appelloit messires Raymons de Baghes. Sur le fiance de ces cappitains se tenoit li rois de Navare à Saint Jehan du Piet des Pors, et les laissoit convenir. Mais tous li plas païs environ Panpelune estoit rifflés et perdus, ne nuls ne tenoit les camps fors li Espaignol, et cuidoient bien que par lonc siège la cité de Panpelune se deuwist rendre, mais il n'en estoient en nulle volenté, car li viscontes de Castielbon et li sires de Lescut et Guillaumes de Pans et Hortingos ensongnièrent grandement et tant que li Espaignol se commenchièrent tout à tasner, car li yviers leur venoit et estoit environ le Saint Andrieu. Si leur commencièrent vitailles à faillir, et, se n'eust esté le visconte de Rochebertin, qui les rafresqui de gens d'armes et de soixante sommiers de vitaille, il se fussent parti très le Toussains.

Li rois de Navare envoia un sien chevalier qui s'apeloit messires Pierres li Bascles, devers les Englès, en priant que il se volsissent delivrer, et que trop longhement metoient au venir, scelon ce que besoings touchoit et que il avoient heu en convenant. Li chevaliers esploita si bien qu'il vint en le marce de Bayone et trouva les Englès devant un chastel qui s'appielle Pouillac. Si fist son message bien et à point et tant que messires Thumas Trivès dist que, ce fort conquis par traictié ou autrement, il n'entenderoit jamais à autre cose si seroit allés en Navare, et que, sus ceste parole, li chevaliers pooit bien retourner, et retourna. Ne demora depuis que deus jours que li castiaus se rendi par traictiet, et se partirent chil qui dedens estoient, et fu rafresqui de nouvelles gens. Che castiel pris, le païs demora assés à paix. Encores y avoit aulcuns petis fors qui se tenoient, moustiers et eglises, et qui heriioient le païs quant il pooient, mais il n'avoient nulle poissance grant. Si ne veurent mie li Englès plus sejourner, mais disent que il voloient aller en Navare et lever le siège de Panpelune et com[ba]tre les Espaignols.

§ 76. Messires Thommas Trivès et messires Mahieus de Gournay et toutes leurs gens s'en retournèrent à Dax en Gascongne, et là sejournèrent par quatre jours et s'i rafresquirent. Au cinquime jour, il s'en partirent et prisent le chemin de Navare; mais messires Mahieus de Gournay retourna en le cité de Bayone avoec chiaux de sa delivrance, pour garder le païs et reconquerir cel yvier aucuns petis fors qui se tenoient de Bretons.

Tant esploitièrent messire Thumas Trivès et se route que il vinrent à Saint Jehan dou Piet des Pors, et là trouvèrent le roi de Navare qui les rechut à grant joye. Si se logièrent li chevalier en le ville, et les gens d'armes et li archier sus le païs au mieux qu'il peurent. Li rois de Navare, endevant ce, avoit fait un très grant mandement par son païs que toutes manières de gens, en eage pour porter armes, venissent devers lui et se assamblassent devant la cité de Mirande. Nuls n'osa desobeïr au commandement dou roi, et se pourveïrent et apparillièrent parmi Navare chevalier et escuier et toutes autres gens as lances et as pavais, et [s'ordonnèrent] pour venir devant Panpelune combatre les Espaignols.

Nouvelles vinrent en l'ost que li Englès à tout grant poissance estoient avoecq le roi de Navare à Saint Jehan dou Piet des Pors et que il se trouvoient bien vint mil hommes d'armes parmi les archiers pour iaux venir combatre. Adonc se misent les capitaines ensamble pour conseillier quel cose il feroient et comment il se maintenroient, se il attenderoient le roi de Navare ou non, ou se il retrairoient. Là heut en l'ost grant conseil et longhement parlementé. Et voloient li aucun des capitaines que li Englès et Navarois fussent attendu ; et li autre disoient non, et que il n'estoient point si fort que pour attendre tel poissance encores en l'ivier, et que par lonc siège il estoient trop travilliet. Chis parlemens fu longhement debatus. Toutesfois finablement uns certains arriest et consaux fu donnés dou deslogier et retraire tout sagement et bellement en leur païs. Et che qui plus les inclina à ce faire, car bien disoient li pluisieurs vaillans hommes, chevalier et escuier usé d'armes, que point ne faisoient leur honneur, che fu ce que dans Henris de Castille, estans en son païs puis quinse jours, avoit remandé son fils et ne voloit plus que li sièges se tenist devant Panpelune. Si se deslogièrent li Espagnol. A leur deslogement, il boutèrent les feus dedens leur logeis, et retraïsent devers Le Groing et devers Saint Dominique en Castille. Quant chil de Panpelune, qui estoient mout abstraint, veïrent les deslogemens, si en furent tous resjoïs, car il n'avoient pas esté toudis à leur aise.

§ 77. Nouvelles vinrent au roi de Navare et as Englès qui se tenoient à Saint Jehan dou Piet des Pors que li Espaignol estoient deslogiet et retrait en leur païs ; si en furent par semblant tout courouchiet, car volentiers les heussent combatus. Nonobstant ce, il se deslogièrent de là où il estoient logiet, et s'en

vinrent vers Panpelune. Si trouvèrent le [vis]conte de
Chastelbon et le seigneur de Lescut et les autres qui
les recoeillirent liement. Quant ces gens d'armes et
leurs routes se furent deux ou trois jours rafresquis
à Panpelune, il heurent conseil que il se partiroient
et s'en iroient par garnisons pour estre mieux au
large et pour plus aise passer l'iviver, car les montaignes de Navare sont trop dures et trop froides en
yvier pour hostoyer et trop y a de nège. Si furent ordené li Englès que de aller à Thudelle, et là allèrent.
Et li contes de Palas et messires Rogiers, ses frères,
s'en allèrent à Corelle, et li sires de Lescut au Pont
la Roïne, li viscomtes de Casti[e]lbon à Mirande, et
Monnet de Plaisac à Caskain. Ensi se departirent ces
gens d'armes, et li rois de Navare [demora] à Panpelune o chiaux de son hostel. Ensi se tenoient ces
garnisons en Navare tout en paix et sans riens faire,
et ne monstroient point que en l'ivier il volsissent
chevauchier. De coi tout li Espaignol ossi se departirent, et s'en alla li rois dans Henris à Sebille pour là
sejourner, et y mena sa femme et ses enfans.

Messires Thumas Trivès et si compaignon qui se
tenoient à Thudelle et qui encores n'avoient riens fait
despuis qu'il vinrent en Navare, entendirent par
leurs espies que li Espaignol estoient retrait. Si se
avisèrent que il chevaucheroient vers Espaigne pour
emploier leurs gaiges, car li yviers, quoiqu'il fust
mout avant, estoit si courtois que riens de froit n'y
faisoit, mais ossi souef que en waïn. Si misent secretement une chevaucie sus de gens d'armes, d'archiers
et de pavescheurs, et le segnefièrent au conte de
Pallas et à monseigneur Rogier, son frère, et y vin-

rent à tout deus cens lances et trois cens pavescheurs. Si fisent chargier sus sommiers grant plenté de pourveanches, vins et vivres, et s'assemblèrent tous à Thudelle, et pooient estre en tout uit cens lances et douse cens archiers et ottant d'autres gens, brigans et pavescheurs. Et puis se departirent et vinrent droitement la vegille dou Noël, en une belle praerie et sus une rivière au piet de la montaigne de Mont Kaieu, laquelle depart les trois roiaumes, Navare, Castille et Arragon. Et d'autre part la montaigne est uns païs en Castille qui s'appielle le Val de Sorie; et fist ce jour si bel et si caut que il se disnoient tout seant à table ou sus leurs sommiers en purs leurs chiefs.

§ 78. Quant il heurent disné, toutes les cappitaines se traïsent ensamble à conseil pour savoir comment il se maintenroient pour celle nuit et se il se tenroient là le jour dou Noël, ou se il feroient aucun esploit d'armes, car il estoient à l'entrée de le terre de leur ennemis. Conseillié fu que de nuit il chevauceroient et venroient, à l'ajournement dou jour de Noël, eschieller la cité dou Val de Sorie. Chis consaus fu tenus et arrestés, et s'ordonnèrent toutes manières de gens sur che, et ne devoient estre à che faire que trois cens lances; et demoroient tout li demorant et gent de piet et leurs pourveances là où il estoient logiet, jusques à l'endemain qu'il leur seroit segnefié comment il aroient esploitié. Li contes de Palas à tout cent lances, li viscontes de Castelbon à tout cent lances et messires Thumas Trivès et se route avoient guides qui les devoient mener, et pour atraire les geniteurs qui le gardoient. Si chevaucha li chevaliers et li sien devant le Val jusques as barières, et là ot grant escarmuche, car chil geniteur, qui estoient bien deus cens, saillirent tantost hors et commencièrent à traire et à lanchier sus ces gens d'armes, qui petit à petit se reculoient pour iaux traire plus avant hors de leur ville. Et vous di que il heussent vaillanment foulé ces gens d'armes, se li embusche ne fust traite avant; mais il vinrent tout esperonnant jusques à là, abaissant les lances et frapant en iaux. Si en y ot de premièr[e]s venues mout d'abatus, de mors et de bleciés, et furent rebouté, à leur grant damage, dedens leur ville. Si fremèrent leurs barrières et leurs portes, et puis montèrent as cretiaux, car il cuidoient bien avoir l'assaut; mais non heurent, car li Englès et li Navarois se retraïsent et rappassèrent la montaigne de Mont Kayeu tout de jour et revinrent à leurs logeis où il trouvèrent leurs gens. Si se tinrent là celle nuit, et l'endemain, qui fu le jour Saint Estiène, il se retraïsent devers une ville prochaine de là, que on dist Cascan, en Navare; et là trouvèrent le roi qui y estoit venus le vegille dou Noël. Mais, en venant en la ville de Cascan, li Englès ardirent le jour Saint Estièvene aucuns villages ou Val de Sorie, et par especial un gros village qui s'appelle Nigrète, et le pillèrent tout.

§ 80. Les nouvelles vinrent au roi dan Henri de Castille, qui se tenoit à Sebille ou [cuer] de son royaume, que li Englès avoient chevaucié et ars ou Val de Sorie, en faisant guerre pour le roi de Navare. Si en fu durement courouchié et jura que che seroit amendé, et escripsi tantost lettres devers son fil Jehan de Castille, en lui mandant expressement que il fesist un mandement par tout son roiaume des nobles, et les assemblast, car il seroit temprement en Espaigne et se contrevengeroit sur le roi de Navare des despis que on lui avoit fais. L'enfant de Castille ne volt ne n'osa desobeïr au commandement de son père, et fist et intima le mandement, ensi que commandé lui fu.

Entroes que ces gens d'armes s'assemblèrent et que li rois Henris estoit encores à venir, messires Thumas Trivès se avisa que il metteroit sus une petite chevaucie de gens d'armes et iroit devant une ville en Espaigne que on dist Alphore. Si se parti un soir de Caskan et dou roi de Navare, et chevaucha; et n'avoit en sa compaignie que cent lances, mais c'estoient toutes gens d'estoffe. Et chevaucièrent devers Alphore : sus l'adjournement, il vinrent à une petite lieuwe de le ville et se boutèrent là en embusche. Si furent envoiiet pour courir devant le ville messires Guillaumes Cendrins et Andrieus Hausdrac, et avoient en leur compaignie environ dis lances : si vinrent jusques à un rieu qui queurt devant la ville, lequel on passe oultre à grant meschief. Touteffois il le passèrent, et fisent Andrieus Hausdrac et Pières Mascles, navarois, saillir oultre leurs coursiers, et vinrent jusques as barrières. Adonc commencha li effrois grans et fors à lever en la ville, et sonnèrent leur trompettes les gens d'armes qui dedens estoient. Si s'assemblèrent et ouvrirent leur portes et les barrières ; si se misent tout au dehors et commenchièrent à traire et à escarmuchier. Des dis lances n'en y avoit plus qui heussent passé le rieu, que les deux dessus nommés. Si retournèrent, quant il veirent le faix venir et fisent rassaillir leurs coursiers oultre. Chil d'Alphore veirent que ces gens n'estoient c'un petit et riens ne savoient de leur embusche : si les sieuwirent caudement de près et passèrent le rieu à un pont amont où il savoient bien le passage. Ches dis lances se fisent cachier jusques à leur enbusche ; adonc sallirent avant messires Thumas Trivès et li aultre, en escriant leur cri, et se boutèrent en ces gens qui estoient yssu hors d'Alphore et en portèrent à ce commenchement de leurs lances grant fuison à terre. Au voir dire, li Espaignol ne peurent longhement durer contre les Englès et retournèrent qui mieux mieux ; mais trop petit s'en sauvèrent, qui ne fussent mort ou pris. Li effrois fu grans en la ville, et le cuidièrent li Englès trop bien avoir de venues [pour tant que il veoient que les gens du lieu se desconfissoient], mès non heurent, car les femmes de la ville le sauvèrent et recouvrèrent par leur bon convenant. Car entroes que li Englès passoient le rieu, elles [s'ensonnièrent] et vinrent clorre et fermer les barrières et le porte, et puis montèrent as cretiaux de la ville et monstrèrent grant volenté de elles deffendre. Quant messires Thumas Trivès en veï l'ordenanche, si dist en riant : « Velà bonnes femmes ! Retournons arrière ; [nous n'avons riens fait. » Adonc retournèrent il et passèrent le rieu où il l'avoient passé, et retournèrent] vers Caskan et enmenèrent leur prisonniers, et tant fisent que il y parvinrent. De ceste chevauchie acquist grant grace messires Thumas Trivès au roy de Navare.

§ 81. Environ quinse jours après que messires Thumas Trivès ot fait ceste chevaucie devant Alphore et que il fu retraict en la garnison de Caskan, Jehans, fils au roi dant Henri de Castille, qui son mandement avoit fait par tout le roiaume de Castille au commandement et ordonnance de son père, s'en vint à Alphore à tout vint mil hommes à cheval et à piet, en grant volenté de combatre les Englès et les gens le roi de Navare. Quant li rois de Navare sceut ces nouvelles, il s'en vint à Thudèle, et messires Thumas Trivès et li Englès en sa compaignie, et manda tous chiaux des garnisons dou roiaume de Navare. A son mandement ne volt nuls desobeïr, et vinrent tantost devers lui et se logièrent à Thudelle ou là environ, et n'atendoient autre cose que li Espaignol chevauchassent. Ossi li Espaignol n'atendoient aultre cose que li rois Henris fust venus, liquels se parti de Sebille à grant gent et chevaucha parmi sen roiaume, et fist tant que il vint à Saint Dominge, et là s'arresta; et ses gens se logièrent sus les camps et desoubs les oliviers. Quant Jehans, ses fils, sceut que ses pères estoit venus à Saint Dominge et là logiés, si se parti de Alphore et là se retraïst et toutes ses gens. Et vous di que c'estoit li intencions des Espaignols de venir mettre le siège devant Tudèle, et enclorre le roi de Navare là dedens, ou combatre. De tout ce estoit li rois de Navare tous enformés, et bien veoit et savoit que il n'avoit mie puissance de attendre à bataille le roi Henri [si estoffeement acompaigné], car il avoit plus de quarante mil hommes à cheval et à piet.

Entre le roi Henri et le roi de Navare avoit aucuns sages vaillans hommes de l'un roiaume et de l'autre,

prelas et barons, qui ymaginoient le grant peril et
damaige qui entre iaux naistre en porroient, se par
bataille s'entre encontroient. Si commenchièrent à
traictier sus une partie et l'autre d'un respit avoir
pour mieux amoiienner les besoingnes. Et convint les
traicteurs avoir beaucoup de paine et de traveil
d'aller de l'un à l'autre, ainchois que la besoingne
se peust entamer, car li Englès, qui se trouvoient bien
doy mille, se tenoient grant et orgheilleux contre les
Espaignols et conseilloient au roi de Navare la bataille. D'autre part, li Espaignol, qui estoient grant
fuison, amiroient petit les Englès ne les Navarois :
pour tant estoient li traictié plus dur à conclurre.
Nequedent tant y traveillèrent chil qui s'en esson-
nièrent, que uns respis fu pris entre ces deux rois et
leurs roiaumes à durer sis sepmaines, et là endedens
bonne paix, mais que on l'i peust trouver. Et estoit
li intencion des traicteurs que uns mariages se feroit
de l'enfant de Castille, aisné fil au roy Henri, à la
fille dou roi de Navare, par coy plus sceure et
plus ferme pais demorroit et seroit entr'iaux à tousjours. A ce entendoit li rois de Navare volentiers, car
il veoit sa fille hautement mariée et dalés lui. Chis
premiers traictiés ne se peut tenir, car l'enfant de
Castille estoit obligiés ailleurs par mariage.

Or fu regardé des prelas et barons de l'un roiaume
et de l'autre, que Charle de Navare, aisné fils dou
roi de Navare, aroit la fille dou roi dant Henri. Chis
traitiés passa oultre, parmi tant que li rois dant
Henri devoit tant faire envers le roi de France, en
cui garde Charle de Navare estoit, que il devoit
retourner en Navare, ensi qu'il fist. Car à sa prière li

rois de France l'i renvoia, et deubt, parmi le mariage faisant, li rois de Navare prester dis ans, en cause de sceureté, au roi Henri le ville et le castel de l'Estoille, le cité et le chastel de Thudelle, le ville et le chastel
5 de la Garde; et devoit li rois Henris rendre as Englès messire Pière de Courtenay qui estoit son prisonnier, ensi qu'il fist, et le seigneur de Lespare, gascon. Toutes ces coses furent seelées, confermées et accordées et jurées à tenir fermes et estables à tous-
10 jours mais entre l'un roi et l'autre et leurs roiaumes; et quiconques les brisoit ne rompoit par aucune incidence, il se metoit et soubmettoit en la sentence dou pape.

§ 82. Entroes que cil traictié se faisoient et com-
15 posoient, li rois de Navare, qui estoit tenus devers les Englès en le somme de vint mil frans, pour lui acquiter envers iaux, [envoya] en Arragon le visconte de Chastelbon pour querir ces deniers et emprunter au roi d'Arragon, liquels rois lui presta volentiers.
20 Mais ses bonnes villes en demorèrent en plèges, telles que Panpelune, Mirande, le [Pont] le Roïne, Corelle et Saint Jehan dou Piet des Pors. Ensi furent li Englès paiiés [et delivrés], et se partirent content dou roi de Navare et retournèrent arrière à Bourdiaus et
25 de là en Engleterre. Et li mariage se fist de Charle de Navare et de la fille au roi Henri qui s'appielloit Jehanne, mout belle dame.

. En cel an, trespassa li rois dans Henris de Castille, dont tous ses roiaumes fu durement courouciet.
30 Tantost après son trespas, li Espaignol et li Castellain couronnèrent à roi son aisnet fil dant Jehan. Si

demora rois par l'acort des prelas et des barons dou roiaume d'Espaigne, de Castille, de Galice, de Sebille et de Corduan, et li jurèrent tout foi et hommage à tenir à tousjours mais. Adonc s'esmut la guerre entre le roi de Portingal et le roi Jehan de Castille, qui dura mout longhement, sicomme vous orrés recorder avant en l'istore; mais nous retournerons as besoingnes de France.

§ 83. Vous avés bien chi dessus oï recorder comment li sires de Moucident se tourna françois par le prisse où il fu pris à Ymet en Gascongne, et comment il vint en France veoir le roi de France et sejourna bien un an ou plus à Paris. Et tant i fu que il i prist desplaissance, car il cuida au commenchement et ossi [au] definement trouver au roi de France tel cose que il ne trouva mies, dont il se merancolia et se repenti grandement de ce que il estoit tournés françois; mais il dissoit que ce avoit esté par constrainte et non par autre voie. Si s'avisa que il s'embleroit de Paris, où il avoit trop sejourné, et retourneroit en son païs et se renderoit englès, car mieux en corage li plaissoit li services dou roi d'Engletière que dou roi de France. Si [fist] ensi comme il l'ordonna, et donna à entendre à tous chiaulx dont il avoit la connissance, excepté à chiaux de son conseil, que il estoit dehaitiés. Si monta un soir à cheval li troisime, tous desconneus, et se parti de Paris et chevaucha vers son païs: ses gens petit à petit le sievirent. Tant esploita par ses journées que il vint à Bourdiaux. Si trouva là messire Jehan de Nuefville, senescal de Bourdiaulx, à qui il recorda son aventure : si se tourna englès et dist que il avoit plus chier à mentir sa foi deviers le roi de France que envièrs son naturel signeur le roi d'Engletière. Enssi demora li sires de Moucident englès tant comme il vesqui. De quoi li dus d'Ango fu moult courouchiés et dist bien et jura que, se jamais le tenoit, il li toroit la teste. De che estoit li sires de Moucident tous enfourmés et avisés : si se gardoit dou mieux qu'il pooit.

§ 84. Encores se tenoit li sires de Lagurant françois, liquels estoit uns moult apers chevaliers, et faissoit pluiseurs contraires en la terre les signeurs retournés englès qui li marcissoient, tels que le signeur de Moucident, le signeur de Rosem et le signeur de Duras. De quoi chil troi baron estoient moult courouchiet, et metoient grant entente à ce que il le peuissent ochire ou faire ochire, car il leur estoit trop fors ennemis. Li sires de Lagurant, qui estoit uns chevaliers de grant volenté, chevauchoit un jour [et avoit] en se compaignie environ quarante lances; et vint assés priès de une garnisson englesche que on dist Canillac, qui estoit de l'iretage le captal de Bues et à son frère. [Si] fist une embusce de ses gens en un bois et dist : « Demorez chi. Je voel aler tous seulx courir devant che fort pour savoir se nuls saudra hors contre nous. » Ses gens demorèrent. Il chevaucha oultre montés sur fleur de coursier, et vint devant les barrières de Canillac et parla as gardes et demanda : « Où est Bernars Courans, vostre cappitaine ? Dites li que li sires de Lagurant li demande une jouste. Il est bien si boin homme d'armes et si

vaillans que il ne le refusera pas pour l'amour de sa
dame ; et, se il le refuse, il li tournera à grant blame,
et dirai partout où je venrai, que il m'ara refusé
par couardisse une jouste de fier de lance. » A la
barrière, pour l'eure, estoit uns des varlès Bernart
Courant, qui li dist : « Sire de Lagurant, j'ai bien
oï [vostre parole]. Or vous souffrés un petit : je irai
parler à mon maistre. Ja ne sera reprocié que par
lasqueté il vous refusse, mais que vous le voelliez
atendre. » — « Par ma foi, respondi li sires de
Lagurant, oïl. » Li varlès se part[i] et vint en une
cambre où il trouva son maistre : [si] li recorda les
parolles que vous avés oïes. Quant Bernars ot che
entendu, [si] li engroissa li cuers ou ventre, et felenia
grandement et dist : « Çà, mes armes ! Ensielés
moi mon coursier : il n'en ira ja refussés. » Tantos
fu fait : il s'arma et monta à cheval, et prist sa targe
et son glave, et fist ouvrir la porte et la barrière, et se
mist as camps.

Quant li sires de Lagurant le veï venir, si fu tous
resjoïs et abaissa son glave, et se mist en ordenance
de bon chevalier, et ossi fist li escuiers ; si esperonnèrent leurs chevaulx. Tout doi estoient bien monté
et à volenté ; si se consievirent si roidement des
glaves enmi leurs escus que elles vollèrent en pièces.
Au passer oultre, Bernars Courans consieuwi à meschief de l'espaulle le signeur de Lagurant et le bouta
hors de sa selle et le jetta sus la terre. Quant Bernars
Courans le veï aterré, il fu tous resjoïs et tourna
tout court son coursier sus li, et à ce que li sires de
Lagurant se releva, Bernars, qui estoit fors escuiers
et appers, le prist à deux mains par le bacinet et le

tira si fort à lui que li esracha hors de la teste et le jetta desoulx son cheval. Les gens le signeur de Lagurant, qui estoient en l'embusce, veoient bien tout ce : si se commenchièrent à desrouter pour
5 venir celle part et rescoure leur signeur. Bernars Courans regarda sus costé et les veï venir : si traïst sa dague et dist au signeur de Lagurant : « Rendez vous, sire de Lagurant, mon prisonnier, rescous ou non rescous ; ou autrement vous
10 estes mors. » Li sires de Lagurant, qui avoit fiance en ses gens pour estre rescous, se taissi tous quois et riens ne respondi. Quant Bernars Courans veï che que il n'en aroit autre cose, si fu tous enflamés d'aïr et se doubta que il ne perdesit le plus pour le mains,
15 et li avalla une dague que il tenoit sus le cief que il avoit [tout nut] et li embara là dedens ; et puis le rasache, et fiert cheval des esperons et se relance ens es barrières, et là descent, et se met en bon convenant pour li deffendre et garder, se il besongnoit. Quant
20 les gens le signeur de Lagurant furent venus jusques à lui, il le trouvèrent navré à mort. Si furent tout courouchié et en ordonnèrent et aparillièrent au mieux qu'il peurent, et le raportèrent arrière en son chastiel ; mais il morut à l'endemain. Enssi avint en
25 che tamps en Gascongne de che signeur de Lagurant.

§ 85. En che tamps avint uns fais d'armes en Rocelois, car Helios de Plaisac, uns moult adurés escuiers et vaillans homme as armes, estoit cappitainne de Bouteville, un fort englès, et tenoit là en garnisson
30 environ sis vins lanches de compaignons englès et gascons qui moult constraindoient le païs et cou-

roient priès que tous les jours en devant la Rocelle
[et] en devant Saint Jehan l'Angelier, et tenoient ces
deus villes en tels doubtes que nuls n'ossoit issir fors
en larcin. Dont li chevalier et li escuier dou païs
estoient moult courouchiet, et s'avisèrent un jour
qu'il i pourveroient de remède à leur loial pooir,
car il seroient de leurs ennemis mort ou pris sus les
camps. Si se quellièrent et asamblèrent en la Rocelle
environ deus cens lances, car ce estoit la ville où
Helios et li sien couroient le plus souvent devant; et
là estoient de Poito et de Saintonge, li sires de Tors,
li sires de Puissances, messires Jaques de Surgières,
messires Perchevaux de Coulongne, messires Renaulx
de Touwars, messires Hues de Vivonne et pluiseurs
autres en grant volenté de rencontrer leurs ennemis.
Et seurent ces cappitainnes par leurs espies que
Helios de Plaisac chevauceroit et venroit devant la
Rocelle aquellir le proie. Si se ordonnèrent selonc
che et se partirent dou soir, tout bien armé et monté
à cheval, et se missent as camps. A leur departement, il ordonnèrent que, à l'endemain bien matin,
on mesist tout le bestail hors as camps à l'aventure.
Enssi fu fait que ordonné fu.

Quant che vint au matin, Helios de Plaisac et sa
route s'en vinrent courir devant la Rocelle et ferir
jusques as barrières. Entrues chil qui commis i
estoient, asamblèrent toute la proie et le fissent mener
des hommes dou païs devant iaulx. Il ne l'eurent
pas mené une lieuwe quant evous les François qui
estoient plus de deus cens lances, qui leur vinrent
sus elle; et ne s'en donnoient garde li Englès, et se
boutèrent de plains eslais et as roides lances sus leurs

ennemis. De premières venues, il en i eut pluiseurs
rués jus à terre. Là dist Helios de Plaisac : « A piet,
à piet, tout home! et nuls ne fuie, et lesse cescuns
aler son cheval. Se la journée est nostre, nous arons
5 chevaulx assés; et, se elle est contre nous, nous no[u]s
passerons bien de chevaus! » Là se missent Englès et
Gascon et cil dou costé Heliot tout à piet et en bon
convenant. Ossi fissent li François, car il doubtèrent
à perdre leurs chevaulx dou [fer] des glaves. Là eut
10 dur rencontre et forte bataille et qui longuement
dura, car il estoient tout main à main; et pousoient
de leurs glaves si roit là où il carquoient, que il se
mettoient jusques à l[e] grosse alainne. Là ot fait pluiseurs grans appertises d'armes, mainte prise et
15 mainte rescouse. Finablement, li Poitevin et li Saintongier obtinrent le place, et furent leur ennemi
desconfi, tout mort et tout pris, petit s'en sauvèrent,
et toute la proie rescousse, et Helios de Plaisac pris et
amenés en le Rocelle. Tantos apriès ceste avenue,
20 on ala devant le castiel de Bouteville qui fu pris; et
legiers estoit à prendre, car on n'i trouva nullui.
Enssi fu Bouteville franchoisse, dont tous li païs
d'environ eut grant joie, et demora Helios de Plaisac
en prison un lonc tamps.

25 § 86. En che tamps retournèrent en Engletière
messires Thumas Trivès, messires Guillaumes Helmen
et li aucun chevalier et leurs routes qui avoient esté
en Espaigne et aidiet à faire la guerre le roi de
Navare. Si se traïssent tantos deviers le roi d'Engle-
30 tière, qui pour ce tamps estoit à Cartesée, et si doi
oncle, li dus de Lancastre et li contes de Cambruge,

dallés li. Si furent li chevalier liement requelliet
dou roi et des signeurs, et furent enquis et examiné
à dire nouvelles. Il en dissent assés, toutes celles que
il savoient et coument li affaires s'estoit portés en
Espaigne et en Navare, et de la pais qui estoit entre
le roi de Castille et le roi de Navare, et comment li
rois de Navare avoit mariet Carle, son ainsnet fil, à
la fille dou roi dan Henry, et tout de point en point
comment li traitiet s'estoient porté. Li dus de Lancastre et li contes de Cambruge estoient durement
pensieu sus ces parolles, car il se dissoient et tenoient
ho[i]rs de toute Espaigne de par leurs femmes. Si
demandèrent en quel tamps li rois Henris bastars
estoit mors et se li Espagnol avoient couronné à
roi son fil. Messires Thumas Trivès et messires Guillaumes Helmen respondirent, et cascuns par soy :
« Mi chier signeur, à la mort dou roi Henri ne au
couronnement de son fil ne fumes nous pas, car
pour che tamps nous estions retrait en Navare ; mais
vechi un hiraut qui i fu : si le poés savoir par lui,
se il vous plaist. » Adonc fu li hiraus apiellés et
demandés dou duc de Lancastre comment li afaires
avoit allé. Il en respondi enssi et dist : « Monsigneur, à la requeste de vous j'en parlerai. Entrues
que mi signeur qui chi sont, estoient à Panpelune,
en atendant l'acomplissement des tretiés qui fait
estoient, par leur congié je demorrai dallés le roi de
Navare moult honnourés de li et de ses gens. Me parti
de Panpelune en sa compaignie, et vint li rois à
Saint Dominige. Contre sa venue issi hors li rois
Henris à grant gent, qui en amour et par bonne pais
l'attendoit ; et fu li rois de Navare moult honnerés

de li et de ses gens, et li donna che soir à soupper moult hautement. Apriès soupper, nouvelles vinrent que uns senglers estoit ens es landes asés priès de là. Si fu ordonné que à l'endemain on l'iroit cachier.
5 A celle cache furent li doi roi et leurs veneurs, et fu li senglers pris; et retournèrent en grant amour che soir à Saint Dominige. A l'endemain, se departi li rois Henris et s'en ala à la Pière [Ferrade] pour une journée que il avoit là contre ses gens. Là li prist
10 une maladie dont il morut, et sceut sa mort li rois de Navare sus les camps, car il le venoit veoir. Adonc retourna il tous courouchiés en son païs, et je pris congiet à lui. Si m'en alai en Castille pour veoir et aprendre des nouvelles. Et trespassa li rois Henris
15 le jour de le Pentecouste. Assés tost apriès, le XXV° jour de julle, le jour Saint Jaqueme et Saint [Cristofle], fu couronnés à roi dans Jehans de Castille, ainés fils dou roi Henri, en l'eglise catedral de la citté de Burghez, auquel couronnement furent tout
20 li prelat et li noble de Castille, d'Espaigne, de Galise et de Corduwan et de Sebille; et tout li jurèrent sus saintes Evangilles à tenir à roi. Et fist che jour deus cens et dis chevaliers et donna moult de biauls dons. A l'endemain de son couronnement, à grant
25 compaignie de nobles, il s'en vint en une abbeïe de dames au dehors de Burghez, que on dist le Sorghes. Là oï la messe et disgna; et là ot grans joustes, et en ot le pris li viscontes de Rokebertin d'Arragonne, et che soir retourna li rois à Burghez. Et du[rè]rent ces
30 festes bien quinse jours. »

Adonc demanda li dus de Lancastre se li rois de Portingal avoit point esté priiés d'avoir là esté. Il

respondi : « Oïl, mais il n'i volt venir. Et fui enfourmés que il avoit respondu as mesages qui i estoient
allé, que ja ne seroit au couronnement dou fil d'un
bastart qui avoit mourdrit son frère. » — « Par ma
foi, respondi li dus, de ces parolles dire il fu bien
consilliés, et si l'en sai bon gré ; et les coses ne demoront pas longuement en cel estat, car moi et mon
frère li calengerons l'iretage dont il se dist rois. »
Atant finèrent ces parolles ; si demandèrent le vin.
Nous no[u]s soufferons maintenant à parler de ceste
matère et parlerons des [avenues] de France.

§ 87. Li rois Charles de France, qui pour che
tamps resgnoit, sicom vous poés savoir par ses
oevres, fu durement sages et soutils, et bien le monstra tant comme il vesqui ; car, tous quois, estans en
ses cambres et en ses deduis, il reconqueroit ce que
si predicesseur avoient perdu sus les camps, la teste
armée et l'espée en le main, dont il en fait grandement à recommander. Et pour ce que li rois de
France savoit que li rois Robers d'Escoce et tous li
roiaulmes d'Escoce entirement avoient guerre et
mortelle haïne as Englès, car onques ne peurent chil
doi royaulme amer l'un l'autre, pour nourir plus
grant amour entre li et les Escoçois, il s'avissa que
il envoiieroit un sien chevalier secretaire et de son
conseil deviers le roi d'Escoce et les Escos, pour
parlementer, traitier et aviser le païs et connoistre
les barons, et savoir se par Escoce ses gens poroient
faire une bonne guerre as Englès. Car Yeuwain de
Galles vivant, il l'avoit enfourmé que par Escoche
ce estoit li païs ou monde par où on pooit mieux

nuire les Englès. Et sus che pourpos li rois de France avoit eu pluiseurs ymaginacions, et tant que il ordonna un sien chevalier sage et bien enlangagiet qui s'apelloit messires Pière, signeur de Bournesiel, et li dist : « Vous ferés che message en Escoce et me saluerez le roi et tous les barons, et li dirés que nous et nostres roiaulmes sommes ouvert et apparilliet pour iauls requellier : [si] tretiés deviers le roi et iaulx enssi comme à nos bons amis, par quoi, à la saisson qui vient, nous i puissons envoier gens et par là avoir entrée en Engletière, enssi que nostre predicesseur dou tamps passé ont eu. Et tenez estat, enssi comme à message dou roi de France apartient, car nous le vollons, et tout sera paiiet. » Li chevaliers respondi et dist : « Sire, à vostre commandement. » Depuis ne sejourna il gaires longuement, quant toutes ses besongnes furent apparillies, et se party dou roi et de Paris, et esploita tant par ses journées que il vint à l'Escluse en Flandres ; et là s'aresta en attendant vent et passage, et i sejourna environ quinse jours, car il avoit vent contraire. En che sejour, il tenoit grant estat et estoffe de vaisselle d'or et d'argent courant parmi sa salle ossi largement que che fust uns petis dus, et faisoit porter devant lui une espée toute engaïnnée et enarmée très ricement d'or et d'argent ; mais bien estoit paiiet tout ce que ses gens prendoient.

Dou grant estat que li chevaliers menoit, tant en son hostel que sus les rues, estoient pluiseurs gens de la ville esmervilliet. Si fu avissés et regardés dou baillieu de l'Escluse, qui là estoit officiiers de par le

conte de Flandres, et tant que li baillus, qui ne s'en
peut taire, dont il fist mal, le vint segnefiier au conte
qui se tenoit pour celle saisson à Bruges, et le duc de
Bretaigne, son cousin, dallés lui. Li contes de Flandres, quant il eut un petit penssé, avoec ce que li
dus de Bretaigne i rendi painne, ordonna que il fust
là amenés. Li baillieus retourna à l'Escluse et vint au
chevalier dou roi mal courtoissement, car il l'aresta
de main misse de par le conte. De quoi li chevaliers
fu tous esmervilliés que on li demandoit, et dist
adonc au baillu que il estoit chevaliers et messages
commissaires au roi de France. « Sire, dist li baillus,
je le croi bien, mais il vous fault venir parler au
conte, et m'est commandé que je vous i maine. »
Onques ne se peut li chevaliers escuser que il n'en
fust menés dou baillu et de ses gens à Bruges. Quant
il fu venus en la cambre dou conte à Bruges, li contes
de Flandres et li dus de Bretaigne s'apoioient tout
doi à une phenestre sus les gardins. Adonc se mist en
genoulx li chevaliers devant le conte, et dist : « Monsigneur, veci vostre prisonnier. » De ceste parole fu
li contes durement courouchiés, et dist par grant
irour : « Comment, ribaus, dis tu que tu ies mon prisonnier, pour ce se je t'ai mandé à venir parler à
moi? Les gens Monsigneur pueent bien venir devant
moi et parler à moi, et tu ne t'es pas bien acquités,
quant tu as tant sejourné à l'Escluse et tu me sentoies si priès de toi, et tu ne venoies parler à moi.
Mais tu ne daignoies! » — « Monsigneur, respondi
li chevaliers, salve la vostre grace. » Adonc prist la
parolle li dus de Bretaigne et dist : « Entre vous,
bourdeur et langageur et vendeur de bourdes et de

langages ou palais à Paris et en la cambre de Monsigneur, mettés le roiaulme à vostre vollenté et jeués dou roi à vostre entente, et en faites bien et mal qui que vous volés, ne nuls haus prinches de son sanc, puis que vous l'avés encargié en haïne, ne puet estre oïs! Et on en pendera encores tant de tels gens que li gibet en seront raempli. » Li chevaliers qui là estoit en genoulx, fu tous honteus, car tels parolles à oïr li estoient moult dures, et bien veoit que taire li estoit plus pourfitables que parler. Si ne respondi onques mot à ces parolles et se disimulla au mieux qu'il peut et sceut, et se departi de la presense des signeurs en prendant congiet, quant il veï que heure fu. Ossi aucunes gens de bien qui estoient dallés le conte, li fissent voie et l'enmenèrent boire. Depuis monta à cheval li sires de Bournisel et retourna à l'Escluse à son hostel; et vous dirai comment il li cheï. Quoique toutes ses pourveances fuissent apparillies et cargies, et euist bon vent pour singler viers Escoce, il ne s'osa partir ne mettre ou dangier de la mer, car il li fu segnefiiet que il estoit espiés et avissés d'Englès qui sejournoient à l'Escluse, et que, se il se mettoit en son voiage, il seroit happés sus mer et menés en Engletière. Pour celle doubte, ses voiages fu brissiés, et se parti de l'Escluse et s'en retourna en France et à Paris deviers le roi.

§ 88. Vous devés savoir que li sires de Bournisiel ne recorda mies mains au roi de France de l'aventure qui li estoit avenue en Flandres que il n'i euist, mais tout enssi come la cosse avoit alé; et bien li besongnoit que il montrast diligensse et escusance, car

li rois estoit mout esmervilliés de son retour. A ce
recort que messires Pières fist, estoient pluisieur chevalier de la cambre dou roi, et par especial messires
Jehans de Gistelles, de Haynnau, cousins au conte de
Flandres, i estoit, qui notoit et engorgoit toutes les
parolles dou chevalier, et tant que finablement il ne
s'en peut taire pour tant que messires Pières, che li
sambloit, parloit trop avant sus la partie dou conte ;
si dist : « Je ne puis tant oïr parler dou conte de
Flandres, mon chier signeur, et, se vous vollés dire,
chevaliers, que il soit tels que vous dites ci ne que il
ait de son fait empechiet vostre voiage, je vous en
appelle de camp, et en velà mon gage. » Li sires de
Bournisiel ne fu pas esbahis de respondre, et dist
enssi : « Messire Jehan, je di que je fui enssi menés
et pris dou baillieu de l'Escluse et amenés devant le
conte ; et toutes les parolles que j'ai dites, li contes
de Flandres et li dus de Bretaigne les ont dites. Et
se vous vollés parler dou contraire qu'il ne soit enssi,
je leverai vostre gage. » — « Oïl, » respondi messires
Jehans de Gistelles. A ces parolles, se merancollia li
rois et dist : « Alons, alons, nous n'en volons plus
oïr. » Si se parti de la place et rentra en sa cambre
avoecques ses cambriers tant seullement, mout resjoïs
de ce que messires Pières avoit si francement parlé
et relevé la parolle de messire Jehan de Gistelles, et
dist enssi en riant : « Leur a il bien masquiet ? je
n'en vauroie pas tenir vint mil frans. » Depuis avint
que messires Jehans de Gistelles fu si mal de court,
qui estoit cambrelens dou roi, que on l'i veoit envis,
et bien s'en perchut : si n'en peut souffrir les dan-
giers et prist congiet dou roi et se parti, et s'en

vint en Braibant, dallés le duch Wincelin de Braibant qui le retint. Et li rois de France se tint dur enfourmés sus le conte de Flandres tant pour ce que il avoit, che sambloit à pluiseurs dou roiaulme, empe-
5 chiet le signeur de Bournesiel à faire son voiage en Escoce et que il tenoit dalés lui le duc de Bretaigne, son cousin, qui estoit grandement en sa malivolense ; et se perchevoient bien chil qui dallés le roi estoient, que li contes de Flandres n'estoit pas bien
10 en sa grace.

§ 89. Un petit apriès ceste avenue, li rois de France escripsi unes letres mout dures deviers le conte de Flandres, son cousin, et parloient ces letres sus manaces pour tant que il soustenoit avoecques
15 lui le duc de Bretaigne, lequel il tenoit à ennemi. Li contes de Flandres rescripsi au roi et se escusa au plus bellement qu'il peut et bien le sceut faire. Ceste escusance ne valli noient que li rois de France ne li renvoiiast plus dures letres en remonstrant que,
20 se il n'eslongoit de sa compaignie le duch de Bretaigne, son adversaire, il li feroit contraire. Quant li contes de Flandres veï que che estoit acertes et que li rois de France le poursievoit de si priès, si ot avis de soi meïsmes, car il estoit mout imaginatis, que il
25 remonsteroit ces manaches à ses bonnes villes et par especial à chiaulx de le ville de Gand, pour savoir que il en responderoient ; et envoiia à Bruges, à Ippre et à Cou[r]trai, et se parti de Malle, le duch de Bretaigne en se compaignie, et s'en vint à Gant et se
30 loga à le Poterne. Si fu liement recheus des bourgois de Gand, car à che jour il l'amoient mout dallés eulx.

Quant aucun bourgois des bonnes villes de Flandres qui envoiiet i furent, enssi que ordonné estoit, furent là tout asamblet, li contes les fist venir en une plache et là remonstrer par Jehan de le Faucille toute se intencion, et lire les letres que li rois de France depuis deus mois li avoit envoiies. Et quant ces letres eurent esté leutes, li contes parla et dist : « Mi enfant et bonnes gens de Flandres, par la grace de Dieu, j'ai ja esté vos sires un mout lonc tamps et vous ai menés et gouvernés en paix à mon pooir, ne vous n'avez en moi veu nul contraire que je ne vous aie tenu en toute prosperité, enssi que uns sires doit tenir ses gens; mais il me vient à grant desplaissance, et ossi doit il vous faire qui estes mes bonnes gens, quant mon signeur le roi me herie et voelt heriier pour tant que je soustieng en mon païs et tieng en ma compaignie le duc de Bretaigne, mon cousin germain, qui n'est pas pour le tamps bien clers en France, ne bonnement il ne s'ose asseurer en ses gens en Bretaigne pour le cause de cinc ou de sis barons qui le héent; et voelt li rois que je l'eslongne et boute hors de mon hostel et de ma terre : che li seroit grant estrangnerie. Je ne di mies, se je confortoie mon cousin de villes, de castiaulx et de gens d'armes à l'encontre dou roiaulme de France, que li rois n'euist bien cause de [se] plaindre de moi, mais nenil, ne nulle volenté n'en ai. Et pour tant je vous ai chi asamblés et vous remonstre les perils qui en poroient nestre et venir, à savoir se vous vollés demorer dallés moi. » Il respondirent tout de une vois : « Monsigneur, oïl, et ne savons aujourd'ui signeur, quels qu'il soit, se il vous voloit faire guerre, que vous ne trouvissiés [au bout de vostre terre de Flandres] deus cens mil hommes tous armés. » Ceste parolle resjoï grandement le conte Loeïs de Flandres, et dist : « Mi bel enfant, grant merchis. » Sus ces parolles se defina parlemens, et se contenta li contes grandement de ses gens et leur donna congiet de retourner à leurs maisons. Si retourna cascuns en païs, et li contes, quant il sceut que bon fu, s'en retourna à Bruges, le duc de Bretaigne en sa compaignie. Si demorèrent les coses en cel estat, li contes grandement en la grace de ses gens et li païs en pais [et] prosperité, qui depuis, et ne demora gaires, par incidenses merveilleuses esceï en grant tribulation, sicom vous orés recorder avant en l'istoire.

§ 90. Vous poés et devés bien croire que li rois de France fu enfourmés de toutes ces coses et comment li contes de Flandres avoit respondut. Si ne l'en ama mies miex, et li convint ce passer et porter : autre cose n'en peut il avoir, mais bien dissoit que li contes de Flandres estoit li plus orgilleus et presumptieus princes que on seuist, et encores oultre, sicom je fui adonc enfourmés, [on] veoit bien à sa manière, que on disoit, que c'estoit li sires que plus volentiers euist mis à raison ou volentiers euist veu [que] qui que fuist li euist porté contraire ou damage, par quoi ses grans orguels fust plus abatus. Li contes de Flandres, quoique li rois de France euist escript à lui que c'estoit grandement à se desplaissance que il soustenoit le duc de Bretaigne, pour ce ne li donna il mies congiet, mais le tint dallés lui tant que demorer i volt, et le faisoit tenir son estat bel et bon. Et en le fin li dus eut conseil et volenté que il se retrairoit en Engletière ; si prist congiet au conte, son cousin, et s'en vint à Gravelines, et là le vint querir li contes de Salleberi à cinc cens lances et mil archiers, pour le doubte des garnissons françoises, et l'amena à Calais dont messires Hues de Cavrelée estoit cappitains, qui le rechut liement. Quant li dus de Bretaigne eut sejourné à Calais environ cinc jours, il eut vent à volenté : si monta en mer, et li contes de Salleberi en se compaignie. Si arrivèrent à Douvres, et de là [il] vinrent deviers le jone roi Richart qui le rechut à grant joie, et ossi fissent li dus de Lancastre, li contes de Cantbruge et li contes de Bouquighen et li hault baron d'Engletière.

§ 91. Vous avés bien chi dessus oï recorder comment messires Wallerans de Lucembourc, li jones contes de Saint Pol, fut pris des Englès par bataille entre le bastide d'Arde et Calais, et fu menés en Engletière prisonniers en la volenté dou roi, car li rois Edouwars d'Engletière, lui vivant, l'acata au signeur de Goumignies, qui avoit esté ses maistres, car li sires de Goumignies avoit mis sus la chevaucie en laquelle il fu pris d'un escuier, bon homme d'armes, de la ducé de Guerles. Si demora grant tamps li jones contes de Saint Pol prisonniers en Engletière sans avoir sa delivrance. Bien est verités que li rois d'Engletière, le captal de Bues vivant, le offri pluiseurs fois au roi de France et à ses amis pour le dit captal, mais li rois Charles ne li consaulx de France n'i voloient nullement entendre ne

donner pour cange, dont li rois d'Engletière avoit
eu grant indinacion. Si demora la cose longuement
en cel estat, et li jones contes de Saint Pol prisonniers en Engletière ens ou biau castiel de Windesore,
5 et avoit si courtoisse prison que il pooit partout aler
jeuer et esbatre et voller des oissaulx environ Windesore : de ce estoit il recreus sus sa foi. En ce tamps
se tenoit ma dame la princesse mère dou roi Richart
d'Engletère à Windesore, et sa fille dalés lui, ma dame
10 Mehaut, qui estoit la plus belle dame de toute Engletière. Li contes de Saint Pol et celle jone dame
s'enamourèrent loiaulment li uns de l'autre et estoient
à le fois ensamble en danses et en carolles et en es-
batemens tant que on s'en perchut; et s'en descouvri
15 la dame, qui amoit le conte de Saint Pol ardanment,
à ma dame sa mère. Si fu adonc tretiés uns mariages
entre le conte [de Saint Pol] et ma dame Mehaut
de Hollandes, et fu mis li contes à finance à sis vint
mil frans, desquels, quant il aroit espousé la dame,
20 on l'en rabateroit soixante mil, et les autres soixante
mil il paieroit. Et pour trouver le finance, quant les
convenances furent prises entre le conte et la dame,
li rois d'Engletière fist grace au conte de Saint Pol
de rapaser la mer et de retourner sus sa foi dedens
25 l'an. Si vint li contes en France veoir le roi et ses
amis et le conte de Flandres et le duck de Braibant
et le duck Aubiert, ses cousins, qui le conjoïrent
liement. Li rois de France en cel an fu enfourmés
trop dur sus le conte de Saint Pol, car on le mist en
30 soupechon que il devoit rendre et livrer as Englès le
fort castiel de Bohain, et le fist li rois saisir de main
misse et bien garder, et monstra li rois que li contes

de Saint Pol voloit faire enviers lui aucuns mauvais
tretiés; ne onques ne s'en peut escuser, et pour ce
fait furent en prisson ou castiel à Mons en Haynnau
messires li canonnes de Robertsart, li sires de Vertaing, messires Jaquemes dou Sart et Gerart d'Obies.
Depuis se diminuèrent ces coses et alèrent toutes à
noient, car on ne peut riens prouver sus yaulx, et
furent delivret; et li jones contes de Saint Pol s'en
retourna en Engletière pour lui acquiter envers le
roi, et espousa sa femme et fist tant que il paia les
soixante mil frans en quoi il estoit obligiés; et puis
[r]apassa la mer, mais point n'entra en France, car li
rois l'avoit en haïne. Si allèrent demorer li contes
et la contese sa femme ens ou castiel de Hen sus
Heure, que li sires de Moriaumés qui avoit sa suer
espousée, leur presta, et là se tinrent tant que li rois
Charles de France vesqui, car onques li contes, che
roi de France vivant, ne peut retourner à son amour.
Nous no[u]s soufferons à parler de ceste matère et
retournerons as besongnes dou roiaulme de France.

§ 92. En che tamps se tenoit toute Bretaigne close
tant que pour le roi de France que l'un contre l'autre, car les bonnes villes de Bretaigne estoient assés
de l'acort dou duck, et avoient les pluiseur grant
merveille que on demandoit à leur seigneur; et ossi
estoient de leur acord pluiseur chevalier et escuier
de Bretaigne et la comtesse de Pentèvre, mère as
enfans de Bretaigne, par aliance avoecques eulx.
Mais li connestables de France, messires Bertrans de
Claiekin, li sires de Clichon, li sires de Laval, li
viscontes de Rohem et li sires de Rochefort tenoient

le païs en guerre avoecques le poissance qui leur
venoit de France, car à Pont Orson et à Saint Mallo
de l'Ille et là environ avoit grant fuisson de gens
d'armes de France, de Normendie, d'Auviergne et de
Bourgongne, liquel i faisoient mout de desrois. Li
dus de Bretaigne, qui se tenoit en Engletière, estoit
bien enfourmés de ces avenues et comment li dus
d'Ango, qui se tenoit à Angiers, lui faisoit destruire et
guerriier son païs, et comment les bonnes villes se
tenoient closes ou non de li, et aucun chevalier et
escuier de Bretaigne, dont il leur savoit grant gret.
Mais non obstant toutes ces coses, [si] ne s'i osoit il
bonnement affiier de retourner en Bretaigne sus le
fiance de ses gens et se doubtoit tousjours de traïson,
et ossi il ne le trouvoit point en conseil deviers le roi
d'Engletière ne le duch de Lancastre.

§ 93. D'autre part en Normendie se tenoient à
[Valongne] en garnisson messires Guillaumes des Bordes, liquels en estoit cappitains, en sa compaignie li
petis senescaus d'Eu, messires Guillaumes Martiel,
messires Bracques de [Braquemont], li sires de Troci,
messires Perchevaulx d'Ainneval, li Bègues d'Iveri,
messires Lancelos de [Lorris] et pluiseurs autres chevaliers et escuiers. Et soutilloient ces gens d'armes
nuit et jour comment il peuissent adamagier et porter contraire à chiaulx de Chierebourch, dont messires Jehans de Harleston estoit cappitains. Chil de
la garnisson de Chierebourc issoient souvent hors,
quant bon leur sambloit, car il pooient, et pueent,
toutes fois que il leur plaissoit, chevauchier à le couverte que on ne sot riens de leurs issues pour [les]

grans bois où il marcissent, car il ont fait une voie
et tailliet à leur vollenté, que il pueent issir hors et
chevauchier sur le païs en Normendie sans le dangier
des François. Et avint en celle saisson que li François
chevauchoient, et euls ossi, et riens ne savoient li
uns de l'autre, et tant que d'aventure il se trouvèrent
ens es bois en une plache que on dist Pestor. Lors
que il se trouvèrent, enssi que chevalier et escuier qui
se desirent à combatre, il [se] missent tout à piet à
terre, excepté messires Lancelos de Loris. Cils demora
sus son coursier la glave ou poing et la targe au col,
et demanda une jouste pour l'amour de sa dame. Là
estoit qui bien l'entendi : si fu tantos requelliés, car
otant bien i avoit des chevaliers amoureus avoecques les Englès que il estoit ; et me samble que messires Jehans Copelant, uns mout rades chevaliers, se
mist à lui. Adonc esperonèrent il leurs deus chevaulx et se boutèrent l'un sus l'autre de plains eslais
et se donnèrent sus les targes très grans horions. Là
fu consieuwis messires Lancelos dou chevalier englès
par tel manière que il li perça le targe et toutes ses
armeures et li passa tout oultre le corps, et fu navrés
à mort, dont che fu damages, car il estoit mout
appers chevaliers, jones, jolis et amoureus, et fu là et
ailleurs depuis mout plains. Adonc se boutèrent François et Englès li uns dedens l'autre, et se combati-
rent longuement de leurs glaves et puis des haces,
et vinrent tout [à] main. Là furent bon chevalier de
le part des François messires Guillaumes des Bordes,
li petis senescaulx d'Eu, messires Guillaumes Martiel, Brakes de Brakemont et tout li autre, et se com-
batirent vaillanment ; et ossi fissent li Englès, mes-

sires Jehans de Harleston, messires Phelippres
Picourde, messires Jehans Burlé, messires Jehans
de Copelant et tout li autre. Et avint finablement
que par bien combattre la journée leur demora,
et obstinrent la place; et furent tout pris li François, chevaliers et escuiers, et prist uns escuiers
de Haynnau, qui s'appelloit Guillaumes de Biau-
lieu, messire Guillaume des Bordes. Si furent chil
prisonnier menet en Chierebourcq, et là trouvèrent
messire Olivier de Claiekin qui estoit prisonniers
ossi. Enssi ala de ceste besongne, sicom je fui adonc
enfourmés.

§ 94. D'autre part en Auviergne et en Limosin
avenoient priès tous les jours fais d'armes et mervil-
leuses emprisses, et par especial, dont ce fu trop
grans damages pour le païs, li castiaulx de Mont Ventadour en Auviergne, qui est uns des fors castiaulx
dou monde, fu trahis et vendus à un Breton le plus
cruel et hauster de tous les autres, qui s'appelloit Joffrois Teste Noire, et je vous dirai comment il l'eut.
Li contes de Ventadour et de Montpensé estoit uns
anchiiens et simples preudons qui plus ne s'armoit,
mais se tenoit tous quois en son castiel. Cils contes
avoit un escuier à varlet, qui s'apelloit Ponces dou
Bois, liquels l'avoit servi mout longement et trop
petit avoit pourfité en son service et veoit que nul
pourfit d'or ne d'argent il n'i pooit avoir : si s'avisa
d'un mauvais avis què il se paieroit. Si fist un tretiet secret à Joffroi Teste Noire, qui se tenoit en
Limosin, et tant que il deubt livrer le castiel de Ventadour, enssi qu'il fist, pour sis mille frans. Mais bien

mist en ses devisses que à son mestre le conte de
Ventadour on ne feroit ja nul mal, et le meteroient
hors dou castel deboinairement et li renderoient tout
son arroi. Il li tinrent ce convenant : onques li Breton et li Englès qui dedens entrèrent, ne fissent nul
mal au conte ne à ses gens, et ne retinrent fors les
pourveances et l'artellerie, dont il i avoit grant fuisson. Si s'en vint li contes de Ventadour, sa femme
et ses enffans, demorer à Montpancier dallés Aige-
perse en Auviergne, et cils Joffrois Teste Noire et ses
gens tinrent Mont Ventadour, par lequel il adama-
gièrent mout le païs et prissent pluiseurs castiaux
fors en Auviergne, en Roergue, en Limosin, en Quersin, en Chevaldam, en Bigore et en Angenois, tout
venant l'un de l'autre. Avoecq Joffroy Teste Noire
avoit pluiseurs autres cappitains qui faissoient mout
de grans apertisses d'armes, et prist Ainmerigos Mar-
cés, uns escuiers de Limosin englès, le fort castiel de
[Calusiel] seant en Auviergne en l'evesquiet de Cleremont. Chils Ainmerigos avoecques ses compagnons
couroient le païs à leur vollenté. Si estoient de sa
route et cappitainnes des autres castiaulx li bours
[de] Carlat, li bours englès, li bours de Campaigne
et Raimmons de Sors, gascon, et Piere de Bierne,
[biernois].

§ 95. Ainmerigos Marcel chevaucoit une fois, li
dousimes de compaignons tant seullement, à l'aventure, et prist son chemin pour venir à Aloise, dalés
Saint Flour, qui est un biaus castiaulx de l'evesque
de Clermont. Bien savoit que li castiaulx n'estoit
point gardés fors que dou portier seullement. Enssi

qu'il chevauchoit à le couverte tout quoiement devant Aloise, Ainmerigos [regarde] et voit que li portiers seoit sus une tronce de bois au dehors dou castiel. Adonc dist là uns Bretons qui trop bien
5 savoit jeuer de l'arbalestre : « Volés vous que je vous « rende tout mort ce portier et dou premier cop? » — « Oïl, ce dist Ainmerigos, je t'en pri. » Chils arbalestriers entoisse et trait un quariel et assène le portier de droite vissée en la teste et li enbare tout ens.
10 Li portiers qui estoit navrés à mort, se sent ferus et rentre en la porte, et quida refremer le guichet en rentrant; mais il ne peut, car il cheï là tous mors. Ainmerigos et si compaignon se hastèrent et vinrent à le porte et entrèrent ou guichet; si trouvèrent
15 mort le portier et sa femme dallés lui toute effraée, à lequelle il ne fissent nul mal, mais li demandèrent où li castelains estoit : elle respondi que il estoit en Clermont. Li compaignon assegurèrent la femme de sa vie, affin que elle leur baillast les clés dou castiel
20 et de la mestre tour. Elle le fist, car en li n'i avoit point de deffense; et puis le missent hors et li rendirent toutes ses coses, voire ce que porter en peut. Si s'en vint à Saint Flour, une citté à une lieuwe de là; [si furent les gens de la ville bien] esbahi, quant
25 il sceurent que Aloisse estoit englesce, et ossi furent cil dou païs environ.

Assés tost aprièz reprist Ainmerigos Marcel le fort castiel de Vallon et l'embla par eschiellement; et quant il fu dedens, la cappitaine dormoit en la grosse
30 tour qui n'estoit mies à prendre de force, car par celle tour se pooit tous li castiaulx recouvrer. Adonc s'avisa Ainmerigos d'un soutil tour, car il tenoit le

père et le mère dou cappitainne : si les fist venir devant le tour et leur fist samblant que il les feroit là decoler, se leurs fils ne rendoit la tour. Les bonnes gens doubtoient le mort : si dissent à leur fil [qui] estoit en la tour, que il l'en presist pité de eulx, et plouroient tout doi mout tenrement. Li escuiers se ratenri grandement, et n'euist jamais son père ne sa mère laissié morir : si rendi tantos le tour, et on les bouta hors dou castiel. Enssi fu Vallon englesse, qui mout greva le païs, car toutes manières de gens qui voloient mal faire, s'i retraioient ou en Calusiel, à deus lieues de Limoges, ou en Carlat ou en Aloise ou en Ventadour ou en pluiseurs autres castiaulx. Et quant ces garnissons s'asambloient, il pooient bien estre cinc cens ou sis cens lances et couroient tout le païs et la terre au conte dauffin qui leur estoit vosine, ne nuls ne leur aloit au devant tant que il fuissent ensamble. Bien est verités que li sires d'Achier leur estoit uns grans ennemis. Ossi estoient li sires de Solleriel et li bastars de Solleriel, ses frères, et uns autres escuiers de Bourbonnois qui s'apelloit Gourdinès. Chils Gourdinès, par biau fait d'armes et d'un rencontre, prist un jour Ainmerigot Marcel et le rançonna à cinc mil frans : tant en eut il. Ensi se portoient li fait d'armes en Auviergne et en Limosin et ens es marces par de delà.

§ 96. Je me sui longuement tenus à parler dou fait de l'Eglise : si m'i voel retourner, car la matère le requiert. Vous avés bien chi dessus oï dire et recorder comment par l'effort des Roumains li cardinal qui pour le tamps resgnoient, et pour le peuple de

Romme apaisier qui trop fort estoit esmeu sus iaulx, fissent pappe et nommèrent l'arcevesque de Bar qui s'appelloit en devant Betremieux des [Aigles]. Chils rechut la papalité et fu nommés Urbains li sisimes, et ouvri grasses ensi comme usages est. Li intencions de pluiseurs cardinaulx estoit que, quant il verroient leur plus biel, il remetteroient leur ellection ensamble et ailleurs, car cils pappes ne leur estoit mies pourfitables ne ossi à l'Eglise, car il estoit trop feumeus et trop merancolieus. Quant il se veï en prosperité et en poissance de papalité et que pluiseur roi crestiien escrisoient à lui et se mettoient en son obeïssance, il s'en outrequida et enorgilli, et volt user de poissance et de teste et retrenchier as cardinaulx pluiseurs coses de leur droit et oultre leur acoustumance. De quoi il leur desplaissi grandement, et en parlèrent ensamble et dissent et imaginèrent que il ne le leur feroit ja bien et que il n'estoit pas dignes ne merites de gouverner le monde. Si proposèrent li pluiseur que il en esliroient un autre qui seroit sages et poissans et par lequel li Eglise seroit bien gouvernée.

A cette ordenance rendoit grant painne li cardenaulx [d'Amiens], et dissent li aucun que il tendoit à estre pappes. Tout un esté furent il en une variation, car cil qui tiroient à faire pappe, n'osoient descouvrir ou monstrer leurs secrés generaulment pour les Roumains et tant que, sur les [vacations] de court, pluiseur cardinal partirent de Romme et s'en allèrent esbatre environ Romme en pluiseurs lieus à leur plaissance. Urbains s'en alla en une citté que on dist Tieulle, et là se tint un grant tamps. En ces vacations et en che termine qui longement ne pooit demorer, car trop grant fuisson de clers des diversses parties dou monde estoient à Romme, atendant grasses, et ja les pluiseur estoient proumisses et coloquies, li cardinal qui estoient d'un accord et de une volenté, se missent ensamble et fissent pappe. Et cheï li sors et li vois à monsigneur Robert de Genève, jadis fils au conte de Genève, et fu de ses premières promotions evesques de Terewane et puis evesques de Cambrai, et s'appeloit li cardinaux de Genève. A ceste ellection faire furent la grigneur partie des cardinaux, et fu appellés Clemens.

En che tamps avoit en le marce de Romme un mout vaillant chevalier de Bretaigne, qui s'apeloit Selevestre Bude. Chils tenoit desoulx lui plus de deus mil Bretons et s'estoit les anées [passées] grandement bien portés contre les Florentins, que pappes Grigoires avoit guerriiés et escumegniiés pour leur rebellion, et avoit cils Selevestre Bude tant fait que il estoient venu à merci. Pappes Clemens et li cardinal qui de son accord estoient, le mandèrent secretement et toutes ses gens d'armes. Si s'en vint bouter ou bourc Saint Piere et ou fort castiel de l'Angle, dehors Romme, pour mieux constraindre les Roumains. Si ne ossoit Urbains partir de Tieule ne li cardinal qui de son accord estoient, granment n'en i avoit mies, pour le doubtance de ces Bretons, car il estoient grant fuisson et toutes gens de fait qui ruoient jus tout ce que il trouvoient ne rencontroient. Quant li Roumain se veïrent en che parti et en che dangier, si mandèrent autres saudoiiers allemans et lombars qui escarmuchoient tous les jours contre ces Bretons.

Clemens ouvri grasses et fist à tous clers qui avoir les vorrent, et segnefia son nom par tout le monde. Quant li rois de France, qui pour che tamps resgnoit, en fu segnefiés, [si] li vint de premiers à grant mer-
5 velle, et manda ses frères et les haus barons de son roiaulme et tous les prelas et le recteur et les maistres [et] docteurs de le université de Paris, et pour savoir à laquelle ellection de ces pappes, ou la première ou la daraine, il se tenroit. Ceste cose ne fu pas sitos
10 determinée, car pluiseur cler varioient; mais finablement tout li prelat de France s'enclinoient à Clement, et ossi faissoient li frère dou roi et la grigneur partie de l'université de Paris. Et fu li rois de France Carles en ces jours tellement monstrés et enfourmés par tous
15 les plus grans clers de son roiaulme que il obbeï à pappe Clement et le tint à droit pappe, et fist un commandement especial par tout son roiaulme que on tenist Clement à pappe et tout obeïssent à lui sicom à Dieu en terre. Li rois d'Espaigne tint ceste
20 oppinion; ossi fist li contes de Savoie, et li sires de Mellans et la roïne de Napp[l]es. Che que li rois de France creï en Clement, couloura grandement son fait, car li roiaulmes de France che est li fontaine de creance et de excellense pour les nobles eglises
25 qui i sont et les hautes prelacions. Encores vivoit Charles de Boèsme, rois d'Allemaigne et emperères de Romme, et se tenoit à Prage en Behaigne, et estoit bien enfourmés de toutes ces choses qui li venoient à grant mervelles; et quoique tous ses empires d'Al-
30 lemaigne, excepté l'arcevesquiet de Trèves, creïssent de fait, de corage et de intencion en Urbain ne ne voloient oïr parler d'autre, li emperères se faindi

et disimula tant qu'il vesqui, et en respondoit, quant on en parloit en sa presence, si courtoissement que tout prelat et baron de son empire s'en contentoient. Non obstant tout che, les eglisses de l'empire obbeïssoient à Urbain, et ossi fist tous li roiaulmes d'Engletière; et li roiaulmes d'Escoce obeï à Clement. Li contes Loeïs de Flandres qui pour che tamps resgnoit, greva trop grandement Clement ens es parties de Braibant, de Haynnau, de Flandres et dou Liège, car il volt toudis demorer urbanistres, et dissoit que on faissoit [à] che pappe tort; et cils contes estoit adonc tant creus et renommés ens es parties où il conversoit, que pour ce les eglises et li signeur terriien se tenoient à son oppinion. Mais cil de Haynnau, les eglises et li sires conjoins avoecq iaulx, qui s'appelloit Aubiers, demorèrent neutre et obeïrent non plus à l'un comme à l'autre ; de quoi li evesques de Cambrai qui pour ce tamps resgnoit, qui s'apelloit Jehans, en perdoit [en] Haynnau toutes les revenues de sa temporalité.

En ce tamps fu envoiiés ens es parties de France et de Haynnau, de Flandre et de Braibant, de par le pappe Clement, li cardinaulx de Poitiers, uns mout preudons et vaillans homs et sages clers, pour ensaignieir et preechier le peuple, car il avoit esté à le première ellection : si monstroit bien comment par constrainte il avoient l'arcevesque de Bar fait pappe. Li rois de France, si frère et li prelat de France le requeillièrent benignement et entendirent volentiers à ses parolles, et leur samblèrent toutes veritables : pour tant i ajoustèrent il plus grant credense. Et quant il ot esté en France à son plaisir, il s'avalla

en Haynnau où il fu recheus dou duck Aubiert liement; ossi fu il en Braibant dou duck et de la duchoise, mais autre cose n'i conquesta. Il quida à son venir aler ou Liège, mais il en fu si desconsil-
5 liés que point n'i alla. Si retourna à Tournai et là se tint, et quidoit aler en Flandres pour parler au conte et au païs; mais point n'i ala, car il li fu segnefiiet dou conte que il n'i avoit que faire pour ceste cause, car il tenoit Urbain à pappe et tousjours le
10 tenroit, et en cel estat viveroit et morroit. Si se parti li cardinaulx de Poitiers, de Tournai, et s'en vint à Valenchiennes et de là à Cambrai, et là se tint un mout lonc tamps en esperant de oïr toudis bonnes nouvelles.

15 § 97. Enssi estoient li roiaulme crestiien par le fait de ces pappes en variacion et les eglises en different. Urbains en avoit la grignour partie, mais la plus pourfitable tant k'à la cavance, et de plaine obeïssance, Clemens le tenoit. Si envoiia Clemens, par
20 le consentement des cardinaulx, en Avignon pour raparillier le lieu et le palais; et estoit bien sen entente que là se trairoit au plus tost comme il poroit. Et s'en vint sejourner Clemens en la citté de Fondes et là ouvri ses grasses : si se traïssent toutes manières
25 de clers qui ses grasses voloient avoir, celle part; et tenoit sus les camps ens es villages grant fuisson de saudoiiers qui guerrioient et herioient Romme et [les Romains. Et ossi cil qui estoient] ou bourc Saint Pierre les travilleient nuit et jour d'assaus et d'escar-
30 muces grandement, et ossi cil qui estoient ou castiel de Saint Angle, au dehors de Romme, faissoient mout

[de] destourbiers as Roumains. Mais cil de Romme se forteffiièrent de saudoiiers alemans et en prissent grant fuisson avoec le poissance de Romme que il asamblèrent, que un jour il conquissent le bourc Saint Pière. Adonc se boutèrent li Breton, qui bouter se peurent, ou castiel Saint Angle, et là se requellièrent. Toutes fois par force d'armes il menèrent tels ces Bretons que il rendirent le castiel, salve leurs vies. Si s'en partirent li Breton, et se traïssent tout vers Fondes et là environ sus le plat païs; et li Roumain abatirent le castiel de Saint Angle et ardirent tout le bourc Saint Pière. Quant messires Selevestre Bude, qui se tenoit sus le païs, entendi que ses gens avoient enssi perdu le bourc Saint Pière et le castiel de Saint Angle, si en fu durement courouchiés et avisa comment il se poroit sus ces Roumains contrevengier. Toutes fois il li fu dit par ses espies que li Roumain, tout li plus notable de la citté, devoient [une relevée] estre ensamble en Campdole en conseil. Sitos comme il fu enfourmés de ces nouvelles, il mist une chevaucie sus de gens d'armes que il tenoit dallés li, et chevauca che jour par voies couvertes tout secretement viers Romme, et sus le soir entra ens par le porte de Naples. Quant cil Breton furent entré ens, il prissent le chemin de Campdole, et là vinrent si à point que tout li conseil de Romme estoient issu hors de le cambre et se tenoient sus le place. Chil Breton abaissièrent les glaves et esperonnèrent les chevaulx, et se boutèrent en ces Roumains, et là en ocirent et abatirent trop grant fuisson et tous des plus notables de le ville; et i ot mors sus le place set banerès et bien deus cens aultres riches hommes et

grant fuisson de mehaigniés et de navrés. Quant chil Breton eurent fait leur emprisse, il se retraïssent sus le soir, et tantos fu tart. Si ne furent noient poursievoit tant pour le nuit que pour ce qu'il estoient si
5 effraet dedens Romme, que il ne savoient à quoi entendre fors à leurs amis qui estoient mort ou bleciet. Si passèrent le nuit en grant angoisse de coer, et ensevelirent les mors et missent à point les navrés. Quant che vint au matin, pour eulx contrevengier,
10 s'avisèrent de une grant cruauté, car les povres clers, qui en Romme sejournoient et qui nulles couppes à ce meffait n'avoient, il asaillirent et en ocirent que mehaignèrent plus de trois cens; et par especial nuls Bretons qui cheoit en leurs mains, n'estoit pris à
15 merchi. Ensi estoient les coses en es parties de Romme par le fait des pappes en grant tribulacion, et le comparoient tous les jours cil qui coupes n'i avoient.

§ 98. Entrues que pappes Clemens se tenoit à
20 Fondes, la roïne de Napples le vint veoir de bon corage, et se mist li et le sien en son obeïssance, et le volt bien tenir à pappe. Ceste roïne avoit eu en pourpos un grant tamps que li roiaulme de Sesille, dont elle estoit dame et roïne, et la [conté] de Prouvence,
25 qui dou roiaulme dependoit, elle [remettroit] en le main dou pappe pour faire ent sa pure volenté et donner et ahireter un haut prince, quelqu'il fust, dou roiaulme de France qui poissance eust de obstenir encontre ceuls que elle haioit à mort, qui descen-
30 doient dou roiaulme de Hongueriie, messire Charle de la Pais. Quant la roïne de Napples fu venue à

Fondes, elle se humelia mout envers le pappe et se
confessa à lui et li remonstra toutes ses besongnes et
se descouvrit de ses secrés et li dist : « Pères sains, je
tieng pluisieurs grans hiretages et nobles, tels que le
roiaulme de Naples, le roiaulme de Sesille, Puille et
Calabre et la [conté] de Provence. Bien est verité que
li rois Loeïs de Sesille, duc de Puille et de Calabre,
mon père vivant, il recongnissoit toutes ces terres de
l'Eglise, et me prist par le main ou lit de la mort et
me dist ensi : « Ma belle fille, vous estez hiretière de
mout rices et grans païs, et croi bien que pluiseur
hault signeur presseront à vous avoir à femme pour les
biaus hiretages et grans que vous tenrés. Si vous
enjoing et commande que, par le conseil des haulx
princes des hiretages que vous tenrés vous voelliés
user, et vous mariés à si haut signeur que il soit
poissans de vous tenir en pais et tous vos hiretages,
et, se il avient enssi que Dieus le consente que vous
n'aiiés nuls hoirs de vostre char, si remettés tous
vos hiretages en le main dou Saint Père qui pour ce
tamps sera, car li rois Robiers, mes pères, ou lit de le
mort, le me carga enssi : pour quoi, ma belle fille, je
vous en carge et [si] m'en descarge. » Et adonc, Pères
Sains, je li euch en convent par ma foi, present tous
ceuls qui en le cambre pooient estre, que je li acom-
pliroie son darrain desirier. [Voirs est], Pères Sains,
que après son trespas, par le consentement des
nobles de Sesille et de Naples, je fui mariée à Andrieu
de Honguerie, frère au roi Loeïs de Honguerie, dou
quel je n'euch nul hoir, car il morut jones à Ais en
Prouvence. Depuis sa mort, on me remaria au prince
de Tarente qui s'apelloit mesires Charles, et en oc une

fille. Li rois de Honguerie pour le desplaissance que il ot [de la mort] dou roi Andrieu, son frère, fist guerre à mon marit messire Charle de Tarente, et li vint tollir Puille et Calabre, et le prist par bataille et l'en-⁵ mena en prison en Honguerie, et là morut. Depuis par l'acord des nobles de Sesille et de Naples, je me remariai au roi Jame de Maïogres et mandai en France messire Loeïs de Navare pour espouser ma fille, mais il morut sus le chemin. Li rois de ¹⁰ Maïogres, mes maris, se departi de moi en volenté de reconquerir son hiretage de Maïogres, que li rois d'Arragon li obtenoit à force, car il l'en avoit deshireté et fait morir le roi, son père, en prison. Bien disoie au roi, mon marit, que je estoie dame assés de ¹⁵ poissance et de richoisse pour le tenir en tel estat comme il vorroit, mais tant me preecha et monstra de belles raisons en desirant de recouvrer son hiretage, que je m'asenti, enssi que par demie volenté, que il fesist son plaisir; et à son departement je li ²⁰ enjoindi et enortai especiaulment que il alast deviers le roi Charle de France et li remonstrast ses besongnes et se ordonnast tous par li. De tout ce n'a il riens fait, dont il l'en est mesvenu, car il s'alla rendre au prince de Galles, qui li ot en convenant ²⁵ de aidier, et ot grignour fiance au prince de Galles que au roi de France à qui je sui de linage. Et entrues que il estoit sus son voiage, je escripsi deviers le roi de France et envoiai grans mesages em priant que il me vosist envoiier un noble homme de son ³⁰ sanc auqué je peuisse ma fille mariier, par quoi nos hiretages ne demorast mies sans hoir. Li rois de France entendi à mes parolles, dont je l'en sai bon

gré, et m'envoia son cousin messire Robert d'Artois,
liquels ot ma fille espousée. Pères Sains, ens ou
voiage que li rois de Maïogres, mes maris, fist, il
morut. Je me sui remarié[e] à mesire Oste de Bresvich, et pour tant que messires Charles de la Paix a
veu que j'ai volu ravestir [en] son vivant de mon
hiretage mesire Hoste, il nous a fait guerre et nous
prist ou castiel de l'Oef par encantement, car il nous
sambloit, à nous qui estions ou castiel de l'Uef, que
la mers estoit si haute que elle nous pooit acouvrir.
Si fumes à celle heure si eshidé que nous no[u]s ren-
desimes à messire Charle de la Pais, tous quatre,
salve nos vies. Il nous a tenu en prison moi et men
marit, ma fille et son marit; [et tant est avenu que
madite fille et son marit] i sont mort. Depuis par
tretié nous sommes delivré parmi tant que Puille et
Calabre li demeurent, et tent à venir à l'iretage de Naples, de Sesille et de Prouvence, et [quiert] aliances
partout, et efforcera le droit de l'Eglise, sitos comme
je serai morte, et ja moi vivant, il en fait son plain
pooir. Pour quoi, Pères Sains, je me voel acquiter
envers Dieu et enviers vous, et acquiter les ames de
mes predicesseurs; si vous raporte et mech en vostre
main très maintenant tous les hiretages qui me sont
deu de Sesille, Naples, Puille, Calabre et Prouvence,
et les vous donne à faire vostre volenté pour donner
et ahireter qui que vous volés et que bon vous samble, qui obstenir les pora contre nostre aversaire,
mesires Charle de la Pais. » Li pappes Clemens rechut
ces parolles en très grant bien et le don en grant
reverensse, et dist : « Ma fille de Naples, nous en
ordenerons temprement tellement que li hiretage

aront hiretier de vostre sanc, noble et poissant et
fort assés pour resister contre tous ceulx qui le voldront nuire. » De toutes ces parolles, ces dons, ces
deshiretances et ahiretances on fist instrumens public-
ques et autentiques, pour demorer les coses en tamps
à venir en droit et pour estre plus autentiques et
patentes à tous ceuls qui en oront parler.

§ 99. Quant la roïne de Naples et messires Ostes
de Bresvich eurent fait ce pour quoi il estoient venu
à Fondes devers le pappe, et il eurent là sejourné
à leur volenté et plaisance, il prisent congiet au
pappe et as cardinaus, et s'en retournèrent à Naples.
Depuis ne demora gaire de tamps que pappes Clemens imagina en lui meïsmes que li trop longement
sejourner ens es parties de Romme ne li estoit point
pourfitable et que li Roumain et Urbains travilloient
grandement à avoir l'amour des Neapoliiens et de
mesire Charle de la Pais; si se doubta que li chemin
ne fuissent tantos si clos par mer et par terre que il
ne [peust] retourner en Avignon où il desiroit à venir.
Et la plus principaulx et especiaulx cose qui l'enclinoit à retourner, c'estoit ce qu'il voloit donner en
don, enssi que recheu l'avoit, au duc d'Ango les drois
que la roïne de Naples li avoit donnés et seelés. Si
ordonna ses besongnes si sagement et secre[t]ement,
et montèrent en mer ils et li cardinaulx et toutes leurs
familles en gallées et en vaissaulx qui leur estoient
venu d'Arragon et de Marselle, le conte de Rokebertin en leur compaignie, un vaillant homme
d'armes d'Arragon. Si eurent vent et ordenance de
mer en volenté, et arivèrent sans peril et sans

damage à Marselle, dont tout li païs fu grandement
resjoïs; et de là vint li pappes en Avignon. Si segnefia
sa venue au roi de France et à ses frères, qui en
furent tout resjoï.

Adonc le vint veoir li dus d'Ango, qui se tenoit
pour le tamps à Toulouse; [si] li donna li pappes à
sa venue tous les dons dont la roïne de Naples l'avoit
ravesti. Li dus d'Ango qui tendoit tousjours à
signouries et à hautes honneurs, retint ces dons en
grant magnificensse et les accepta pour li et pour
ses hoirs, et dist au pappe que dou plus tost que il
[porroit, il] iroit si fors ens es parties par de delà
que pour resister contre tous les nuissans à la roïne
de Naples. Si fu li dus d'Ango avoecques le pappe
environ quinse jours, et puis s'en retourna il à Toulouse, dalés la ducoise sa femme, et Clemens demora
en Avignon. Si laissa ses gens d'armes messire Selevestre Bude et messire Bernart de la Salle et Florimont gueriier et heriier les Roumains.

§ 100. En che tamps avoit en le marce de Toskane
[en] Italie un vaillant chevalier d'Engletière qui
s'appelloit messires Jehans Haccoude, qui pluiseurs
grans apertisses d'armes i fist et avoit faites en
devant, et estoit issus hors dou roiaulme de France,
quant la pais fu traitie et parlementée des deus rois
à Bretegni dallés Chartres. En ce tamps, c'estoit uns
povres baceliers : si regarda que de retourner en son
païs il ne pooit noient pourfiter, et quant il convint
toutes manières de gens d'armes vuidier le roiaulme
de France par l'ordenance des tretiés de le pais, il se
fist chiés de une route de compaignons que on appe-

loit les Tart venus, et s'en vinrent en Bourgongne, et là s'asamblèrent grant fuisson de tels routes, Englès, Bretons, Gascons et Allemans, et gens de compaignes de toutes nations, et fu Haccoude uns [des chiefs] par especial avoecques Briquet et Carsuelle, par qui la bataille de Brinai fu faite, et aida à prendre le pont de Saint Esperit avoecq Bernart de Sorges. Et quant il eurent assés gueriiet et heriiet le païs, le pappe et les cardinaulx, on treta vers eulx et vers le marquis de [Montferrat], qui en che tamps avoit guerre as signeurs de Melans. Cils marquis les enmena oultre lez mons, quant on leur heut delivret sissante mille frans, dont Haccoude eut en se part diis mille pour li et pour sa route. Quant il heurent achievé le guerre dou marquis, li pluiseur retournèrent en France, car messires Bertrans du Claiequin, li contes de la Marce, li sires de Biaugeu et li mareschaulx d'Audrehem les enmenèrent en Espaigne contre le roi dan Pìètre pour le roi Henri, et ossi li pappes Urbains V^{es} les i envoiia. Messires Jehans Haccoude et sa route demorèrent en Italie, et l'ensonnia tous-[jours] pappes Urbains, tant que il vesqui, contre les signeurs de Mellans : ossi fist pappes Grigoires [regnans] apriès lui. Et fist cils messires Jehans Haccoude avoir le signeur de Couci contre le conte de Vertus et les Lombars une très belle journée, et dient, et de verité, li pluiseur que li sires de Couci euist esté ruès jus des Lombars et dou conte de Vertus, se n'euist esté Haccoude qui le vint aidier à cinc cens combatans, pour la cause de che que li sires de Couchi avoit à femme la fille dou roi d'Engletière, et non pour nulle autre cose.

Chils messires Jehans Haccoude estoit uns chevaliers mout adurés et renommés en es marces de Italie, et i fist pluiseurs grans apertisses d'armes. Si s'avisèrent li Roumain et Urbains qui se nommoit pappes, quant Clemens fu partis de [Fondes], que il le manderoient et le feroient mestre et gouverneur de toute leur guerre. Si le mandèrent et li offrirent grant pourfit et le retinrent li et sa route as saulx et as gages; et ils s'en acquita loiaulment, car ils, avoecques les Roumains, desconfi un jour messire Selevestre Bude et une grant route de Bretons, et furent sus le place tout mort ou pris, et Selevestre Bude amenés à Romme prisonniers et en grant peril de estre decollés. A voir dire, trop mieulx vausist que, pour l'onneur de li et de ses amis, il l'euist esté au jour que il fu amenés à Romme, car depuis le fist li pappes Clemens decoller en la cité de Mascons, et un autre escuier breton avoecques lui, qui s'appeloit Guillaume Boilewe; et furent soupechonné de traïson pour tant que il estoient issu hors de le prison des Roumains, et ne pooit on savoir par quel tretiet, et vinrent en Avignon, et là furent il pris. De leur prisse fu coupables li cardinaulx d'Amiens, car il les haioit pour tant que, [dou temps] que il faissoient guerre en Roumagne pour le pappe, il avoient sus les camps rués jus les sonmiers le cardinal d'Amiens ens es quels il avoit grant finance de vaisselle d'or et d'argent, et l'avoient toute departie as compaignons qui ne pooient estre paiiet de leurs gages, dont li cardinaulx tint che fait à grant despit et les accusa couvertement de traïson. Quant il furent venu en Avignon et furent amis que il estoient là trait caute-

leusement pour trahir le pappe, si furent pris et envoiiet à Mascons et là decollé. Ensi se portoient li affaire en che tamps ens es parties par de delà, et vous di que messires Bertrans de Claiequin fu
5 durement courouchiés de la mort messire Selevestre Bude, son cousin, sus le pappe et les cardinaulx, et, se il euist vesqui longuement, il leur euist remonstré ou fait remonstrer que la mort de li li estoit desplaissans. Nous no[us] soufferons à parler presente-
10 ment de ces matères, et entrerons ens es matères des guerres de Flandres qui commenchièrent en celle saisson, qui furent dures et cruelles, et de quoi grant fuisson de peuple furent mort et essilliet, et li païs contournés en tel violensse que on dissoit adonc que
15 cent ans à venir il ne faissoit mies à recouvrer ne à remettre ou point où les guerres le prisent, et remonsterons et recorderons par quelle incidensse ces maleoites guerres commenchièrent.

§ 101. Quant les haïnnes et tribulacions vinrent
20 premierement en Flandres, li païs estoit si plains et si raemplis de tous biens que merveilles seroit à considerer, et tenoient les gens ens bonnes villes si grans estas que merveilles estoit à regarder. Et devés savoir que toutes ces guerres et haïnnes meurent par
25 orguel et par envie que les bonnes villes de Flandres avoient l'un[e] sus l'autre, chil de Gand sus la ville de Bruges, et cil de Bruges sus ceulx de Gand, et enssi les autres villes les unes sus les autres. Mais tant i a de resort que nulles guerres entre elles principau-
30 ment ne se pooient mouvoir ne eslever, se leurs sires li contes ne le consentoit, car il i estoit tant cremus

et tant amés que nuls ne l'osoit courouchier. Enssi li
contes, qui estoit sages et soutieus, resongnoit si la
guerre et le mautallent entre ses gens et li, que oncques nuls sires feïst plus de li, et fu premierement si
frois et si durs à esmouvoir la guerre que nullement
il ne s'i voloit bouter, car bien sentoit en ses imaginacions que, quant li differens seroit entre li et son
païs, il en seroit plus foibles et mains doubtés de ses
voisins. Encore resongnoit il la guerre pour un autre
cas, quoi que en le fin il li convenist prendre :
guerres sont destrucions de misse, de corps et
de chavance, et en son tamps il avoit vesqui et
resgné en grant prosperité et en grant pais et eu otant
de ses deduis que nuls sires terriiens pooit avoir eu.
Et ces guerres qui li sourdirent sus le main commenchièrent par si petite incidence que, au justement
considerer, se sens et avis s'en fuissent ensongniiet,
il n'i deuist avoir eu point de guerre; et pueent dire
et poront cil qui ceste matère liront ou lire feront, que ce fu oevre de diable, car vous savés ou
avés oï dire les sages que li diables soutille et atisse
nuit et jour à bouter guerre et haïnne là où il voit
pais, et qu[i]ert au lonch et de petit à petit comment
il puist venir à ses ataintes. Et ensi fu et avint en
Flandres en che tamps, sicom vous porés clerement
veoir et cognoistre par les tretiés de l'ordenance de
la matère qui s'ensieut.

§ 102. En che tamps que li contes Loeïs de Flandres estoit en sa grignour prosperité, avoit un bourgois à Gand, qui s'appelloit Jehan Lion, sage homme,
soutil, hardit, cruel et entreprenant et froit au be-

soing assés. Cils Jehans Lions fu si très bien dou conte qu'il aparut, car li contes l'ensonnia de faire ochire un homme en Gand, qui li estoit contraires et desplaissans; et au commandement dou conte, couvertement Jehans Lions prist parolles de debat à celi et l'ocist. Le bourgois mort qui s'apelloit [Jehan d'Iorque], il s'en vint demorer à Douai, et là fu priès de trois ans, et tenoit bon estat et grant, et tout paiioit li contes. Pour celle occision, Jehan Lion en la ville de Gand perdi un jour tout ce que il i avoit, et fu banis de le ville de Gand à cinquante ans [et un jour]. Depuis li contes de Flandres esploita tant que il li fist pais avoir à partie et ravoir la ville de Gand et le francisse, che que on n'avoit onques mais veu, dont pluiseurs gens en Gand et en Flandres furent mout esmervilliet; mais enssi fu et avint. Avoecques tout ce, li contes, pour [le] recouvrer en chavanche et pour tenir son estat, le fist doiien des naviieurs. Chils offisses li pooit bien valoir mil livres l'an, à aler droiturierement avant. Chils Jehan Lion estoit si très bien dou conte que nuls mieux de li.

En che temps avoit un autre linage à Gand que on appelloit les Mahieus, et estoit cil set frères, et les plus grans de tous les naviieurs. Entre ces set frères en i avoit un qui s'apelloit Gisebrest Mahieu, riche homme, sage, soutil et entreprendant grandement trop plus que nuls de ses frères. Chils Ghisebrest avoit grant envie sus Jehan Lion couvertement de ce que il le veoit si bien dou conte de Flandres, et soutilloit nuit et jour comment il le poroit oster de sa grace. Pluiseurs fois eut en pensée que il le feroit ocire par ses frères, mais il ne parosoit pour le dou-

tance dou conte. Tant soutilla, visa et imagina que
il i trouva le chemin. Et la cause pour quoi principaulment il s'entre haioient, je le vous dirai pour
mieux venir à la fondacion de ma matère.

Anciiennement avoit eu en le ville dou Dan une
guerre mortel de deus rices hommes naviieurs et de
leurs linages, qui s'appelloient li uns sire Jehan Piet
et l'autre sire Jehan Barde : de celle guerre, d'amis estoient mort [d'] eulx dis et uit. Ghisebrest Mahieu et si
frère estoient dou linage de l'un; Jehan Lion estoit
de l'autre. Ces haïnnes couvertes estoient enssi de
lonc tamps nouries entre ces deus, quoique il par-
laissent, buissent et mengassent à le fois ensamble ;
et trop plus grant compte en faissoient li Mahieu
que Jehan Lion ne fesist. Ghisebrest Mahieu, qui
soutilloit à destruire Jehan Lion sans cop ferir, avisa
un soutil tour. Et sejournoit une fois li contes de
Flandres à Gand. Ghisebrest s'en vint à l'un des plus
prochains cambrelens dou conte et [s'acointa] de li,
et li dist : « Se messires de Flandres voloit, il aroit
un grant pourfit tous les ans sus les naviieurs, dont
il n'a maintenant riens; et ce pourfit li estraingnier
navieur paieroient, voires mais que Jehan Lion, qui
doiiens est et mestres des navieurs, s'en vosist loiaulment acquiter. » Chils cambrelens dist que il remonsteroit ce au conte, enssi que il fist. Li contes, enssi
que pluiseur signeur par nature sont enclin à leur
pourfit et ne regardent mies loiaulment à le fin où
les coses pueent venir, [fors] à avoir le misse et le
chevance, et ce les deçoit, respondi à son varlet :
« Faites moi venir Gisebrest Mahieu, et nous orrons
quel cose il voelt dire. » Chils le fist. Ghisebrest

parla et remonstra au conte pluiseurs raisons raisonnables, ce sambloit il au conte, par quoi li contes respondi : « C'est bon que enssi soit, et on face venir Jehan Lion. » Jehans Lions fu appellés en la pre-
5 sence dou conte et de Ghisebrest, qui riens ne savoit de ceste matère, quant li contes li entama et li dist enssi : « Jehan, se vous vollés, nous arons grant pourfit à ceste cose. » Jehans qui estoit loiaulx, en ceste ordenance regarda que ce n'estoit pas une cose
10 raisonnable, et si n'osoit dire dou non ; et respondi : « Monsigneur, ce que vous demandés et que Ghisebrest met avant, je ne le puis pas faire tous seuls, et dur sera à l'esvoiturer. » — « Jehan, respondi li contes qui s'enclinoit à son pourfit, se vous vo[u]s en volés
15 loiaulment aquiter, il [se] fera. » — « Monsigneur, respondi Jehans, j'en ferai mon plain pooir. » Enssi se departi leurs parlemens. Ghisebrest Mahieu, qui tiroit à mettre mal Jehan Lion dou conte de Flandres, ne n'entendoit à autre cose, s'en vint à ses
20 frères tous siis, et leur dist : « Il est jours mais que vous me voelliés aidier en ceste besongne, enssi que frère doient aidier l'un l'autre, car c'est pour vous que je me combas. Je desconfirai Jehan Lion sans cop ferir, et le meterai si mal dou conte que onques
25 n'en fu si bien que il en sera mal. Quoi que je die ne monstre en ce parlement, quant tout li naviieur seront venu [et que Jehans Lions fera sa demande], si le debatés ; et je me fainderai, et dirai et maintenrai à Monsigneur que, se Jehans Lions voloit
30 et se loiaulment s'en acquitast, ceste ordenance se feroit. Je congnois bien de tant Monsigneur : anchois qu'il n'en viegne à son entente, Jehans Lion perdera

toute sa grace, et li ostera son office, et me sera
donnés ; et quant je l'arai, vous l'acorderés. Nous
sommes fort et poissant en celle ville entre les navieurs : nuls ne nous contredira nos volentés, et puis
de petit en petit je menrai tel Jehan Lion que il sera
tous rués jus. Enssi en serons nous vengiet soutieu-
ment et sans cop ferir. » Tout si frère li accordèrent.
Li parlemens vint ; li naviuer furent tout aparilliet et là remonstrèrent Jehans Lion et Ghisebrest
Mahieu le vollenté dou conte et de ce nouvel estatut
que il voloit eslever sus le navire dou Lis et de l'Escaut, laquelle cose sambla à tous trop dure et trop
nouvelle, et especiaulment li siis frère Ghisebrest
tout de une oppinion i estoient plus dur et plus contraire que tout li autre, dont Jehans Lions, qui tous
souverains estoit de iaulx et qui les voloit tenir à son
loial pooir as francisses anchiennes, en estoit tous
liés et quidoit que che fust pour li, et c'estoit contre
li du tout.

§ 103. Jehan Lion raporta le responsse des naviieurs au conte, et li dist : « Monsigneur, c'est une
cose que nullement ne se puet faire et dont uns trop
grans maulx poroit venir. Laissiés les coses en leur
estat anciien, et ne faites riens de nouvel. » Ceste
response ne plaissi mies bien au conte, car il veoit
que, [à] chela eslever dont il estoit enfourmés, il pooit
tous les ans avoir siis ou sept mille florins de pourfit.
Si se teut adonc, et pour ce ne pensa il mies mains,
et fist songneussement poursieuwir par parolles et
tretiés ces naviieurs, lesquels Jehans Lions trouvoit
tous rebelles. De costé, Ghisebrès Mahieus venoit au

conte et à son conseil, et dissoit que Jehans Lions
s'aquittoit trop mollement en ceste besongne et que,
se il avoit son office, il aroit tels tous les naviieurs que
li contes de Flandres aroit hiretablement che pourfit.
5 Li contes qui n'i veoit mies bien cler, car la convoitise de la chevance l'aveulissoit, eut conseil, et de
li meiismes il osta Jehan Lion de son office, et i
mist Ghisebrest Mahieu. Quant Ghisebrès fu doiiens
des naviieurs, il tourna tous ses frères à sa volenté
10 et fist venir le conte à son entente et à ce pourfit,
dont il n'estoit mies le mieux amés de la grignour
partie des naviieurs; mais il leur convenoit souffrir,
car li set frère estoient trop grant avoecques l'aide
dou conte : si les convenoit taire et souffrir. Enssi
15 vint par soutieue voie Ghisebrest Mahieu en le
grace et amour dou conte, et Jehans Lions en fu dou
tout planés et ostés, et donnoit Ghisebrès Mahieus
as gens dou conte, as cambrelens et officiiers, grans
dons et biaux jeuiaux, par quoi il avoit l'amour
20 d'iaulx, et ossi au conte, dont il l'aveulissoit tout.
Et [tous ses] dons et ses presens faissoit il paiier as
naviieurs, dont li pluiseur ne s'en contentoient mies
trop bien, mais il n'osoient mot sonner. Jehans
Lions qui estoit tous hors de la grace et de l'amour
25 dou conte, se tenoit en sa maison et vivoit dou sien
biellement, et souffroit trop bellement tout ce que on
li faissoit; car Ghisebrès Mahieu, qui doiiens des
naviieurs estoit et qui ce Jehan couvertement haioit,
li retrencoit au tierch ou au quart les pourfis que il
30 deuist avoir de sa navie. Jehans souffroit tout ce et
ne sonnoit mot, et se dissimuloit sagement et pren-
doit en gré tout ce que on li faissoit, de quoi Piètres

dou Bos, qui estoit li uns de ses varlès, s'esmervilloit grandement et li remonstroit à le fois comment il pooit souffrir les tors que on li faissoit, et Jehans respondoit : « Or tout quoi ; il est heure de taire et s'est heure de parler. »

Ghisebrès Mahieu avoit un frère que on appielloit Estievenart, soutil homme et visseus durement, et disoit à ses frères et sortissoit bien tout ce que il leur avint : « Chertes, signeur, Jehan Lion se sueffre maintenant et baisse la teste bien bas ; mais il le fait tout par sens et par malise, car encores nous honnira il tous et nous metera plus bas que nous ne soions maintenant haut. Mais je consilleroie une cose, entrues que nous sommes en le grace de Monsigneur et ils en est tous hors, que nous l'ocisiièmes. Je l'ocirai trop aisse, se j'en sui cargiés ; et enssi serons nous hors de peril, et trop legierement nous venrons [sus] de la mort de li. » Si autre frère nullement ne le voloient consentir, et disoient que il ne leur faisoit nul mal et que point on ne doit homme occire, se il ne l'a trop grandement deservi.

Si demora la cose en cel estat un tamps et tant que li diable, qui onques ne dort, resvilla chiaulx de Bruges à faire fosser pour avoir l'aissement de la rivière dou Lis, et en avoient assés le conte de leur accord, et i envoiièrent grant quantité de fosseurs et de gens d'armes pour eulx garder. En devant autres anées, avoient il enssi fait ; mais chil de Gaind par poissance leur avoient toudis brissiet leur pourpos. Ches nouvelles vinrent à Gaind que de rechief chil de Bruges faissoient efforciement fosser pour avoir le cours de le rivière dou Lis, qui leur estoit trop grandement à leur prejudice. Si commenchièrent à murmurer moult de gens parmi la ville de Gaind, et especiaulment li navieur asquels la cose touchoit trop mallement, [disant] que on ne devoit mies souffrir à ceuls de Bruges de fosser enssi à l'encontre de la rivière pour avoir le cours et le fil de l'aige, dont leur ville serait deffaitte. Et dissoient encores li aucun tout quoiement : « Or Dieus gart Jehan Lion! Se ce fust nos doiiens, la besongne ne se portast pas enssi. Chil de Bruges ne fuissent si ossé que de venir si avant sur nous. » Jehans Lions estoit bien enfourmés de toutes ces parolles, et se commencha un petit à resvillier, et dist en soi meïsmes : « J'ai dormi un tamps; mais il appert à petit d'affaire que je me resvillerai, et meterai un tel tourble entre celle ville chi et le conte, qu'il coustera cent mille vies. » Ceste cose de ces fosseurs commença à augmenter et à enflamer, et avint que une femme qui revenoit de pelerinage de Nostre Dame de Boulongne, toute lassée et escauffée, s'asist enmi le marchié là où il avoit le plus de gens, et fist mout grandement l'esbahie. On li demanda dont elle venoit; elle respondi : « De Boulongne. Si ai veu et trouvé sus mon chemin le plus grant meschief qui onques avenist à le bonne ville de Gaind, car il sont plus de cinc cens fosseurs qui nuit et jour oevrent au devant dou Lis, et aront tantos la rivière, se on ne leur debat. »

Les parolles de la femme furent bien oïes et entendues et recordées en pluiseurs lieus en la ville. Adonc s'esmurent cil de Gaind, et dissent que ce ne faissoit mies à soustenir [ne] à consentir : si se traïs-

sent li pluiseurs deviers Jehan Lion, et li demandèrent
conseil de ceste cose et comment on en pooit user.
Quant Jehans Lions se veï appelés de chiaulx dont
il desiroit à avoir le grace et l'amour, si fu en coer
grandement resjoïs, mais nul [samblant] de sa joie il
ne fist, car il n'estoit pas encores heure tant que la
cose fust encores mieux entouellie, et se fist priier et
requerre trop durement anchois que il en vosist
riens dire ne monstrer; et quant il parla, il dist :
« Signeur, se vous volés ceste cose esvoiturer et
mettre sus, il faut en la ville de Gaind que uns an-
ciiens usages qui jadis i fu soit recouvrés et renou-
vellés : c'est que li blanc cappron soient remis avant,
et cil blanc cappron aient un chief auquel il se
puissent tout retraire et raloiier. » Ceste parolle fu
très volentiers oïe et entendue, et dissent tout de
une vois : « Nous le volons! nous le volons! Or
avant as blans capprons! » Là furent fait li blanc
cappron, donnet et delivret plus de cinc cens, et as
compaignons qui trop plus chier avoient la guerre
que la pais, car il n'avoient riens que pierdre. Et fu
Jehans Lions esleus à estre chiés de ces blans capprons, lequel office il rechut assés liement pour li
contrevengier de ses ennemis et pour entouellier la
ville de Gaind encontre ceulx de Bruges et le conte
son signeur; et fu ordonnés à aler contre ces fosseurs
de Bruges comme souverains cappitains, et li doiiens
des blans capprons en sa compaignie. Chil doi avoecques leurs gens avoient plus chier assés guerre que
pais [ne] amour.

§ 104. Quant Ghisebrès Mahieus et si frère veïrent

la contenance de ces blans capprons, si n'en furent pas trop resjoï, et dist Estievenins, li uns des frères : « Je le vous dissoie bien : certes cils Jehans Lion nous desconfira par sa soutieuté. Mieux vausist que on m'en euist laissiet convenir de li occire que dont que il fust en l'estat où il est et où il venra, et tout par ces blans capprons que il a remis sus. » — « Nenil, dist Ghisebrest, mais que je aie parlé à Monsigneur, on le metera tout jus. Je voel bien que il facent leur enprisse de aler contre ces fosseurs de Bruges pour le pourfit de nostre ville, car, au voir dire, autrement nostre ville seroit perdue. »

Jehans Lions et sa route tout à blans capprons se departirent de Gaind en volenté et en pourpos que de tous occire ces fosseurs et ceuls qui les gardoient. Les nouvelles vinrent à ces fosseurs et à leurs gardes, que les Gantois venaient là efforciement ; si se doubtèrent de tout perdre et laissièrent leur ouvrage et se retraïssent à Bruges tout effraé ; onques puis ne s'abatirent de fosser. Quant Jehan Lion et li blanc cappron veïrent que nuls il n'en avoient trouvés, si furent courouchiet et se retraïssent en Gaind. Pour che ne cessèrent il mies de leur office, mais aloient li blanc cappron tous wisseux parmi la ville ; et les tenoit Jehan Lion en cel estat et dissoit bien as aucuns tout secreement : « Tenés vous tout aisse, buvés et mengiés, et ne vous effraés de cose que vous despendés. Tels paiera temprement votre escot, qui maintenant ne vous donroit point un disner. »

§ 105. Che terme pendant et en celle meïsmes sepmaine que Jehans Lions et li blanc cappron furent à

[Deinse] pour trouver les fosseurs de Bruges, estoient
venues nouvelles à Gaind et requestes pour ceulx qui
des francisses de Gaind se voloient aidier, en dissant
à ceuls qui le loi maintenoient pour la saison : « Signeur, on tient prisonnier à Erclo, chi dallés nous,
qui est en le francise de Gaind, en la prison dou
conte, un nostre bourgois, et en avons sommé le
baillieu de monsigneur de Flandres ; mais il dist que
il n'en rendera point. Enssi se desrompent petit à
petit et afoiblissent vos francisses qui dou tamps
passé ont esté si hautes, si nobles et si prisies, et avoec
che si bien tenue[s] et gardées que nuls ne les osoit
enfraindre ne brisier ; [et] li plus nobles chevaliers de
Flandres s'en tenoient à bien paret quant il estoient
bourgois de Gaind. » Chil de la loi respondirent à
chiaulx de la partie dou bourgois que on tenoit en
prison : « Nous en escriprons volentiers deviers le
baillu de Gaind et li manderons que il le nous ren-
voiie, car voirement ses offices ne s'estent mies si
avant que il puist tenir nostre bourgois en la prison
dou conte en la paix de la ville. Sicom il le dissent,
il le fissent, et escripsirent au baillieu, pour ravoir che
prisonnier, à Erclo. Li baillieus fu tantos consilliés
dou respondre et dist : « Que nous oons de parolles
pour un mounier ! Dites, ce dist li baillieus, à chiauls
de Gaind, qui s'apielloit Rogiers d'Auterive, que, se
c'estoit uns bien riches homs diis fois plus qu'il ne
soit, ne sera il jamais hors de nostre prison, se monsigneur de Flandres ne le commande. J'ai bien poissance de l'arrester, mais je n'ai nulle poissance dou
delivrer. » Les parolles et responses de Rogier d'Auterive furent enssi recordées à chiaulx de Gaind, dont

il furent tout courouchiet, et dissent que orgilleusement il avoit respondu. Pour tels responses, pour telles incidenses que des fosseurs de Bruges qui fosser voloient sus l'iretage de ciaulx de Gaind, et pour tels coses samblables dont on voloit ou pooit de force blecier les franchisses de Gaind, souffroient li rice homme et li sage de Gaind à courir parmi la ville et sus le païs celle pendaille et ribaudaille que on nommoit les blans capprons, pour estre plus cremu et renommé, car il besongne bien à un linage que il i ait des fols et des outrageus pour soustenir les paisibles.

§ 106. Les nouvelles de ce mounier, bourgois de Gaind, que on tenoit en la prison dou conte à Erclo, que li baillieus ne voloit rendre, s'espardirent parmi la ville de Gaind, et en commenchièrent pluiseurs gens à murmurer et à dire que che ne faisoit mies à souffrir, et que par estre trop mols, les francisses de Gaind se poroient perdre, qui estoient si nobles. Jehan Lion qui ne tendoit que à une cose, ce estoit de entouellier tellement la ville de Gaind envers le signeur que on ne le peuist ne seuist destouellier sans trop grant damage, n'estoit mies courouciés de tels avenues, mais vosist bien que tous les jours il en venist trente; [si] boutoit parolles de costé et semoit couvertement aval la ville de Gaind, et disoit : « Oncques puis que office furent accaté en une ville, les juriditions ne furent plainement gardées. » Et mettoit ces parolles avant pour Ghisebrest Mahieu, et voloit dire que il avoit mieux que accaté l'office des rivières et dou naviage, car il avoit bouté le navie en une nou-

velle debte qui estoit grandement contre le francise
de Gaind et [les privilèges anchiens]; car li contes de
Flandres rechevoit tous les ans trois ou quatre mille
florins hors de la coustumance anchienne, dont li
marcheant et li naviieur anchiien se plaindoient
grandement. Et resongnoient ja à venir à Gaind chil
de Valenchiennes, de Douai, de Lille, de Bietune et
de Tournai; et estoit une cose par quoi li ville de
Gaind poroit estre encore perdue, car petit à petit on
leur torroit leurs francisses, et [si] n'i avoit homme
qui en osast parler.

Ghisebrès Mahieu et li doiiens des menus mestiers,
qui estoit de son aliance, ooient tous les jours tels
parolles à leurs oreilles et les reconnissoient que elles
venoient de Jehan Lion, mais il n'i pooient ne
osoient remediier, car Jehan Lions avoit ja tant semés
de blans capprons aval la ville et donnés as compaignons hardis et outrageus, que on ne l'osoit asaillir.
Et ossi Jehan Lion n'aloit mies seus, car, quant il
issoit de sa maison, il avoit dou mains deus cens
ou trois cens blans capprons autour de li. Et ossi il
n'aloit point aval la ville, se trop grans besoings n'estoit, et se faissoit très grandement priier pour avoir
son conseil des incidensses et avenues qui avenoient
en Gaind et au dehors contre les francisses de le ville.
Et quant il estoit en conseil où il remonstroit une
parolle en general au peuple, il parloit de si biau reto-
rique et par si grant art, que cil qui le ooient estoient
tout resjoï de son langage, et dissoient communement et de une vois de quanqu'il disoit : « Il dist
voir! Il dist voir! » Bien disoit Jehan Lion par
grant prudensse : « Je ne di mies que nous afoiblis-

sons ne amenrissons l'iretage de monsigneur de Flandres, et, se faire le volions, [si] ne porions nous, car raisons ne justice ne le poroit souffrir, ne ossi que nous querons ne cautelons nulle incidense par quoi nous soions mal de li ne en se indination, car on doit tousjours estre bien de son seigneur. Et mesires de Flandres est nos bons sires et uns hauls princes, cremus et renommés, qui nous a tousjours tenus en grant pais et en grande prosperité, lesquels coses nous devons bien recongnoistre, et en devons plus souffrir, et tenu i somes, que dont que il nous euist guerriiet et herriiet, travilliet et proposé pour avoir le nostre ; et, se à present il est fourconsiliés ou enfourmés contre nous et les francisses de la bonne ville de Gaind, et que cil de Bruges soient mieux en sa grace que nous ne soions, enssi comme il appert par les fosseurs, lui estant à Bruges, qui sont ve[n]u pour brissier nostre hiretage et tollir nostre rivière dont la bonne ville de Gaind seroit deffaite et perdue, et que il voelt faire faire, sicomme renommée queurt, un castiel à [Deinse] à l'encontre de nous pour nous tenir en dangier et en foiblèce, et que cil de Bruges li proumettent et ont proumis dou tamps passé, chela savons nous tout clerement, que, se il avoient l'aissement et le cours de la rivière dou Lis, il li donroient par an dis ou douse mille [florins], je di et conseille que la bonne ville de Gaind envoie deviers li sages hommes bien avissés et endotrinés de parleure, qui li remonstrent hardiement et par avis toutes ces coses, tant dou bourgois de Gaind qui est en sa prison à Erclo que ses baillieus ne voelt rendre, que autres coses avenues dont la bonne ville de Gaind

ne se contente mies bien, et incidensses qui tous les
jours avenir pueent toutes encloses ens, par quoi il
ne pensse mies ne ses consaulx que nous soions si
mort que, se besoings est, nous ne no[u]s puissons et
volons [resusciter] ; et, ses responses oïes, la bonne
ville de Gaind ara avis de punir le meffait sus ceuls
qui seront trouvé couppable envers li. »

Quant Jehan Lion eut remonstré ceste parolle en
le place que on dist ou marchiet des devenres, cascuns dist : « Il dist, il dist bien ! » Adonc se retraïst
cascuns en sa maison. A ces parolles que Jehans
Lions avoit remonstrées, Ghisebrest Mahieu n'avoit
point esté, car ja doubtoit il les blans capperons ;
mais Estievenins, ses frères, i fu, qui toudis sortissoit
leur tamps à venir. Si dist, quant il fu revenus : « Je
le vous disoie bien et ai toudis dit, par Dieu, Jehan
Lion nous destruira tous. A mal heure fu, quant vous
ne m'en laiastes convenir, car, se je l'euisse occis,
j'en fuisse trop legierement venus [sus]. Or n'est il pas
en no poissance que nous le puissions ne osions occire :
il est plus fors en le ville que li contes n'i soit. » Ghisebrès respondi et dïst : « Tès toi, soteriaux. Quant
je vorrai bien acertes, avoecques le poissance de
Monsigneur, tout cil blanc cappron seront ruet jus, et
tés les porte maintenant, qui temprement n'ara que
faire de cappron. »

§ 107. Or furent ordonné et cargiet et enditté pour
aller en mesage deviers le conte aucun sage et notable homme de la ville de Gaind ; et me samble que
Ghisebrest Mahieus, doiiens des navieurs, fu uns de
chiaux qui i furent esleu d'aler, pour tant que il estoit

bien dou conte. Et ce bont li donna Jehans Lions tout par cautelle affin que, se il raportoient riens de contraire contre les francisses de Gaind, il en fust plus demandés que li autre. Il se partirent et trouvèrent le conte à Malle. Je ne sçai mies comment il les rechut, ou bellement ou laidement, mais finablement il esploitièrent si bien que li contes leur accorda toutes leurs requestes : dou bourgois prisonnier que on tenoit à Erclo rendre à chiaulx de Gaind, de voloir tenir toutes les francisses de Gaind sans nulle brisier et deffendre à chiaulx de Bruges que plus ne se hatesissent de fosser sus l'iretage de Gaind ; et ot là en convent, pour mieulx complaire à chiaulx de Gaind, que il commanderoit à chiaulx de Bruges que ce que fosset avoient remplesissent. Et se partirent li Gantois sur cel estat amiablement dou conte, et retournèrent à Gaind et recordèrent tout ce que il avoient trouvé ou conte leur signeur, comment il voloit tenir toutes les francisses sans nulle enfraindre ne brissier; mais il requeroit par douceur que cil blanc cappron fuissent mis jus. En ces parolles les gens dou conte ramenèrent le prisonnier de Erclo, et le rendirent par voie de restablissement, enssi que ordonné estoit, à le ville de Gaind, dont on ot grant joie. A ces responsses faire estoient Jehan Lion et li doiien des blancs capprons et diis ou douse des plus notables de leurs routes. Quant il eurent oï comment li contes requeroit que li blanc cappron fuissent mis jus, si se teurent, mais Jehan Lion parla et dist : « Bonnes gens de Gaind qui chi estes, vous savés et avés veu et veés maintenant se li blanc cappron ne vous gardent mieulx vos franchisses et

remettent sus que li vermel et li noir et li cappron
d'autres couleurs. Bien ait qui on crient. Soiiés tout
seur et dites que je l'ai dit : sitos que li blanc cappron seront jus par l'ordenance que Monsigneur les
voelt abattre, je ne donroie de vos francisses trois
deniers. » Ceste parolle aveula si le peuple que tout
partirent sans response, mais la grigneur partie, en
rallant en leurs maisons, disoient : « Il dist voir !
Laissons le convenir. Encores n'avons nous veu en
lui que tout bien et pourfit pour nostre ville. » Si
demora la cose en cel estat, et Jehans Lions en plus
grant cremeur de sa vie que en devant, et imagina
tantos l'afaire enssi que il avint, car bien veoit que
Ghisebrest Mahieu avoit en che voiage aucune cose
brasset contre lui au conte et contre ses compaignons, pour tant que li contes avoit fait si amiables
responses. Si contrepenssa sus les penseurs, et
ordonna secretement à tous les cappitainnes des blans
capprons, à centeniers, chienquanteniers et diseniers :
« Dites à vos gens que il soient toudis nuit et jour
pourveu et sus leur garde, et, sitretos que il sentent ne
voient nul esmeutin, que il se traient tout deviers
moi. Encores vault mieulx que nous occions que
nous soions occis, puisque nous avons mis les coses
si avant. » Tout enssi comme il l'ordonna, il le fissent,
et se tint cascuns sus se garde.

§ 108. Ne demora gaires de tamps puisse di que
li baillus de Gaind, Rogiers d'Auterive, vint à Gaind
à bien deus cens chevaulx, et s'ordonna pour faire
ce que commandé li estoit et que ordonné estoit entre
le conte et Ghisebrest Mahieu et ses frères. Li baillus,

atout ses deus cens hommes que amenés avoit, s'en vint tout fendant les rues, la banière dou conte en sa main, jusques ou marquiet des devenres, et là s'arresta et mist la banière devant li. Tantost se
5 traïssent deviers lui Ghisebrès Mahieus et si frère et li doiiens des petis mestiers. Il estoit ordonné que ces gens d'armes devoient aler de fait en le maison Jehan Lion et le devoient prendre et enssi le doiien des blans capprons et siis ou siept de leur sexte des
10 plus notables, et les devoient amener ou castiel de Gaind, et là tantost copper les testes. Jehans Lions, qui ne pensoit mies mains et qui tous avisés estoit de cel afaire, et qui avoit ses gettes et ses escoutes semés aval la ville, sceut la venue dou bailliu; il veï bien
15 que c'estoit acertes. Ossi fissent tout cil qui blans capprons portoient et que la journée [estoit] assisse pour iaulx. Tous pourveus de leur fait et sur leur garde, il se requellièrent et missent ensamble derrière l'ostel Jehan Lion, qui les attendoit devant
20 sa maison, et là venoient chi diis, chi vint; et, à fait que il venoient, il se rengoient sus la rue. Quant il se furent asamblé, il furent bien quatre cens. Jehans Lions se parti plus fiers que uns lions, et dist : « Alons, alons sus les traïtours qui voellent
25 le bonne ville de Gaind trahir. Je pensoie bien que toutes ces douces parolles que Ghisebrest Mahieu nous rapporta l'autre jour, che n'estoit que dechevanche et destrucion pour nous, mais je leur ferai comparer. » Adonc s'en vint, il et sa route, le grant
30 pas, et toudis li croisoient gens, car tels n'avoient mies encores blans capprons, qui se boutoient par faveur en sa compaignie, et crioient en venant :

« Trahi ! trahi ! » Et vinrent au tour par une estroite
rue ens ou marquiet des devenres, où li baillus
de Gaind, qui representoit la personne dou conte,
estoit, la banière dou conte devant lui et le banière des navieurs et le banière des menus mestiers. Ossitretos que Ghisebrest Mahieu et si frère
veïrent entrer ou marchiet Jehan Lion et les blans
capprons, il laissièrent le baillieu et se desroutèrent, et s'enfuirent cascuns à qui mieux mieux, li
uns chà et li autres là, et li pluiseur des autres
ossi, ne nuls ne tint arroi ne ordenance, fors que
ceulx que li baillieus avoit amenés. Assés tost apriès
che que Jehans Lions fu venus sus le place, li doiiens
des blans capprons et une grosse route de eulx se
traïssent viers le baillieu, et sans sonner mot, il fu
pris et aterés, et là fu presentement occis, et la
banière dou conte rué[e] par terre et toute depechie ;
ne onques à homme qui là fust, il n'atouchièrent,
fors que seullement au baillieu, et puis se remissent
dallés Jehan Lion tout ensamble. Les gens dou conte,
quant il veïrent leur cappitainne le baillieu atierret
et mort, et le banière dou conte toute deschirée, furent
tout esbahi et enssi que gens desconffis, et tout s'enfuirent et espardirent, et montèrent sus leurs chevaulx au plus appertement qu'il peurent, et vuidièrent la ville de Gaind, et prisent les camps.

§ 109. Vous devés savoir que li enffant sire Jehan
Mahieu, Ghisebrest et si frère, qui se sentoient
fourfait enviers Jehan Lion et ennemit à lui et as
blans capprons, ne furent mies bien asegur en leurs
maisons ; mais se departirent au plus tost qu'il peu-

rent, li un par devant et li autre par derière, et
vuidièrent le ville de Gaind, et [laissièrent] femmes
et enffans et hiretages, et se traïssent au plus tost qu'il
peurent deviers le conte de Flandres, auquel il recor-
5 dèrent ceste aventure et de son baillieu qui mors
estoit et sa banière toute deschirée. Li contes de
ces nouvelles fu trop durement courouchiés et à
bonne cause, car on li avoit fait un trop grant despit, et dist adonc et jura que il seroit si grandement
10 amendé, enchois que jamais rentrast en Gaind ne
que la ville euist pais à lui, que toutes autres gens
i prenderoient example. Si demorèrent li enffant
Mahieu dallés lui, et Jehans Lion et li blanc cappron perseverèrent en leur outrage.

15 Quant Rogiers d'Auterive fu occis, enssi que vous
savés, et tout li autre esparpilliet, et que nuls ne
s'amonstroit contre les blans capprons pour contrevengier, Jehan Lion, qui tendoit à courre les Mahieus,
car il les haioit à mort, dist tout hault : « Avant,
20 avant as traïteurs mauvais, qui voloient aujourd'ui
destruire les francisses de la bonne ville de Gaind! »
Enssi s'en allèrent il tout criant parmi les rues jusques en leurs maisons, mais nuls n'en trouvèrent,
car il estoient ja parti. Si furent il quis et trachiet
25 dedens leurs hostels de trau en trau, et quant Jehan
Lion veï que nuls n'en aroient, si fu grandement
courouchiés. Adonc abandonna il tout le leur à ses
compaignons. Là furent toutes leurs maisons fus-
tées, ne oncques riens n'i demora, et tantos abatues
30 et jettées par terre, enssi comme il fuissent traïteur à
tout le corps de le ville. Quant il eurent chela fait,
il se retraïssent en leurs maisons, ne onques puis ne

trouvèrent eskevin ne officiier de par le conte ne le
ville, qui leur desist : « Vous avez mal fait ! » Et ossi
pour l'eure on n'euist [osé], car cil blanc cappron
estoient ja tant montepliiet en la ville que nuls ne les
osoit courouchier. Et aloient par les rues à si grans
routes que nuls ne se metoit au devant d'iaulx, et
disoit on en pluiseurs lieus en la ville et au dehors
aussi, que il avoient aliances à aucuns eskevins et
riches hommes de linage en Gaind ; et ce fait bien à
croire, car, de commenchier, tel ribaudaille que il
estoient, n'euissent jamais ossé [emprendre] d'avoir
occis si hault homme, le banière dou conte leur
signeur en sa main et faissant son office, que Rogier
d'Auterive, baillieu de Gaind, se il n'euissent des
coadjousteurs et soutoiteurs en leur emprise. Et
depuis, sicom je vous recorderai ensievant, il montepliièrent tant et furent si fort en le ville, que il
n'eurent que faire de nulle aide que de la leur, ne on
ne les euist [osé] courouchier ne desdire de cose que
il vosissent entreprendre ne faire. Rogiers d'Auterive
des Frères Meneurs de Gaind fu pris et levés de
tière et aportés en leur eglise, et là ensepvelis.

§ 110. Quant ceste cose fu avenue, pluiseurs
bonnes gens de la ville de Gaind, li sage homme
et li riche homme, en furent courouchiet et en
commenchièrent à parler et à murmurer ensamble,
et à dire qu'on avoit fait un trop grant outrage,
quant on avoit occis le baillieu dou conte faissant son office, et que leurs sires, et de droit,
en seroit si courouchiés que on n'en venroit
jamais à pais, et que meschans gens avoient bouté

la ville en grant peril de estre encores toute destruite, se Dieus proprement n'i pourveoit de remède. Nonobstant toutes ces parolles, il n'estoit nuls qui en vausist faire fait ne osast, pour lever ne prendre amende ne corigier ceuls qui ces outrages avoient fait. Jehans de le Faucille, qui pour che tamps en la ville de Gaind estoit uns mout renommés homs et sages tenus, quant il veï que li affaires estoit allés si avant que on avoit outrageusement ocis le baillieu dou conte, senti bien que les coses venroient à mal, et affin que il n'en fust demandés ne de la ville ne dou conte, il se departi de Gaind au plus quoiement que il peut, et s'en vint en une mout belle maison que il avoit au dehors de Gaind, et là se tint, et fist dire que il estoit dehaitiés; ne nuls ne parloit à lui, fors que ses gens; mais tous les jours il ooit nouvelles de Gaind, car encores i avoit il la grignour partie dou sien, sa femme, ses enffans. Ensi se dissimula il un grant tempore.

§ 111. Les bonnes gens de Gaind, li riche homme et li notable, qui avoient là dedens leurs femmes et leurs enffans et leurs marcheandisses, leurs hiretages ens et hors, et qui avoient apris à vivre honnerablement et sans dangier, n'estoient mies bien aisse de ce que il veoient les coses en che parti, et se sentoient trop grandement fourfait enviers leur signeur. Si regardèrent entre iaulx que il i convenoit pourveïr de remède et amender che fourfait ores ou autre fois, et euls mettre en le merchi dou conte : si valoit mieux tempre que tart. Si eurent conseil et parlement ensamble assavoir comment il en poroient user

au pourfit et à l'onneur de eulx et de la ville de
Gaind. A ce conseil et parlement furent appellé Jehan
Lion et les cappitainnes des blans capprons : autrement on ne l'euist point oset faire. Là eut pluiseurs
parolles retournée[s] et pluiseurs pourpos avissés;
finablement consaulx se porta tout de un accord et
de une vois et de une aliance que on esliroit en conseil douse hommes notables et sages, liquel iroient
deviers le conte et li requerroient merchi et pardon
de le mort de son baillu que on avoit occis, et se
parmi tant on pooit venir à pais, che seroit bon,
mais que tout fuissent en le paix et que jamais riens
n'en fust demandé. Chils consaulx fu tenus et accordés, et li bourgois esleu qui en che voiage devoient
aler. Et toudis dissoit Jehan Lion : « Il fait bon estre
[bien] de son signeur; » mais il voloit tout le contraire, et le pensoit, et bien dissoit en li meïsmes
que la cose n'estoit point encores ou point où il le
meteroit. Chils consaulx s'espardi, li douse bourgois partirent et chevauchièrent tant que il vinrent
à Malle dallés Bruges, et là trouvèrent le conte,
lequel il trouvèrent à l'aprochier [felon] et cruel et
durement courouchiet sus ceuls de Gaind. Chil douse
bourgois fissent mout le piteux envers le conte et li
priièrent à mains jointes que il vosist avoir pité de
iaulx, et escusoient de la mort de son baillieu toute
la loi et les hommes notables de la ville, et li dissoient : « Chiers sires, accordés que nous reportons
pais à la bonne ville de Gaind qui tant vous ainme,
et nous vous proumettons que, ou tamps avenir,
cils outrages sera si grandement amendés sus ceulx
qui [l'ont fait et esmeu] affaire, que vous vo[u]s

en contenterés et que à toutes autres bonnes villes il sera exemples. Tant priièrent et supplièrent et de si grant affection chil douse bourgois de Gaind le conte, que il se rafresna grandement de son aïr, avoecques les bons moiiens qu'il eurent. Et fut la cose en tel parti que toute accordée et pardonnée sus article de pais; et pardonnoit li contes ses mautalens à chiaux de Gaind parmi une amende qui devoit estre faite, quant autres nouvelles vinrent, lesquelles je vous recorderai.

§ 112. Jehans Lion, qui estoit demorés à Gaind et qui pensoit tout le contraire de ce qu'il avoit dit en parlement : que on devoit toudis estre bien de son signeur, il savoit tout de certain que il avoit ja tant courouchiet le conte que jamais ne venroit à pais, et, se il i venoit par voie de disimulacion, bien savoit il que il en morroit : si avoit plus chier à tout parhonnir, puisque commenchiet avoit, que de estre ou peril ne en l'aventure de la mort tous les jours. Je vous dirai qu'il fist. Che terme pendant que li consauls de la ville estoient deviers le conte, il avisa que il couroucheroit le conte si acertes que cil qui estoient deviers li alé pour le pais avoir, ne raporteroient nul tretié de paix. Il prist tous ceuls dont il estoit souverains, les blans capprons et de tous les mestiers de Gaind gens lesquels il avoit le mieux de son accord, et vint à ses ataintes par soutieue voie ; et dist, quant il furent tout asamblé : « Signeur, vous savés comment nous avons courouchiet monsigneur de Flandres, et sur quel estat nous avons envoiiet devers lui. Nous ne savons que nos gens raporte-

ront, ou paix ou guerre, car il n'est mies legiers à
rapaisier et si a dallés li qui bien li esmouvera en
courous : Ghisebrest Mahieu et ses frères : s'est cent
contre un que venons à pais. Si seroit bon que nous
regardissons en nous meïsmes, se nous avons guerre,
de qui nous no[u]s aiderons et comment ossi nous
sommes armet. Et entre vous, doiien et disenier de
tels mestiers et de tels, regardés à vos gens, et si en
faites demain venir sus les camps une quantité :
si verrés comment il sont abilliet. Il se fait bon
aviser, anchois que on soit souspris. Tout ce ne
nous coustera riens, et si en serons plus cremu. »
Tout respondirent : « Vous dites bien. » Chils consauls fu tenus : à l'endemain il vuidièrent tout par le
porte de Bruges et se traïssent sus les camps et en
uns biaus plains au dehors de Gaind, enssi comme
au quart de une lieuwe à l'encontre d'un trop bel
hostel et castiel que li contes de Flandres avoit au
dehors de Gaind, que on dist Ondreghien. Quant il
furent là tout venu, Jehans Lions les regarda mout
volentiers, car il estoient bien siis mille, et tout
bien armés ; si leur dist : « Veci belle compaignie. »
Quant il eut là esté une espasse et ala autour, il leur
dist : « Je loroie que nous alissons veoir l'ostel de
Monsigneur, puisque nous sommes si priès. On m'a
dit que il le fait trop grandement pourveïr : si poroit
estre uns grans prejudisses à le bonne ville de
Gaind. » Tout s'i accordèrent et vinrent à Ondreghien, qui adonc estoit sans garde et sans deffense. Si
entrèrent ens, et le commenchièrent à cherquier
desouls et deseure. Li blanc cappron et [li] ribaudaille qui dedens entrèrent, l'eurent tantos despoul-

liet, et pris et levé tout che que il i trouvèrent. Si i
avoit il de bons jeuiaulx et de rices, car li contes
en faissoit sa garde reube. Jehans Lions fist samblant
que il en fust mout courouchiés, mès non estoit,
5 enssi que il apparut, car, quant il furent partit dou-
dit castiel et retrait sus les camps, il regardèrent de
derière iaulx. Si virent que il ardoit tous et que li
feus i estoit boutés en plus de vint lieus, et n'estoit
mies en poissance de gens que il le peuissent estain-
10 dre, et ossi il n'en estoient mies en volenté. Dont
demanda Jehans Lions qui fist mout l'esmervilliet :
« Et dont vient cils feus en l'ostel de Monsigneur ? »
On li respondi : « D'aventure. » — « Or, dist il, on
ne le puet amender. Encores vault mieux que aven-
15 ture l'ait ars que nous, et ossi, tout consideré, che
nous estoit uns perilleus voisins : Monsigneur en peuist
avoir fait une garnison qui nous euist porté grant
contraire. » Tout li autre respondirent : « Vous
dites voir. » Lors s'en retournèrent il en la ville de
20 Gaind, et n'i eut plus rien fait pour la journée.
Mais elle fu grande assés et malle, car elle cousta puisedi deus cens mille vies, et fu une des coses principaulment dont li contes de Flandres s'enfelenia
le plus ; et pour che le fist Jehan Lion, qui ne voloit
25 venir à nulle pais, car bien savoit, quel tretié ne quel
accord que il i euist, il i meteroit la vie. Chils castiaulx de Ondreghien avoit bien cousté au conte de
Flandres, au faire ouvrer et edeffiier, deus cens mille
frans, et l'amoit sur tous ses hostels. Les bonnes gens
30 de Gaind qui pais desiroient à avoir, furent de ceste
avenue durement courouchiet, mais amender ne le
peurent ne nul samblant n'en osèrent faire, car li

blanc cappron dissoient que li castiaulx estoit ars
par mescheance et non autrement.

§ 113. Ches nouvelles vinrent au conte de Flandres
qui se tenoit à Malle, et li fu dit : « Sire, vous ne
savés? Vostre belle maison de Ondreghien, que tant
amiés et qui tant vous a cousté à faire, est arsse. » —
« Arsse ! » dist li contes qui fu de ces nouvelles mout
courouchiés et mout esmervilliés. — « Mes Dieus,
sire, voire. » — « Et comment? » — « De feu de mescheance, sicom on dist. » — « Ha ! dist li contes, c'est
fait! Jamais n'ara pais en Flandres, tant que Jehans
Lions vive. Il le m'a fait ardoir couvertement, mais
che sera chier comparé ! » Adonc fist il venir les
bourgois de Gaind devant lui et leur dist : « Malle
gent, vous me priiés l'espée en le main, et vous
avoie accordé toutes vos requestes, enssi que vous
voliés; et vos gens m'ont ars l'ostel ou monde que
je amoie le mieux! Ne leur sambloit il pas que il
m'euissent fait des despis assés, quant il m'avoient
occis mon bailliéu faissant son office, et deschiret
ma banière et pifflée as piés? Sachiés, se che
n'estoit pour men honneur et que je vous euisse
donné sauf conduit, je vous fesisse tous trenchier les
testes. Partés de ma presensse, et dites bien à vos
malles gens et orgilleus de Gaind, que jamais pais il
n'aront ne à nul tretiet je n'entenderai, tant que
j'en arai desquels que je voldrai, et tous les ferai
decoller, ne nuls n'i sera pris à merchi. »

Chil bourgois, qui estoient mout esbahi et courouchiet de ces nouvelles, comme cil qui nulles coupes n'i
avoient, se commenchièrent à escuser et à escuser les

bonnes gens de Gaind, mais escusance n'i valoit riens, car li contes estoit tant courouchiés que il n'en voloit nulle oïr. On les fist partir de sa presence; il montèrent as chevaulx et retournèrent à Gaind sans riens
5 faire, et recordèrent comment il avoient bien esploitiet, et fuissent venu à pais et à apointement envers le conte, se chils diables de castiel n'euist esté ars. Outre li contes les manechoit grandement et leur mandoit que jamais paix n'aroient si en aroit li con-
10 tes tant à sa volenté que bien li souffiroit. Les bonnes gens de la ville veoient bien que les coses aloient mal et que li blanc cappron avoient tout honnit, mais il n'i avoit si hardit qui en osast parler.

Li contes de Flandres se parti de Malle et tous
15 ses ostels, et s'en vint à Lille et là se loga, et manda là tous les chevaliers de Flandres et les gentils hommes qui de li tenoient, pour avoir conseil comment il se poroit tenir de ces besongnes et contrevengier de chiaulx de Gaind, qui li avoient fait tant de des-
20 pis. Tout li gentil homme de Flandres li jurèrent à estre bon et loial, enssi que on doit estre à son signeur sans nul moiien. De che fu li contes grandement resjoïs. Si envoiia gens par tout ses castiaulx, à Tenremonde, à Ripeumonde, à Alos, à Gauvre, à Aude-
25 narde, et partout fist grandes garnissons.

§ 114. Or fu Jehans Lions trop grandement resjoïs, quant il veï que li contes de Flandres voloit ouvrer acertes et que il estoit si enfeleniiés que cil de Gaind ne poroient venir à pais, et que il avoit par ses soutieux
30 ars bouté la ville de Gaind si avant en la guerre, que il convenoit, vosissent ou non, que il guerriaissent.

Adonc dist il tout hault : « Signeur, vous veés et entendés comment nos sires li contes se pourvoit contre nous, et ne nous voelt requellier à paix. [Si] lo et conseil pour le mieux que, anchois que nous soions plus grevé ne apressé, nous sachons liquel de Flandres demoront dallés nous. Je respons pour ceulx de Granmont; il ne nous feront nul contraire, mais seront volentiers dallés nous. Ossi seront cil de Courtrai, car c'est en nostre castelerie, et s'est Courtrai nostre cambre. Mais velà chiaulx de Bruges qui sont grant et orgilleus, et par eulx toute ceste felonnie est esmeue. S'est bon que nous alons deviers yaulx et si fort que, bellement ou laidement, il soient de nostre accord. » Cascuns respondi : « Il est bon, il est bon. » Adonc furent ordonné par paroces tout cil qui iroient en ceste legacion : si se pourveïrent et ordonnèrent et tout par monstre, ensi que à iaulx appartenoit, et se partirent de Gaind entre noef et diis mille hommes, et enmenèrent grant carroi et grans pourveances, et vinrent che premier jour jesir à [Deinse]. A l'endemain, il aprocièrent Bruges à une petite lieue priès. Adonc se rengièrent il tous sus les camps et se missent en ordenance de bataille, et leur carroi derière iaulx. Là furent ordonné de par Jehan Lion aucun doiien des mestiers, et leur dist : « Alés vous ent à Bruges et dites que je et la bonne ville de Gaind venons chi, non pour guerre ne iaulx grever, se il ne voellent, ou cas que il nous ouveront deboinairement les portes; et nous raportés se il nous voldront estre ami ou ennemi, et sur ce arons avis. » Chil se departirent de la grose route, qui ordonné i furent, et s'en vinrent as bailles de Bruges et les trouvèrent fremées et bien gardées. Il parlèrent as gardes et leur remonstrèrent ce pour quoi il estoient là venu. Les gardes respondirent que volentiers il en iroient parler au bruguemestre et as jurés qui là les avoient establis, enssi qu'il fissent. Li bruguemestre et li juret respondirent : « Dittes leur que nous en arons avis et conseil. » Il retournèrent, et fissent ceste response. Adonc se departirent des bailles li commis Jehan Lion et retournèrent viers leurs gens qui toudis tout bellement aprochoient Bruges. Quant Jehan Lion oï la response, si dist : « Avant ! avant ! alons de fait à Bruges. Se nous atendons tant que il soient consilliet, nous n'i enterons point fors à painne : si vault mieux que nous les asaillons avant que il se conseillent que apriès, par quoi soudainement il soient sou- is. » Chils pourpos fu tenus, et vinrent li Gantois jusques as barrières de Bruges et as fossés, Jehan Lion tout devant montés sus un noir moriel, et mist tantos piet à terre et prist sa hache en sa main. Quant cil qui gardoient le pas, qui n'[estoit] point si fors adonc comme il est ores, veïrent venus les Gantois en convenant pour asaillir, si furent tout effraé, et s'en alèrent li aucun parmi le grant rue jusques au marchiet, [criant] : « Vé les ci ! Vé les chi, les Gantois ! Or tos as deffenses ! il sont ja devant nos portes. » Chil de Bruges qui s'asambloient ou marchiet pour eulx consillier, furent tout effraé, et n'eurent li grant mestre nul loisir de parler ensamble ne de ordonner nulles de leurs besongnes, et voloient la grigneur partie de la communaulté que tantos on leur alast ouvrir les portes. Il convint que cils consaulx fust tenus; autrement la cose euist mal alé sus les rices hommes de la ville, et s'en vinrent li bruguemestre et tout li eschevin et mout d'aultre peuple à le porte où li Gantois estoient, qui grant apparant d'asaillir faissoient. Li bruguemestre et li signeur de Bruges qui l'avoient à gouverner pour che jour, fissent ouvrir le guichet et vinrent as bailles parlementer à Jehan Lion. En che parlement il furent si bien d'accord que par grant amour on leur ouvri les bailles et le porte, et entrèrent tout ens; et chevauchoit Jehans Lions dalés le brughemestre, qui bien se monstroit à estre hardis et outrageus homs, et toutes ses gens armés au cler le sievoient par derière. Et fu adonc très belle cose de eulx veoir entrer par ordenance à Brughes, et s'en vinrent ens ou marchiet; et enssi comme il venoient, il s'ordonnoient et rengoient sus le place; [si] tenoit Jehans Lions un blanc baston en sa main.

§ 115. Entre ceuls de Gaind et de Bruges furent là faites aliances, jurées et convenanchies, que il devoient demorer toudis li un dallés l'autre enssi comme bon amic et voisin; et les pooient cil de Gaind semonre, mander, avoir et mener avoec eulx partout où il voloient aler. Assés tost apriès que tout li Gantois furent venu et rengiet sus le marchiet, Jehans Lions et aucunes cappitainnes de ses gens montèrent hault en la halle. Et là fist on un banc de par le bonne ville de Gaind et un commandement que cascuns se traisist à hostel bellement et doucement et se desarmast, et ne fesist noise ne esmeutin, sus la teste à perdre, et que cescuns, selonc se ordenance, fesist son ensaigne à son ostel et que nuls ne se logast l'un sus l'autre ne fesist le maistre au logier, par quoi

noise ne estris peuissent mouvoir, et sus la teste, et
que nuls ne presist riens de l'autrui que il ne le
paiast tantos et sans delai, et tout sus la teste. Che
banc fait, on en fist un autre de par le ville de Brughes que cascuns et cascune receuist bellement et
doucement en ses hostels les bonnes gens de Gaind
et que on leur amenistrast vivres et pourveances,
selonc le fuer commun de la ville, ne nulle cose ne
fust rencierie ne que nuls n'esmeuist noise, debath
ne esmeutin, et toutes ces coses sus la teste. Adonc
se retraïssent cescuns as hostels, et furent en cel estat
chil de Gaind en Bruges deus jours mout amiablement, et se loiièrent et obligièrent li un à l'autre
moult grandement.

Ches obligacions prisses et faites, escriptes et seellées, au tierch jour chil de Gaind se partirent et s'en
alèrent deviers la ville dou Dan, où on leur ouvri les
portes tantos et sans dangier. Et i furent li Gantois
requelliet mout courtoisement, et là sejournèrent
deus jours. En che sejour, et mout soudainement,
prist une maladie à Jehan Lion, dont il fu tous en-
flés. Et la propre nuit que la maladie le prist, il avoit
souppet en grant reviel avoecques damoisselles de la
ville, pour quoi li aucun voellent dire et maintenir
que il fu là enpuisonnés. De chela je ne sai riens,
je n'en volroie pas parler trop avant, mès je sai bien
que, à l'endemain que la maladie le prist, de nuit il
fu mis en une litière et aportés à Ardembourch. Il
ne peut aler plus avant, et là morut, dont cil de
Gaind furent mout courouchiet et trop grandement
desbareté.

§ 116. De la mort Jehan Lion furent tout si ennemi resjoï, et si ami courouchiet. Si fu aportés à Gaind, et pour la mort de li retourna toute leur hoost. Quant les nouvelles de sa mort furent venues à Gaind, toutes gens en furent très grandement courouchiet, car mout i estoit amés, excepté cil qui estoient de le partie dou conte. Si vuidièrent les eglisses à l'encontre dou corps, et fu amenés en la ville à ossi grant solempnité que dont que ce fust li contes de Flandres, et fu ensevelis mout reveranment en l'eglise de Saint Nicollai, et là gist.

Pour che, se Jehans Lions fu mors, ne se brisèrent mies adonc les convenances que cil de Gaind avoient à chiaulx de Bruges, car li Gantois avoient de ceulx de Bruges pris bons ostages et tenoient en le ville de Gaind, pour quoi les obligances ne se pooient desrompre. De la mort Jehan Lion fu li contes de Flandres grandement resjoïs; ossi furent Ghisebrest Mahieu et si frère et li doiiens des menus mestiers de Gaind et tout cil de le partie dou conte. Si fist li contes de Flandres plus fort que devant pourveïr ses villes et ses castiaulx, et envoiia en le ville de Ippre grant fuisson de bons chevaliers de le castelerie de Lille et de Douai, et dist que il aroit temprement sa raison de chiaulx de Gaind.

Tantos apriès le mort Jehan Lion, chil de Gaind regardèrent que il ne pooient longuement estre sans cappitainnes. Si en ordonnèrent li doiien des mestiers et li chiencquantenier des portes quatre, à leur avis les plus outrageus, hardis et entreprendans de tous les autres : tout premiers Jehan Prouniau, Jehan [Boule], Rasse de Harselle et Piètre dou Bos. Et ju-

rèrent toutes manières de autres gens à obeir à ces
cappitainnes sans nulle excepcion et sus la teste; et
les cappitainnes jurèrent à garder l'onneur et les francisses de le ville.

Ces quatre cappitainnes esmeurent chiaulx de Gaind
à aler à Ippre et ou Franc de Bruges pour avoir l'ob-
beïssance d'iauls ou tout ocire. Si se departirent de
Gaind ces cappitainnes et leurs gens en grant arroi,
et estoient bien douse mille tout armé au cler. Si
cheminèrent tant que il vinrent à Courtrai. Chil de
Courtrai les laissièrent entrer en leur ville sans dangier, car elle sciet en la castelleriie de Gaind, et se
tinrent là tout aisse et s'i rafresquirent, et furent deus
jours. Au tierch jour, il s'en partirent et s'en allèrent
viers Ippre, et enmenèrent avoec eulx douse cens
[hommes] tous armés au cler, parmi les arbalestriers de la ville de Courtrai, et prissent le chemin
de Tourout. Quant il furent venu à Tourout, là
s'arestèrent, et eurent conseil les cappitainnes de
Gaind que il envoieroient trois ou quatre mille de
leurs gens devant et le cappitainne des blans capprons, pour traitiier à chiaulx de Ippre, et la grosse
bataille les sievroit par derière pour iaulx conforter,
se mestier faissoit. Ensi que il fu ordonné, il fu fait,
et s'en vinrent cil à Ippre. Quant li communs de
Ippre et cil des menus mestiers sceurent la venue de
chiaulx de Gaind, si s'armèrent et se ordonnèrent
tout sus le marchiet, et estoient là bien cinq mille.
Là n'avoient li rice homme et li notable de le ville
nulle poissance. Li chevalier, qui estoient en garnison de par le conte en le ville de Ippre, s'en vinrent
mout ordonneement à le porte de Tourout là où li

Gantois estoient arresté devant les bailles et requeroient que on les laissast [entrer] ens. Chil chevalier et leurs gens estoient tout rengiet devant le porte et monstroient bonne deffensse, ne jamais li Gantois n'i fuissent entré sans asaut et sans trop grant damage, mais li menut mestier de la ville, vosissent ou non li gros, se partirent dou marchiet et s'en vinrent deviers le porte que li chevalier gardoient, et dissent : « Ouvrés, ouvrés à nos bons amis et voisins de « Gaind. Nous volons que il [entrent] en no ville. » Li chevalier respondirent que non feroient et que il estoient là establi de par le conte de Flandres et avoient à garder la ville : si le garderoient à leur loial pooir, et n'estoit mies en la poissance de chiauls de Gaind que il i peuissent entrer, se ce n'estoit par traïson. Parolles montepliièrent tant entre les gentils hommes et les doiiens des menus mestiers, que on escria à eulx : « A le mort ! Vous ne serés pas signeur « de no ville. » Là furent il asailli radement et recullé contreval la rue, car la force n'estoit pas leur, et en i eut mors cinq chevaliers, desquels messires de Roubais et messires Houars de le Houarderie furent là ateret, dont che fu damages. Et i fu en trop grant peril messires Henris d'Antoing : à painnes le peurent aucun rice homme de la ville sauver. Toutesfois on le sauva, et en i ot sauvés grant fuisson d'autres. Mais la porte fu ouverte, et i entrèrent li Gantois et furent mestre et signeur de la ville, sans ce que nul mal i fesissent. Et quant il i eurent esté deux jours et il eurent pris la seurté de chiaulx de la ville, qui leur jurèrent en le fourme et manière que chiaulx de Bruges, de Courtrai, de Granmont et dou Dam avoient fait, il le tenroient, et de che il livrèrent bons ostages, il s'en partirent tout courtoisement, et s'en retournèrent parmi Courtrai à Gaind.

§ 117. Li contes de Flandres, qui se tenoit à Lille, entendi que cil de Ippre estoient tourné [gantois] et que tout che avoient fait li menut mestier : si fu durement courouchiés, tant pour le mort de ses chevaliers qui dedens avoient esté occis, que pour autres coses. Toutesfois il se reconforta et dist : « Se nous avons perdu Ippre ceste fois, une autre fois nous le recouverons à leur malle mescheance; car j'en ferai encores [à] tant trenchier les testes et là et ailleurs, que li autre s'en esbahiront. » Li contes entendi par especial mout grandement à pourveïr la ville d'Audenarde de pourveances et de bonnes gens pour le garder, car il supposoit assés que li Gantois o leur effort le venroient assegier; et che li seroit uns trop grans contraires, se il en estoient signeur, car il aroient la bonne rivière d'Escaut et le navire à leur aisse et volenté. S[i] i envoia pourveuement grant fuisson de chevaliers et d'escuiers de Flandres, de Hainnau et d'Artois, qui tout s'i boutèrent et amasèrent, et en furent mestre, vosissent les gens de la ville ou non.

Les cappitainnes de Gaind, qui estoient retrait en leur ville, entendirent coument li contes pourveoit grandement la ville d'Audenarde. Si eurent conseil que il le venroient asegier et ne s'en partiroient si l'aroient conquisse et tous mors chiaulx qui dedens estoient, et les portes et les murs abatus. Si fissent un commandement en Gaind que cascuns fust pour-

veus bien et souffissanment, enssi comme à lui appertenoit, pour partir et aler là où on les voldroit mener.
A che banc ne desobeï nuls, et se ordonnèrent, et
cargièrent tentes et trés et pourveances ; et partirent
de Gaind et s'en vinrent logier devant Audenarde sus
ces biaus prés contreval l'Escaut. Trois jours après,
vinrent chil de Bruges qui furent mandé, et se logièrent au lés deviers leur ville, et amenèrent grant carroi et grosses pourveances. Puis vinrent cil de Ippre
ossi en grant arroi, chil de Poperinghe, chil de Meschines et dou Franc de Bruges ; et ossi cil de Granmont estoient en conte. Li Flament devant Audenarde estoient plus de cent mille, et avoient fait pons
de nefs et de cloies sus l'Escaut où il aloient de l'un
à l'autre. Li contes de Flandres, qui se tenoit à
Lille, eut en pourpos que il venroit à Tenremonde,
car il avoit mandé en Allemaigne, en Guerles et en
Braibant grant fuisson de chevaliers et d'escuiers et
par especial son cousin le duc des Mons, qui le vint
servir à grant fuison de chevaliers et d'escuiers ; et
se boutèrent à Tenremonde, et i trouvèrent le conte
de Flandres, qui ja i estoit venus par les frontières de
Hainnau et de Braibant, qui fu mout resjoïs de leur
venue.

§ 118. Enssi se tint li sièges devant Audenarde des
Flamens mout longement. Si i eut fait, le siège
estant, pluiseurs grans assaulx et escarmuces ; et priès
que tous les jours i avoit fais d'armes as barrières
et gens mors et blechiés, car cil Flament s'aventuroient follement et outrageusement, et venoient
jusques as bailles lanchier et escarmuchier : si en

i avoit souvent des mors et des bleciés par leur outrage.

En la ville de Audenarde avoit bien uit cens lances, chevaliers et escuiers, et mout vaillans hommes là dedens. En che tamps estoient uit baron, tels que le signeur de Gistelle, le signeur de Villers et de Hullut, le signeur d'Escornay, Flamens; et Hainnuiers, le signeur d'Enghien Watier, le signeur d'Antoing, le signeur de Brifuel, le signeur de Lens et le signeur de Goumignies, les trois frères de Haluin, messire Jehan, messire Daniel et messire Josse, le signeur d'Estainbourcq, le signeur de Crane, messire Gerart de Marquellies, le signeur de Cohem, le signeur de Montegni en Hainnau, messire Rasse de Montegni, messire Theri de le Hamaide, messire Jehan de Grées et tant de chevaliers que il estoient cent et cinq. Et si faissoient bons gais et grans, et n'avoient nulle fiance en ceulx de la ville, et avoient fait retraire les femmes et les enffans de la ville ens es moustiers, et là se tenoient; et cil signeur et leurs gens se tenoient en leurs maisons. Et pour le trait des canons et dou feu, que li Flament lançoient et traioient songneusement en la ville pour tout ardoir, on avoit fait couvrir les maisons de tière, par quoi li feus ne s'i peuist prendre.

§ 119. Le siège estant devant Audenarde, li Flament et les cappitainnes qui là estoient, entendirent que li contes, leurs sires, estoit à Tenremonde, et avoit le duc des Mons, son cousin, et grant fuisson de chevaliers et d'escuiers dalés lui : si eurent conseil que il envoiieroient là siis mille de leurs gens pour veoir

que c'estoit et pour livrer un assault en Tenremonde.
Sicom il le consillièrent, il le fissent, et se departirent un jour de l'oost tout cil qui ordonné i furent
de l'aler, et avoient à cappitaine Rasse de Harselle.
Tant esploitièrent cil Flament que il i vinrent un
joeudi au soir en un village à une petite lieue de
Tenremonde, sus la rivière de Tenre, et là se logièrent. Cil Flament avoient pourveu grant fuisson de
nefs et fait venir aval sus le rivière, pour entrer ens
et assaillir par l'ague et par le tière. Un petit apriès
mienuit, il se levèrent et armèrent et aparillièrent de
tous poins, enssi que pour tantos asaillir que il
seroit là venu, et sousprendre les chevaliers en leurs
lis, et puis se missent au chemin. Aucunes gens dou
païs, qui seurent che convenant, s'en vinrent de nuit
à Tenremonde et enfourmèrent les gardes de cel
afaire, et leur dissent : « Soiés sus vo garde, car
grant fuisson de Gantois gissent anuit mout priès
de chi, et ne savons que il voellent faire. » Les
gardes des portes recordèrent tout che au chevalier
dou gait, qui s'appelloit messires Theris de Brederode,
de Hollandes. Lors que il en fu avissés, il fu sus sa
garde et le fist segnefiier ou chastel et par tout les
ostels en la ville où li chevalier se logoient. Droitement sus le point dou jour, vinrent li Flament par
tière et par aigue sus leurs nefs, et avoient si bien
aparilliet leur besongne que pour tantos asaillir.
Quant cil dou castiel et de la ville sentoient que il
aprochoient, si commenchièrent à sonner leurs trompettes et à resvillier toutes gens ; et ja estoient la grignour partie des chevaliers et des escuiers tous armés.
Li contes de Flandres, qui dormoit ens ou castel,

entendi ces nouvelles que li Flament estoient venu et ja asailloient : tantos il se leva et arma, et issi hors dou castiel, sa banière devant lui. Dalés luy, à ce jour, estoient messires Gossuins de Wille, grant bail-
5 lieu de Flandres, li sires de Grutus, messires Gerars de Rasenghien, messires Phelippes li Jones, messires Phelippes de Mamines et autres, tels que messires Huge de Regni, bourgignon. Si se traïssent tout cil chevalier desoulx la banière dou conte, et allèrent à
10 l'asaut qui estoit ja commenchiés durs et oribles ; car cil Flament avoient aportés en leurs nefs canons dont il traioient les kariaus si grans et si fors que qui en estoit consieuwis il n'avoit point de remède que il ne fust mors ; mais à l'encontre de ces kariaus on estoit
15 mout fort pavesciet, et avoient les gens dou conte grant fuisson de bons arbalestriers qui donnoient par leur trait mout affaire as Flamens. D'autre part, en son ordenance et à sa deffense estoit li dus des Mons, sa banière devant lui. En sa compaignie
20 estoient li sires de Brederode, messires Guillaumes Joie, messire Thieris de Le Naire, messire Winans de Clinperoie et pluiseurs autres ; et faisoit cascuns bien son devoir dou deffendre. A une autre porte estoient messires Robers d'Aske, messires Jehans Vil-
25 lains, li sires de Widescot et messires Robiers Marescaulx. Et vous di que cils assauls fu grans et fors, et asailloient mout ouniement par tière et par aigue en leurs nefs li Flament ; et en i ot grant fuisson de ble-ciés de une partie et de l'autre, et plus des Flamens
30 que des gentils hommes, car il s'abandonnoient trop folement. Si dura cils assaulx, sans point cesser, dou point dou jour jusques à haute nonne ; et là eut mort

un chevalier de le partie dou conte, qui s'apelloit
messires Huges de Regni, bourgignon; dont che fu
damages, et ot grant plainte, car par son hardement
et li trop abandonner il fu ochis. Là estoit Rasse de
Harselle qui ossi se portoit vaillanment, et de sa
parolle avoecques son fait rafresquisoit grandement
les Gantois.

§ 120. Quant che vint apriès nonne, li assaulx
cessa, car Rasse veï bien que il se travilloient en vain
et que dedens Tenremonde il i avoit trop bonnes
gens, par quoi la ville n'estoit mies à prendre, et se
commenchoient ses gens fort à lasser : si fist sonner
de la retraite. Adonc se retraïssent li Gantois tout
bellement selonc la rivière, et en remenèrent toute
leur navie, et s'en vinrent che soir logier dont il estoient au matin parti ; et à l'endemain il s'en retournèrent en l'oost devant Audenarde.

Si demora depuis Tenremonde en pais tant que
pour celle saisson, mais li sièges se tint devant Audenarde mout longuement. Et estoient li Flament, qui
là seoient, signeur des camps et de la rivière, ne
nulles pourveances n'entroient en Audenarde, se ce
n'estoit en grant peril au lés deviers Haynnau; mais à
le fois aucun vitaillier, qui s'aventuroient pour gaaignier, quant on dormoit en l'oost, s'embloient et se
boutoient ens es bailles d'Audenarde, et puis on les
metoit en la ville. Entre les assauls qui furent fais à
Audenarde, il en i eut un trop durement grant et
qui dura un jour toute jour ; et là furent fait li nouviel chevalier de Haynnau, de Flandres et d'Artois qui
estre le vaurent, et en leur nouvelle chevalerie on

ouvri le porte deviers Gaind. Et s'en vinrent cil nouviel chevalier combatre as Gantois as baillies, et là ot bonne escarmuche, et fait des grans appertisses d'armes, et pluiseurs Flamens mors et bleciés ; mais il en
5 faissoient si peu de conte et si petit resongnoient le mort que il s'abandonnoient trop hardiement. Et quant cil qui devant se tenoient, estoient mort ou blechiet, li autre, qui estoient derière, les tiroient hors, et puis se remetoient devant et monstroient
10 grant visage. Enssi se continua cils assaulx qui dura jusques au soir que cil d'Audenarde rentrèrent en leur ville et fremèrent portes et barières, et li Flament ralèrent à leurs logeis ; si entendirent à ensevellir les mors et à aparillier les navrés.

15 § 121. Chil Flament de Flandres, qui seoient à siège devant Audenarde, esperoient bien par lonc siège à conquerre la ville et ceuls qui dedens estoient, ou par afamer ou par assaut, car bien savoient que il l'avoient si bien environnée que par le rivière ne
20 par tière riens ne leur pooit venir ; et li sejourners là ne leur grevoit riens, car il estoient en leur païs et dallés leurs maisons : si avoient tout che que il leur besongnoit, vivres et autres coses, plus largement et à milleur marchiet que dont que il fuissent à
25 Bruges ou au Dam.

Li contes de Flandres, qui sentoit en le ville de Audenarde grant fuisson de bonne chevalerie, se doubtoit bien de ce point que par lonc siège il ne fuissent là dedens afamet, et euist volentiers veu
30 que aucuns tretiés honnerables pour li se fust entamés, car, au voir dire, la guerre à ses gens le hodoit

trop, ne onques ne l'encarga volentiers. Et ossi sa
dame de mère, la contesse Margherite d'Artois, en
estoit trop courouchie et l'em blamoit trop fort, et
volentiers i euist mis pais par moiien, se elle peuist,
et enssi qu'elle fist.

Ceste contesse se tenoit en la cité d'Arras. Si
escripsi deviers le duc Phelippe de Bourgongne, auquel li hiretages de Flandres de par madame Marguerite, sa femme, devoit parvenir après le mort dou
conte, que il vosist traire avant et venir en Artois.
Li dus, qui bien estoit avisés de ces besongnes,
car tous les jours il en ooit nouvelles, vint [à] Arras,
et son conseil avoecques li, messires Guis de la Tremoulle, messires Jehan de Viane, amiraut de France,
messires Guis de Pontarliés et pluiseurs autres. La
contesse d'Artois les veï mout volentiers et leur
remonstra mout sagement comment ceste guerre
entre son fil et son païs estoit mal appartenant et li
desplaissoit grandement et devoit desplaire à toutes
bonnes gens qui amoient raison, et comment ossi cil
vaillant homme, baron, chevalier et escuier, quoique
il geuissent honnerablement en le ville de Audenarde,
i estoient en grant peril, et que pour Dieu on i vosist
pourveïr de conseil et de remède. Li dus de Bourgongne respondi que à ce faire estoit il tenus et que
il en feroit son plain pooir. Assés tost après che, il
se departi de Arras, et s'en vint à Tournai, où il fu
recheus à grant joie, car cil de Tournai desiroient
ossi mout à avoir la pais pour la cause de la marcandisse qui leur estoit close sus la rivière d'Escaut.
Li dus de Bourgongne envoiia l'abbet de Saint Martin en l'oost devant Audenarde pour savoir comment

ces cappitainnes de Gaind voldroient entendre as tretiés. Si raporta li abbes au duc de Bourgongne que pour l'onneur de li il i entenderoi[en]t volentiers. Si leur donnoit li dus sauf conduit jusques au Pont à Rosne; et ossi li Flament li donnoient et à ses gens jusques à là. Si vint li dus au Pont à Rosne parlementer as Flamens, et li Flament à lui; et duroient li parlement dou matin jusques au soir que li dus retournoit en Tournai, le prouvos de Tournai en sa compaignie, qui là l'amenoit et remenoit. Chil parlement durèrent quinse jours que à painnes i pooit on trouver nul moiien, car li Flament voloient avoir Audenarde abatue, et li dus et ses consaulx ne s'i pooit assentir. Li Flament, qui se tenoient grant et orgilleus par samblant, ne faissoient nul conte de pais, car il maintenoient que Audenarde et cil qui dedens estoient, ne pooient partir fors que par leur dangier, et les tenoient pour conquis. Li dus de Bourgongne, qui veoit ces Flamans grans et orgilleus contre ses tretiés avoit grant merveille à quoi il tendoient, et enpetra un jour un sauf conduit pour son mareschal aler veoir les chevaliers de Audenarde; on li donna trop legie[re]ment. Li mareschaulx de Bourgongne vint à Audenarde et trouva les compaignons en bon convenant, mais de aucunes coses il avoient grans defautes. Toutesfois il dissent mout vaillanment : « Sire, dites de par nous à monsigneur de Bourgongne que il ne face pour nous nul mauvais traitié, car, Dieu merchi, nous sommes en bom point et n'avons garde de nos ennemis. » Ces responses plaisirent mout bien au duck qui se tenoit au Pont à Rosne, mais toutesfois il n'en laissa mies pour ce à poursievir ses tretiés. Au voir dire, cil de Bruges et de Ippre estoient enssi que tout tanet, et ossi estoient cil dou Franc, et resongnoient l'ivier qui leur aprochoit. Si remonstrèrent ces coses en conseil, ou cas que li dus de Bourgongne, qui pour bien s'ensongnoit de ceste afaire, s'estoit tant travilliés que venus deviers eulx, et que il leur offroit à tout faire pardonner et le conte amiablement retourner à Gaind et là demorer, et que de cose qui fust avenue il ne monsteroit jamais samblant : che estoient bien coses où on se devoit bien encliner et que voirement on devoit reconnoistre son signeur, ne on ne li pooit tolir son hiretage. Ces parolles amolièrent mout ceulx de Gaind et s'acordèrent. Et donna un jour [li dus de Bourgongne] à disner au Pont à Rosne mout grandement les cappitainnes de Gaind et chiaulx de Bruges et Ippre et de Courtrai; et en che jour fu tout conclut que li sièges se devoit lever, et bonne paix devoit estre en Flandres entre le conte et ses gens; et pardonnoit li contes tout sans nulle reservacion, excepcion ne disimulacion; et devoit li contes venir demorer à Gaind, et dedens l'an, chil de Gaind li devoient faire refaire son castiel de Ondreghien que li Gantois avoient ars, sicom renommée couroit. Et pour toutes ces coses plus plainement confremer, Jehans Prouniaulx devoit venir à Tournai avoec le duch de Bourgongne, et là devoient les lettres autentiquement estre faites, escriptes et seellées. Sus cel estat, retourna li dus de Bourgongne à Tournai, et Jehans Prouniaulx et Jehans Boulle retournèrent en l'oost. A l'endemain, la pais fu criiée tout partout entre ces parties. Si se deffist li sièges, et s'en ralla

cascuns en son lieu. Et li contes de Flandres donna
tout partout ses saudoiiers congiet, et remerchia les
estraingniers grandement des biaus services que il li
avoient fais ; et puis s'en vint à Lille pour mieux
5 confermer les ordenances que ses fils de Bourgongne
avoit faittes. Et disoient enssi li aucun ens es païs
voisins et lontains que ce estoit une paix à deux visages et qui se resbouleroit temprement, et que li contes
ne s'i estoit acordés fors que pour ravoir la grant
10 fuisson de nobles chevaliers et escuiers, qui gissoient
en grant peril en Audenarde.

§ 122. Jehans Prouniel, apriès le departement dou
siège de Audenarde, vint à Tournai mout estoffeement, et li fist li dus de Bourgongne très bonne
15 chière. Et là furent parfaites toutes les obligances et
les ordenances de la pais, et les saiielèrent li dus de
Bourgongne et li contes de Flandres. Et puis retourna
Jehans Prouniaulx à Gaind, et monstra che que il avoit
esploitiet. Et tant avoit priiet li dus de Bourgongne
20 et remonstré de douces parolles à chiaulx de Gaind
que Audenarde demoroit entire, car, au tretiet de la
paix et au lever le siège, li Gantois, se il voloient,
pooient, au lés deviers iaulx, abatre deux portes, les
tours et les murs, affin que elle leur fust à toute heure
25 ouverte et aparillie. Quant li contes de Flandres
eut esté une espasse à Lille, et li dus de Bourgongne
s'en fu rallés en France, il s'en vint à Bruges, et là se
tint, et remonstra couvertement, sans autre pugnision,
grant mautalent à aucuns bourgois de Bruges de ce
30 que si tos l'avoient relenqui, et s'estoient mis ou service de chiaulx de Gaind. Chil bourgois s'escusèrent

et dissent, et verités estoit, que ce n'avoit pas esté leur coupe, mais la couppe des menus mestiers de Bruges, qui se voloient prendre et mesler à iaulx, quant Jehan Lion vint devant Bruges. Li contes passa son mautalent au plus bel qu'il peut, mès pour ce ne pensa il mies mains.

Nous no[u]s soufferons un petit à parler de li et de chiaulx de Flandres, et retournerons as besongnes de Bretaigne.

§ 123. Vous savés comment li dus de Bretaigne estoit en Engletière dalés le roi Richart et ses oncles, qui li faissoient bonne chière; et ses païs estoit en tourble et en guerre, car li rois de France i avoit envoiiet son connestable à grant gent d'armes qui se tenoient à Pontorson et vers le Mont Saint Michiel, et guerioient le païs. Les cités et les bonnes villes de Bretaigne se tenoient tout clos et desiroient mout que leurs sires li dus retournast ou païx, et ja l'avoient mandé par lettres et par mesages, mais il ne s'i osoit encores asseggurer, et tant que li prelat et li baron de Bretaigne et les bonnes villes en murmurèrent et dissent : « Nous mandons par lettres toutes les sepmainnez le duc, et point ne vient, mais s'escuse. » — « En non Dieu, dissent li aucun, il i a bien cause, car nous le mandons trop simplement. Bien apartenroit que nous i envoisions un ou deux chevaliers de creance, ens esquels il se peuist confiier et qui li remonstraissent plainement l'estat dou païs. » Chils pourpos fu mis avant et consaulx tenus : si en furent priiet d'aller en Engletière doi mout vaillant chevalier, messires Joffrois de Karesmiel et messires Us-

tasses de la Housoie, à le priière et requeste des prelas, des barons et des bonnes villes de Bretaigne.
Chil doi chevalier s'aparillièrent pour aler en Engletière, et entrèrent en un vaissel à Konce, et eurent
5 vent à volenté, et singlèrent tant que il vinrent à
Hantonne, et là prisent il tière. Si issirent de leurs
vaissaulx et chevauchièrent tant que il vinrent à Londres. Là trouvèrent il le duc de Bretaigne, et le ducoise et messire Robert Canolles, qui les rechut à grant
10 joie. Li chevalier recordèrent au duck tout l'estat de
son païs et comment on l'i desiroit à ravoir, et monstrèrent lettres de creance des barons, des prelas, des
cittés et des bonnes villes. Li dus creï mout bien les
chevaliers et les lettres ossi, et en ot grant joie; et
15 dist que il en parleroit au roi et à ses oncles, enssi
que il fist. Quant li rois d'Engletière fu enfourmés et
si oncle ossi comment li païs de Bretaigne, excepté
Claiekin, Cliçon, Rohem, Laval, Rocefort, mandoient
leur signeur, [si] li dissent : « Vous en irés par delà,
20 [puis]que on vous mande, et vous raquiterés de vo
païs; et tantos nous vous envoierons gens et confort
assés pour tenir et garder vos frontières contre vos
ennemis; et nous lairés vostre femme la ducoise par
dechà avoecques sa mère et ses frères, et vous enten-
25 derés par delà au guerriier. » De ces parolles fu li
dus tous resjoïs, et se ordonna sur ce.

§ 124. Ne demora depuis gaires de tamps que li
dus de Bretaigne ordonna toutes ses besongnes à Hantonne, et prist congiet au roi et à ses oncles, à ma-
30 dame la princesse et à sa femme, et ordonna à son
departement, et seella grans aliances au roi d'Engle-

tière et jura par foi et sus son scellé, là où il seroit
hasteement confortés des Englès, il demoroit tousjours dalés eulx et feroit son loial pooir de tourner
son païs englès, et le trouveroient cil d'Engletière
ouvert et aparilliet en quelconques manière que il i
voldroient venir. Sus cel estat, il se parti d'Engletière, messires Robers Canolles en sa compaignie et
les deux chevaliers qui l'estoient venu querre, et environ chent hommes d'armes et deux cens archiers. Si
vinrent à Hantonne, et là attendirent vent. Quant il
l'eurent bon, il entrèrent ens es vaissaulx, et singlèrent tant par mer que il vinrent au port de Guerlande.
Là prissent il tière et chevauchièrent vers Vennes.
Chil de la citté de Vennes rechurent le duc Jehan à
grant joie ; et ossi fist tous li païs, quant il seurent sa
venue. Si se rafresqui à Vennes li dus cinq jours ou
environ, et puis s'en vint à Nantes. Là le vinrent veoir
baron et prelat, chevalier et dames, et se offrirent et
missent tout en se obeïssance, et se complaindirent
grandement des François et dou connestable de France
qui avoit courut au lés deviers Rennes sus son païs.
Li dus les apaissa bellement, et dist : « Bonnes gens,
je doi temprement avoir confort d'Engletière, car,
sans l'aide des Englès, je ne me puis bonnement deffendre contre les François, car il sont trop fort contre nous, ou cas que en ce païx nous sommes en different ensamble. Et quant cil seront venu que li rois
d'Engletière me doit envoiier, se on nous a fait des
tors, nous en ferons ossi. » De ces parolles se con-
temptèrent grandement chil de Bretaigne, qui estoient
de la partie dou duck.

En che tamps, environ le Saint Andrieu, trespassa

de che siècle, à Prage en Behaigne, messires Charles de Boësme, rois d'Allemaigne et emperères de Romme. Le roi Charle vivant, il avoit tant fait par son or et par son argent et par grans aliances, que li eslisseur de l'empire d'Allemaigne avoient juret et seelet à tenir roi son fil de toute Alemaigne apriès sa mort et faire leur loïal pooir de tenir siège devant Ais, et de demorer dalés lui contre ceulx qui i voldroient debatre, siques, tantost apriès le mort de l'empereur, messires Charles, ses fils, s'escripsi rois de Behaigne et d'Alemaigne et rois des Rommains.

§ 125. En celle saisson eut grans consaulx en Engletière des oncles dou roi, des prelas et des barons dou païs pour le jone roi Richart d'Engletière mariier, et euissent volentiers li Englès veu que il se fuist mariiés en Hainnau pour l'amour de la bonne roïne Phelippre, leur dame, qui leur fu si bonne, si large et si honnerable, qui avoit esté de Hainnau ; mais li dus Aubiers en che tamps n'avoit nulle fille en point pour mariier. Li dus de Lancastre euist volentiers veu que li rois, ses [nepveus], euist pris sa fille que il eut de madame Blance de Lancastre, sa première femme ; mais li païs ne le voloit mies consentir pour deus raisons : li une estoit que la dame estoit sa cousine giermainne, che par estoit trop grant proïsmetté ; et li autre que on voloit que li rois se mariast oultre le mer pour avoir plus de aliances. Si fu misse avant la soer dou jone roi Charle de Boësme et d'Allemaigne, fille à l'empereur de Romme qui avoit esté : à tel avis se tinrent tout li consaulx d'Engletière. Si en fu cargiés pour aller en Allemaigne et pour tretier

che mariage uns mout vaillans chevaliers dou roi,
qui avoit esté ses maistres et fu toudis mout prochains
dou prince de Galles, son père. Si estoit nommés li
chevaliers messires Simons Burllé, sage homme et
grant tretieur durement. Si fu à messire Simon ordonné tout che que à li appartenoit, tant de misses
comme de autres coses. Si se parti d'Engletière en
bon arroi, et ariva à Callais, et de là vint il à Gravelines et à Bruges, et de Bruges à Gaind, et de Gaind à
Brousselles ; et là trouva le duck Wincelin de Braibant et
le duck Aubiert, le conte de Blois, le conte de Saint Pol,
messire Robert de Namur, messire Guillaume de Namur
et grant fuisson de chevaliers de Hainnau et de Braibant, car là avoit une grosse feste de joustes et de
behourt : pour ce i estoient tout cil signeur asamblé.
Li dus de Braibant et la ducoise rechurent, pour
l'onneur dou roi d'Engletière, le chevalier mout liement ; et quant il sceurent la cause pour quoi il aloit
en Allemaigne, si en furent tout resjoï et dissent que
ce estoit une cose bien prise dou roi d'Engletière et
de leur nièce. Si cargièrent à messire Simon Burlé, à
son departement, lettres especiaulx adrechans au roi
d'Allemaigne, en remonstrant que il avoient grant
affeccion en che mariage. Si se parti de Brousselles li
chevaliers, et prist le chemin de Louvain pour aler à
Coulongne.

§ 126. Encores en celle saisson furent ordonné d'aller en Bretaigne dou conseil de Engletière deux cens
hommes d'armes et quatre cens archiers, desquels
messires Jehans d'Arondiel devoit estre souverains
menères et cappitaine. En celle armée furent esleu et

nommé messires Hues de Cavrelée, messires Thumas Bonnestre, messires Thumas Trivès, messires Gautiers Paule, messires Jehans de Boursier, li sires de Ferrières et li sires de Basset. Chil chevalier s'ordonnèrent et aparillièrent et se traïssent tout à Hantonne, et fissent cargier leurs vaissaulx de tout che que il leur besongnoit. Quant il peurent sentir qu'il eurent vent pour partir, il croisièrent leurs nefs et entrèrent en leurs vaissaulx, et desancrèrent et partirent. Che premier jour, li vens leur fu assés bons : sus le soir, li vens les retourna et leur fu tous contraires, et les bouta, vosissent ou non, ens es bendes de Cornuaille; et avoient vent si fort que il ne pooient ancrer ne osoient. A l'endemain, cils vens contraires les bouta en la mer d'Irlande, et là ne furent il mies bien assegur, enssi que il apparut, car il allèrent frotter as roches d'Irlande, et là rompirent trois de leurs vaissaulx, ens esquels messires Jehan d'Arondiel, messires Thumas Bonnestre, messires Hues de Cavrelée, messires Gautiers Paule estoient et bien cent hommes d'armes. Des cent en i eut les quatre vins peris, et furent perit messires Jehans d'Arondiel, li cappitainne de tous, dont che fu damages, car il estoit vaillans chevaliers, hardis, courtois et amoureux et entreprendans, et messires Thumas Bonnestre et messires Gautiers Paulle et pluiseurs autres. Et fu messires Hues de Cavrelée en si grant peril que onques ne fu ou pareil ne si priès de le mort, car tout cil qui en sa nef estoient, excepté sept maronnier et li, autre furent noiiet. Mais messires Hues et li autre qui se sauvèrent, s'aherdirent au cable et au mas, et li vens les bouta sus le sablon; mais il burent assés et en furent grandement mesais-

siet. De che peril escapèrent messires Thumas Trivès
et pluiseurs autres qui en furent ewireus. Si furent il
mout tourmenté sus le mer, et retournèrent, quant il
peurent, à Hantonne, et s'en vinrent deviers le roi et
ses oncles, et recordèrent leur aventure. Et tenoient
que messires Hues de Cavrelée estoit peris, mais non
fu, enssi que il apparut, et retourna à Londres à son
pooir. Enssi, pour celle saisson, se desrompi ceste
chevauchie et armée de Bretaigne, et ne peust estre
li dus confortés des Englès, dont il li vint à grant
contraire, car, toute celle saisson et l'ivier, li François li fissent grant guerre; et prisent li Breton, messires Olivier de Clichon et ses gens, la ville de Dignant
en Bretaigne par nacelles : si fu toute pillie [et] rob-
bée, et le tinrent depuis un grant temps contre le duck
et le païs. Or nous retournerons nous au besongnes
de Flandres.

§ 127. Vous savés que, quant li paix fu accordée
dou conte de Flandres à chiaux de Gaind par le
moiien dou duck de Bourgongne, dont il acquist grant
grace de tout le païs, li intencion et plaissance très
grande de chiaulx de Gaind estoit que li contes de
Flandres venroit demorer à Gaind et tenir son hostel :
ossi li contes estoit bien consilliés dou prouvost de
Harlebecque et de tous ses plus prochains de chela
faire pour nourir plus grant amour entre chiaux de
Gaind et li. Li contes se tenoit à Bruges, et point ne
venoit à Gaind, dont chil de Gaind estoient tout courouchiet, voire les bonnes gens, li riche et li sage,
qui ne demandoient que pais; mais li pendaille et li
blanc cappron et cil qui ne couvoitoient que le hus-

tin et l'avantage, n'avoient cure de sa venue, car bien savoient que, se il i venoit et s'i amasast, que tout coiement et sagement il seroient corrigiet des maulx que il avoient fait. Non obstant, quoique il fuissent en
5 celle doute, cil qui gouvrenoient la loi de la ville et li consaulx et les bonnes gens voloient outreement que il i venist et que on l'alast querre ; et leur sambloit que il n'avoient point d'estable pais ne ferme ne seure, se li contes ne venoit à Gaind. Et furent
10 ordonné [de par] eulx vint quatre hommes notables pour aler à Bruges li querir et remonstrer la grant affeccion que cil de Gaind avoient à lui. Et se departirent de Gaind chil qui esleu i furent mout honnerablement, enssi que on doit aller vers son signeur,
15 et leur fu dit : « [Ne] retournés jamais en la ville de Gaind, se vous ne nous ramenés le conte, car vous trouveriés les portes closes. » Sus cel estat, se missent au chemin chil bourgois de Gaind, et chevauchièrent vers [Deinse]. Entre [Deinse] et Bruges, il entendirent
20 que li contes venoit : de che furent il mout resjoï. Enssi que une lieue après que il eurent encontré des offiçiiers dou conte qui chevauchoient devant pour aministrer leur office, il regardèrent, et voient sus les camps le conte et se route. Quant chil bourgois
25 l'aprochièrent, il se traïssent tout sus les camps, et se ouvrirent tout en deux parties, et passèrent li contes et tout si chevalier parmi iaulx. Chil bourgois, en passant, s'enclinèrent mout bas et fissent le conte et ses gens à leur pooir grant reverence. Li contes
30 chevaucha tout droit oultre, sans euls regarder, et mist un petit [sa] main à son cappel, ne onques sus tout le chemin il ne fist samblant de parler à eulx.

Et chevauchièrent enssi li contes de une part, et li Gantois d'autre, tant que il vinrent à [Deinse], et là s'arestèrent, car li contes i devoit disner, ensi qu'il fist; et li Gantois prissent hostels pour iaulx, et là disnèrent.

§ 128. Quant che vint apriès disner, cil Gantois se traïssent mout bellement et en bon arroi deviers le conte, leur signeur, et s'engenoullièrent tout devant lui, car li contes seoit sus un siège; et là li representèrent mout humblement l'afeccion et le service de le ville de Gaind, et li remonstrèrent comment par grant amour chil de Gant, qui tant le desiroient à ravoir dallés eulx, les avoient là envoiiés : « Et au partir, monsigneur, il nous dissent que nous n'aviens que faire de retourner en Gaind, se nous ne vous amenions en no compaignie. » Li contes, qui trop bien entendi toutes leurs parolles, se teut une espasse tous quois et, quant il parla, il dist : « Je croi bien que il soit tout che que vous dites et que li pluiseur en Gaind me desirent à ravoir, mais je m'esmervel de che que il ne leur souvient mies ne n'a volu souvenir dou tamps passé, à che que il m'ont monstré, comment je leur ai esté propisces, courtois et debonaires en toutes leurs requestes, et ai souffert à bouter hors de mon païx mes gentils hommes, quant il se plaindoient d'eus, pour garder leur loi et leur justice. J'ai ouvert mes prisons par trop de fois pour eulx rendre leurs bourgois, quant il le me requeroient; je les ai amés, portés et honnerés plus que nuls de mon païs : et il m'ont fait tout le contraire, ocis mon baillu, abatu les maisons de mes gens,

banis et escaciés mes officiiers, ars l'ostel ou monde que je amoie le mieux, efforchiet mes villes et mis à leur entente, ocis mes chevaliers en la ville de Ippre, fait tant de malefisses contre moi et ma signourie
5 que je sui tous tanés dou recorder, et voldroie que il ne m'en souvenist jamès ! Mès si fera, voelle ou non. » — « Ha ! monsigneur, respondirent cil de Gaind, ne recovrés jamais à cela : vous nous avés tout pardonné. » — « C'est voirs, dist li contes, je
10 ne voel pas pour mes parolles ou tamps à venir que vous en vailliés mains, mais je les vous remonstre pour les grans cruaultés et felonnies que j'ai trouvé en ceuls de Gaind. » Adonc s'apaissa li contes et se leva et les fist lever, et dist au signeur de Rainseflies,
15 qui estoit dallés lui : « Faites aporter le vin. » On l'aporta : si burent chil de Gaind, et puis se partirent et se retraïssent à leurs hostels ; et furent là toute la nuit, car li contes i demora ossi, et l'endemain tout ensamble il chevauchièrent viers
20 Gaind.

§ 129. Quant chil de Gaind entendirent que leurs sires li contes venoit, si furent mout resjoï et vuidièrent à l'encontre de li à piet et à cheval ; et chil qui l'encontroient, s'enclinoient tout bas à l'encontre de
25 li et li faissoient toute l'onneur et reverence que il pooient. Il passoit oultre sans parler, et les enclinoit un petit dou chief. Enssi s'en vint il jusques à son hostel, que on dist à le Posterne, et là disna ; et li furent fait de par la ville tamaint present, et le vinrent
30 veoir li juret de la ville, che fu raisons, et se humeliièrent mout envers lui. Là leur requist li contes et

dist que en bonne paix ne doit avoir que paix, mais
il volloit que li blanc cappron fussent ruet jus et que
li mors de son baillieu fust amendée, car il en estoit
requis de son linage. « Monsigneur, respondirent li
juret, c'est bien nostre entente, et nous vous prions
que, [par] vostre grant humelité, vous voelliés demain
venir en le place et remonstrer deboinairement vostre entente au peuple ; et, quant il vous verront, il
seront si resjoï que il feront tout che que vous vol-
drés. » Li contes leur accorda. Che soir sceurent
trop grant fuisson des gens aval la ville que li contes
seroit à uit heures ou marchiet des devenres et que
là il precheroit. Les bonnes gens en furent tout
resjoï, mais li fol et li outrageus n'en fissent compte,
et dissent que il estoient tout prechiet et que bien
savoient quel cose il avoient à faire. Jehan Prouniel,
Rasse de Harselle, Piètre dou Bos, Jehan Boulle et
les cappitainnes des blans capprons se doubtèrent
que che ne fust sus leur carpent, et parlementèrent
che soir ensamble, et [si] mandèrent aucuns de leurs
gens, tous les plus outrageus et pieurs de leur compagnie, et leur dissent : « Entendés, tenés vous anuit
et demain tout pourveu de vos armeures, ne, pour
cose que on vous die, n'ostés point vos capprons.
Et soiiés tout ou marchiet des devenres à set
heures ; mais ne faites nul esmeutin, se on ne le
commence premierement sur vous, et dites enssi à
vos gens, ou vous leur faites savoir par qui que soit. »
Il respondirent : « Volentiers. » Et enssi fu fait. Le
matin à [set] heures, il vinrent tout ou marchiet, enssi
que ordonné leur fu, et ne se missent mies tout
ensamble, mais dis ou vint ensamble se tenoient

tout en un mont, et là estoient entre iaulx leurs
cappitainnes. Li contes vint ou marchiet tout à
cheval, acompaigniés de ses gens, chevaliers et
escuiers, et des jurés de le ville; et là estoit Jehans
de le Faucille dallés li et bien quarante des plus
rices et plus notables de le ville. Li contes, en fendant le marchiet, jettoit communement ses ieulx sus
ces blans capprons qui se mettoient en sa presence,
et ne veoit autres gens, che li estoit avis, que blans
capprons : si en fu tous merancolieus. Si descendi de
son cheval, et ossi fissent tout li autre, et monta sus
à unes phenestres, et s'apoia là, et avoit on estendu
un drap vermeil devant lui. Là commencha li contes à parler mout sagement. Tout se teurent, quant
il parla. Là leur remonstra il de point en point l'amour
et l'affeccion que il avoit à iaulx, avant que il l'euissent courouchié; là leur remonstra il comment uns
sires devoit estre amés, cremus, servis et honnerés
de ses gens; là remonstra il comment il avoient fait
tout le contraire; là remonstra il comment il les avoit
tenus, gardés et deffendus contre tout homme; là
leur remonstra il comment il les avoit tenus en
paix et en pourfit et en toutes prosperités, depuis
que il estoit venus à tière, ouviers les passages de
mer qui leur estoient clos en son jone avent. Là
leur remonstroit il pluiseurs poins raisonnables que
li sage concevoient, et entendoient bien clerement
que de tout il dissoit verité. Pluiseurs l'ooient volentiers, et li aucun non, qui ne demandoient que
l'enredie. Quant il eut là esté une heure et plus, et
que il leur ost remonstrées toutes ses intencions
bellement et douchement, en le fin il dist que il

voloit demorer leurs bons sires en le fourme et manière que il avoit esté par devant, et leur pardonnoit rancunes, haïnnes et mautalens que il avoit eu à iaulx et aussi malefisces fais, ne plus n'en volloit oïr nouvelles, et les voloit tenir en droit et en signourie, enssi que tousjours avoit fait ; mais il leur prioit que riens ne fesissent de nouviel et que cil blanc cappron fuissent [mis] jus. A toutes ces parolles on se taissoit et teut ossi quoit que dont que il n'i euist nullui ; mais, quant il parla des blans capprons, on commencha à murmurer, et bien se perchut que c'estoit pour cheli cause. Adonc leur pria il que il se traïssissent tout b[el]lement et en pais en leurs maisons. A ces cols il descendi, et toutes ses gens partirent dou marchiet et retraïssent à leurs hostels ; mais je vous di que li blanc cappron furent cil qui premiers vinrent ou marchiet et qui darrainement s'en partirent. Et quant li contes passa parmi iaulx, il s'ouvrirent, mais fellement le regardèrent, che li sambla, et ne le daignèrent onques encliner, dont il fu mout merancolieus. Et dist depuis à ses chevaliers, quant il fu retrais à son hostel à le Posterne : « Je ne venrai pas aisse à men entente de ces blans capprons : che sont male gent et fourconsilliet. Li cuers me dist que la cose n'est pas encores où elle sera ; à che que je puis perchevoir, elle se taille bien que mout de maux en naissent encores. Pour tout pierdre, je ne les poroie veoir ne souffrir en leur orguel. »

§ 130. Enssi fu li contes de Flandres à Gaind en celle sepmainne quatre jours, et au cinquime s'en

parti à celle fois que onques depuis n'i rentra, et s'en vint à Lille, et là s'ordonna pour ivrener. A son departement de Gaind, à painnes prist il congiet à nullui, et s'en parti par mautalent, dont li plus de
5 chiaulx de le ville s'en contentèrent mal et dissent que il ne leur feroit jamais bien ne jamais ne les ameroit parfaitement enssi que il avoit fait autrefois, et que Ghisebrès Mahieu et si frère et li doiiens des menus mestiers les honnissoient et le fourconsilloient
10 de che que si soudainement et sans amour il estoit partis de Gaind. Jehans Prouniaulx, Rasse de Harselle, Piètre dou Bos, Jehans Boulle et les cappitainnes des mauvais estoient tout liet [et] semoient parolles et faissoient semer aval la ville, mais que li
15 estés revenist, li contes ou ses gens brisseroient le paix, et que on avoit bien mestier que on fust sus sa garde et pourveu de blés, d'avainnes, de chars, de sels et de toutes pourveances, car il ne veoient en leur paix nul seur estat. Si se pourveïrent cil de
20 Gaind grandement de blés et de toutes autres coses appartenans à iaulx, dont li contes, qui en fu enfourmés, avoit grant mervelles, ne de qui il se doubtoit. Au voir considerer, on se puet de ces parolles que je dis et ai dites en devant esmervillier comment cil
25 de Gaind se disimulloient et estoient dissimullé très le commenchement. Li riche, li sage et li notable homme de le ville ne se pueent mies escuser que, au commenchement de ces ahaties, se il vosissent bien acertes, il n'euissent mis remède, car, quant Jehans
30 Lion commencha à mettre les blans capprons avant, il l'euissent bien debatu, se il vosissent, et envoiié contre les fosseurs de Bruges autres gens qui euis-

sent ossi bien esploitiet que li blanc cappron. Mais
il les souffrirent, pour tant que il n'en voloient point
estre nommé ne renommé, et se voloient bouter
hors de le presse, et tout il faissoient et consen-
toient, dont chierement le comparèrent puisedi
tout li plus rice et li plus sage, car tant laissièrent
ces folles gens convenir, que il furent signeurit et
menet par iaulx, ne il n'osoient parler de cose que il
vosissent dire ne faire. La raison que cil de Gaind i
mettent, il dient que pour Jehan Lion ne pour Ghisebrest Mahieu ne pour leurs linages ne pour leurs
guerres ne envies il ne se fuissent jamais ensonniiet
ne bouté si avant en la guerre fors que pour garder
leurs francisses tant des bourghesies que d'autres
coses; et quoique en guerre, en haïnne et en mautallent il fuissent l'un contre l'autre, si voloient il
estre tout un au besoing pour tenir, garder et deffendre les francisses [et] bourghesies de Gaind, enssi
que depuis il le monstrèrent, car il furent, leur
guerre durant qui dura priès de set ans, si bien d'accord que onques n'eurent entre iaulx estri dedens la
ville; et ce fu ce qui plus les soustint et garda que
autre cose : ens et hors, il estoient si en unité que
point de diferent n'i avoit, mès metoient avant or
et argent, jeuiaulx et chavance, et qui le plus en
avoit, il l'abandonnoit, enssi comme vous orés recorder ensiewant en l'istoire.

§ 131. Ne demora depuis gaires de tamps que li
contes de Flandres fu partis de Gaind et revenus à
Lille, que messires Oliviers de Hauterive, consins ger-
mains à Rogier d'Auterive que cil de Gaind avoient

ocis, envoiia deffier le ville de Gaind pour la mort de son cousin : ossi fissent messires Phelippres de Mamines, li Gallois de Mamines, [li bastars de Weldinghes] et pluiseurs autres. Et, tantos ces deffiances faites, il trouvèrent environ quarante navieurs, bourgois de Gaind, qui amenoient par le rivière d'Escaut bleds à Gaind : si se contrevengièrent de le mort de leur cousin sus ces navieurs et les decoppèrent trop villainnement et crevèrent les ieulx, et les renvoiièrent enssi à Gaind afollés et mehaigniés : lequel despit cil de Gaind tinrent à grant. Li juret, qui estoient en le loi pour ce tamps, asquels ces plaintes vinrent, furent tout courouchiet et n'en seurent bonnement que dire ne qui encouper, fors que les faisseurs. Murmurations monta aval la ville ; et disoient li grigneur partie des gens de Gaind que li contes de Flandres avoit che fait, ne à paines l'osoit nuls homs de bien escuser.

Sitos que Jehans Prouniaux entendi ces nouvelles, qui estoit pour le tamps des blans capprons li plus grans mestres et cappitains, sans sonner mot ne parler as jurés de la ville, ne sai se il en parla as autres cappitains, je croi bien que oïl, il prist la grignour partie des blans capprons et encores assés de poursieuwans entalentés de mal faire, et se parti sus un soir de Gaind, et s'en vint bouter en Audenarde. Quant il i entra premierement, il n'i avoit ne garde ne gait, car on ne se doubtoit de nulli, et se saissi de le porte, et puis i entrèrent toutes ses gens, et estoient plus de cinq cens. Quant che vint au matin, il mist ouvriers [en oevre], maçons, carpentiers et autres gens qu'il eut tous aparilliés à son commandement et pour

malfaire. Si ne cessa si eut fait abatre deus portes, les
tours et les murs, et reversés ou fosset au lés deviers
Gaind. Or regardés comment cil de Gaind se pueent
escuser que il ne consentirent ce fourfait, car il furent
en Audenarde abatans portes et murs plus d'un
mois. [Se] il euissent remandé leurs gens sitos que il
en sceurent les nouvelles, on les euist escusés, mès
nennil; anschois clignièrent il leurs ieulx et souffrirent tant que les nouvelles vinrent au conte qui se
tenoit à Lille, comment Jehans Prouniaulx estoit lare-
cineusement venus de nuit en Audenarde et s'estoit là
boutés et avoit abatu et fait abatre deux portes, les
tours et les murs. De ces nouvelles fu li contes durement courouchiés, et bien i eut cause, et dist : « Ha !
des maleoites gens ! li diables les tient bien ! je n'arai
jamais paix tant que cil de Gaind soient en poissance. » Adonc envoia il deviers iaulx de son conseil
en iaulx remonstrant le grant outrage que il avoient
fait, et que ce n'estoient mies gens que on deuist
croire ne tenir en nulle pais, quant la paix que li dus
de Bourgongne leur avoit à grant painne fait avoir, il
avoient enfraint et brissiet. Li maieur et li juret de le
ville de Gand s'escusèrent et respondirent que, salve
leur grace, il ne pensèrent onques à brissier la pais,
ne volenté n'en eurent; et, se Jehans Prouniaulx
avoit fait un outrage de soi meïsmes, la ville de
Gaind ne le voloit mies avoer, mais s'en escusoit
loiaument et plainement : « mais li contes a consenti;
et sont issu de son hostel cil ou aucun qui ont fait si
grant outrage que il ont mort, mehaigniet et afollet
nos bourgois, qui est uns grans inconveniens à tout
le corps de le ville. » — « Dont dites vous, signeur,

repliquèrent li commissaire dou conte, que vous estes contrevengiet? » — « Nenuil, respondirent li juret, nous ne dissons pas que ce que Jehans Prouniaux a fait à Audenarde, que ce soit contrevengance, car, par les tretiés de le pais, nous le poons monstrer et prouver, se nous vollons, et de ce nous en prendons en tesmongnage monsigneur de Bourgongne, que Audenarde estoit à abatre, ou point où elle est, toutes fois que nous volions; et à priière de monsigneur de Bourgongne nous le mesimes en souffrance. » — « Dont, respondirent li commis dou conte, enssi appert par vos parolles que vous l'avez fait faire, ne vous ne vo[u]s poés escuser. Quant vous sentiés que Jehans Prouniaux estoit alés en Audenarde, qui i entra à main armée, larechineusement et en boine pais, et que il abatoit portes et murs et reversoit ens es fossés, vous deuissiez estre alé au devant et li deffendu, que il n'euist point fait cel outrage tant que vous euissiez remonstré vos plaintes au conte. Et, se de le navrure ou bleceure de vos bourgois il ne vous euist fait adrèce, vous deuissiez estre trait deviers monsigneur de Bourgongne qui les tretiés de la pais mena, et li remonstré vostre afaire. Enssi euissiés vous embelli vostre querelle, mais nenil : ore et autrefois, che vous mande messires de Flandres, li avés vous fais des despis, priiet l'espée en le main et plaidiet saissi; che set Dieux qui tout voit et congnoist, et qui un jour em prendera sur vous si cruel vengance, que tout li mondes en parlera. » Atant se departirent il des maieur et jurés de le ville, et issirent après disner de Gaind, et s'en retournèrent par Courtrai à Lille et recordèrent au conte comment il avoient besongniet et les escusances que cil de Gaind mettoient en ces besongnes.

§ 132. On se puet esmervillier, qui ot parler et tretier de ceste matère, des pourpos estraignes et mervilleus que on i tre[u]ve et voit, qui tous les list et bien les entent. Li aucun en donnent le droit de la guerre, qui fu en che tamps si grande et si cruelle en Flandres à chiaux de Gaind, et dient que il eurent juste cause de guerriier; mais il me semble jusques à chi que n'en ont point eu, ne je ne puis veoir ne entendre ne concevoir que li contes n'euist toudis plus amet le païs que la guerre, reservé se hauteur et sen honneur. Ne leur renvoiia il mies le bourgois de Gaind qui estoit en sa prison à Erclo? Me[s] Dieux, si fist, et il li ocirent son baillieu. Encores de rechief, il leur pardonna cel outrage pour eulx tenir en paix, et sur che il esmeurent toute Flandres un jour sur li, et ocirent en le ville de Ippre, voires chil de Ippre meïsmement, cinq de ses chevaliers, et vinrent assieger Audenarde, et se missent en painne de l'avoir et dou destruire. Encores en vinrent il à chief et à paix, et ne voloient amender le mort de Rogier d'Auterive, dont ses linages l'avoient pluiseurs fois remonstré au conte de Flandres; et, se il contrevengièrent le mort de leur cousin sus aulcuns navieurs, par lesquels de premierement toutes ces haïnnes estoient esmeutes et eslevées, convenoit il pour ce que Audenarde en fust abatue? Il m'est avis, ossi est il à pluiseurs, que nennil. Encores avoit li contes assés à sorre enviers chiaux de Gaind, che dissoient il, et voloient que il leur fust amendé li affaires des navieurs, anchois que il rendesissent Audenarde.

Li contes, qui se tenoit à Lille, et son conseil dallés li, estoit courouchiés de che que li Gantois tenoient Audenarde, et ne le savoit comment ravoir, et se repentoit trop fort, quelque pais que il euist juret ne donnet as Gantois, que il ne l'avoit toudis bien fait garder. Si escrisoit souvent à ceulx de Gaind et mandoit que on li rendesist, ou il leur feroit guerre si cruelle que à tous jours il s'en sentiroient. Chil de Gaind nullement ne le voloient avoer che fait que il euissent le pais brissie. Finablement, aucunes bonnes gens de Gand, rice homme et sage homme, qui ne voloient que bien et pais, alèrent tant au devant de ces besongnes, tels que Jehans de le Faucille, sire Ghisebrest de Grute et sire Simons Bette et pluiseurs autres, que le dousime jour de march, chil qui estoient en le ville d'Audenarde s'en partirent, et fu rendue as gens dou conte. Et parmi tant, pour apaissier le conte, Jehans Prouniaulx estoit banis de Gaind et de Flandres; pour ce estoit devissé en sa banissure que il estoit allés prendre Audenarde sans le sceu de chiaulx de Gaind. Et estoient banit de la conté de Flandres à tousjours et sans rapiel messires Phelippres de Mamines, messires Oliviers d'Auterive, li Gallois de Mamines, li bastars de [Weldinghes] et tout cil qui avoient esté à decopper les navieurs bourgois de Gaind. Et parmi ces banissures s'apaissoient li une partie et li autre; si vuidièrent tout Flandres. Et vint Jehans Prouniaux demorer à Ath en Braibant, qui siet en le conté de Hainnau. Messires Phelippres de Mamines vint à Valen-

chiennes, mais, quant cil de Gaind le seurent, il
esploitièrent tant deviers les prouvos et jurés de
Valenchiennes [qu'il en fissent partir le chevalier]. Et
estoit pour che tamps prouvos Jehans Partis, qui
bellement et doucement en fist partir le chevalier;
et issi de la ville de son bon gré, et s'en vint demorer à Warlaing dalés Douai, et là se tint tant que il
oï autres nouvelles. Et li autre chevalier et escuier
vuidièrent Flandres, et allèrent en Braibant ou ailleurs
tant ossi que il oïrent autres nouvelles.

§ 133. Sitos que li contes de Flandres fu revenus
en posession de le ville de Audenarde, il manda ouvriers à force et le fist remparer, portes, tours et murs,
plus fort que devant, et relever tous les fossés. Che
savoient bien li Gantois que li contes i faissoit
ouvrer, mais nul semblant n'en faissoient, car il ne
voloient point estre repris de enfraindre le pais, et
dissoient li fol et li outrageus : « Laissons ouvrer : se
Audenarde estoit toute d'achier, [si] ne poroit elle
durer contre nous, quant nous voldrions. » Et quoique il i euist adonc pais en Flandres, li contes estoit
en soupechon et en doubte toudis de chiaulx de
Gaind, car tous les jours, on li rapportoit dures
nouvelles, et cil de Gaind enssi dou conte, et n'estoient mies bien asseguret. Jehans de le Faucille s'en
vint demorer à Nazaret, une trop belle maison et
assés fort lieu que il avoit à une grande lieue de
Gaind, et là fist son atrait tout bellement. Et venoit
trop peu à Gaind, et se disimulloit che qu'il pooit;
et ne voloit point estre as consaulx de chiaulx de
Gaind, par quoi il n'en fust demandés dou conte. Ossi

dou conte il se mettoit arrière che que il pooit, pour
tenir chiaulx de Gaind à amour : enssi nooit il entre
deux aiges, et se faisoit neutres à son pooir.

Entrues que li contes de Flandres faissoit remparer la ville de Audenarde et [en] estoit tout au dessus,
il procuroit par lettres et par mesages deviers son
cousin le duck Aubert, bail de Haynnau, que il peuist
avoir Jehan Prouniaul, qui se tenoit à Ath. Tant
esploita que on li delivra, et fu amenés à Lille.
Quant li contes le tint ens ou castiel de Lille, il le
fist decoller, et puis mettre sus une [roe] comme un
traïteur. Enssi fina Jehans Prouniaulx.

Encores en celle saisson, li contes de Flandres s'en
vint à Ippre, et là fist il faire grant fuisson de justices et
decoller mescheans gens, tels que foullons [et] tisse-
rans qui avoient mors ses chevaliers et ouvert les
portes à l'encontre de chiaulx de Gaind, affin que li
aultre i presissent exemple.

§ 134. De toutes ces coses estoient enfourmé li
Gantois : si se doubtèrent trop plus que devant, et
par especial les cappitainnes qui avoient esté en ches
chevaucies et devant Audenarde, et dissoient bien
entre iaulx : « Certes, se li contes puet, il nous destruira tous. Il nous aime bien : il n'en voelt que les
vies. N'a il mies fait morir Jehan Prouniel? Certes,
au voir dire, nous avons fait à Jehan Prouniel
grant tort, quant nous l'avons enssi escachiet et
eslongiet de nous; nous sommes coupable de sa
mort, et à celle fin venrons nous tout, se on nous
puet atrapper. [Si] soions sus no garde. » Che dist
Piètres dou Bos : « Se j'en estoie creus, il ne de-

mor[r]oit en estant forte maison de gentil homme
en le païs de Gaind, car, par les maisons des gentils
hommes qui i sont, porions nous [estre] et serons
encores tout destruit, se nous n'i pourveons de remède. » Respondirent li autre : « Vous dites voir. Or
tos avant, abatons tout. » Adonc s'ordonnèrent ces
cappitainnes Piètres dou Bos, Jehan Boulle, Rasses
de Harselle, Jehans de Lannoit et pluiseurs autres;
et se partirent un jour de Gaind bien quinse cens,
et allèrent en celle sepmainne tout environ Gaind
en le païs de Gaind, et abatirent et ardirent toutes
les maisons des gentils hommes; et tout che que il
trouvèrent ens, il le departirent entre iaulx au
butin. Et puis, quant il eurent enssi esploitiet, il
rentrèrent en Gaind, ne onques ne trouvèrent qui
desist : « Vous avés mal fait. »

Quant li gentil homme, chevalier et escuier, qui
se tenoient à Lille dallés le conte et ailleurs, entendirent ces nouvelles, si en furent durement courouchiet, et à bonne cause; et dissent au conte que il
convenoit que cils despis fu amendés, et li orgueils
de chiaulx de Gaind abatus. Adonc abandonna li
contes as chevaliers et escuiers à faire guerre as Gantois et à contrevengier leurs damages. Si se requellièrent et missent ensamble pluiseurs chevaliers et
escuiers de Flandres, et priièrent leurs amis en Hainnau pour eulx aidier à contrevengier; et fissent leur
cappitainne dou Hasse de Flandres, ainnet fil bastart
dou conte, un mout appert chevalier. Chils Hasses
de Flandres et si compaignon se tenoient une fois en
Audenarde, l'autre à Gauvres, puis à Alos, puis à
Tenremonde, et herioient grandement les Gantois,

et couroient jusques as barières de le ville, et abatirent priès que tous les moulins à vent qui estoient environ Gaind, et fissent en celle saisson mout de despis à chiaulx de Gaind. Et estoit en leur compaignie uns jones chevaliers de Hainnau, et de grant volenté, qui s'appelloit messires Jaquemes de Werchin, senescal de Hainnau. Chils en celle saisson fist pluiseurs grans apertisses d'armes environ Gaind, et s'aventuroit, tels fois estoit, mout follement et mout outrageusement, et venoit lanchier et combattre as barrières, et conquist par deux ou par trois fois de leurs bacinès et de leurs arbalestres. Chils messires Jaquemes de Werchin, senescal de Hainnau, fu uns chevaliers de grant volenté et qui mout amoit les armes, et euist fait sans faulte de lui vaillant homme, se il euist longhement vesqui; mais il morut jones, et sus se[n] lit, ou chastiel d'Oubies dallés Mortaigne, dont che fu damages.

§ 135. Li Gantois qui se veoient heriiet des gentis hommes dou païs de Flandres et d'ailleurs, estoient courouchiet et eurent en pensé de envoiier et de priier au duc Aubert que il vosist retraire et rappeller ses gentils hommes qui les guerriioient; mais, tout consideré, il veïrent bien que il perderoient leur painne, car li dus Aubiers n'en feroit riens. Et ossi il ne le voloient mies courouchier, ne mettre sus ne avant cose par quoi il le courouchaissent ne merancoliaissent, car il ne pooient sans lui ne ses païs; et ou cas que Hainnau, Hollandes et Zellandes leur seroi[en]t clos, il se contoient pour perdus. Si ne tinrent mies che pourpos, mais eurent un autre, que il

manderoient as chevaliers et as escuiers de Hainnau
qui tenoient aucuns hiretages ou rentes en Gaind et
en le castelerie de Gaind, que il les vosissent servir,
ou il perderoient leurs revenues. Ils le fissent, mais
nuls n'en fist compte de leur mandement. Et par
especial il mandèrent au signeur d'Antoing, messire
Hues, qui est chastelains et hiretiers de Gaind, que il
les venist servir de sa chastelerie, ou il perderoit ses
drois et li abateroient son castel de Vianne, qui sciet
[dalés Gramont]. Li sires d'Antoing leur remanda que
volentiers il les serviroit à leur destruction, et que il
n'euissent en lui nulle fiance, car il leur seroit contraires et fors ennemis, ne il ne tenoit riens de iaulx
ne voloit tenir, fors de son signeur le conte de Flandres, auquel il devoit service et obeïssance. Li sires
d'Antoing leur tint bien tout che que il leur prou-
mist, car il leur fist guerre mortelle, et leur porta
mout de damages et de contraires, et fist garnir et
pourveïr son castiel de Vianne, de laquelle garnison
chil de Grammont estoient fort heriiet et travilliet.
D'autre part, li sires d'Enghien, qui estoit encores
uns jones escuiers et de grant volenté, et s'appelloit
Wautiers, leur faissoit mout de contraires et de despis. Enssi se continua toute celle saisson [la guerre],
et n'osoient li Gantois issir hors de leur ville, fors en
grant route, liquel, quant il trouvoient leurs anemis,
il ne avoient nulle merchi tant que il fuissent li plus
fort, mais ocioient tout. Enssi s'enfelenia et monte-
plia ceste guerre entre le conte de Flandres et chiaulx
de Gaind, qui cousta depuis cent mille vies deus fois,
ne à grant painne puet on trouver fin ne paix,
car les cappitainnes de Gaind si se sentoient si

meffait envers leur signeur le conte et puis le duch de Bourgongne, que il n'esperoient mies que, pour seellet ne pour tretiet que on leur jurast ne fesist, il peuissent jamais venir à paix que il n'i me-
5 sissent les vies. Celle doubte leur faissoit tenir leur oppinion et guerriier hardiement et outrageusement. Si leur cheï bien par pluiseurs fois de leurs emprisses, enssi comme vous orés recorder avant en l'istoire.

10 § 136. Li contes de Flandres, qui se tenoit à Lille, ooit tous les jours dures nouvelles de chiaulx de Gaind, et comment il abatoient et ardoient tous les jours ses maissons et les maissons des gentils hommes. Si en estoit tous courouchiés, et dissoit que il
15 en prenderoit encores si cruel vengance que il meteroit Gaind en feu et en flame et tous les rebelles ossi. Si rappella li contes, pour estre plus fors contre ces Gantois, tous les banis de Flandres, et leur abandonna son païs pour resister contre les blans cap-
20 prons, et leur bailla deus gentils hommes à cappitainnes, le Gallois de Mamines et Pière de Stienehus. Chil doi, avoecques leurs routes, portèrent le banière dou conte, et se tinrent environ trois sepmainnes entre Audenarde et Courtrai, sus le Lis, et i fissent
25 mout de damages.

Quant Rasses de Harselle en sceut le convenant, il vuida hors de Gaind à tout les blans cappropns, et s'en vint à [Deinse], et quida trouver les gens dou conte; mais, quant cil banit sceurent que li Gantois ve-
30 noient, il se retraïssent vers Tournai et s'amasèrent [en le Pèvle], et se tinrent un grant tamps entours Or-

chies et le Daing et Rongi et Warlain. Et n'osoient li
marceant aler de Tournai à Douai et à Lille pour ces
banis, et disoit on adonc que li Gantois venroient
assegier Lille et le conte de Flandres dedens et tre-
toient à chiaux de Bruges et de Ippre pour faire ceste
emprisse, et avoient Granmont et Courtrai de leur
acord. Mais cil de Ippre et de Bruges varioient, car li
gros et li rice bourgois, en ces deus villes, n'estoient
mies bien d'accord as menus mestiers, et disoient
que che seroit grans follie de aller si lonc mettre siège
que devant Lille, et que li contes, leurs sires, poroit
avoir aliances grandes au roi de France, enssi que
autrefois il a heu, dont il poroit estre aidiés et confortés. Ces doubtes ratinrent les bonnes villes de
Flandres en celle saisson que nuls sièges ne se fist ne
mist devant Lille.

Bien se doubtoient li Gantois que li rois de France
ne confortast par linage son cousin le conte de Flandres ou par le pourcach et tretié de son cousin
et fil le duc de Bourgongne, et avoient envoiiet
lettres mout amiables devers le roi, en remonstrant
que pour Dieu il ne se vosist mies laissier consillier
contre euls à leur damage, car il ne voloient au roi
ne au roiaulme que amour, pais, obeïssance et service, et que leurs sires, à tort et à grant pechiet, les
travilloit et grevoit; et que ce que il faissoient, che
n'estoit fors que pour soustenir leurs francisses, lesquelles leurs sires leur voloit oster et abatre, et que il
leur estoit trop cruels. Li rois moiienement s'enclinoit assés à euls, et n'en faissoit enssi que nul compte,
ossi ne faissoit ses frères, li dus d'Ango, car li contes de Flandres, quoique che fust leurs cousins, n'es-

toit mies bien en leur grace pour le cause dou duc de Bretaigne, que il avoit soustenu et tenus dallés li en son païs, oultre leur volenté, un grant tamps : [si] ne faissoit compte de ses anois. Ossi ne
5 faissoit pappes Clemens, et disoit que Dieux li envoiioit ceste verghe, pour tant que il li avoit esté contraires.

§ 137. En che tamps, se tenoit li connestables de France en Auvergne, messires Bertrans de Claiekin, à
10 grant gent d'armes, et se tenoit à siège devant Chastel Noef de Randon, à trois lieues de la citté de Mende et à quatre lieues dou Pui ; et avoit enclos en che castiel Englès et Gascons, ennemis au roiaulme de France, qui estoient issut hors de Limosin, où grant fuisson de
15 forterèce[s englesses] avoit. Si fist, le siège durant devant, faire pluiseurs assaulx, et dist et jura que de là ne partiroit si aroit le castiel. Une maladie prist au connestable, de laquelle il acoucha au lit : pour che, ne se deffist mies li sièges, mais furent ses gens plus
20 aigre que devant. De ceste maladie messires Bertrans morut, dont che fu damages pour ses amis et pour le roiaulme de France. Si fu aportés en l'eglise des Cordeliers au Pui en Auvergne, et là fu une nuit. A l'endemain, on l'embausuma et apparilla, et fu mis
25 en sarcu et aportés à Saint Denis en France, et là fu ensepvelis asés priès de la tombe et ordenance dou roi Charle de France, laquel il avoit fait faire très son vivant ; et fist le corps de son connestable mettre et couchier [à ses piés], et puis fist faire en l'eglise de
30 Saint Denis son obsèque ossi reveranment et ossi notablement que dont que che fust ses fils ; et i furent

tout si troi frère et li noble dou roiaulme de France.

Enssi vaca par le mort dou connestable de France li offices de le connestablie : si fu avissé et ordonné et regardé de qui on le feroit. Si en estoient nommet pluiseur hault baron dou roiaulme, et par especial li sires de Couchi et li sires de Cliçon. Et volt li rois de France que li sires de Couchi fust regars de toute Picardie; et adonc li donna il toute la terre de Mortaigne, qui est uns biaux hiretages seant entre Tournai et Valenchiennes, et en fu deportés messires Jaquemes de Werchin, li jones senescaulx de Hainnau, qui le tenoit de la sucession son père, qui en fu sires un grant tamps. Et vous di que cils sires de Couchi estoit grandement en la grace et amour dou roi de France, et voloit li rois que il fust connestables, mais li gentils chevaliers s'escusoit par pluiseurs raisons, et ne voloit mies encores emprendre si grant fais que de la connestablie, mais dissoit que messires Oliviers de Cliçon en estoit bien merites et mieulx tailliés de l'iestre que nuls, car il estoit vaillans homs et sages et amés et congneus des Bretons. Si demora la cose en cel estat encores une espasse de tamps, et les gens messire Bertram de Claiekin retournèrent en France, car li castiaulx se rendi à iaulx le propre jour que li connestables morut. Et s'en rallèrent cil qui le tenoient, en Limosin, en la garnison de Caluisiel et de Ventadour. Quant li rois de France veï les gens dou connestable, si se ratenri pour le cause de ce que mout l'avoit amet, et fist à cascun selonc son estat grant pourfit.

Nous no[u]s soufferons à parler de euls, et recorderons comment messires Thumas, contes de Bouquighem, mainés fils dou roi Edouwart d'Engletière, mist sus en celle saisson une grant armée de gens d'armes et d'archiers, et passa parmi le roiaulme de France et vint en Bretaigne.

§ 138. Vous avés bien oï recorder que, quant li dus de Bretagne issi hors d'Engletière, que li rois Richars et si oncle li eurent en convenant que il le conforteroient de gens d'armes et d'archiers. Et li tinrent che convenant, comment que il ne leur en cheïst pas bien, car il li envoiièrent messire Jehan d'Arondiel à tout deux cens hommes d'armes et otant d'archiers. Et cil eurent une si dure fortune sus mer que il furent peri, et se sauvèrent à grant malaisse messires Hues de Cavrelée et messires Thumas Trivès; et i ot bien peris quatre vins hommes d'armes et otant ou plus d'archiers, et fu par celle dure fortune celle armée route. Dont li dus de Bretaigne s'esmervilloit trop grandement, et ossi faissoient cil de son costé, de che que il n'ooient nulles nouvelles d'Engletière, et ne pooit penser ne imaginer à quoi il tenoit; et veïst volentiers que il fust confortés, car il estoit asprement guerriés de monsigneur Olivier de Cliçon, de messire Gui de Laval, de messire Olivier de Claiekin, conte de Longueville, dou signeur de Rochefort et des Franchois qui se tenoient sus les frontières de son païs : si eut conseil li dus que il envoiieroit souffissans hommes en Engletière pour savoir pour quoi il perissoit, et pour avoir confort hasteesment, car il leur besongnoit. Si en furent priiet dou duch et de chiaulx dou païs qui avoecques le duc se tenoient, pour aler en ce mesage, li sires de Biaumanoir et messires Ustasses de la Houssoie : il l'acordèrent et respondirent que il iroient volentiers. Si leur furent lettres baillies, escriptes et seellées de par le duc et de par le païs. Si partirent de Bretaigne et montèrent en mer assés priès de Vennes : si eurent vent à volenté, et arivèrent sans peril et sans damage à Hantonne. Si issirent dou vaissiel et montèrent as chevaus et chevauchièrent tant que il vinrent à Londres. Che fu environ la Pentecouste, l'an de grace mil trois cens et quatre vins.

§ 139. De la venue le signeur de Biaumanoir et le signeur de la Houssoie furent tantos segnefiiet li rois et si troi oncle. La feste de le Pentecouste vint : li rois [alla] tenir sa feste à Widesore, et là furent si oncle et grant fuisson de barons et de chevaliers d'Engletière; et là vinrent li doi chevalier dessus nommé, qui furent bellement recheu dou roi et des barons. Et baillièrent li chevalier de Bretaigne leurs lettres et au roi et à ses oncles : si les lissirent et congnurent comment li dus de Bretaigne et ses païs prioient afectueusement que il fuissent conforté. Adonc sceurent li doi chevalier de Bretaigne la mort à messire Jehan d'Arondiel et des autres qui estoient peri sus mer, en cheminant vers Bretaigne; et s'escusa bien li dus de Lancastre que che n'estoit mies la couppe dou roi ne de son conseil, mais la fortune de mer contre qui nuls ne puet resister, quant Dieux voelt. Li chevalier à ces parolles tinrent bien le roi et son conseil pour escussé, et plaindirent grandement le mort des bons chevaliers et escuiers qui estoient peri sus mer. La feste de la Pentecouste passée, uns parlemens fu assignés à estre à Westmoustier, et i furent mandé tout cil dou conseil dou roi. A ce parlement vinrent prelat, baron et chevalier d'Engletière et tout chil qui dou conseil estoient.

5 Entrues que ces cosses s'aprochoient et ordonnoient, trespassa de che siècle chils gentils et vaillans chevaliers en le citté de Londres messires Guichars d'Angle, contes de Hostindonne. Si fu ensepvelis en l'eglisse des Augustins à Londres, et là li fist li rois
10 faire son obsèque très reveranment; et i eut grant fuisson de prelas et de barons d'Engletière, et canta la messe che jour li evesques de Londres.

Tantost apriès commenchièrent li parlement. Si fu adonc ordonné que messires Thumas, maisnés fils
15 dou roi d'Engletière, passeroit la mer et venroit prendre tière à Callais, et passeroit, se Dieux l'ordonnoit, parmi le roiaulme de France, trois mille hommes d'armes en se compaignie et trois mille archiers, et venroit en Bretaigne, et seroit acompai-
20 gniés de contes, de barons et de chevaliers, enssi comme à fil de roi apartenoit et qui entreprent un si haut voiage que de passer parmi le roiaulme de France, qui est si grant et si nobles et où tant a de bonne chevalerie.

25 § 140. Quant ces coses furent consillies et arestées et li voiages dou tout accordés, li rois d'Engletière et si oncle escripsirent lettres et seellèrent au duck de Bretaigne et au païs, et leur mandèrent une grant partie de leur entente et dou conseil parle-
30 menté et arresté à Londres, et que à ce n'i aroit nulle deffaute que li contes de Bouquighem en celle saison

passeroit. Li rois d'Engletière honnoura mout les
chevaliers et leur donna des biaux dons, et ossi fissent si oncle; et puis partirent et retournèrent arrière
en Bretàigne, et donnèrent leurs lettres au duck
qui les ouvri et lissi, et veï tout ce que elles contenoient; si les monstra au païs, liquel se contentèrent
de ces responses et se ordonnèrent sur che. Et li rois
d'Engletière et si oncle ne missent mies en oubli le
voiage qui estoit empris; mais furent escript, segnefiiet et mandé tout cil qui esleu estoient d'aller oultre
avoecques le conte de Boukinghem, li baron d'un lés
et li chevalier d'autre. Et furent paiiet et delivret à
Londres pour trois mois; et commenchoient leurs
gages à entrer sitos comme il estoient arivet à Calais,
tant de gens d'armes comme d'archiers, et leur delivroit li rois passage à ses [frès]. Si vinrent à Douvres,
et passèrent petit à petit, et arivèrent à Callais, et
missent plus de quinse jours à passer, anchois que il
fuissent venut.

Bien veoient cil de Boulongne que grant gent
d'armes issoient hors d'Engletière et passoient le
mer et arivoient à Callais. Si les segnefiièrent sus le
païs et par toutes les garnissons, affin que il ne fuissent soupris. Lors que les nouvelles furent sceues en
Boulenois, en Ternois et en le conté de Ghines, si se
avisèrent chevalier et escuier dou païs, et fissent
traire ens es fors tout ce que leurs gens avoient, se il
ne le voloient perdre; et les cappitainnes telles que
le cappitainne de Boulongne, le cappitainne d'Arde,
de le Montoire, d'Esprelecque, de Tournehem, de
Hames, de Lisques et des castiaulx sus les frontières
entendirent à pourveïr grandement leurs lieus, car

bien savoient, puisque li Englès passoient à tel flote, que il aroient l'assaut.

Les nouvelles dou passage furent segnefiies au roi Charle de France, qui se tenoit à Paris; si envoiia tantos deviers le signeur de Couchi qui estoit à Saint Quentin, que il se pourveïst de gens d'armes et s'en alast en Picardie, et reconfortast les villes, les cittés et les castiaulx. Li sires de Couchi obbeï au mandement dou roi, che fu raisons, et resvilla chevaliers et escuiers d'Artois, de Vermendois et de Picardie, et fist son mandement à Pieronne en Vermendois. Et estoit pour che tamps cappitainne d'Arde li sires de Saintpi, et de Boulongne messire Jehans de Lonvillers, et de Monstruel sur le mer messires Jehans de Fosseux. Si ariva à Callais trois jours devant le Madalaigne, ou mois de julle, li contes de Boukinghem, en l'an de grace Nostre Signeur mil trois cens et quatre vins.

§ 141. Quant li contes de Boukinghem fu arivés à Callais, li compaignon en eurent grant joie, car bien savoient que point longhement ne sejourneroient là que il n'alaissent en leur voiage. Li contes se rafresqui deus jours à Callais, et au tierch jour partirent et se missent sus les camps, et prissent le chemin de [Marquigue].

Or est il drois que je vous nomme les bannerès et les pennonchiers qui là estoient : premierement, le conte Thumas de Boukinghem, le conte d'Asquesufort, qui avoit sa nièce espousée, fille au signeur de Couchi; apriès, le conte de Devesciere. Apriès chevauchoit, banière desploïe, li sires Latiniers qui estoit connestables de l'ost, et puis li sires de Fil Wattier, mareschaulx ; après, le signeur de Basset, le signeur de Boursier, le signeur de Ferrières, le signeur de Morlais, le signeur d'Arsi, messire Guillaume de Windesore, messire Hue de Cavrelée, messires Robers Canolles, messires Hues de Hastingues, messire Huge de la Souce. A pennon, messires Thumas de Persi, messires Thumas Trivet, messires Guillaume Cl[i]nton, messires Yon de Fil Warin, messires Huges Toriel, le signeur de Vertaing messires Ustasse, messires Jehan de Harleston, messires Guillaume de Ferinton, messires Guillaume de Briane, messires Guillaume Draiton, messires Guillaume Franke, messires Nicolle et messires Jehan d'Aubrecicourt, messires Jehan Masse, messires Thumas Camois, messires Raoul, fil le signeur de Noefville, messires Henri de Ferrières, le bastart, messires Huge Broe, messires Joffroi Ourselée, messires Thumas West, le signeur de Saint More, David Hollegrave, Hugekin de Cavrelée, bastart, Bernart de Cederières et pluiseurs autres.

Si chevauchoient ces gens d'armes en bonne ordenance et en grant arroi, et n'alèrent le jour que il issirent de Callais plus avant que à Marquigue, et là s'arestèrent pour entendre à leurs besongnes et avoir conseil entre iaulx lesquels chemins il tenroient pour acomplir à leur certain pooir leur voiage, car il en i avoit pluiseurs en la route qui onques mais n'avoient esté en France, especiaulment li fils dou roi et pluiseur baron et chevalier. Si estoit bien cose raisonnable que cil qui connissoient le roiaulme et qui autrefois l'avoient passet et chevauchiet, euissent cel avis et gouvrenement que à leur honneur il l'acomplesissent. Voirs est que, quant li Englès dou tamps passet sont venu en France, il out eu tel ordenance entre iaulx que les cappitaines jurent entre le main dou roi d'Engletière et son conseil trois coses : elles sont telles que à creature dou monde, fors entre iaulx, il ne reveleroient leurs secrés ne leur voiage, ne là où il tendent à aler; la seconde cose est que [il acompliront leur voiage à leur pooir; la tierce cose est que] il ne pueent faire nul trettiet à leurs ennemis, sans le sceu et volenté dou roi et de son conseil.

§ 142. Quant cil baron, chevalier et escuier et leurs gens se furent repossé et aresté à Marquigue trois jours, et que tout furent venu et issu de Callais qui ou voiage devoient aller, et que les cappitainnes eurent avissé à leur besongne et quel chemin il tenroient, au quatrime jour il se partirent et missent au chemin en très bonne ordenance. Et passèrent tout pardevant Arde, et là boutèrent hors leurs banières li doi conte, li contes d'Asquesufort et li contes de Douvesciere, et arresta toute li hos devant la bastide d'Arde, pour euls monstrer as gens d'armes qui dedens estoient. Et là fu fais chevalier dou conte de Bouquighem li contes de Douvesciere et li sires de Morlas; et missent cil doi signeur là premierement hors leurs banières. Encores fist là li contes de Boukinghem chevaliers cheus qui s'ensieuent : le fil dou signeur de Fil Watier, messire Rogier d'Estragne, messire Jehan d'Ippre, messire Jehan Collé, messire Jame de Citelée, messire Thumas Roumeston, messire Jehan de Noefville, messire Thumas Roselée, et vint l'ost gesir à Hosque, sus une mout belle rivière;

et furent fait cil chevalier nouvel pour la cause de
che que li avant garde s'en allèrent che jour par
deviers une forte maison seant sus le rivière, que on
dist Flolant, où dedens avoit un escuier à qui le maison appartenoit, que on clamoit Robert. Chils escuiers estoit bons homs d'armes : si avoit garni et
pourveu sa maison de bons compaignons que il avoit
pris et requelliés là environ, et estoient environ quarante, et monstrèrent bon samblant de iaulx deffendre. Cil baron et chil chevalier, en leur nouvelle
chevalerie, vinrent jusques à là et environnèrent le
tour de Flolant et le commenchièrent à asaillir de
grant volenté, et cil qui dedens estoient, à eulx deffendre. Là eut fait par assaut tamainte belle apertisse
d'armes; et traioient cil dou fort mout asprement,
dont il navrèrent et blechièrent aucuns des asail-
lans, qui s'abandonnoient trop avant; car il avoient
des bons arbalestriers que li cappitainne de Saint
Omer, messires Bauduins de le Boure, leur avoit envoiiés à le requeste de l'escuier, car bien pensoit que
li Englès passeroient devant sa maison : [si] le voloit
tenir et garder à son pooir, enssi que il fist, car il se
porta vaillanment. Englès asailloient, et chil dedens
se deffendoient mout aigrement. Là dist une parolle
li contes de Douvesciere, qui estoit sus les fossés, sa
banière en present que ce jour avoit premierement
mis hors, qui mout encoraga les compaignons : « Et
comment, signeur, en nostre nouvelle chevalerie nous
tenra meshui chils coulombiers! Bien nous deve-
roient tenir li fort chastel et les fortes places qui sont
ou roiaulme de France, quant une telle platte maison
nous tient. Avant! avant! monstrons chevalerie. »

Quant li contes eut dist ceste parolle, bien le nottèrent cil qui l'entendirent, et se vaurent mains espargnier que devant, et entrèrent tout abandonneement ens es fossés; et passèrent li aucun sus pavais, affin que la bourbe ne les engloutesist, et vinrent jusques au mur. Et là traioient archier si ouniement que à painnes se ossoit nuls amonstrer as deffenses : si en i ot dou trait des archiers pluiseurs blechiés et navrés. La basse cours fu prise et arsse, et li tours fort asaillie. Finablement, il furent tout pris, mais mout vaillant se vendirent, ne il n'i eut onques homme qui ne fust bleschiés. Enssi fu la maison de Flolant prise, et Robert Flolant dedens et prisonniers au conte de Douvescière, et li autre à ses gens. Et toute li hos se loga sus le rivière de Hosque, en attendant messire Guillaume de Widesore, qui menoit l'arierre garde, qui point n'estoit encores venus; mais il vint che soir. Et à l'endemain se deslogièrent tout ensamble, et partirent en ordenance et cheminèrent ce jour jusques à Esprelesque, et là se logièrent. La cappitaine de Saint Omer, qui sentoit les Englès si priès de li, renforcha les gais et fist toute la nuit villier plus de deux mille hommes, par quoi la ville de Saint Omer ne fust sousprise des Englès.

§ 143. A l'endemain, ensi que à six eures, se deslogièrent li Englès de Esprelesque, et chevauchièrent en ordenance de bataille deviers Saint Omer. Chil de la ville de Saint Omer, quant il seurent que li Englès venoient, s'armèrent tout enssi que commandé leur estoit, et se ordonnèrent ou marchiet, et puis allèrent as portes, as tours et as crestiaulx mout estoffeement,

car on leur dissoit que li Englès les asaudroient.
Mais il n'en avoient nulle volenté, car li ville est trop
forte, et plus i pueent gens d'armes pierdre à l'assaillir que gaaignier. Toutefois, li contes de Bouquighem,
qui onques mais n'avoit esté ou roiaulme de France,
volt veoir Saint Omer, pour tant que elle li sambloit
belle de murs, de portes et de tours et de biaux clochiers. Si s'en vint arrester sus une montaigne enssi
que à une petite demi lieue priès; et là fu li hos
toute rengie et ordonnée en bataille plus de trois
heures; et là eut aucuns jones chevaliers et escuiers,
montés sus fleurs de coursiers, qui esperonnèrent
jusques as barières et demandèrent joustes de fiers
de glaves as chevaliers ou escuiers qui dedens Saint
Omer estoient; mais il ne furent point respondu. Si
retournèrent arrière, en esperonnant leurs coursiers
et en faissant grant samblant de voloir faire fait d'armes. Che jour que li contes de Bouquighem vint
devant Saint Omer, à le veue de chiaulx de la ville,
il fist chevaliers nouviaulx chiaulx qui s'ensieuent :
et premiers, messire Raoul de Noefville, fil au signeur,
messire Betremieu Boursier, fil au signeur, messire
Thumas Camois, messire Fouke Courbet, messire Thumas d'Angain, messire Raoul de Pippes, messire Loeïs
de Saint Obin et messire Jehan Paullé. Chil nouviel
chevalier, en leur chevalerie, courirent là sus les
camps, montés sus bons coursiers et vinrent courir
jusques as barrières et demandèrent joustes, et point
ne furent respondu, et retournèrent pour le doute
dou trait, car il ne voloient mies perdre leurs chevaulx. Quant li contes de Bouquighem et li signeur
eurent veu que nuls ne se metteroit as camps à l'en-

contre d'eus, si passèrent oultre mout ordonneement
et tout le pas, et s'en vinrent che jour logier as Esquelles en mi chemin de Saint Omer et de Thierewane, et là se tinrent toute la nuit; et à l'endemain
il partirent, et s'acheminèrent vers Tierewane.

§ 144. Quant chil de le garnisson de Boulogne, de
Arde, de Tournehem, d'Audrehem, de le Montoire,
de Hames et des castiaulx de le conté de Boulongne
et d'Artois et de Ghingnes veïrent le convenant des
Englès, que il aloient toudis devant iaulx sans arrester, si segnefiièrent l'un à l'autre leurs volentés en
dissant que il les feroit bon et honnerable poursieuir,
et que on i poroit bien gaaignier, et que gens d'armes se doivent aventurer, quant il sentent leurs
ennemis sur les camps et en leur païs. Si se quellièrent tout et asamblèrent desoubs les pennons dou
signeur de Fransures et dou signeur de Saintpi, deus
mout vaillans et entreprendans chevaliers, et se trouvèrent bien deux cens lances. Si commench[i]èrent à
costiier, à frontiier et à poursieuir les Englès; mais li
Englès se tenoient tout ensamble, qui point ne se
desroutoient, ne on ne s'ossoit bouter en iaulx, qui
ne voloit trop pierdre. Toutesfois chil chevalier et
escuier françois rataindoient à le fois, et ruoient jus
les fourageurs englès, par quoi il estoient plus reson-
gnié, et n'osoient mais li fourageur chevauchier ne
aller en fourage, fors en grant route. S'en i avoit à
le fois des rués jus et pris des uns et des autres, et
puis fait escanges [et] pareçons telles que li fait d'armes demandent. Quant li contes de Bouquighem et
son hoost furent parti d'Esquelles, il chevauchièrent

che jour vers Thierouane, et passèrent oultre sans riens faire, car li sires de Saintpi et li sires de Fransures i estoient et leurs routes. Si vinrent logier à [Wicerne], et là se rafresquirent un jour et reposèrent, je vous dirai pourquoi.

§ 145. Vous savés, sicom il est chi dessus contenu en l'istoire, comment li·rois Richars d'Engletière, par le promotion de ses oncles et de son conseil, avoit envoiiet en Allemaigne son chevalier messire Simon Burllé deviers le roi des Roumains, pour avoir sa suer en mariage. Li chevaliers avoit si bien esploitié que li rois des Roumains li avoit acordé par le bon conseil des haus barons de sa court, et envoiiet li rois des Roumains en Engletière, avoecques messire Simon Burllé, le duc de Tassen, pour avisser le roiaulme d'Engletière pour savoir comment il plairoit à sa suer, et pour parconfremer là les ordenances; car li cardinaulx de Ravane estoit en Engletière, qui se tenoit Urbanistres, et convertissoit les Englès à l'oppinion d'Urbain, et attendoit la venue dou duc dessus nommé, liquels, à la priière dou roi d'Allemaigne et dou duc de Braibant et de madame de Braibant, ils et toute sa route, avoient sauf conduit de passer parmi le roiaulme de France et d'aller à Callais. Si estoient venu par Tournai, par Lille et par Biethune, et vinrent à Wicerne pour veoir le conte de Bouquighem et les barons, liquel requellièrent le duch de Tassen et ses gens mout honnerablement; et leur donna li contes à disner et à soupper en son logeis, et l'endemain il prissent congiet li un de l'autre. Si passèrent li Allemant oultre, et vinrent à Aire et à Saint Omer, et puis à Callais; et li contes de Bouquighem et toute li hoos chevauchièrent leur chemin, et passèrent devant Lillers, et vinrent che jour logier à Bruais lés [la] Buissière. Si se tinrent tout aise de che qu'il avoient; et tous les jours les poursieuoient li sires de Saintpi et li sires de Fransures et leurs routes, mais toutes les nuis il gissoient en villes fremées.

§ 146. Quant che vint au matin, dont la nuit toute li hoos avoit jeu à Bruai, il se levèrent et aparillièrent. Si sonnèrent leurs trompètes de departement; si s'aroutèrent sus les camps et chevauchièrent vers Bethune. En la ville de Bethune avoit grant garnison de gens d'armes, chevaliers et escuiers, que li sires de Couchi, qui se tenoit à Arras, i avoit envoiiés, tels que le seigneur de Hanget, messire Jehan et messire Tristram de Roie, messire Joffroi de Cargni, messire Gui de Honcourt et mout d'autres. Si passa toute li hoos des Englès à la veue de Bethune à heure de tierce tout oultre : onques ne fissent samblant d'assaillir, et vinrent gesir à [Sauchières]. A heure de vespres, vinrent li sires de Saintpi et li sires de Fransurez, et se boutèrent en Bethune, et à l'endemain bien matin il s'en partirent et chevauchièrent vers Arras; et là trouvèrent le signeur de Couchi, qui les rechut liement et leur demanda des nouvelles et quel chemin li Englès tenoient. Li chevalier l'en respondirent ce qu'il en savoient et que il avoient jeu à Sauchières et chevauchoient trop sagement, car point ne se desroutoient, mais se tenoient toudis ensamble. Dont dist li sires de Couchi : « Il cheminent par l'apparant enssi que gens qui demandent la bataille : [si] l'aront, se li rois, nos sires, me voelt croire, anchois que il aient paracompli leur voiage. » Enssi dissoit li sires de Couchi. Et li contes de Bouquighem et toute li hoos cheminèrent che jour, depuis que il furent parti de Sauchières, et passèrent au dehors d'Arras mout arre[e]ment en ordenance de bataille, banières et pennons ventelans, et tant que cil qui estoient monté es portes et es clochiers, les pooient bien avisser.

Si passèrent che jour tout oultre sans riens faire, et vinrent logier à A[ves]nes, et l'endemain à Miraumont, et puis à Clari sus Somme, car il poursieuoient les rivières. Quant li sires de Couchi, qui se tenoit à Arras, entendi que il prendroient che chemin, si envoiia le signeur de Hangiet à Brai sus Somme, et en sa compaignie trente lances, chevaliers et escuiers, et à Pieronne messire Jaqueme de Werchin, senescal de Hainnau, et le signeur de Haverech et messire Jehan de Roie, messire Gerart de Markelies et des aultres chevaliers et escuiers dou païs là environ; et il s'en ala vers Saint Quentin, et envoiia le signeur de Clari et messire Tristram de Roie et messire Gui de Honcourt à Hen en Vermendois, dont il se tenoit enssi que sires, pour entendre à la ville et remparer, car elle est grande et estendue et mal fremée. Si ne voloit mies que par se negligense elle recheuist nul damage des Englès.

§ 147. La nuit que li Englès se logièrent à Clari sus Somme, s'avissèrent aucun chevalier de leur costé, tels que messires Thumas Trivet, messires Guillau-

mes Clinton, messires Yon Fil Warin, par l'esmouvement le signeur de Vertaing qui congnissoit le païs et qui sentoit le signeur de Couchi à grant gent d'armez en la citté d'Arras, que il chevaucheroient au
5 matin avoecques les fourageurs de l'ost, assavoir se il trouveroient jamais cose qui bonne leur fust, car il desiroient à faire fait d'armes. Enssi comme il l'avisèrent, il le fissent, et se partirent au matin environ trente lances, et fissent les fourageurs chevauchier
10 devant, et chevauchièrent à l'aventure.

Ce propre jour au matin, parti et issi d'Arras à grant route li sires de Couchi, et prist le chemin de Saint Quentin. Quant il furent sus les camps, li sires de Brimeu et si enffant, environ trente lances, issi-
15 rent hors de la route le signeur de Couchi, enssi que cil qui desiroient les armes et qui demandoient aventures. Si se trouvèrent sus les camps Englès et François, et veïrent bien et parchurent que il convenoit que il se veïssent de plus priès : si esperonnèrent tan-
20 tos li un contre l'autre, en escriant leur cri. De premières venues, il en i ot rués jus des mors et des bleciés, de l'une partie et de l'autre; et là, selonc leur quantité, i ot fait belles appertisses d'armes, et se missent tantos tout à piet l'un contre l'autre, et
25 commenchièrent à pouser des lances. Là veït on les plus fors et les plus appers et les mieux combatans, et mout bien se portèrent et li une partie et li autre. Et furent en cel estat environ une heure, toudis combatant et poussant, et faissant d'armes ce que on en
30 pooit par raison faire, que on ne seuist à dire ne imaginer, qui les veïst, liquel en aroient le milleur; mais finablement la place demora as Englès et le

obtinrent. Et prist de sa main messires Thumas Trivès le signeur de Brimeu et ses deus fils Jehan et Loïs, et en i ot là pris sus le place environ seise hommes d'armes : li demorant se sauvèrent ou furent mort. Enssi alla de ceste aventure as [gens] le signeur de Couchi, et retournèrent messires Thumas Trivès et sa route en l'oost à tout leur gaaing, et furent li bien venu dou conte de Bouquighem et des aultres : che fu raisons.

Si sejourna li hoos sus la rivière de Somme, en venant de Pieronne, un jour et une nuit, pour tant que che jour il fissent leur monstre, car il entendirent par leurs prisonniers que li sires de Couchi estoit à Pieronne et aroit bien mille lanches, chevaliers et escuiers. [Si] ne savoient se il les voldroient combatre.

§ 148. Che propre jour que on fist la monstre, se boutèrent hors de l'oost avoec les fourageurs et de l'avant garde li sires de Vertaing et Fier à Bras li bastars, ses frères, messires Yon Fil Warin et pluiseur autre, et s'en vinrent courir jusques au Mont Saint Quentin. Et là se tinrent en enbusce, car bien savoient que en Pieronne, qui estoit droit dallés, estoient li senescaulx de Hainnau, li sires de Haverech et grant gent d'armes, chevaliers et escuiers, dou païs ; et sentoient le jone senescal de Hainnau de grant volenté et outrequidiet : si esperoient bien que il isteroit hors, enssi qu'il fist. Chil de l'avant garde envoiièrent courir dix hommes d'armes devant Peronne, Thieri de Soumaing, le bastart de Vertaing, Hugekin de Cavrelée, Hopekin Hai et des aultres, liquel, monté sus fleurs de coursiers, s'en vinrent à l'esperon jusques as barrières de Pieronne. Li senescaulx de Hainnau et ses gens, qui là se tenoient, estoient tout apparilliet, et fissent ouvrir les barrières, et estoient bien cinquante lances, et quidièrent ces compaignons coureurs atrapper, car il se missent en cache sus les camps aprièis iaulx, et cil à fuir vers leur enbusque, et iaulx après. Là chevaucoit li senescaulx de Hainnau, son pennon devant lui, montés sus fleur de coursier. Quant cil de l'embusque veïrent comment li François cachoient, si en furent tout resjoï et descouvrirent leur enbusque ; mais che fu un peu trop tempre, car, quant li senescaulx de Hainnau, li sires de Haverech et li autre les veïrent venir et une grosse route, et tous bien montés, il jeuèrent de le retraite. Et là sceurent cheval que esperon valloient, car, quanque il pooient estekier, il ne cessèrent jusques il furent sus le cauchie, et trouvèrent bien à point li signeur les barrières ouvertes. Toutefois il furent de si près poursieuoit que il convint demorer prisonniers deviers les Englès des gens le senescal : messire Gerart de Marquillies, messire Loïs de Vertaing, cousin au signeur de Vertaing qui là estoit, Houart de le Houarderie, Boulhart de Saint Ylaire et bien dix hommes d'armes; et tout li autre se sauvèrent. Quant li Englès sceurent que li senescaulx de Hainnau, li sires de Haverech, li sires de Clari, messires Robers de Cleremont, li sires de Saint Digier et bien vint chevaliers avoient esté sus les camps et tout s'estoient sauvet, si dissent : « Dieux ! quel rencontre ! Se nous les euissons tenus, il nous euissent paiiet quarante mille frans ! » Si retour-

nèrent chil fourageur en l'oost, et n'i eut plus riens
fait pour l'eure ne pour le journée.

§ 149. Trois jours fu li hoos à Clari sus Somme,
et là environ. Au quatrime, il se partirent, et
et s'en vinrent logier en l'abbeïe de Vaucelles, à trois
petites lieues de Cambrai ; et l'endemain il s'en partirent, et chevauchièrent vers Saint Quentin, et fist ce
jour mout bel. On dist, et voirs est, que li premier
chevauchant ont toudis les aventures soit à perte ou
à gaaing. Je le di pour ceuls de l'avant garde qui chevauchoient avoecques les fourageurs. Che propre
jour, chevauchoient les gens le duc de Bourgongne, environ trente lances, et venoient d'Arras à
Saint Quentin, car là estoit li dus de Bourgongne.
Messires Thumas Trivès, messires Yon Fil Warin, li
sires de Vertaing, messires Guillaume Clinton, qui
estoient à l'avant garde et avoec les fourageurs, enssi
que il venoient à Farvakes pour prendre les logeis, il
encontrèrent ces Bourgignons. Là convint il avoir
hustin, et i ot bataille ; mais elle ne dura point longuement, car cil Bourgignon furent tantos esparpilliet, li uns chà et li autres là, et se sauva qui sauver se
peut. Toutesfois messires Jehans de Mornai ne se sauva
pas, mais demora sus la place en bon convenant, son
pennon devant lui, et se combati ce que durer pot,
mout vaillanment ; mais finablement il fu pris et dix
hommes d'armes en se compaignie. Et souppèren
celle nuit en es logeis des compaignons à [Fonsomme],
à deux lieuwes de Saint Quentin, où li avant garde se
loga ; et il quidoient, au disner, souper à Saint Quentin. Enssi va des aventures.

§ 150. A l'endemain, au matin, quant li contes de de Bouquighem et li signeur orent oï la messe en l'abbeïe de Farvacques, et il eurent mengié et beu un cop, il s'ordonnèrent et apparillièrent, et missent au
5 chemin pour venir vers Saint Quentin, en laquelle ville avoit grant gent d'armes, mais point n'issirent. Si i eut aucuns coureurs englès qui allèrent courir jusques as barrières et escarmuchier à eulx ; mais tantos s'en partirent, car toute li hoos passa oultre
10 sans arrester, et vint che jour logier à Oregni Sainte Benoite et ens es villages d'environ. En la ville d'Oregni a une mout belle abbeïe de dames, et pour ce tamps en estoit abbesse la ante le signeur de Vertaing, qui estoit en l'avant garde. A la priière de li,
15 l'abbeïe et toute la ville furent sauvées d'ardoir et de pillier. Et se loga li contes en l'abbeïe, mais che soir et toute la nuit ensieuant il i ot à Ribeumont, qui est mout près de là, grant escarmuce d'Englès et de François ; et en i ot des mors et des blechiés, de
20 une part et d'autre.

Au matin, on se desloga de Orgny, et s'en vint li hoost logier che jour à Creci sus Selle, et [là loga l'ost un jour tout enthier ; et au deslogement, on passa la rivière de Selle, et] vint on [logier] devant la citté
25 de Laon, et passa l'oost à Vaulx desoulx Laon ; et ot escarmuce des fourageurs de l'avant garde à Bruières ; et vint che jour logier l'ost à Sisone ; et à l'endemain passa l'oost la rivière d'Ainne au Pont à Vaire, et vinrent logier à Hermonville et à Cour-
30 missi, à quatre lieuwes de la citté de Rains. Et vous di, che chemin faissant, quoique il fuissent en bon païs et cras et plentiveux de vins et de vivres,

il ne trouvoient riens, car les gens avoient tout
retrait en es bonnes villes et ens es fors; et avoit li
rois de France abandonné as gens d'armes de son païs
tout ce que il trouvoient ou plat païs. Si eurent li
Englès par pluiseurs fois grant souffraite, et especiaulment de chars : quant il vinrent en le marce de
Rains, n'avoient il nulles. Si eurent avis, à leur deslogement de Hiermonville et de Courmissi, que il
envoiieroient un hiraut à Rains, pour tretier deviers
les bons hommes dou plat païs qui là estoient retrait,
et deviers les bourgois de Rains qui avoient le leur
aus villages, que il leur vosissent envoiier une quantité de bestes, de pains et de vins, ou il arderoient
tout le plat païs. Chils avis fu tenus, et envoièrent
un hiraut à Rains, qui leur remonstra toutes ces
coses. Il respondirent generaument que il n'en
feroient noient, et que il fesissent che que bon leur
sambloit. Quant li Englès oïrent ceste response, si
furent tout courouchiet : lors envoiièrent il tous leurs
coureurs par les villages, et en ardirent en une sepmaine plus de soissante en le marche de Rains. Encores de rechief li Englès sceurent que cil de Rains
avoient en leurs fossés de la ville mis à sauf garant
toutes leurs blancques bestes, qui là se quatissoient et
paissoient. De ces nouvelles furent il mout resjoï, et
dissent tout chil de l'avant garde : « Alons, alons !
On se doit aventurer pour son vivre. » Lors s'en
vinrent tout cil de l'avant garde à chevauchant jusques sus les fossés de la citté de Rains, et là descendirent et fissent leurs gens descendre et entrer ens es
fossés et cachier toutes hors ces bestes; ne nuls
n'osoit issir ne aler au devant, ne li amonstrer as

creniaulx ne as deffenses, car li archier, qui estoient
rengiet sus les fossés, traioient si ouniement que nuls
n'osoit venir avant pour deffendre la proie. Enssi fu
elle misse toute hors des fossés, où bien i ot plus de
quatre mille bestes, dont il eurent grant largaiche.
Avoec tout che il mandèrent à chiaulx de Rains que
il arderoient tous leurs blés environ Rains, se il ne
les racatoient de vivres, de pains et de vins. Chil de
Rains doubtèrent celle manace et pestillence d'ardoir
leurs biens as camps : si envoiièrent en l'oost six
carées de pains et otant de vins. Parmi che, li blés
et les avaines furent respitées d'ardoir. Si passèrent à
l'endemain tout li Englès en ordenance de bataille par
devant la citté de Rains, et vinrent gesir à Biaumont
sus Velle, car ja avoient il au desous de Rains passet
la rivière.

§ 151. Au deslogement de Biaumont sus Velle
chevauchièrent li Englès amont pour passer la belle
rivière de Marne, et vinrent à Condet sus Marne, et
trouvèrent le pont deffait; mais encores estoient les
[estaches] en l'aige : si trouvèrent planques et bois et mai-
riens, et fissent tant que il ordonnèrent un bon pont
par où li hoos passa, et vint che jour logier à Gen-
ville sus Marne, [et] à l'endemain en la ville de Vertus;
et là ot grant escarmuce au castiel et grant fuisson de
gens blechiés. Et se loga li contes de Bouquighem en
l'abbeïe de Vertus, et li autre par les villages environ. Si fu, la nuit, li ville de Vertus toute arse, horsmis l'abbeïe qui n'eut garde, pour tant que li contes
i estoit logiés. Autrement elle euist esté arse sans
deport, car cil de la ville s'estoient retrait ou fort,

qui point ne se voloient racater ne rançonner. Et
ossi li hiraut de l'oost en furent mout coupable,
car il se plaindirent au conte de Bouquighem, que il
portoient et faissoient tous les tretiés des racas des
fors à l'avant garde, et si n'en avoient nul pourfit; et,
au voir dire, il en apartenoit à iaulx aucune cose.
Dont li contes, à la complainte de eulx, commanda
que on ardesist tout, se des racas à argent il n'avoient
leurs drois. Par enssi fu la bonne ville de Vertus toute
arsse, et li païs d'environ.

A l'endemain, on se desloga, et vint on passer
devant le castiel de Monmer, qui est biaulx et fors et
hiretages au signeur de Castillon. Li castiaulx estoit
bien pourveus d'artellerie et de gens d'armes, chevaliers et escuiers dou païs, que li sires de Castillon i
avoit envoiiés et establis. [Si] ne se peurent aucun
compaignon de l'avant garde astenir, en passant
devant, que il ne l'alaissent veoir et asaillir à la barrière; et là ot un petit d'escarmuce et aucunes
gens blechiés dou trait. Si passèrent oultre et
vinrent logier à Pelotte, en aprochant la citté
de Troies, et là se tinrent un jour; et à l'endemain
il chevauchièrent devers Planssi sus Aube. Et chevauchoit li avant garde tout devant; et i avoit
aucuns compaignons anoieus de ce que il ne trouvoient armes et aucun pourfit, et [si] savoient bien,
selonc che que on les avoit enfourmés, que en la
citté de Troies avoit grant fuisson de gens d'armes et
qui là venoient de tous lés, car li dus de Bourgongne i estoit à tout grant poissance, et là avoit fait
son mandement.

Si s'avisèrent li sires de Castiel Noef et Jehans de

Castiel Noef, ses frères, et Rammonnès de Saint Marsen, Gascons et aultres, Englès et Hainnuiers, environ quarante lances, que il chevaucheroient à l'aventure pour trouver quelconques cose. Si chevauchièrent che matin de une part et d'autre, et riens ne trouvèrent, dont il estoient tout anoieus. Enssi que il retournoient vers lors gens, il regardent et voient sus les camps une route de gens d'armes qui chevauchoient vers Troies ; et c'estoit li sires de Hangiers, qui voirement aloit che chemin, car li sires de Couchi, desous qui il estoit, se tenoit à Troies. Sitos que cil Gascon et Englès veïrent le pennon le signeur de Hangiers et le route, il congneurent bien que il estoient françois : si commenchièrent à brochier apriès iaulx chevauls des esperons. Li sires de Hangiers les avoit bien veus, et doubta que il n'i euist plus grant route que il ne fuissent; si dist à ses gens : « Chevauchons ches plains deviers Planssi, et nous sauvons, car cil Englès nous ont descouvert, et leur grosse route est priès de chi. Nous ne les poons fuir ne escapper : il sont trop contre nous, mais mettons nous à requelloite et à sauveté ou chastiel de Planssi. »

Enssi comme il l'ordonna, il le fissent, et tirèrent celle part. Evous les Englès venant et esperonnant sus iaulx, qui les sieuoient de priès. Là heut un homme d'armes de Hainnau et de Valenchiennes, de le route le signeur de Vertaing, appert homme d'armes, et s'apelle Pières Bro[chons], qui bien estoit montés, et abaisse son glave et s'en vint sus le signeur de Hangiers qui fuioit devant li viers Planssi, et li adrèce son glave ens ou dos par derière, et puis fiert

cheva[l] des esperons, et le cuide mettre hors de la
selle; mais non fist, car onques li sires de Hangiers
n'en perdi selle ne estriers, quoique li homs d'armes
li tenist toudis le fier au dos; et enssi boutant et chevauchant, ils et sa route, s'en vinrent à Planssi. Et
droit à l'entrée dou castiel, li sires de Hangiers, par
grant apertisse de corps, sailli jus de son cheval par
devant sans prendre damage, et se deffiera dou glave,
et entra ens es fossés.

Chil dou castiel entendirent à lui sauver et requellier, et vinrent à la barière, et là eut dure escarmuce,
car li François, qui estoient afui jusques à là, monstrèrent vissage, et cil dou castiel ossi. Là traioient cil
dou castiel mout aigrement, car il avoient des bons
arbalestriers, et là ot fait des belles appertisses d'armes de une part et d'autre; et à grant painne sauvèrent il et requellièrent le signeur de Hangiers, qui très
vaillamment, en rentrant ou chastiel, se combati. Et
toudis venoit gens de l'avant garde, messires de Vertaing, messires Thumas Trivès, messires Hues de Cravelée et li autre, car leurs logeis estoit ordonnés là. Si
i souffrirent très grant painne li François, et ne peurent mies tout entrer ou castiel, car il estoient si
priès quoitié que il n'osoient ouvrir avant la barière
que il ne fuissent efforchié. Si en i ot, que de mors,
que de pris, environ trente; et dura li escarmuce
priès que trois heures, et fu li basse cours dou castiel
toute arsse, et li castiaulx [fors] asaillis de toutes pars,
mais ossi fu il bien deffendu, et furent li moulin de
Planssi ars et abatu. Et passa par là toute li hoos au
pont [et au gué] la rivière d'Aube, et cheminèrent
vers Vallant sus Sainne, pour là venir à la giste.

Enssi fu che jour li sires de Hangiers de estre pris en grant aventure.

§ 152. Che propre jour que toute li hoos vint logier à Vallant sus Sainne par dessus Troies, pour là passer à gué la rivière, chevauchoient li fourageur de l'avant garde, messires Thumas Trivès, messires Hues de Cravelée, li sires de Vertaing, li bastars ses frères, Pières Bro[chons] et pluiseur autre. Et ensi que compaignon qui desirent à pourfiter, il en i avoit aucuns qui chevaucoient devant à l'aventure : si encontrèrent messire Jehan de Roie et environ vint lances des gens le duc de Bourgongne, qui s'en aloient à Troies. Quant chil Englès les perchurent, il ferirent des esperons apriès eulx, et li François à euls sauver, car il n'estoient mies gens assés pour les attendre; et se sauvèrent la grigneur partie, et messires Jehans de Roie et li autre se boutèrent ens es barrières de Troies : jusques à là furent il cachiet. Au retour que li Englès fissent, li bastars de Vertaing et ses gens en prissent quatre qui ne se peurent sauver.

Entre les autres là avoit un escuier dou duch de Bourgongne, qui s'appelloit Guion Goufer, appert homme durement, desous qui ses chevaulx estoit estanchiés. Si estoit arrestés as camps et avoit adossé un noiier, et là se combatoit très vaillanment à deux Englès qui le coitoient de mout priès, car il ne savoient riens [de] françois, et li escuiers ne savoit riens [d']englès. Bien li disoient chil en englès : « Ren toi ! Ren toi ! » et ils ne voloit riens faire, car il ne savoit que il dissoient. Dont il le combatoient si avant que il l'euissent là occis, quant li bastars de Vertaing, qui retournoit de la cace, vint sus iaulx. Si descendi de son coursier, et vint à l'escuier et dist : « Ren toi ! » Chils qui entendi son langage, respondi : « Ies tu gentils homs ? » Et li bastars dist : « Oïl. » — « Donc me rench je à toi. » Et li bailla son gant et son espée. Enssi fu pris Guion Gaufier, dont li Englès, qui l'avoient combatu, en eurent grant engaigne, et le voloient tuer ens es mains dou dit bastart, et dissoient que il n'estoit mies bien courtois, quant il leur avoit tolut leur prisonnier ; mais li bastars estoit là plus fors que il ne fuissent : [si] li demora. Nonpourquant, au soir, il en fu question devant les mareschaux, mais, tout consideré et bien entendu, ils demora au bastart de Vertaing, qui le rançonna che soir et le recrut sus sa foi et le renvoia au matin à Troies.

Et toute li hoos se loga à Valant sus Sainne. A l'endemain, il passèrent tout à gué la rivière de Sainne, et s'en vinrent logier à une petite lieuwe de Troies en un village que on dist Barnars Saint Siple ; et là se tinrent tout quoi et se aissièrent de che que il avoient. Et là eurent grant conseil li signeur et les cappitainnes ensamble.

§ 153. En la citté de Troies estoit li dus de Bourgongne, et avoit là fait son mandement especial, très les Englès venant et cheminant parmi le roiaulme de France, car il avoient intencion et volenté de eulx combatre entre la rivière de Sainne et de Yone. Et ossi baron, chevalier et escuier dou roiaulme de France ne desiroient aultre cose, mais nullement li rois de France, pour le doubte des fortunes et perils, ne s'i voloit acorder, car tant resongnoit les grans pertes et damages que li noble de son roiaulme avoient eu et recheu dou tamps passet par les victoires des Englès, que nullement il ne voloit que on les combatesist, se ce n'estoit à leur trop grant avantage. Avoecques le duck de Bourgongne estoient en la citté de Troies li dus de Bourbon, li dus de Bar, li contes d'Eu, li sires de Couchi, li sires de Castillon, messires Jehans de Viane, amiraulx de France, li sires de Viane et de Sainte Crois, messires Jaquemes de Viane, messires Gautiers de Viane, li sires de la Tremoulle, li sires de Vregi, li sires de Rougemont, li sires de Hanbue, li senecaulx de Hainnau, li sires de Saintpi, li [Barrois] des Barres, li sires de Roie, messire Jehans de Roie, li viscontes d'Assi, messires Guillaumes, bastars de Lengres et plus de mille chevaliers et escuiers. Et me fu dit que li sires de la Tremoulle estoit envoiiés à Paris, de par les dus et les signeurs, au roi pour savoir son plaisir et pour impetrer que on les peuist combatre : [si] n'estoit point encores revenus au jour que li Englès vinrent devant Troies. Cil signeur de France, qui bien savoient que li Englès ne passeroient jamais sans iaulx veoir et venir escarmuchier, avoient fait faire au dehors de la porte de Troies, enssi comme au trait d'un arck, et carpenter une bastide de gros mairiien à manière de une requelloite, où bien pooit mille hommes, et estoient ces bailles faites de bon bois par bonne ordenance.

Au conseil dou soir, en l'oost des Englès furent appellé toutes les cappitainnes à savoir comment à l'endemain il se maintenroient. Si fu ordonné et arresté que tout li signeur, baron et chevalier à bannière et à pennon, armé de leurs armes, sus chevaulx couvers de leurs armes, en trois batailles rengies et ordonnées, chevaucheroient devant Troies, et s'arresteroient sus les camps, et envoiieroient leur hiraut à Troies as signeurs et leur presenteroient la bataille. Sus che conseil il souppèrent et se couchièrent, et fissent la nuit deus gais, à cascun gait de la moitiet de l'oost. Quant che vint au matin au point de set heures, il fist mout bel et mout cler. Dont sonnèrent les trompettes parmi l'ost, et s'armèrent toutes gens de toutes pièches et missent en arroi et ordenance très convegnable, enssi que pour tantos conbatre. Et estoient li signeur montés sus chevaulx couvers, parés de leurs armes, dont les sambues et li houcement aloient jusques en tière. Enssi estoient il vesti et houcié dessus leurs armeures et tout paré de leur plainne armoierie, cescuns sires desoulx sa banière ou son pennon, enssi comme à lui appartenoit et que, pour tantos entrer en bataille au plus honnourablement et notablement que cescuns peuist, et pour eulx bien joliier et quintoier, très estant en Engletière, avoient il mis leur entente.

En celle fricété et en ordenance de bataille, tout rengié et mout serré, banières et pennons ventelans, tout le pas, mis en trois batailles, il s'en vinrent devant Troies en uns biaulx plains, et là s'arestèrent. Et là fu dou conte de Bouquighem appellés Camdos et Aquitainnes, doi roi d'armes [asquels li contes dist ensi] : « Vous en irés vers Troies et parlerés as

signeurs, dont il i a grant fuisson, et leur presenterés de par nous et nos compaignons la bataille ; et leur dirés que nous sommes issu hors d'Engletière pour faire fait d'armes ; et, là où nous les quidons trou-
5 ver, nous les demandons, ne autre cose nous ne volons ne requerons, fors à faire fait d'armes contre nos ennemis. Et pour ce que nous savons que une partie de la fleur de la chevallerie de France repose là dedens, nous sommes venu en che chemin, et, se
10 il nous voellent calengier aucun droit que il dient que il aient pour eulx, il nous trouveront sus les camps en le fourme et manière que vous nous laissiés et que on doit trouver ses ennemis. » — « Monsigneur, respondirent li doi roi, nous ferons vostre
15 commandement volentiers. » Adonc se partirent li doi roi dou conte et de lors mestres, et chevauchièrent viers Troies. [Si] leur fu ouverte la baille de la bastide, et les barrières ossi, et arrestèrent là, et ne peurent venir à la porte, car il en issoient grant
20 fuisson de gens d'armes et d'arbalestriers, qui se mettoient par ordenance en la bastide, dont il avoient fait leur requelloite ; et estoient li doi roi vesti et paré de cottes d'armes dou conte de Bouquighem. Et demandèrent li signeur que il voloient : il respondi-
25 rent : « Nous volons, se nous poons, parler à monsigneur de Bourgongne. »

§ 154. Entrues que Camdos [et Aquitaine firent leur] mesage deviers le duck de Bourgongne, entendirent si signeur et mestre à ordonner leurs batailles et
30 besongnes ; et quidoient ce jour pour certain avoir la bataille, et sus cel estat il s'ordonnoient. Là furent

appellé tout cil qui nouviel chevalier devoient et voloient estre ; et tous premiers messires Thumas Trivès
aporta sa banière toute envollepée devant le conte
de Bouquighem, et li dist : « Monsigneur, se il vous
plaist, je desvoleperoie volentiers, à le journée d'ui,
ma banière, car, Dieu merchi, je ai misse assés et
chevance pour parmaintenir l'estat tel comme à la
banière apartient. » — « Il nous plaist bien, » respondi li contes. Adonc le prist il par l'anste, et li
rendi en se main, et li dist : « Messire Thumas,
Dieux vous en laist vostre preu faire chi et aultre
part ! » Messire Thumas Trivès prist sa banière et le
desvolepa, et puis le bailla à un sien escuier où il
avoit la grignour fiance, et chevaucha oultre, et vint
à l'avant garde, car il en estoit par l'ordenance dou
connestable [le] signeur Latinier et dou mareschal de
l'oost le signeur de Fil Watier. Adonc fist là en present li contes chevaliers ceulx que je vous nom-
merai : et premiers messire Pière B[roch]on, messire
Jehan et messire Thumas Paulé, messire Jehan Stinquelée, messire Thumas d'Ortingue, messire Jehan
Wallekock, messire Thumas Hersie, messire Jehan
Brainne, messire Thumas Bernier, messire Jehan
Colleville, messire Guillaume Evrart, messire Nicolle Stinquelée et messire Huge de [Lume]; et à
fait que cil nouviel chevalier avoient pris l'ordenance de chevalerie, il se traioient en la première
bataille, pour avenir premiers as fais d'armes.

 Adonc fu appellés uns mout gentils escuiers de
la conté de Savoie, dou conte de Bouquighem, qui
autrefois avoit esté requis d'enprendre l'ordenance
de chevalerie devant Arde et devant Saint Omer et

tout sus che voiage; et s'appelloit Raoulx de Gruières, fils au conte de Gruières. Et li dist li contes de Bouquighem enssi : « Raoul, nous arons hui, se il plaist à Dieu et à saint Gorge, convenant d'armes :
5 si volons que vous soiiés chevaliers. » Li escuiers s'escusa enssi que escusé s'estoit autrefois, et dist : « Monsigneur, Dieux vous puist rendre et merir le bien et honneur que vous me vollés, mès je ne serai ja chevaliers, se mes naturés sires li contes de
10 Savoie ne le me fait où bataille de crestiiens operé ne soit l'un contre l'autre. » On ne l'examina plus avant : e[n]ssi fu il deportés à estre adonc chevaliers. Et depuis, l'anée apriès, le fu il en Prusse; et eurent adonc li crestiien rèse : che fu adonc quant li sires
15 de Mastaing et Jehans d'Obies et li autre de Hainnau i demorèrent.

§ 155. De veoir l'ordenance des batailles des Englès comment il estoient rengiet sus les camps et mis en trois batailles, les archiers sus elle et les gens
20 d'armes ou front, che estoit très grant plaisance au regarder; et furent, en ordonnant leurs batailles et faissant les chevaliers nouviaulx, plus de une heure sans point partir de là. Otant bien se ordonnoient li François en leur bastide, car bien pensoient li
25 signeur de France que dou mains il i aroit escarmuce, et que tels gens d'armes que li Englès estoient et enssi ordonné, ne se partiroient point sans iaulx venir veoir de priès. Si se mettoient tout sus celle entente en bonne et convingnable ordenance. Et estoit li
30 dus de Bourgongne au dehors armés de toutes pièces, une hace en sa main et un blanc baston en l'autre;

et passoient tout baron, chevalier et escuier, qui aloient vers la bastide, devant lui, et i avoit si grant presse que on ne pooit passer avant, ne li hiraut ne pooient oultre [passer ne aler] pour venir jusques au duck et faire leur mesage, enssi que il leur estoit cargiet.

§ 156. Avoecques les parolles chi dessus dites dou conte de Bouquighem as deus rois hiraus, Acquitainnes et Camdos, i avoit bien aultres, car, le soir que li signeur furent à conseil en l'oost d'Engletière, fu consilliet et dit as hiraus : « Vous ferés che mesage et dirés au duck de Bourgongne que li dus de Bretaigne et li païs de Bretaigne conjoins ensamble, ont envoiiet deviers le roi d'Engletière, pour avoir confort et aide à l'encontre de aucuns barons et chevaliers de Bretaigne rebelles au duch et liquel ne voellent obbeïr à leur signeur en la fourme et manière que li plus sainne partie fait, mais font guerre au païs et se sont efforcié dou roi de France. Et pour ce que li rois d'Engletière voelt aidier le duch et le païs et tenir en droit en especialité, il a envoiiet et envoiie son bel oncle le conte de Bouquighem et une quantité de gens d'armes pour aller en Bretaigne et conforter le duc et le païs à leur priière et requeste ; et sont arivé à Calais, et ont pris leur chemin à passer parmi le roiaulme de France, et sont si avant venu que devant la citté de Troies, là où il sentent très grant fuisson de signeurs et par especial le duc de Bourgongne, fil au roi de France et frère au roi de France. [Si] requ[i]ert messires Thumas, contes de Bouquighem, fils dou roi d'Engletière, la bataille en le manière com il le voldront avoir. »

Au baillier ces parolles, li hiraut en demandèrent lettres, et on leur respondi que il les aroient au matin. Si les demandèrent au matin, et on eut aultre conseil que on ne leur en donroit nulles ; et leur fu dit : « Alés, et si dites che dont vous estes enfourmés ; vous estes creable assés, et, s'il voellent, il vous en creront. » Sus cel estat estoient venu à Troies li hiraut, qui ne peurent parler au duc de Bourgongne ne faire leur mesage, je vous dirai pour quoi : on estoit tout entouelliet, et estoit li presse si très grande de gens d'armes alant à la porte où li dus estoit, que il ne le pooient rompre ; et si avoient ja li nouviel chevalier d'Engletière commenchiet l'escarmuce : pour quoi on estoit tout entouelliet ; et aucun chevalier et gens d'armes asquels li hiraut parloient, dissoient bien : « Signeur, vous allés en grant peril, car il i a mauvais commun en ceste ville. » Ceste doubte, et che que il ne peurent passer, fist retourner les hiraus sans riens faire.

Or, parlons de l'escarmuce, comment elle se porta.

§ 157. Tout dou premiers il i ot un escuier englès qui s'apelloit [Jehan Ston], liquels estoit mout apers homs d'armes, et là le monstra. Ne sai se l'apertisse que il fist, il l'avoit de veu, mais il esperonna son coursier le glave ou poing et la targe au col, et vint tout fendant le chemin et les cauchies, et le fist saillir par dessus les bailles des barrières de la porte, et vint jusques à la porte où li dus de Bourgongne et li seigneur estoient, qui tinrent ceste aper-

tisse à grande. Li escuiers quida retourner, mais il
ne peut, car au retour ses chevaulx fu lanchiés des
glaves et là abatus, et li escuiers mors. Dont li dus de
Bourgongne fu mout courouchiés que on ne l'avoit
pris prisonnier.

Tantos evous les grosses batailles dou conte de
Bouquighem qui s'en viennent, banières et pennons
ventellans, et tout à piet, deviers ces gens d'armes
qui estoient en la bastide, laquelle on avoit faitte de
huis et de fenestres et de tables; et n'estoit pas cose,
au voir dire, que contre tels gens d'armes que li
Englès estoient, il peuissent longuement durer. Quant
li dus de Bourgongne les veï avaller si espessement
et de si grant vollenté, et que li signeur, baron et
chevalier, qui estoient en celle bastide, n'estoient
mies fort assés pour iaulx attendre, si commanda, et
tantost, que cascuns rentrast en la ville, horsmis les
arbalestriers. Si rentrèrent li signeur en la porte petit
à petit; et, entroes que il rentroient, li Genneuois et
li arbalestrier traioient et les Englès ensongnioient.
Là ot bonne escarmuche et dure, et fu tantost celle
bastide conquise, point ne dura longuement as
Englès, et reboutèrent toutes manières de gens à
force en le porte; et enssi comme il rentroient, il
s'ordonnoient et rengoient sus les cauchies. Là estoit
li dus de Loraingne en bonne ordenance; ossi estoit
li sires de Couchi, li dus de Bourbon et tout li
autre. Là eut entre la porte et les bailles fait tamainte
apertisse d'armes, des mors et des blechiés et des
pris. Quant li Englès veïrent que li François se
retraioient et que point de bataille il ne feroient fors
escarmuce, si se retraïssent tout bellement sus le

place dont il estoient parti, et là furent en ordenance de bataille plus de deus heures; et, sus la remontière, il retournèrent en leurs logeis asés priès dou lieu où il avoient esté logiet la nuit devant, à Saint Lié priès de Barbon, et à l'endemain à Mailliers le Visconte priès de Sens en Bourgongne. Et là demora l'oost deus jours pour euls rafresquir et pour rançonner le plat païs d'environ as vivres, dont il n'avoient point assés, mès en avoient mout grant deffaute.

§ 158. Vous entendés bien comment li Englès chevaucoient le roiaulme de France et prendoient leur chemin pour venir en Bretaigne, et disoient et maintenoient [que] li dus de Bretaigne et li païs les avoient mandés, quoique autrement il euissent bien cause de faire guerre pour le matèr[e] et occoisson dou roi d'Engletière, leur signeur; mais à present il se nommoient saudoiier[s] au duc et au païs de Bretaigne. Li rois Charles de France, qui [regnoit] pour ce tamps, comme tous enfourmés de ces matères et comme sages et visseux que il estoit, doubta les perils et incidensses qui de ce pooient naistre et venir, [et] regarda que, se li païs de Bretaigne avoec les Englès li estoit contraires, sa guerre as Englès en seroit plus fele et plus dure; et par especial il ne voloit mies, quoique il fust dou duch, que les bonnes villes de Bretaigne li fuissent ennemies et ouvertes à ses ennemis, car, ou cas que che se feroit, che li seroit uns trop grans prejudices. Si envoiia moiiennement et secretement lettres closes, douces et gracieusses deviers chiaulx de Nantes, qui est la clef et li chiefs

de toutes les villes de Bretaigne, en remonstrant que
il s'avisaissent, et que li Englès qui cheminoient parmi
son païs, se vantoient et affremoient que il les
avoient mandés, et se tenoient leurs saudoiiers; et,
ou cas que il avoient che fait et voloient perseverer
en che meffait, il estoient enceu et ata[i]nt de foi
mentie, de obligacion brissie, de sentensse de pappe
encourue sus iaulx de deus cens mille florins de
paine que il pooit loiaulment ataindre sus iaulx,
[ou cas que il voloient brisier] les tretiés jadis fais,
accordés et seellés, requis et priés par iaulx, desquels
il avoient les coppies, et eulx ossi, c'est à entendre
li roiel; et que tous jours leur avoit esté
doulx, propisses et amis, et aidiés et confortés à
leurs besoings, et que il ne fesissent pas tant que il
euissent tort, car il n'avoient nul certain title ne
article de eulx trop avant plaindre de li pour eulx
bouter si avant en une guerre que de rechepvoir ses
ennemis, mais bien s'avisaissent et consillaissent
loiaulment; et que, se il avoient esté mal enorté et
consillié par foible conseil, che leur pardonnoit
il[s] bonnement, ou cas que il ne se vosissent mies
ouvrir contre ses ennemis les Englès; et les voloit
tenir en toutes leurs francisses jurées et renouveller
en tout bien, se il besongnoit.

Quant ces parolles et offres que li rois de France
offroit et presentoit à ciaulx de Nantes, furent leues
et entendues, si regardèrent sus, et dissent bien li
plus notable de la ville que li rois de France avoit
droit et cause de remonstrer tout ce que il dissoit, et
que voirement avoient il juret, proumis et escript et
seellé que ja ne seroient ennemi au roi de France ne

aidant à ses ennemis. Si coumenchièrent à estre sus leur garde et renvoiièrent secretement deviers le roi de France que de ce il ne s'en sousiast en riens, car ja les Englès à main armée, pour grever ne guerriier
5 le roiaulme de France, il ne metteroient ne soustenroient en leur ville, mais il voloient, se il besongnoit, estre aidiet et conforté des gens le roi, et à ceulx il ouveroient leur ville, et as aultres non. Li rois de France, qui ooit tous ces tretiés, s'en tenoit bien à
10 leur parolle, car voirement en Nantes ont il tousjours esté bon et loial François; et de tout ce ne savoit encores riens li dus de Bretaigne, qui se tenoit à Vennes, mais quidoit bien que cil de Nantes deuissent demorer dallés li et ouvrir leur ville as Englès,
15 quant il venroient.

Or retournons as Englès qui estoient logiet assés priès de Sens en Bourgongne, en laquelle citté, pour la doutance de eulx, avoit grant garnisson de gens d'armes ; et s'i tenoit li dus de Bar, li sires de Cou-
20 chi, li sires de Saintpi et li sires de Fransures et leurs routes.

§ 159. Quant li contes de Bouquighem et leurs routes se furent repossé et rafresqui à Mailliers le Visconte assés priès de Sens en Bourgongne, il eurent
25 conseil dou deslogier et de eulx traire en ce bon païs et cras de Gastinois. Si se deslogièrent un merquedi au matin, et che jour il passèrent au pont deseure Sens la rivière d'Yone, et vinrent ce jour logier à Jenon à une lieue de Sens ; et vinrent leur fourageur
30 courir jusques ens es fourbours de Sens, et puis s'en retournèrent, ne il n'i ot fait nul esploit d'armes

che jour ne le soir ensieuant, qui face à ramentevoir.
A l'endemain, il se deslogièrent, et vinrent logier à
Saint Jehan de Nemousses et là environ, et l'autre
jour apriès à Biane en Gastinois, et l'autre jour à
Peuviers en Gastinois; et demora l'oost là trois jours
pour le bon païs et cras que il trouvèrent. Et eurent
là conseil ensamble quel chemin il tenroient, ou la
plainne Biause, ou se il sieuroient la rivière de Loire :
consillié fu que il chevaucheroient la Biausse. Si se
deslogièrent de Peuviers au quatrime jour, et chevauchièrent vers Tori en Biause.

Ens ou castiel de Thori estoient li sires de Saintpi,
messires Oliviers de Mauni, messires Guis li Baveus
et grant fuisson de gens d'armes. Oultre, en Ianville
en Biausse estoient en garnisson li Bèges de [Vilaines],
li [Barois] des Bares et pluiseurs autres, environ trois
cens lances. Par tout les fors et les castiaulx de
Biausse estoient gens d'armes mis et bouté pour garder le païs encontre les Englès. Chils de l'avant garde
de l'oost d'Engletière, quant il furent venut à Thori,
ne se peurent astenir, ne ossi il ne vorrent, que il
n'alaissent veoir chiaulx dou fort et escarmuchier à
eulx. Et vinrent as barrières dou castiel li sires de
Saintpi, messires Guis li Baveus et li chevalier et li
escuier qui là dedens estoient en[s], cascuns sus sa
garde, enssi que ordonné devant estoient; et là ot
bonne escarmuche et dure, lanciet, trait et ferut,
navrés [et] blechiés des uns et des aultres, et fais pluiseurs grans appertisses d'armes. Si estoit li contes de
Bouquighem, li avant garde et li arriere garde, logiet
à Thori en Biausse et là environ; si trouvoient li
fourageur des vivres à grant plenté, et ossi il avoient,

[ou] païs de Gastinois dont il estoient issut, abbeïes et belles maisons rançonnées à vins, que il avoient mis sus leurs carios en tonniaulx et en grans flascons et baris, dont il se tenoient tout aisse.

A l'escarmuce de Thori en Biausse eut là un escuier de Biausse, gentil homme et de bonne vollenté, qui s'avança de son fait sans mouvement d'autrui et vint à la barrière tout en escarmuchant, et dist as Englès : « A là nul gentil homme qui, pour l'amour de sa dame, voldroit faire aucun fait d'armes? Se ils en i a nuls, vés me chi tout aparilliet pour issir hors armés de toutes pièces, montés à chevaulx, jouster trois cops de glave, ferir trois cops de hache et trois cops de dage. Si en ait qui puet, et tout pour l'amour de sa dame. Or vera on entre vous, Englès, se il i a nul amoureux. » Et on appeloit l'escuier françois Gauwain Micaille. Ceste parolle et requeste fu tantos espandue entre les Englès. Adonc se traïst avant uns escuiers englès, appert compaignon et bien joustant, qui s'appeloit Janekin Kator, et dist : « Oïl, oïl, je le voel delivrer, et tantos faictes le traire hors dou castiel. » Li sires de Fil Watier, qui estoit mareschaulx de l'oost, vint aus barrières et dist à messire Gui le Baveus, qui là estoit : « Faites vostre escuier venir hors : il a trouvé qui le delivera très volentiers, et l'asseurons en toutes coses. » Gauwains Micaille fut mout resjoïs de ces parolles et s'arma incontinent; et l'aidièrent li signeur à armer de toutes pièces mout bien, et monta sus un bon cheval que on li delivra. Si issi hors dou chastiel, li troisime; et portoient si varllet trois lances, trois dages et trois haces. Et sachiés que il fu mout regar-

dés des Englès, quant il issi hors ; et li tenoient celle
emprisse à grant outrage, car il ne quidoient mies
que nuls François cors à cors se osast combatre. Encores en ceste emprise i avoit trois cops d'espée, et
toutes trois Gauwains les fist porter avoecques li,
pour l'aventure dou brissier.

§ 160. Li contes de Bouquighem, qui estoit ja à son
logeis, fu enfourmés par les hiraus de ceste ahatie :
si dist qu'il le volloit veoir, et monta à cheval, le
conte d'Askesufort et le conte de Douvesciere [et
pluisieurs autres barons et chevaliers] dallés li ; et
par ceste ahatie cessa li assaulx à Thori, et se retraïssent tout li Englès pour veoir le jouste. Quant li contes de Bouquighem et li signeur furent là venu, on fist
venir avant l'Englès qui devoit jouster, qui s'appelloit
Janekins Cator, armés de toutes pièces et montés
sus un bon cheval. Quant il furent en la place où li
jouste devoit estre, tout se rengièrent de une part et
d'autre, et leur fist on voie, et leur bailla on cascun
sa lance bien enfierée. Il se joindirent en leurs targes
et abaissièrent leurs lances et esperonnèrent les chevaulx ; et vinrent l'un sus l'autre, au plus droit que
il peurent, sans iaulx espargnier au samblant que il
monstroient. Ceste première jouste, il faillirent par
le desroiement de lors chevaulx ; à la seconde jouste,
il se consieuirent, mais che fu en vuidant. Adonc dist
li contes de Bouquighem pour tant que il estoit sus
le plus tart : « Hola ! ho ! » Et dist au connestable, le
signeur Latinier, et au mareschal : « Faictes les cesser :
il en ont fait assés meshui. Nous leur ferons faire et
acomplir leur emprisse d'aultre part, à plus grant

loisir que nous n'aions ores, et gardés bien que li escuiers françois n'ait nulle faute que il ne soit ossi bien gardés que li nostres ; et dictes ou faites dire à ceulx dou castiel que il ne soient en nul soussi de
5 leur homme, et que nous l'enmenons avoecques nous pour parfurnir son emprise, non pas comme prisonnier, et, li delivré, se il en puet escaper vifs, nous leur renvoierons sans nul peril. » La parolle dou conte fu acomplie, et fu dit à l'escuier françois dou mares-
10 chal : « François, vous chevaucherés avoecques nous sans peril ; et, quant il plaira à Monsigneur, on vous delivera. » Gauwains dist : « Dieux i ait part ! » Tantos fu tart, on ala soupper. On envoiia un hiraut à chiaulx dou castiel, qui leur dist les parolles que
15 vous avés oïes. Enssi se porta ceste journée, ne il n'i ot plus riens fait.

§ 161. A l'endemain, on sonna mout matin les tromppètes de deslogement : si se missent en arroi et au chemin toutes manières de gens, et chevauchiè-
20 rent en bonne ordonnance tout enssi comme il avoient en devant fait, vers Ianville en Biausse. Si fist che jour mout bel et mout cler, et estoient en trois batailles, la bataille dou connestable et dou mareschal devant, et puis, le conte de Bouquighen, le
25 conte d'Asquesufort et le conte de Douvesciere et leur bataille, et puis, aloit tous leurs carois ; et puis, venoit l'arriere garde, dont messires Guillaume de Widesore estoit chiés. Et vous di que il ne furent onques si asseuré, en cheminant parmi le roiaulme
30 de France, que il n'euissent espoir tous les jours de estre combatu, car bien savoient que il estoient pour-

sieuwi des François et costiiet de otant de gens ou
plus que il ne fuissent. Et voirement li signeur, duc,
conte, baron, chevalier et escuier et gens d'armes dou
roiaulme de France, qui les poursieuoient, en estoient
en grant vollenté et les desiroient mout à combatre,
et dissoient entre iaulx li pluiseur, sus les camps et
en leurs logeis, que ce estoit grans blasmes et grant
virgongne, quant on ne les combatoit. Et tout ce dou
non combatre se brissoit par le roi de France, qui tant
doubtoit les fortunes que nuls rois plus de li, car
li noble dou royaulme de France, par les batailles que
il avoient donnet as Englès, avoient tant perdu dou
tamps passet que à painnes faissoient il à recouvrer.
Et quant on l'emparloit de che voiage, il respondoit : « Laiiés leur faire leur chemin : il se degaste-
ront et perderont par eulx meïsmes, et tout sans bataille. » Ches parolles dou roi rafrenoient de non
combattre les Englès, liquel aloient toudis avant, sus
l'intencion d'entrer en Bretaigne, car à che faire il
avoient enssi premierement empris leur chemin en
Engletière, comme vous avés oï.

§ 162. Ens ou fort de Ianville en Biausse avoit
plus de trois cens lances de François; et là dedens
estoient li Barois des Bares, li [Bèges de Vilaines],
messires Guillaumes li Bastars de Lengres, messires
Jehan de Relli, li sires de Hangiers, li sires de Mauvoisin et pluiseur autre chevalier et escuier. Si passèrent li avant garde et li arriere garde et tout cil de
l'oost pardevant Ianville, et ot as barrières un petit
d'escarmuce; mais li arriere garde et tout cil de
l'oost pardevant Ianville passèrent tout oultre, car

tantos li assaus se cessa, car li Englès i perdoient leur painne. Au dehors de Ianville a un bel moulin à vent; si fu abatus et tout deschirés. Assés priès de là a un gros village que on dist à Puisset, et là vin-
5 rent cil de l'avant garde disner, et li contes de Bouquighem se disna à Iterville et descendi à le maison des Templiers. Cil qui estoient au Puisset entendirent que il avoit une grosse tour qui là siet sus une motte, [en laquelle avoit] environ soissante compai-
10 gnons. Si ne se peurent astenir cil de l'avant garde que il ne les alaissent veoir et asaillir, et l'environnèrent tout autour, car elle siet en plainne terre à petit de deffensse. Là eut grant assault, mais il ne dura point longuement, car cil archier traioient
15 si ouniement que à painnes ne s'osoit nuls mettre ne apparoir aus garittes ne aus deffensses. Si fu la tour prisse, et cil dedens mort et pris, qui le gardoient; et puis boutèrent li Englès le feu dedens, de quoi tous li carpentages ceï, et puis passèrent
20 oultre. Et se hastoient li Englès de passer delivrement celle Biausse, pour le dangier des aiges dont il estoient à grant meschief pour euls et lors chevaulx, car il ne trouvoient que puis moult parfons, et à ces puis n'avoient nuls seaulx. Si avoient, à trop grant
25 dangier, de l'aige et eurent tant que il vinrent à Ourmoi, et là se logièrent sur la rivière de la Kenie; et là se reposèrent et rafresquirent deus nuis et un jour. A l'endemain, il se deslogièrent et s'en vinrent à Villenuefve la Freté, en la conté de
30 Blois, à la veue dou Chastiel Dun, et s'en vinrent logier en la forest de Marceaunoi en Blois; et là s'arresta toute l'oost, pour le plaissant lieu et bel que

il i trouvèrent, et s'i repossèrent et rafresquirent trois jours.

§ 163. Dedens la forest de Marceaunoi a une très belle et bonne abbeïe de monnes de l'ordene de Chistiaux, et properment on appelle celle abbeïe Cistiaux. Et est l'abbeïe raemplie de mout grans et biaux edefisses, et le fist jadis fonder et edefiier uns mout vaillans et preudons qui s'appella li contes Tiebaus de Blois, et i laissa et ordonna grans revenues et bielles ; mais les guerres les ont mout amenries et afoiblies depuis. Li monne qui pour le tamps estoient en l'abbeïe furent souspris des Englès, car il ne quidoient mies que il deuwisent faire che chemin. Si leur tourna à contraire, quoique li contes de Bouquighem fesist faire un bant sus la teste que nuls ne fourfesist à l'abbeïe ne de feu ne d'autre cose, car le jour Nostre Dame en septembre il i oï messe, et fu là tout le jour, et i tint son estat et cour ouverte as chevaliers de son hoost. Et là fu ordonné que Gauwains Micaille, françois, et Jankeins Cator parferoient à l'endemain leur emprise.

Che jour vinrent li Englès veoir le castiel de Marceaunoi, qui est en la conté de Blois, et i a un très bel fort et de belle veue. Pour le tamps, en estoit cappitains et gardiiens uns chevaliers dou païs au conte de Blois, qui s'appelloit messires Guillaumes de Saint Martin, sage homme et vaillant as armes ; et estoit tous pourveus et avissés avoecques ses compaignons de deffendre le castiel, se on les euist asaillis, mais nennil. Quant li Englès en veïrent le manière, il passèrent oultre, et retournèrent en leurs logeis, en

la forrest de Marceaunoi. D'autre part, li sires de
Vievi en Blois estoit en son castiel au dehors de la
forrest, qui siet sus le chemin de Dun et de Blois; et
avoit li sires de Vievi grant fuisson de chevaliers et
escuiers avoecques li, qui tout s'estoient obligiet au
bien deffendre et garder le lieu, se il estoient asailli.
Et les vint veoir li sires de Fil Watier, mareschaulx
de l'ost, et sa route, non pour asaillir, mais pour parler au chevalier à la barrière, car bien le connissoit,
car il s'estoient veu tout doi en Prusse. Li sires de
Fil Watier se fist connissables au signeur de Vievi et
li pria que il li envoiiast de son vin par sa cour-
toisie; et toute sa terre en seroit respitée de non
ardoir et de estre courue. Li sires de Vievi l'en envoiia bien et largement, et trente blances mices
avoecq, dont li sires de Fil Watier li sceut grant gret
et li tint bien son convenant.

§ 164. A l'endemain dou jour Nostre Dame, on fist
armer Gauwain Micaille et Janekin Kator et monter
sur leurs chevaulx, pour parfaire devant les signeurs
leur ahatie. Si s'en[tren]contrèrent de fiers de glaves
mout roidement et jousta li escuiers françois à la plaissance dou conte mout bien. Et li Englès le feri trop
bas en la quisse, tant que il li bouta son fier de glave
tout oultre le quisse : de ce que il le prist si bas, fu
li contes de Bouquighem tous courouchiés; ossi furent li signeur, et dissent que c'estoit mal honnerablement jousté. Depuis furent ferut li troi cop
d'espée, et feri cascuns les siens. Adonc dist li contes
que il en avoient assés fait, et voloit que il n'en fesissent plus, car il veoit l'escuier françois fort sanner.

A ceste ordenance se tinrent tout li signeur. Si fu
Gauwains Micaille desarmés et remués et mis à point;
et li envoiia li contes de Bouquighem par un hiraut
en son logeis cent frans, et li donnoit congiet de
de retraire sainnement deviers ses gens, et li mandoit
que il s'estoit bien acquités. Si s'en retourna Micaille
deviers les signeurs de France, qui se tenoient amassé
sus le païs en pluiseurs lieus; et li Englès se departirent
de Marcheaunoi et prissent le chemin de Vendome,
mais avant il se logièrent en la forrest dou
Coulembier.

§ 165. Vous savés comment li rois Charles de
France, qui se tenoit à Paris, traitoit quoiement et
secretement deviers les bonnes villes de Bretaigne à
le fin que il ne se vosissent mies ouvrir pour requellier
les Englès, et là où il le feroient, il se fourferoient
trop grandement, et seroit cils fourfais impardonnables.
Chil de Nantes, qui est la clef des cittés et
bonnes villes de Bretaigne, li remandèrent secretement
que il n'en fust en nulle doubte, que ossi ne
feroient il, quel samblant ne quel tretiet que il euissent
enviers leur signeur; mais il voloient, se li
Englès aprochoient, que on leur envoiiast gens d'armes,
tant que pour bien tenir et garder la ville et les
bonnes gens contre leurs ennemis. De che faire estoit
li rois de France en grant vollenté, et l'avoit recargiet
à son conseil. De tous ces tretiés estoit enssi que
tous mestres et souverains messires Jehans de Buel,
de par le duc d'Ango qui se tenoit à Angiers. Li dus
de Bourgongne se tenoit en le citté del Mans; par
toutes les villes et les castiaulx de là environ se

tenoient li signeur, li dus de Bourbon, li dus de
Lorrainne, li dus de Bar, li contes d'Eu, li sires de
Couchi et tant de gens d'armes que il estoient plus
de six mille hommes d'armes; et dissoient bien entre
iaulx, vosist ou non li rois, que il combateroient les
Englès, anchois que il euissent passet la rivière de
Sartre, qui depart [le Maine] et Ango.

En che tamps, prist une maladie au roi de France,
dont ils principaulment et tout cil qui l'amoient
furent mout esbahi et desconforté, car on n'i veoit
point de retour ne de remède, que il ne convenist
dedens briefs jours passer oultre et morir. Et bien en
avoit il meïsmes la connissance : ossi avoient si
surgiien et si medechin, je vous dirai pourquoi et
comment. Veritez fu, selonc le fame qui adonc courut, que li rois de Navare, dou tamps que il se tenoit
en Normendie et que li rois de France estoit dus de
Normendie, il le volt faire enpuissonner; et rechut
li rois de France le venin, et fu si avant menés que
tout li cheviel dou chef li cheïrent et toutes les ongles
des mains et des piés, et devint ossi secks que uns
bastons, et n'i trouvoit on point de remède. Ses
oncles, li emperères de Romme, oï parler de sa maladie : [si] li envoiia tantos et sans delai un maistre
medechin que il avoit dallés [lui], le meilleur maistre
et le plus grant en sience qui fust en che tamps ou
monde ne que on seuist ne conneuist, et bien le
veoit on par ses oevres. Quant chils maistres mede-
chins fu venus en France dallés le duc de Normendie
et il ot la connissance de sa maladie, il dist que il
estoit enpuissonnés et en grant peril de mort; si fist
adonc, en che tamps, de celi qui puis fu li rois de

France, la plus belle cure que on euist onques oï
parler, car il amorti tout ou en partie le venin que
il avoit pris et rechu sur li, et li fist recouvrer
cheviaulx et ongles et santé, et le remist en point et
en force d'omme, parmi tant que cils venins petit à
petit li issoit parmi une petite pistoule que il avoit
ou brach; et à son departement, car on ne peut le
retenir en France, il donna une rechepte dont on
useroit, tant comme il viveroit. Et bien dist adonc au
roi de France et à cheulx qui dallés li estoient : « Si
tretos que ceste petite pistoulle laira le couller et seccera, vous morrés sans point de remède, mais vous
arés quinse jours ou plus de loisir, pour vous avisser
et penser à l'ame. » Bien avoit li rois de France
retenu toutes ces parolles, et porta ceste pistoulle
vint et trois ans, laquelle cose par pluiseurs fois l'avoit
mout eshidé. Et les gens ou monde pour sa santé
où il avoit la grignour fiance, ce estoit en bons mestres medecins; et cil medecin le confortoient et res-
joïssoient mout souvent, et li dissoient, parmi les
bonnes recceptes que il avoient, il le feroient tant
vivre par nature que bien deveroit souffire. De ces
parolles se contemptoit et contempta li rois mout
d'anées et vivoit en joie à le fois sus leur fiance.
Avoecq tout ce, d'autres maladies dedentrainnes
estoit li rois trop durement grevés et bleciés, et par
especial dou mal des dens : de che mal avoit il si
grant grief et si grant rage que on ne l'adiroit à nul
homme.

Et bien sentoit li rois par ses maladies dont il
estoit tant bleciés que il ne pooit longement vivre;
et la cause del monde, sus la fin de son terme, qui

plus le reconfortoit et resjoïssoit, c'estoit que Dieux
li avoit donné trois biaux enffans vivans, deus fieulx
et une fille, Charlle, Loïs et Kateline. Siques, quant
ceste pistoulle comenchia à sechier et non à couller,
5 les doutes de le mort le commenchièrent à aprochier :
si ordonna, comme sages et vaillans homs que il estoit,
toutes ses besongnes, et manda ses trois frères ens
esquels il avoit la grignour fiance, le duc de Berri, le
duc de Bourgongne et le duc de Bourbon, et laia
10 derrière le duc d'Ango, son second frère, pour tant
que il le sentoit convoiteus ; et dist as trois dessus dis :
« Mi biau frère, par ordenance de nature, je sench
bien et congnois que je ne puis longuement vivre : si
vous remande et recarge Charle, mon fil, et usés en
15 enssi que bon oncle doient user de leur nepveut, et
vous en acquittés loiaulment et [le] couronnés à roi
au plus tost aprièz ma mort que vous poés, et li consilliés en tous ses affaires loiaulment, car toute ma
fiance en gist en vous. Et li enffes est jones et de
20 legier esprit : si ara mestier que il soit menés et gou-
vrenés de bonne doctrine ; et li ensengniés et faites
ensengnier tous les poins et les estas roiaulx qu'il
doit et devera tenir ; et le mariés en lieu si hault que
li roiaulmes en vaille mieux. Je ai eu lonc tamps un
25 mestre astronomiien, qui dissoit et affermoit que en
sa jonèce il aroit mout à faire et isteroit de grans perils et de grans aventures : pour quoi, sus ces termes,
je ai eu pluiseurs imaginacions et mout penssé co-
ment che poroit estre, se che ne vient et naist de la
30 partie de Flandres ; car, Dieu merchi, les besongnes
de nostre roiaulme sont en boin point. Li dus de Bretaigne est uns cauteleux homs et diviers, et a eu tous-

jours le corage plus englès que françois : pour quoi
tenés les nobles de Bretaigne et les bonnes villes à
amour, et par ce point vous li briserés ses ententes :
je me lo des Bretons, car il m'ont toudis servi
loiaument et aidiet à garder et à deffendre contre
mes ennemis mon roiaulme. Et faittes le signeur de
Cliçon connestable de France, car, tout consideré, je
n'i sai nul [plus] propise de li. Enquerés pour le mariage de Charle, mon fil, en Allemaigne, par quoi les
aliances i soient plus fortes. Vous avés entendu comment nostre aversaire s'i doit et voelt mariier : ce est tout
pour avoir plus d'alliances. De ces aides dou roiaulme
de France, dont les povres gens sont tant travilliet
et grevés, usés ent à vostre consience, et les hostés
dou plus tost que vous poés, car che sont coses, quoique je les aie sousteneues, qui mout me grèvent et
poissent en corage ; mès les grandes guerres et les
grans aliances que nous avons eu à tous lés, pour la
cause de ce pour avoir le misse, m'i ont fait entendre. »

Pluiseurs parolles telles et aultres, lesquelles je ne
peusse pas toutes oïr ne savoir, remonstra li rois
Charlles de France à ses frères, present Carle le
dauffin, son fil, et le duc d'Ango absent ; car bien volloit li rois de France que li autre s'ensonniaissent en
chief des besongnes dou roiaulme de France et li dus
d'Ango, ses frères, en fust assentés, car il le doubtoit
mervilleusement, et convoiteux le sentoit : [si] resongnoit che peril. Mais, quoique li rois de France le
absentast ou lit de le mort et eslongast des besongnes
de France, li dus d'Ango ne s'en absenta ne eslonga
pas trop, car il avoit mesagiers allans et venans toudis songneusement entre Angiers et Paris, qui li ra-

portoient le certainneté dou roi ; et avoit li dus d'Ango gens secretaires [dalés] le roi, par lesquels, de jour en jour, il savoit tout son estat ; et au destroit jour que li rois de France trespassa de che siècle, il estoit à Paris et assés priès de sa cambre et i entendi pour li, enssi que vous orés tamprement recorder.

Mais nous poursieurons la matère des Englois, et recorderons petit à petit comment il cheminèrent et quel chemin il tinrent et fissent, anschois que il venissent en Bretaigne.

§ 166. Quant li contes de Bouquighem et toutes ses routes se departirent de la forrest de Marceaunoi, en la conté de Blois, il cheminèrent vers Vendosme et vers le foriest dou Coulembier ; et estoient cil de l'avant garde trop courouchié de ce que il ne trouvoient mais nulles aventures. Che propre jour que il se deslogièrent de la foriest dou Colombier et que il chevauchoient priès de Vendome, li avant garde chevauchoit tout devant, enssi que raissons est : si chevauchoient ensamble messires Thumas Trivès et messires Guillaumes Clinthon, environ quarante lances. Si encontrèrent sus leur chemin d'aventure le signeur de Hangiès qui s'en venoit à Vendome et avoit en sa route environ trente lances. Li Englès congneurent tantos que ce estoient François : si esperonnèrent caudement sus iaulx et abaissièrent les glaves. Li François, qui ne se veoient pas à jeu parti, n'eurent tallent d'atendre, car il estoient priès de Vendome : si esperonnèrent celle part pour eulx mettre à sauveté, et Englès apriès, et François devant. Là furent ruet jus de cops de glaves Robers de Han-

giers, cousins au signeur, et Jehans de Mon[t]igni et
Guillaume de Launai et encores cinq ou six ; et
furent tantos enclos, et les convint rendre prisonniers ou pis finer. Li sires de Hangiers vint si à
point à la barière que elle estoit ouverte : si descendi,
et entra dedens, et puis prist son glave, et se mist vaillanment à deffensse ; et furent petit à petit tout si compaignon requelliet, et enssi que il venoient, il descendoient et se mettoient à deffensse. Toutesfois, il
en i ot des prisonniers jusques à douse, et puis
retournèrent li Englès. Enssi alla de ceste aventure.

Che propre jour aussi chevauchoient Robiers Canolles et sa route : si encontra et trouva le signeur
de Mauvoisin et sa route. Si se ferirent li un dedens
l'autre, Englès et François, car il estoient assés à jeu
parti. Et ne daigna li sires de Mauvoisin fuir, mais
se combati à piet mout vaillanment ; mais finablement messires Robiers Canolles le prist de sa main,
et fu son prisonnier. Et che jour passa l'oost devant
Vendome et la rivière de Lar, et vint logier et gesir
à Ausie, en la conté de Vendome, et l'endemain à
Saint Callais ; et là se repossa l'oost deus jours. Au tier
jour, il se deslogièrent et vinrent à Lussé, et l'endemain au Pont Volain.

§ 167. Enssi cheminoient li Englès et ne savoient
à qui parler, car nuls ne leur aloit au devant ne au
devant de leur chemin. Si estoit tous li païs cargiés et raemplis de gens d'armes, et en i avoit à
merveilles grant fuisson en la citté del Mans et
en la citté d'Angiers. Et s'en vint adonc li dus
d'Ango par Tours en Tourainne et par Blois et par

Orliiens à Paris, car il entendi que li rois, ses frères, agrevoit mout et que il n'i avoit point de retour; si voloit estre à son trespas. Et pour ce ne se departoient mies les gens d'armes de leurs garnissons, mais poursieuoient et costioient les Englès à leur loial pooir, sans euls abandonner entre iaulx trop avant. Et ordonnèrent les gens d'armes de France, qui connissoient les passages des rivières, que, sus la rivière de Sartre, laquelle il convenoit les Englès passer, car [si] il faissoient ce chemin, il les ensonnieroient mallement et les encloroient, se il pooient, ou païs : par quoi il les afameroient, et puis les aroient à volenté et les combateroient à leur avantage, vosist li rois de France ou non. Si fissent li signeur de France, qui le plus estoient usé d'armes, sus le passage par où il convenoit les Englès passer, en la rivière de Sartre, avaler gros mairiiens aguissiés et ferir à force en la rivière, par quoi eulx ne leurs carois ne peuissent passer; et encores, au descendement de la rivière, au prendre tière, il fissent fosser grans fossés et parfons, par quoi on ne peuist ariver. Enssi ordonnèrent il leur besongne, pour donner grant empecement as Englès.

Or cheminoient li contes de Bouquighem et ses routes, quant il se partirent dou Pont Volain; et passèrent la forrest del Man[s] et vinrent sus la rivière de Sartre, et là s'aresta toute li hoos, car il ne trouvoient ne veoient point de passage, car la rivière est grosse et parfonde et trop malle à passer, se ce n'est sus les certains pas là où on le passe sans pons. Li avant garde, qui chevauchoit devant, avoit quis et cargiet desous et desus la rivière à tout lé; [mais] on n'i

trouvoit point de passage fors en che lieu où li mairiien estoient mis et planté à force dedens la rivière.
Adonc descendirent li signeur et imaginèrent le passage, et dissent : « Par ci, se nous volons [aler] oultre,
nous faut passer, car ailleurs ne trouvons nous point
de passage. » —« Or, avant! dissent toutes manières
de gens d'armes ; il ne nous fault point espargnier :
il nous faut à force [oster] et traire hors ces mairiiens
de l'aige, qui nous tollent le passage. » Là veïssiés
barons, chevaliers et escuiers entrer en la rivière qui
estoit rade et courans, et iaulx mettre en grant aventure d'aler aval, car il estoient armé de toutes pièces
horsmis leurs bachinès, et là s'aherdoient à ces mairiiens traire hors à force; et eurent, je vous di, mout
de painne anchois que il les peuissent avoir hors, si
parfont i estoient il fichiet. Toutesfois, finablement
il les eurent et traïssent tous hors, et laissièrent aler
aval l'aige; et quant il eurent che fait, encores eurent il mout de painne à ravaler [et] ouniier le rivage,
pour passer ouniiement leur carroi : onques gens
n'eurent tant de painne. Or regardés se les François qui
les poursieuoient et qui les desiroient à combatre,
seuissent che convenant, se il ne leur euissent porté
grant damage, car li premier ne peuissent avoir aidiet
ne conforté les daarrains ne li darrains les premiers,
pour les grans marescages que il i avoient à passer.
Toutesfois, tant fissent li Englès et tant esploitièrent
que il furent tout oultre, carroi et tout, et vinrent
che jour logier à Noion sus Sartre.

§ 168. Che propre jour que li Englès passèrent
le rivière de Sartre à si grant painne, comme

vous avés oï, trespassa de che siècle, à son ostel
à Saint Pol sus Saine, li rois de France Charles. Si
tretos que ses frères, li dus d'Ango, sceut que il
avoit clos les iex, il fu saisis de tous les jeuiaulx dou
roi, son frère, dont il avoit sans nombre, et fist tout
mettre en sauf lieu à garant pour li; et esperoit que
il li venroient bien à point à faire son voiage où il tendoit aller, car ja s'escripsoit il rois de Sesille, de Puille
et de Calabre et de Jherusalem. Li rois Charles de
France, selonc l'ordenance des roiaulx, fu aportés
tout parmi la citté de Paris à viaire descouvert, ses
frères et si doi fil derrière li, jusques à l'abbeïe de
Saint Denis, et là fu ensepvelis mout honnerablement, enssi comme en devant, lui vivant, il l'avoit
ordonné; et gist messires Bertrans de Claiekin, qui
fu ses connestables, à ses piés. Et vous di, quoique
li rois Charles, ou lit de le mort, euist ordonné ses
aultres frères à avoir le gouvrenement du roiaulme
de France dessus le duc d'Ango, [si] n'en fu riens fait,
car il se mist tantost en posession et en resgne par
dessus tous, reservé ce que il voloit que Charles, ses
biaux nepveux, fu couronnés à roi; mais il voloit avoir
le gouvrenement dou roiaulme ossi avant que li autre ou plus, pour la cause de ce que il estoit ainnés :
nuls, ou roiaulme de France, ne li osoit ne voloit
debattre son pourpos. Et trespassa li rois de France
environ le Saint Michiel.

Tantos apriès son trespas, li per et li baron de
France regardèrent et avissèrent que, à le Tousains
apriès, on couronneroit le roi à Rains. A che pourpos se tinrent bien li troi oncle, Ango, Berri et Bourgongne, mès que il euissent le gouvrenement dou

roiaulme tant et si longuement que li enffes aroit son eage, c'est à entendre vint et un ans. Et tout che fissent il jurer les haus barons et prelas dou roiaulme de France. Adonc fu segnefiiés li couronnemens dou jone roi ens es païs lontains, au duc de Braibant, au duc Aubiert, au conte de Savoie, au conte de Blois, le conte Jehan, au duck de Gerlles, au duc de Jullers, au conte d'Erminach, au conte de Fois. Li dus de Bar, li dus de Lorraine, li dauffins d'Auviergne, li sires de Couchi estoient en le poursieute des Englès : si ne furent mies si trestos remandé, mais li contes de Flandres en fu priiés et segnefiiés de estre en la citté de Rains au jour qui assignés i estoit expresseement ; on le nommoit le jour de la Tousains, qui devoit estre en diemenche.

De le mort dou roi de France furent cil de Gaind grandement courouchiet, car bien sentoient que il aroient plus dur tamps, pour le nouviel conseil que cils jones rois aroit, que il n'avoient eu, car li rois Carles, de bonne [memoire], leur guerre durant, il leur avoit esté mout propisses, pour tant que il n'amoit c'un petit le conte de Flandres.

Or parlons des Englès, et puis nous retournerons au couronnement dou jone roi Charle, et recorderons petit à petit les termes de son resgne et quels coses li avinrent.

FIN DU TEXTE DU TOME NEUVIÈME.

VARIANTES.

VARIANTES.

Les manuscrits de la rédaction revisée[1], *ainsi que le manuscrit de Besançon (qui à la fin de son tome premier contient le commencement du second livre), placent en tête de ce livre le paragraphe* 788 *du premier livre, avec quelques variantes, entre autres le changement de* Quant li dus de Bourgongne (t. VIII, p. 251, l. 19) *en* Vous avez bien cy dessus ouy recorder comment le duc de Bourgongne, *dans les mss. de la seconde famille, et le remplacement de* Pikardie (Ibid., l. 20) *par* Artois, *dans les mss. de la troisième famille.*

§ 1. P. 1, l. 1. *Le ms. B* 1 *sert de base au texte, du* § 1 *au* § 82 *inclus.*

P. 1, l. 2 : Picardie. — *Mss. B* 12, 20 *:* Artois.

P. 1, l. 9-14 : qui contrarioient... Limosin. — *Leçon des mss. B* 5, 7. — *Manquent aux mss. B* 1, 2.

P. 2, l. 18 : cousins et proïsmes. — *Mss. B* 5, 7 *:* cousins et amis. — *Mss. B* 12, 20 *:* parens.

P. 2, l. 21 : diray. — *Les mss. B* 5, 7 *ajoutent* : et esclarciray cy après. — *Mss. B* 12, 20 *:* esclarciray.

§ 2. P. 2, l. 28 : amise de. — *Mss. B* 5, 7 *:* manière de. — *Ms. B* 12 *:* advisée.

P. 2, l. 28-29 : fu mout esmerveilliés. — *Mss. B* 12, 20 *:* eut grant merveille.

P. 3, l. 1-2 : de la nacion de Bourdeaulx. — *Leçon des mss. B* 5, 7, 12, 20. — *Manquent aux mss. B* 1, 2.

---

1. A l'exception du *ms. B* 4, qui commence au § 36 de notre édition.

P. 3, l. 9 : fu mout esmerveilliés. — *Ms. B* 20 *:* eut grant pitié.

P. 3, l. 12 : Aymenions. — *Mss. B* 5, 7 *:* Aymons.

P. 3, l. 17 : lui et sa terre, en l'obeïssance. — *Leçon des mss. B* 5, 7, 12, 20. — *Mss. B* 1, 2 *:* en l'obeïssance, lui et sa terre.

P. 3, l. 23 : Fronsach. — *Leçon des mss. B* 5, 7, 12, 20. — *Mss. B* 1, 2 *:* Fronsart.

P. 3, l. 25 : morut et. — *Manqueni aux mss. B* 12, 20.

P. 3, l. 32 : en telle tache et paroles. — *Leçon du ms. B* 7. — *Mss. B* 1, 2 *:* en telle cache et p. — *Ms. B* 5 *:* en grant dangier et en tel tache et parolles. — *Ms. B* 6 *:* en très grant dangier et en telz taiches de paroles. — *Ms. B* 12 *:* en grant dangier et peril. — *Mss. B* 13, 14 *:* en grant dangier et entechié et en paroles.

P. 4, l. 1 : Gaillars de Vighiers. — *Mss. B* 5, 7 *:* Gaillars Vighiers. — *Ms. B* 12 *:* Gaillart Vigier.

P. 4, l. 7-8 : pour ces besoignes. — *Leçon des mss. B* 5, 7, 12, 20. — *Manquent aux mss. B* 1, 2.

§ 3. P. 4, l. 13 : de France. — *Leçon des mss. B* 5, 7, 12, 20. — *Manquent aux mss. B* 1, 2.

P. 4, l. 18 : Montcucq. — *Les mss. B* 5, 7 *ajoutent :* ung moult bel fort.

P. 4, l. 20-21 : à l'environ. — *Leçon des mss. B* 5, 7, 12, 20. — *Mss. B* 1, 2 *:* au Louvion.

P. 4, l. 28 : de Triseguidi. — *Leçon des mss. B* 5, 7. — *Mss. B* 1, 2 *:* Triquedi.

P. 4, l. 31 : messires. — *Leçon des mss. B* 5, 7. — *Manque aux mss. B* 1, 20. — Moncontour *manque aux mss. B* 5, 7.

P. 5, l. 2 : de Crenon. — *Mss. B* 5, 7 *:* Cremoux. — *Mss. B* 12, 20 *:* Crenol. — *Ms. B* 14 *:* Crevol.

§ 4. P. 5, l. 18 : li hos. — *Mss. B* 12, 20 *:* le siège.

§ 5. P. 6, l. 3-4 : n'estoit mie bien liés. — *Ms. B* 2 *:* dont il n'estoit pas bien joieulx. — *Mss. B* 12, 20 *:* n'estoit guères joyeux.

P. 6, l. 16 : pour le jouene roy. — *Mss. B* 5, 7 *:* à l'instance du jeune roy d'Angleterre. — *Mss. B* 12, 20 *:* en instance du roy d'Angleterre.

P. 6, l. 23 : de vent sur mer. — *Leçon des mss. B* 5, 7. — *Manquent aux mss. B* 1, 2. — *Mss. B* 12, 14 *:* sur mer. — *Ms. B* 20 *:* en la mer.

P. 6, l. 27 : et là fu. — *Leçon des mss. B* 5, 7, 20. — fu *manque aux mss. B* 1, 2. — *Ms. B* 12 *:* où il fut.

§ 6. P. 6, l. 31 : chevaliers. — *Mss. B* 5, 7 *:* homs.

P. 7, l. 3 : les quatre barons. — *Leçon des mss. B* 5, 7, 12, 20. — *Manquent aux mss. B* 1, 2.

P. 7, l. 7 : il venissent à Bourdiaux. — *Mss. B* 5, 7, 12, 20 *:* ilz ne laissassent point que ilz ne venissent à Bourdeaulx sur Gironde.

P. 7, l. 18 : pourfiter. — *Mss. B* 5, 7, 12, 20 *:* conquester.

P. 7, l. 25 : damage. — *Les mss. B* 12, 20 *ajoutent :* comme vous porrez oyr raconter à present.

§ 7. P. 7, l. 28 : dedens. — *Leçon du ms. B* 2. — *Manque au ms. B* 1.

P. 8, l. 9-10 : Crenons. — *Ms. B* 2 *:* de Crenon. — *Mss. B* 5, 7 *:* de Cremoux. — *Les mss. B* 5, 7 *ajoutent :* messire Alain de Beaumont.

P. 8, l. 30-31 : sus grans fuisons de cars. — *Ms. B* 20 *:* sur plusieurs chariotz.

P. 9, l. 10 : et aux barons… tenoient. — *Leçon des mss. B* 5, 7, 12, 20. — *Manquent aux mss. B* 1, 2.

P. 9, l. 22 : esporonnant. — *Mss. B* 5, 7 *:* esprouvant. — *Ms. B* 12 *:* piquant des esperons.

P. 9, l. 29 : bon. — *Leçon des mss. B* 5, 7, 12. — *Manque au ms. B* 1. — *Ms. B* 2 *:* grant. — *Ms. B* 13 *:* vaillant.

P. 9, l. 32 : trencha tout le haterel. — *Ms. B* 20 *:* entra ou col.

P. 10, l. 5 : et de Limosin. — *Mss. B* 5, 7 *:* ou de Limosin. — *Manquent aux mss. B* 12, 20.

P. 10, l. 2 : cop. — *Ms. B* 20 *:* horion.

§ 8. P. 10, l. 25 : prisonnier. — *Les mss. B* 5, 7, 20 *ajoutent :* de sa main.

P. 10, l. 27 : Longheren. — *Mss. B* 5, 7 *:* Langurant. — *Ms. B* 12 *:* Langurat. — *Ms. B* 20 *:* Lagurant.

P. 10, l. 31 : des Landes. — *Leçon des mss. B* 5, 7, 20. — *Ms. B* 1 *:* de Flandres. — *Ms. B* 12 *:* de Landas.

§ 9. P. 11, l. 20 : barons. — *Les mss. B* 5, 7 *ajoutent :* des chevaliers.

P. 11, l. 31 : grant. — *Le ms. B* 20 *ajoute :* fiance et.

P. 12, l. 18 : manaches. — *Mss. B* 12, 20 *:* nouvelles.

P. 12, l. 19 : temps. — *Leçon des mss. B* 12, 20. — *Manque aux mss. B* 1, 5, 7.

P. 12, l. 26 : de Labreth. — *Ms. B* 2 *:* d'Albret.

P. 12, l. 30 : envoia. — *Mss. B* 5, 7 *:* ordonna.

§ 10. P. 13, l. 5 : Et se partirent. — *Mss. B* 5, 7 *:* Et se ordonna.

P. 13, l. 7 : de France. — *Leçon des mss. B* 5, 7, 12, 20. — *Manquent aux mss. B* 1, 2.

P. 13, l. 9 : au soir. — *Leçon des mss. B* 5, 7, 20. — *Manquent aux mss. B* 1, 2.

P. 13, l. 10-11 : si se recoeillirent. — *Mss. B* 5, 7 *:* et le recueilli. — *Ms. B* 12 *:* si le recueillirent.

P. 13, l. 18 : messires Jehans de Jeumont. — *Mss. B* 1, 2 *:* messires Jehans de Reumont. — *Mss. B* 5, 7 *:* le sire de Jumont. — *Mss. B* 12, 20 *:* le seigneur de Jeumont.

P. 13, l. 32 : pillie. — *Ms. B* 12 *:* pilliée et robée. — *Ms. B* 13 *:* courue et pillée. — *Ms. B* 14 *:* toute pillée.

§ 11. P. 14, l. 9 : li quattre baron gascon. — *Ms. B* 2 *:* là quatre barons gascons. — *Mss. B* 5, 7, 12, 20 *:* les autres barons gascoings.

P. 14, l. 16 : Tant... li. — *Mss. B* 12, 20 *:* Tant fut traitté et parlé aux.

P. 14, l. 18 : eurent en convent. — *Mss. B* 2, 20 *:* promirent.

P. 14, l. 26-27 : disnoient... lui. — *Mss. B* 12, 20 *:* mengoient en son logeis et à sa table.

§ 12. P. 14, l. 30 : vez ci pour coi. — *Mss. B* 5, 7 *:* vez ci comment. — *Ms. B* 12 *:* et vous diray pour quoy. — *Mss. B* 13, 14, 20 *:* et vecy pourquoy.

P. 15, l. 4 : à mentir no serement. — *Ms. B 2 :* aneantir nostre serement. — *Ms. B 12 :* à faillir de promesse et de serement.

P. 15, l. 10 : rapporter. — *Leçon des mss. B 5, 7.* — *Ms. B 1 :* aporter. — *Mss. B 12, 20 :* adonner.

P. 15, l. 15 : Bourdiaux. — *Ms. B 20 :* Londres.

P. 15, l. 30 : nouvelles. — *Leçon des mss. B 5, 7, 12.* — *Ms. B 1 :* barons.

P. 16, l. 7 : repris. — *Mss. B 5, 7, 12 :* reprouchiez.

§ 13. P. 16, l. 24-25 : fourrageurs. — *Mss. B 5, 7 :* les François.

P. 16, l. 28 : garnisons. — *Les mss. B 5, 7, 12 ajoutent :* angloiches. — *Le ms. B 20 ajoute :* anglois sus le pays et.

P. 16, l. 31 : leur. — *Leçon du ms. B 2.* — *Ms. B 1 :* les.

P. 17, l. 9-10 : Saint Malquaire. — *Mss. B 5, 7, 12, 20 :* Saint Makaire.

P. 17, l. 22 : Sauveterre. — *Ms. B 1 :* Sainte Terre.

P. 18, l. 6 : sires. — *Les mss. B 5, 7 ajoutent :* et capitaine.

P. 18, l. 21 : Auberoche. — *Ms. B 20 :* Amberoche.

§ 14. P. 19, l. 2 : barières. — *Mss. B 5, 7 :* la ville aux barrières.

P. 19, l. 6 : s'espardirent. — *Ms. B 2 :* s'espandirent. — *Mss. B 5, 7, 20 :* se departirent. — *Ms. B 12 :* se partirent.

P. 19, l. 15 : nuls ne. — *Leçons des mss. B 5, 7, 12.* — *Manquent au ms. B 1.*

P. 19, l. 24-25 : un secret traictiet. — *Mss. B 5, 7 :* en secret traictier. — *Mss. B 12, 20 :* secretement traictier.

P. 19, l. 27 : Saint Makaire. — *Leçon des mss. B 5, 7, 12, 20.* — *Manquent aux mss. B 1, 2.*

§ 15. P. 20, l. 4 : très. — *Mss. B 2, 12 :* dès.

P. 20, l. 5 : à Thoulouse. — *Leçon des mss. B 5, 7, 12, 20.* — *Manquent aux mss. B 1, 2.*

P. 20, l. 5 : ajeute. — *Mss. B 2, 5, 7, 12 :* acouchée.

P. 20, l. 13 : ouniement. — *Mss. B 20 :* routièrement.

P. 20, l. 18 : un hiraut qui les apporta. — *Mss. B 5, 7 :* deux heraulx qui les apportèrent.

P. 20, l. 27 : ou tellement ou autrement. — *Mss. B 2 :* par traictié ou autrement. — *Mss. B* 5, 7, 12, 20 *:* ou bellement ou laidement.

§ 16. P. 21, l. 26 : Liebronne. — *Mss. B* 5, 7 *:* Liborne.

§ 17. P. 22, l. 12 : ou poing. — *Mss. B* 5, 7 *:* à la main.
P. 22, l. 20 : de ce qu'il faisoit. — *Ms. B* 20 *:* de ses vaillances.
P. 22, l. 25 : et. — *Les mss. B* 5, 7 *ajoutent :* le chevalier.
P. 23, l. 16 : se resgrami. — *Mss. B* 2, 5, 7 *:* se rengrega. — *Ms. B* 20 *:* se remforça.

§ 18. P. 24, l. 8-9 : Et vous n'en serés ja desdis. — *Leçon des mss. B* 5, 7, 12, 20. — *Manquent aux mss. B* 1, 2.
P. 24, l. 11 : au tour. — *Leçon du ms. B* 2. — *Ms. B* 1 *:* à tour. — *Mss. B* 5, 7 *:* devant.
P. 24, l. 11-13 : et mettre... chastiel. — *Manquent au ms. B* 20.
P. 24, l. 14-15 : de chiaux... François. — *Manquent au ms. B* 20.
P. 24, l. 15 : de la ville. — *Leçon des mss. B* 5, 7. — *Manquent aux mss. B* 1, 2, 12.

§ 19. P. 24, l. 30 : à Ymet. — *Le ms. B* 20 *ajoute :* et depuis anglois, comme dit est.
P. 24, l. 31 : Jehan de Roye.—*Mss. B* 5, 7, 12, 20 *:* Tristran de Roye.

§ 20. P. 26, l. 26 : devant. — *Ms. B* 20 *:* mettre le siège par devant.
P. 26, l. 28 : l'embouque. — *Mss. B* 2, 5, 7, 12 *:* l'emboucheure.
P. 26, l. 31 : fu venus. — *Leçon des mss. B* 5, 7, 12, 20. — *Manquent aux mss. B* 1, 2.

§ 21. P. 27, l. 29 : en toueil. — *Mss. B* 2, 5, 7 *:* entoullié. — *Mss. B* 12, 20 *:* en trouble.
P. 27, l. 30 à p. 28, l. 2 : car li... Robert. — *Manquent aux mss. B* 5, 7, 12, 20.
P. 29, l. 4 : auques. — *Mss. B* 2, 20 *:* quasi.

P. 29, l. 15 : Jehans Bisès. — *Mss. B* 1, 2, 5 : Guillaume Bissès. — *Ms. B* 7 : messire Bissez. — *B* 12 : Jehan de Bissès. — *Ms. B* 20 : Guillemme Bise.

P. 29, l. 17 : Asneton. — *Mss. B* 1, 7 : Abreton. — *Ms. B* 2 : Abeton. — *Ms. B* 5 : Aberton. — *Ms. B* 12 : Aboreton. — *Ms. B* 20 : Avoeton.

P. 30, l. 2 : fraper. — *Ms. B* 12 : rompre.

P. 30, l. 9 : eshidés. — *Ms. B* 7 : effraiés. — *Ms. B* 20 : esbahis.

P. 30, l. 9-10 : salli... morut. — *Ms. B* 12 : saillit de hault en bas tant qu'il se rompit le col et là morut.

P. 30, l. 22 : rompons. — *Mss. B* 5, 7, 12 : rompez.

P. 30, l. 23 : sont. — *Leçon des mss. B* 5, 7, 12, 20. — *Manque au ms. B* 1.

P. 30, l. 27 : à Anwich. — *Leçon du ms. B* 12. — *Ms. B* 1 : au mich. — *Ms. B* 7 : à Ammuich.

P. 30, l. 30 : pris. — *Leçon des mss. B* 5, 7, 12, 20. — *Mss. B* 1, 2 : partis.

P. 31, l. 3 : murs. — *Le ms. B* 12 *ajoute* : Si ne doubte point qu'il ne s'en hastera de plus tost pour nous venir secourir et aidier en ces besoignes.

§ 22. P. 31, l. 5 : de. — *Manque aux mss. B* 1, 2, 5, 7, 12.

P. 31, l. 27 : baus. — *Mss. B* 5, 7, 12 : bancs.

P. 31, l. 31 : huier. — *Ms. B* 12 : mocquier.

P. 32, l. 10 : d'Escoche. — *Le ms. B* 12 *ajoute* : et de là entour.

P. 32, l. 12 : Mourlane. — *Ms. B* 12 : Montelane.

P. 32, l. 14 : Dombare. — *Ms. B* 20 : Doubate.

P. 32, l. 15 : Anwich. — *Ms. B* 12 : Anduich.

§ 23. P. 32, l. 17 : Froiane. — *Ms. B* 12 : Friant.

§ 24. P. 34, l. 13-15 : et dirent... combatroient. — *Leçon des mss. B* 5, 7, 12, 20. — *Manquent aux mss. B* 1, 2.

P. 34, l. 31 : leur propos. — *Leçon des mss. B* 7, 12. — *Ms. B* 12 : leurs repos. — *Manque au ms. B* 20.

P. 35, l. 1 : route. — *Leçon des mss. B* 5, 7, 12. — *Manque au ms. B* 1. — *Ms. B* 2 : armée.

P. 35, l. 3 : Englès qui. — *Ms. B* 20 *:* Et ces Escots vindrent de si près sur les Anglois que.

P. 35, l. 4 : estre. — *Leçon des mss. B* 2, 7, 12. — *Manque au ms. B* 1.

§ 25. P. 35, l. 16 : deffoucqua. — *Ms. B* 2 *:* transporta. — *Mss. B* 5, 7, 20 *:* desrouta. — *Ms. B* 12 *:* desroutèrent.

§ 26. P. 36, l. 21 : à remontière. — *Mss. B* 5, 7, 12 *:* à remontée. — *Ms. B* 20 *:* vers le soir.

P. 37, l. 4-5 : ne onques... mort *manquent au ms. B* 12.

P. 37, l. 4-5 : ne onques... exepté. — *Ms. B* 20 *:* et n'en respitoient nulz de mort fors.

§ 27. P. 37, l. 30 : chevaucheroient. — *Leçon des mss. B* 5, 7, 12. — *Mss. B* 1, 2 *:* chevauchièrent.

P. 38, l. 2-5 : qui... d'armes. — *Leçon des mss. B* 5, 7, 12, 20. — *Manquent aux mss. B* 1, 2.

P. 38, l. 5 : li un. — *Leçon des mss. B* 5, 7. — *Manquent aux mss. B* 1, 2, 12.

§ 28. P. 38, l. 17 : Lindesée. — *Mss. B* 12, 20 *:* Lindesore.

P. 39, l. 6 : Thumas Barton. — *Mss. B* 5, 7, 20 *:* Richart Breton. — *Ms. B* 12 *:* Richart Bertin.

P. 39, l. 21 : le Thuyde et. — *Manquent aux mss. B* 5, 7, 12, 20.

P. 39, l. 22 : Hondebray. — *Les mss. B* 5, 7, 12, 20 *ajoutent :* et siet sus le Tuide.

§ 29. P. 40, l. 12 : plueve. — *Leçon du ms. B* 2. — *Manque au ms. B* 1.

P. 40, l. 13 : tel vens. — *Leçon du ms. B* 2. — *Ms. B* 1 *:* vens. — *Mss. B* 5, 7 *:* vent si froit. — *Ms. B* 12 *:* vent si fort.

P. 40, l. 15 : vain. — *Ms. B* 5 *:* abatu. — *Mss. B* 7, 12 *:* batu.

P. 40, l. 16 : froit. — *Les mss. B* 5, 7, 12, 20 *ajoutent :* et de malaise.

§ 30. P. 41, l. 15 : s'espardirent. — *Les mss. B* 5, 7, 12, 20 *ajoutent :* sur le pays et.

P. 42, l. 3 : sis. — *Mss. B* 5, 7 *:* set. — *Ms. B* 20 *:* cinq.

§ 31. P. 42, l. 22 : les Englès. — *Leçon des mss. B* 5, 7, 12, 20. — *Manquent aux mss. B* 1, 2.

P. 42, l. 29-31 : il un cri... la cause de. — *Leçon du ms. B* 20. — *Manquent aux mss. B* 1, 2. — *Mss. B* 5, 7 *:* ung cry et me semble que tous devoient crier : « Douglas ! Saint Gille ! » — *Ms. B* 12 *:* ung cry et signe les Escoçois ; et me semble que devoient cryer : « Douglas ! Saint Gille ! » pour cause de la place et de.

P. 42, l. 30-31 : pour... Gille. — *Manquent aux mss. B* 5, 7.

P. 43, l. 11-12 : molin... Mesonde ! » — *Mss. B* 5, 7 *:* molin de gueules et de Triemesonde. — *Ms. B* 12 *:* molin et une bordure endentée de geules de Tremesonde.

P. 43, l. 12 : Mesonde. — *Ms. B :* Mesuede.

P. 43, l. 18 : Arleton. — *Ms. B* 20 *:* Arlton.

P. 44, l. 16 : d'ochis... plentet. — *Ms. B* 12 *:* occiz grant nombre de pietons.

§ 32. P. 45, l. 2-4 : et de... Rosebourcq. — *Leçon des mss. B* 5, 7, 12, 20. — *Manquent aux mss. B* 1, 2.

P. 45, l. 8 : celle propre nuit. — *Ms. B* 20 *:* ce propre jour.

P. 45, l. 15 : nulles nouvelles. — *Mss. B* 12, 20 *:* nulz trouvez.

P. 46, l. 2 : et de Notinghem. — *Leçon du ms. B* 12. — *Manquent aux mss. B* 1, 2, 5, 7, 20.

§ 34. P. 47, l. 3 : fevrier. — *Le ms. B* 7 *ajoute :* m. ccc. lxxvii.

P. 47, l. 4 : et de se coulpe, che. — *Ms. B* 2 *:* ceste royne fut fille au gentil duc de Bourbon, messire Pierre, qui mourut à la bataille de Poitiers, laquelle trespassa de roupture ainsi que.

P. 47, l. 4 : de se coulpe. — *Ms. B* 1 *:* et de roupe. — *Mss. B* 5, 7, 12 *:* par sa coulpe.

P. 47, l. 11 : baignier. — *Les mss. B* 12, 20 *ajoutent :* et se baigna.

§ 35. P. 47, l. 26 : en l'ombre. — *Ms. B* 12 *:* soubz umbre. — *Ms. B* 20 *:* ou Lombardie.

P. 48, l. 5 : s'ouvrirent. — *Ms. B* 20 *:* sourvindrent.

§ 36. P. 49, l. 6 : là. — *Ms. B 12 :* à Romme.

P. 49, l. 11 : là. — *Leçon des mss. B 2, 5, 7. — Manque aux mss. B* 1, 12.

P. 50, l. 7 : maistres phisiciens. — *Mss. B 5, 7, 12 :* maistres de phisique.

P. 50, l. 8 : merveilleux. — *Ms. B 2 :* malicieux.

P. 50, l. 9 : et seigneurs. — *Leçon des mss. B 5, 7, 12, 20. — Manquent aux mss. B 1, 2.*

P. 50, l. 10 : seance. — *Ms. B 2 :* vouloir. — *Mss. B 5, 7 :* feaulté. — *Ms. B 12 :* plaisance.

§ 37. P. 50, l. 22 : liet. — *Mss. B 2, 12 :* joieux.

P. 50, l. 23 : tout li capitoles. — *Ms. B 2 :* tous les chapitres. — *Mss. B 5, 7 :* tous les capitolz. — *Ms. B 12 :* tous ou capitole.

P. 50, l. 30 à p. 51, l. 1 : le xxvme... Pasques. — *Leçon du ms. B 7. — Manquent aux mss. B 1, 2, 5, 12, 20.*

§ 38. P. 51, l. 7 : pape. — *Placé après* eslire *dans les mss. B 5, 7, 12. — Manque au ms. B 1.*

P. 51, l. 11 : encoragiés. — *Ms. B 2 :* erragez.

P. 51, l. 23 : mouteplia. — *Mss. B 5, 7, 12 :* monta.

P. 51, l. 29 : pour sauver leurs vies. — *Leçon des mss. B 5, 7, 12, 20. — Manquent aux mss. B 1, 2.*

P. 52, l. 6 : on. — *Leçon du ms. B 12. — Manque aux mss. B 1, 2.*

P. 52, l. 6-7 : et l'appelloit on le cardinal. — *Manquent aux mss. B 5, 7.*

P. 52, l. 18 : traveillié. — *Ms. B 2 :* moulu et debatu.

P. 52, l. 18 : de la paine et dou travail. — *Ms. B 12 :* de la paine. — *Manquent aux mss. B 5, 7.*

P. 52, l. 19-20 : Si fu... gist. — *Manquent au ms. B 2.*

§ 39. P. 52, l. 22 : alloient. — *Ms. B 12 :* yroient.

P. 52, l. 26 : Genneuez. — *Ms. B 2 :* Geneve. — *Mss. B 5, 7, 12, 20 :* Jennes.

P. 53, l. 1 : monstroient. — *Mss. B 5, 7, 12 :* monstrèrent.

P. 53, l. 4 : avisez vous. — *Leçon des mss. B 2, 5, 7, 12, 20. — Manque au ms. B 1.*

P. 53, l. 17 : apaisier, li cardinal. — *Manquent au ms. B 20.*

P. 53, l. 29 : Si en. — *Manquent aux mss. B* 5, 7.

P. 54, l. 4 : revoca. — *Leçon des mss. B* 5, 7, 12, 20. — *Mss. B* 1, 2 : renoncha.

P. 54, l. 6 : toutes manières de clercs. — *Leçon des mss. B* 5, 7, 12, 20. — *Manquent aux mss. B* 1, 2.

§ 40. P. 54, l. 14 : pourposoient. — *Ms. B* 2 : semoient.

P. 54, l. 15 : venoit. — *Leçon du ms. B* 2. — *Manque au ms. B* 1.

P. 54, l. 18 : de ses nepveus. — *Mss. B* 5, 7 : des enffans.

P. 54, l. 18-19 : mainburnie. — *Mss. B* 2, 20 : gouvernement. — *Ms. B* 12 : main garnie.

P. 54, l. 27 : traictant. — *Ms. B* 2 : suppliant.

P. 54, l. 29 : au roy. — *Leçon des mss. B* 5, 7. — *Manquent aux mss. B* 1, 2, 12.

P. 55, l. 7 : en. — *Leçon des mss. B* 2, 5, 7. — *Manque aux mss. B* 1, 12.

P. 55, l. 10 : Pières Bascle. — *Leçon des mss. B* 5, 7, 12, 20. — *Mss. B* 1, 2 : Pières de Bascle.

P. 55, l. 15 : deux fieus. — *Ms. B* 2 : damoiseaulx.

P. 55, l. 18 : enfans. — *Le ms. B* 20 *ajoute* : de Navarre.

P. 55, l. 19 : mieulx estre. — *Leçon des mss. B* 5, 7, 12, 20. — *Ms. B* 2 : eslongner.

P. 55, l. 20 : Navare. — *Le ms. B* 20 *ajoute* : en France.

P. 55, l. 26 : entretant que cil traicteur. — *Ms. B* 2 : pendant que ces ambaxadeurs.

P. 56, l. 12 : se souffri il de. — *Ms. B* 2 : endura il.

§ 41. P. 56, l. 22-23 : huit mil. — *Mss. B* 5, 7 : sept mil.

P. 56, l. 23 : d'eulx. — *Leçon des mss. B* 5, 7. — *Manquent aux mss. B* 1, 2, 12. — *Ms. B* 20 : de leurs.

P. 57, l. 2 : fust sires des. — *Ms. B* 20 : presist en sa main icelles villes et.

P. 57, l. 13-14 : et furent... examinet. — *Manquent au ms. B* 20.

P. 57, l. 15-16 : qu'ilz... France. — *Manquent au ms. B* 20.

P. 57, l. 29 : delivrer. — *Mss. B* 5, 7 : donner. — *Ms. B* 12 : livrer.

P. 58, l. 5 : avoient. — *Leçon des mss. B* 5, 7, 12. — *Ms. B* 1 : avoec. — *Ms. B* 2 : avecques.

P. 58, l. 9 : rescheus. — *Mss. B* 5, 7 *:* restant.

P. 58, l. 15 : faisoient. — *Leçon des mss. B* 2, 12, 20. — *Mss. B* 1, 5, 7 : faisoit.

§ 42. P. 58, l. 19 : baronnie. — *Mss. B* 5, 7 *:* seigneurie.

P. 58, l. 32 : Gauville. — *Mss. B* 5, 7 *:* Graville. — *Ms. B* 12 *:* Jenville.

§ 43. P. 59, l. 12 : Montpellier. — *Les mss. B* 12, 17 *ajoutent :* de par le roy de France.

P. 59, l. 14-15 : maisons. — *Mss. B* 5, 7 : chasteaulx.

P. 59, l. 23 : jureroit. — *Leçon des mss. B* 12, 20. — *Mss. B* 1, 2, 5, 7 *:* juroit.

P. 60, l. 31 à p. 61, l. 1 : un vaissiel que on.. dedens ce. — *Manquent au ms. B* 12.

§ 44. P. 61, l. 13 : Lescut. — *Mss. B* 5, 7 *:* l'Estat. — *Ms. B* 12 *:* Leschin.

P. 61, l. 16 : Espaignars. — *Mss. B* 5, 7 : Espaignolz.

P. 62, l. 5 : coustenges. — *Ms. B* 2 *:* propres coustz. — *Mss. B* 5, 7 *:* coustages. — *Ms. B* 12 *:* despens.

P. 62, l. 23 : paier. — *Leçon des mss. B* 5, 7, 12, 20. — — *Manque aux mss. B* 1, 2.

P. 62, l. 23 : et. — *Leçon des mss. B* 5, 7, 12, 20. — *Manque aux mss. B* 1, 2.

P. 62, l. 31 : de Cantebruge. — *Leçon des mss. B* 2, 5, 7, 12, 20. — *Ms. B* 1 *:* d'Escambruges.

§ 45. P. 63, l. 29 : bordes. — *Ms. B* 12 *:* bondes. — *Ms. B* 20 *:* bendes.

P. 64, l. 4 : Oliviers de Claiequin. — *Mss. B* 5, 7 *:* Olivier de Cliçon.

§ 46. P. 64, l. 8 : Evreux. — *Ms. B* 1 *:* Evreuses, *corrigé en* Evreux.

P. 64, l. 11-12 : et près… Costentin. — *Manquent au ms. B* 7.

P. 64, l. 12 : ou clos de Costentin. — *Manquent au ms. B* 12.

P. 65, l. 15 : de Kem. — *Ms. B* 4 *:* de Rouem.

§ 47. P. 65, l. 29 : chiaux. — *Ms. B* 1 : chil. — chiaux de *manquent aux mss. B* 5, 7, 12.

P. 65, l. 30-31 : les heurent. — *Mss. B* 1, 2, 7 : heurent. — *Mss. B* 5, 12 : l'eurent.

P. 66, l. 13 : rafresquirent. — *Le ms. B* 5 *ajoute* : jusques à troys jours.

P. 66, l. 24-24 : Et tout chil... Evreux. — *Ms. B* 12 : mais qu'ilz ne se tireroient autre part que à Avrenches.

§ 48. P. 67, l. 3 *et dans tout le paragraphe* : Evreux. — *Mss. B* 12, 15, 16 : Avrenches.

P. 67, l. 10 : Si. — *Leçon du ms. B* 2. — *Ms B* 1 : Se.

P. 67, l. 15 : En ce temps. — *Leçon des mss. B* 5, 7, 12. — *Ms. B* 2 : Ainsi.

P. 67, l. 19 *et ailleurs* : de Cantebruge. — *Leçon des mss. B* 2, 5, 7, 12, 20. — *Ms. B* 1 : d'Escanbruge.

P. 67, l. 23 : Hantonne. — *Leçons des mss. B* 5, 7, 12. — *Mss. B* 1, 2 : Plewmoude. — *Ms. B* 20 : Hantonne ne à Plemunde.

§ 49. P. 68, l. 21 : et Blaves. — *Manquent au ms. B* 7.

P. 68, l. 28 : queillie. — *Mss. B* 5, 7 : amassé bien environ.

P. 68, l. 29 : pot. — *Leçon des mss. B* 5, 7, 12. — *Ms. B* 1 : peut.

P. 69, l. 4 : sçavoit. — *Leçon des mss. B* 5, 7, 12. — *Ms. B* 1 : sçavoient. — *Ms. B* 20 : pouoit savoir.

§ 50. P. 69, l. 11 : très en yvier. — *Ms. B* 12 : dès l'yver devant.

P. 69, l. 14 : Radigos. — *Ms. B* : Radighaus.

P. 69, l. 15 : Boukenègre. — *Mss. B* 5, 7 : Bouchenoire.

P. 69, l. 27 : nigromacien. — *Mss. B* 5, 7 : nigromateur.

P. 70, l. 3 : Couroingne. — *Leçon du ms. B* 12. — *Ms. B* 1 : Quenouille. — *Ms. B* 5 : Coloigne. — *Mss. B* 7, 20 : Caloigne.

P. 70, l. 7 : Lescut. — *Mss. B* 5, 7 : Lestat. — *Ms. B* 12 : Leschin.

P. 70, l. 25-28 : heut... l'istore. — *Ms. B* 20 : fut mal content pour tant qu'il le tint emprès luy plus de xviii mois, comme cy après sera bien au long declairé.

§ 51. P. 70, l. 31 : leur armée. — *Ms. B* 12 *:* leurs routes.

P. 71, l. 9 : li contes. — *Leçon des mss. B* 12, 20. — *Manquent au ms. B* 1.

P. 71, l. 13 : Guillaumes de M. — *Ms. B* 12 *:* Jehan de M.

P. 71, l. 24 : Ewrues. — *Ms. B* 12 *:* Avrences.

P. 72, l. 13 : Saint Malo. — *Les mss. B,* 5, 7 *ajoutent :* de l'Isle, car nouvelles furent tantost sceuez en Bretaigne : si se departirent de leurs maisons.

§ 52. P. 72, l. 31 : partirent. — *Leçon du ms. B* 7. — *Mss. B* 1, 2, 20 *:* deportèrent.

P. 73, l. 8 *et ailleurs :* Valoingne. — *Leçon des mss. B* 5, 7, 12. — *Mss. B* 1, 20 *:* Avalongne.

P. 73, l. 10 : heut ravitaillié Chierebourcq. — *Leçon des mss. B* 5, 7. — *Ms. B* 1 *:* heut ravitailliés. — *Ms. B* 20 *:* l'eut ravitaillié.

§ 53. P. 73, l. 29 : plentiveuse. — *Mss. B* 5, 7, 12, 20 *:* plentureux.

P. 74, l. 4 : conquerir. — *Ms. B* 5 *:* courir.

P. 74, l. 6 : manssions. — *Mss. B* 5, 7, 12, 20 *:* mantiaulx.

P. 74, l. 11 : furent. — *Leçon du ms. B* 2. — *Mss. B* 5, 7, 12, 20 *:* eut.

P. 74, l. 16 : courouchiet. — *Le ms. B* 20 *ajoute :* et bien y avoit cause.

P. 74, l. 18 : Yeuwain. — *Ms. B* 12 *:* Yvain.

§ 54. P. 74, l. 22 : bastides. — *Ms. B* 12 *:* bastilles.

P. 74, l. 23 : seoit. — *Leçon des mss. B* 5, 7, 12, 20. — *Manque aux mss. B* 1, 2.

P. 75, l. 2 : Saint Ligier. — *Ms. B* 12 *:* Saint Pierre.

P. 75, l. 5 : d'un an et demi. — *Ms. B* 20 *:* de xviii moiz.

P. 75, l. 18 : qu'il. — *Leçon du ms. B* 2. — *Ms. B* 1 *:* qui.

P. 75, l. 31 : et sçavoit galois. — *Manquent aux mss. B* 5, 7, 12.

P. 76, l. 11 : dou païs. — *Leçon des mss. B* 7, 12. — *Manquent aux mss. B* 1, 2.

P. 76, l. 17 : si, — *Leçon du ms. B* 2. — *Manque au ms. B* 1.

P. 76, l. 23 : Gales que le roi d'Engleterre. — *Mss. B* 5, 7, 12 *:* qui avoit esté en Galles, lequel le roy Edouart d'Angleterre. — *Ms. B* 20 : lequel avoit esté decolé par l'ordonnance du roy Edouard d'Angleterre.

P. 76, l. 32 à p. 77. l. 1 : Et s'arma... Jehan. — *Leçon des mss. B* 5, 7, 12, 20. — *Manquent aux mss. B* 1, 2.

P. 77, l. 4-5 : et quant... France. — *Leçon des mss. B* 5, 7, 12, 20. — *Manquent aux mss. B* 1, 2.

§ 55. P. 77, l. 13-15 : sour une... castel. — *Manquent au ms. B* 20.

P. 77, l. 25-26 : en une sengle... mantel. — *Ms. B* 20 : en une simple robe affublée sur sa chemise.

P. 77, l. 26 : d'un. — *Leçon du ms. B* 2. — *Ms. B* 1 : un.

P. 77, l. 30 à p. 78, l. 1 : sus celle... françois. — *Ms. B* 20 : sur une pièce de bois.

P. 78, l. 6 : une petite courte darde. — *Ms. B* 12 : un petit court dart.

P. 78, l. 8 : l'entoise — *Leçon du ms. B* 2. — *Ms. B* 1 : entoise.

§ 56. P. 79, l. 21 : à parler. — *Leçon des mss. B* 12, 20. — *Manquent aux mss. B* 1, 5, 7.

P. 79, l. 24 : Ewreux. — *Ms. B* 12 : Avrenches.

§ 57. P. 79, l. 26 *et plus loin* : Ewreux. — *Mss. B* 12, 15, 16, 17 : Avrenches.

P. 79, l. 26-27 : chiaux... c'estoient. — *Leçon des mss. B* 5, 7, 12. — *Ms. B* 20 : et comment ceulz qui... c'estoient. — *Manquent aux mss. B* 1, 2.

P. 80, l. 15 : la conté d'Ewreux. — *Ms. B* 12 : la contrée d'Avrenches.

P. 80, l. 29 : si. — *Leçon du ms. B* 2. — *Ms. B* 1 : se.

P. 80, l. 30 : causes. — *Leçon du ms. B* 12. — *Mss. B* 1, 2, 5, 20 : raisons. — *Ms. B* 7 : moyens.

P. 81, l. 2 : ce. — *Leçon du ms. B* 2. — *Manque au ms. B* 1.

P. 81, l. 3 : voult. — *Leçon du ms. B* 2. — *Ms. B* 1 : veult.

P. 81, l. 11 : respondit. — *Leçon des mss. B* 2, 5, 7, 12, 20. — *Ms. B* 1 : responderoit.

P. 81, l. 12 : le leur. — *Leçon des mss. B* 5, 7. — *Manque aux mss. B* 1, 2, 12, 20.

P. 81, l. 17 : à Roem. — *Leçon des mss. B* 12, 17, 20. — *Mss. B* 5, 7 *:* vers Rouen. — *Manquent aux mss. B* 1, 2.

§ 58. P. 82, l. 9 : li dauffins d'Auvergne. — *Ms. B* 20 *:* le dalphin de Vienne.
P. 82, l. 14 : delaiast. — *Leçon du ms. B* 2. — *Ms. B* 1 *:* laiast. — *Mss. B* 12, 20 *:* laissast.
P. 82, l. 21 : Dinant. — *Leçon des mss. B* 5, 7, 12, 20. — *Mss. B* 1, 2 *:* Durant.
P. 82, l. 32 : en Bretaigne. — *Leçon des mss. B* 5, 7, 12, 20. — *Manquent aux mss. B* 1, 2.
P. 83, l. 12 : cuidoient. — *Leçon du ms. B* 12. — *Mss. B* 1, 2, 5, 7, 12, 20 *:* disoient.
P. 83, l. 15 : li rois de France. — *Ms. B* 7 *:* le connestable.
P. 83, l. 18 : de set les cinc. — *Mss. B* 5, 7 *:* contre six les cinq. — *Ms. B* 12 *:* de cinc les six. — *Ms. B* 20 *:* de vi les v.

§ 59. P. 83, l. 20 : ardoiant. — *Ms. B* 1 *:* adoiant. — *Ms. B* 2 *:* abaiant. — *Mss. B* 5, 7 *:* ardaiant. — *Ms. B* 20 *:* adaiant. — *Manque au ms. B* 12.
P. 83, l. 24 : avoit. — *Leçon des mss. B* 5, 7, 12, 20. — *Mss. B* 1, 2 *:* avoir.
P. 84, l. 12 : servir. — *Mss. B* 5, 7 *:* suivir. — *Ms. B* 12 *:* suir. — *Ms. B* 20 *:* siewir.
P. 84, l. 13 : d'Obies. — *Mss. B* 5, 7 *:* de Viez. — *Ms. B* 12 *:* du Biez.
P. 84, l. 19-20 : estant... combatre. — *Leçon du ms. B* 14. — *Manquent aux mss. B* 1, 2, 5, 7, 12, 20.

§ 60. P. 84, l. 26 : faites. — *Leçon des mss. B* 5, 7, 12, 20. — *Ms. B* 1 *:* affaires. — *Après* pluisieurs *le ms. B* 2 *ajoute :* en semonnant l'un l'autre à bataille, mais c'estoit sans effect.
P. 85, l. 20 : dou. — *Leçon du ms. B* 2. — *Ms. B* 1 *:* de.

§ 61. P. 85, l. 27 : Mortaigne. — *Leçon des mss. B* 5, 7. — *Manque aux mss. B* 1, 2, 20.
P. 85, l. 28 : d'Aineval. — *Ms. B* 1 *:* d'Ainelval.
P. 86, l. 4 : Abretons. — *Mss. B* 1, 4, 5, 7, 12, 20 *:* Breton. — *Ms. B* 2 *:* Berton.
P. 86, l. 4 : et. — *Leçon du ms. B* 2. — *Manque au ms. B* 1.

[1378] VARIANTES DU DEUXIÈME LIVRE, § 65.

P. 86, l. 5-6 : compaignie de hommes d'armes. — *Leçon du ms. B 2.* — *Manquent au ms. B 1.*

P. 86, l. 8 : ossi. — *Leçon des mss. B 5, 7, 12.* — *Manque aux mss. B 1, 2, 20.*

P. 86, l. 20 : Bourdeloix. — *Ms. B 12 :* Blaye.

P. 86, l. 29 : mer. — *Leçon du ms. B 12.* — *Manque au ms. B 1.* — *Ms. B 20 :* sur la mer. — sus mer *manquent au ms. B 2.*

P. 86, l. 32 : 1378. — *Ms. B 5 :* 1477. — *Ms. B 7 :* 1377.

§ 62. P. 87, l. 3-4 : si grant... si. — *Ms. B 20 :* si grant nombre de groz bateaulx faisans grant sonnerie de leurs instrumens, ilz.

P. 87, l. 18-19 : que maintenant il. — *Ms. B 20 :* par le herault qu'ilz.

P. 87, l. 19 : maintenant. — *Leçon des mss. B 5, 7.* — *Manque aux mss. B 1, 2, 12.*

P. 87, l. 25 : Multon. — *Ms. B 12 :* Milton.

P. 88, l. 7 : Garonne. — *Ms. B 12 :* Gironde.

§ 63. P. 88, l. 23 : hoquebos. — *Leçon des mss. B 12, 20.* — *Mss. B 1, 2 :* hoquecos. — *Manque aux mss. B 5, 7.*

P. 89, l. 3 : sorler en piet. — *Ms. B 12 :* sorlers ne chausses.

P. 89, l. 10 : de Monmore ne... ne le. — *Ms. B 20 :* chief des assiegans et les autres ilz ne.

P. 89, l. 10-11 : ne le seigneur de Montcontour. — *Manquent aux mss. B 1, 2, 12.*

P. 89, l. 11 : ne seigneur de nom. — *Manquent aux mss. B 5, 7.*

§ 64. P. 89, l. 29 : tout teret par deseure. — *Manquent aux mss. B 5, 7, 12, 14.*

P. 89, l. 29-30 : telement que tout homme y pouoit passer. — *Leçon du ms. B 14.*

§ 65. P. 90, l. 27 : messire Jehan. — *Leçon des mss. B 5, 7.* — *Mss. B 1, 2, 12, 20 :* le seigneur.

P. 90, l. 28 : messires Pierres. — *Leçon des mss. B 5, 7.* — *Mss. B 1, 2, 12, 20 :* li sires.

P. 90, l. 29 : Thomas. — *Leçon des mss. B 5, 7.* — *Mss. B 1, 2, 12, 20 :* celui.

P. 91, l. 21 : demorer. — *Leçon des mss. B 5, 7.* — *Mss. B 1, 2, 12, 20 :* mettre.

§ 66. P. 92, l. 18 : Malatrait. — *Mss. B 5, 12 :* Malestroit.

P. 92, l. 19 : Combor. — *Ms. B 5 :* Combours. — *Ms. B 12 :* Combourges.

P. 92, l. 31 : les. — *Leçon des mss. B 5, 7, 12, 20.* — *Manque aux mss. B 1, 2.*

P. 93, l. 18 : perdu. — *Ms. B 20 :* souprins.

P. 94, l. 5 : estoient. — *Leçon du ms. B 2.* — *Ms. B 1 :* estoit.

§ 67. P. 95, l. 3 : s'en alloit aval. — *Ms. B 20 :* d'esté leur failloit.

§ 68. P. 95, l. 29 : baron. — *Leçon du ms. B 7.* — *Mss. B 1, 2, 5, 12, 20 :* bretons.

P. 96, l. 10 *et ailleurs :* Valongne. — *Leçon du ms. B 2.* — *Mss. B 1, 5, 7, 20 :* Avaloingne.

P. 96, l. 17 : pueent. — *Leçon des mss. B 5, 7.* — *Mss. B 1, 2, 12 :* pooient.

P. 97, l. 9-10 : et là avoit... navarois. — *Leçon du mss. B 7.* — *Ms B 1 :* et lui avoit amené uns escuiers navarois.

P. 97, l. 11 : Cocq. — *Ms. B 12 :* Cour. — *Ms. B 20 :* Kor.

P. 97, l. 15 *et* 27 : Claiequin. — *Ms. B 20 :* Clichon.

P. 97, l. 20 : dou conquès. — *Leçon du ms. B 12.* — *Mss. B 1, 2 :* donques.

§ 69. P. 99, l. 4-5 : Si demorèrent... lieu. — *Ms. B 12 :* et où il avoit laissié.

P. 99, l. 11 : et temps. — *Leçon des mss. B 5, 7.* — *Manquent aux mss. B 1, 2, 12, 20.*

§ 70. P. 99, l. 17 : Espaignols. — *Le ms. B 12 ajoute :* et Chastellans.

P. 99, l. 19 : Raymons de Ramasen. — *Manquent au ms. B 12.*

P. 99, l. 28-29 : le païs de. — *Leçon des mss. B 5, 7.* — *Manquent aux mss. B* 1, 2, 12, 20.

P. 100, l. 9 *et ailleurs* : Garonne. — *Ms. B* 12 *:* Gironde.

§ 71. P. 101, l. 20 : prendre. — *Les mss. B 5, 7 ajoutent :* et estre.

P. 101, l. 26-29 : assamblerés... ensemble. — *Ms. B* 1 *:* assemblée.

P. 102, l. 1 : avoec les Englès. — *Ms. B* 20 *:* en Bourdeaulx.
P. 102, l. 5 : fors. — *Leçon du ms. B* 2. — *Ms. B* 1 *:* fois.

§ 72. P. 102, l. 12-13 : avoec... Maric. — *Manquent au ms. B* 12.

P. 102, l. 13 : lui. — *Leçon des mss. B 5, 7.* — *Manquent aux mss. B* 1, 2.
P. 102, l. 17 : Medine. — *Mss. B* 7, 12 *:* Nidine.
P. 102, l. 18 : Balesque. — *Mss. B* 12, 20 *:* Falesque.

§ 73. P. 103, l. 31 : Abreton. — *Mss. B* 1, 2, 5, 7, 12, 20 *:* Breton.

P. 104, l. 1 : Afuselée. — *Ms. B* 12 *:* Afulée.
P. 104, l. 2 : Guillaume. — *Ms. B* 20 *:* Jehan.
P. 104, l. 2 : Triquelet. — *Ms. B* 7 *:* Croquet. — *Mss. B* 12, 20 *:* Treliquet.
P. 104, l. 4 : Hausdrach. — *Leçon donnée plus bas, p.* 114, *l.* 25. — *Mss. B* 1, 12 *:* Handesach. — *Ms. B* 2 *:* Houdesach. — *Ms. B* 20 *:* Mondesac.
P. 104, l. 4 : Monnet. — *Leçon donnée plus bas p.* 110, *l.* 14. — *Ms. B* 1 *:* Mourot.
P. 104, l. 4 : Plaisac. — *Ms. B* 12 *:* Plaisanc.
P. 104, l. 13 : nepveu. — *Leçon des mss. B 5, 7, 12.* — *Ms. B* 1, 2 *:* cousin.
P. 104, l. 32 : appertement. — *Ms. B* 20 *:* asprement.

§ 74. P. 105, l. 23 : Tasseghen. — *Mss. B 5, 7 :* Tassegon. — *Ms. B* 12 *:* Tasseurgnon. — *Ms. B* 20 *:* Tassegnon.
P. 106, l. 7 : Bregerach. — *Mss. B 5, 7 :* Bregeulx.

§ 75. P. 106, l. 24 : Thudelle. — *Leçon donnée plus bas, p.* 110,

l. 23. — *Mss. B* 1, 12, 20 : Toulette. — *Ms. B* 2 : Tolette. — *Mss. B* 5, 7 : Tollette.

P. 106, l. 26 : Pallas. — *Ms. B* 1 : Paillans.

P. 107, l. 7 : Pans. — *Mss. B* 1, 2 : Paws. — *Ms. B* 20 : Pauz.

P. 107, l. 32 : eglises. — *Ms. B* 20 : passages.

P. 108, l. 4 : combatre. — *Leçon des mss. B* 5, 7, 12, 20. — *Mss. B* 1, 2 : contre.

§ 76. P. 108, l. 26 : s'ordonnèrent. — *Leçon des mss. B*, 5, 7, 12. — *Mss. B* 1, 2 : s'ordonnoient.

P. 108, l. 29 : estoient. — *Le ms. B* 20 *ajoute* : venuz fort puissans.

§ 77. P. 110, l. 1 : visconte. — *Leçon des mss. B* 5, 7, 12. — *Mss. B* 1, 2 : conte.

P. 110, l. 13 : Castielbon. — *Ms. B* 12 : Chastillon.

P. 110, l. 14 : Plaisac. — *Leçon des mss. B* 5, 7. — *Mss. B* 1, 2, 12, 20 : Plaisanc.

P. 110, l. 15 : demora. — *Leçon des mss. B* 5, 7, 12. — *Manque aux mss. B* 1, 2.

P. 110, l. 27-29 : car li... wain. — *Manquent aux mss. B* 5, 7.

P. 110, l. 29 : que en wain. — *Ms. B* 12 : comme en temps de juing. — *Ms. B* 20 : que en temps de gain.

P. 111, l. 4 : uit cens. — *Mss. B* 5, 7 : set cens.

P. 111, l. 11 : Sorie. — *Ms. B* 12 : Soire.

§ 78. P. 111, l. 24 : gens. — *Les mss. B* 5, 7 *ajoutent* : d'armes.

P. 112, l. 10-11 : et une... venir. — *Mss. B* 5, 7 : et une neige va commencier à venir.

P. 112, l. 11-12 : et là... perdu. — *Mss. B* 5, 7, 20 : et la terre à estre toute couverte de neige, par quoi les guides perdirent tout.

P. 112, l. 18 : chevauchée et. — *Leçon des mss. B*, 5, 7. — *Manquent aux mss. B*, 1, 2, 12, 20.

§ 79. P. 113, l. 1 : geniteurs. — *Ms. B* 12 : ceulx du guet.

P. 113, l. 3 : geniteur. — *Ms. B* 12 : ces guetteurs.

P. 113, l. 18 : de jour. — *Ms. B* 1 *:* de jours.

§ 80. P. 113, l. 28 : cuer. — *Leçon du ms. B* 2. — *Ms. B* 1 *:* cor.

P. 114, l. 14 : Alphore. — *Mss. B* 5, 7, 12 *:* Alpharo. — *Ms. B* 20 *:* Arphoro.

P. 114, l. 21 : Hausdrac. — *Ms. B* 12 *:* Hansdrach. — *Ms. B* 20 *:* Masdrac.

P. 114, l. 26 : Mascles. — *Ms. B* 12 *:* Maches.

P. 115, l. 7 : à un pont amont. — *Mss. B* 5, 7 *:* amont un petit pont.

P. 115, l. 18-19 : pour... desconfissoient. — *Leçon des mss. B* 5, 7, 12. — *Manquent aux mss. B* 1, 2.

P. 115, l. 22 : s'ensonnièrent. — *Ms. B* 1 *:* les ensonnioient. — *Ms. B* 12 *:* les ensonnièrent. — *Ms. B* 20 *:* les occupoient.

P. 115, l. 27-29 : nous .. retournèrent. — *Leçon des mss. B* 5, 7, 12, 20. — *Manquent aux mss. B* 1, 2.

§ 81. P. 116, l. 21 : ses pères. — *Mss. B* 5, 7, 12 *:* le roy son père.

P. 116, l. 26 : dedens. — *Ms. B* 1 *:* devens.

P. 116, l. 29 : Henri. — *Le ms. B* 12 *ajoute :* de Castille.

P. 116, l. 29 : si estoffeement acompaigné. — *Leçon du ms. B* 14.

P. 117, l. 14-15 : Nequedent... que. — *Mss. B* 5, 7 *:* Nonobstant ce, ceulx qui s'en ensonnièrent firent tant par leur traveil et leur diligence que.

P. 117, l. 16 : endedens. — *Ms. B* 1 *:* endevens.

P. 117, l. 22-25 : car... mariage. — *Manquent aux mss. B* 12, 20.

§ 82. P. 118, l. 17 : envoya. — *Leçon des mss. B* 5, 7, 12. — *Mss. B* 1, 2 *:* emmena.

P. 118, l. 21 : Pont. — *Leçon donnée plus haut p.* 110, *l.* 12. — *Ms. B* 1 *:* Bour. — *Mss. B* 2, 5 *:* Bourc. — *Mss. B* 7, 12, 20 *:* Bourg.

P. 118, l. 23 : et delivrés. — *Leçon des mss. B* 5, 7, 12, 20. — *Manquent aux mss. B* 1, 2.

§ 83. P. 119, l. 9. — *Le ms. A* 1 *sert de base au texte jusqu'à la fin du volume.*

P. 119, l. 11 : Ymet. — *Mss. A* 4, *B* 12, 17 : Aymet.

P. 119, l. 15 : au. — *Leçon du ms. A* 7. — *Ms. A* 1 : o.

P. 119, l. 22 : li plaissoit li services dou. — *Ms. B* 12 : lui estoit servir le.

P. 119, l. 23 : fist. — *Leçon des mss. A* 7, *B* 1, 2, 5, 7, 12, 20. — *Ms. A* 1 : dist.

P. 119, l. 27 : troisime. — *Ms. B* 7 : quatriesme.

P. 120, l. 7 : toroit. — *Ms. B* 12 : feroit trenchier.

§ 84. P. 120, l. 10 : Lagurant. — *Mss. A* 7, *B* 5, 7, 12 : Langurant.

P. 120, l. 12 : les signeurs. — *Ms. B* 20 : des trois chevaliers.

P. 120, l. 15 : troi. — *Ms. B* 1 : doi. — *Ms. B* 2 : deux.

P. 120, l. 17 : ou faire ochire. — *Manquent aux mss. A* 7, *B* 5, 7.

P. 120, l. 20 : et avoit. — *Leçon des mss. B* 5, 7, 12. — *Manquent aux mss. A* 1, 7, *B* 20.

P. 120, l. 22 : Canillac. — *Mss. A* 7, *B* 5, 7 : Carvillac. — *Mss. B* 1, 12, 20 : Cavillac.

P. 120, l. 23 : Si. — *Leçon du ms. B* 12. — *Manque aux mss. A* 1, 7, *B* 20. — *Mss. B* 1, 5, 7 : Et.

P. 121, l. 7 : vostre parole. — *Leçon des mss. B* 5, 7, 12. — *Ms. A* 1 : vostrez parlers. — *Ms. B* 1 : voz paroles. — *Ms. B* 20 : voz parlers.

P. 121, l. 11 : parti. — *Leçon du ms. A* 7. — *Ms. A* 1 : part.

P. 121, l. 12 et 14 : si. — *Leçon du ms. A* 7. — *Manque au Ms. A* 1.

P. 121, l. 14 : felenia. — *Mss. A* 7, *B* 5, 7 : affellonny. — *Ms. B* 12 : fremit.

P. 121, l. 15 : mes. — *Répété dans le ms. A* 1.

P. 121, l. 24 : se consieuirent si roidement. — *Mss. A* 1, 2 : se assenèrent tellement.

P. 121, l. 25 : que elles vollèrent en pièces. — *Ms. B* 20 : qu'ilz tronchonèrent en l'air.

P. 122, l. 16 : tout nut. — *Leçon du ms. A* 7. — *Mss. A* 1, *B* 20 : toute nue.

P. 122, l. 17 : rasache et fiert. — *Ms. A* 7 : resacha et fery.

P. 122, l. 24 : chastiel. — *Ms. B* 12 : hostel.

§ 85. P. 122, l. 29 : fort. — *Ms. B* 20 *:* chastel.

P. 123, l. 2 : et en. — *Leçon du ms. B* 7. — *Mss. A* 1, *B* 12, 20 *:* et. — *Mss. B* 1, 2 *:* ou.

P. 123, l. 2 : l'Angelier. — *Mss. A* 7, *B* 2, 7, 12 *:* d'Angeli.

P. 123, l. 4 : en larcin. — *Ms. B* 12 *:* à la couverte. — *Ms. B* 20 *:* à l'emblée.

P. 123, l. 7-8 : sus les camps. — *Ms. B* 20 *:* ou ilz les ru[e]roient jus.

P. 123, l. 14 : Touwars. — *Mss. B* 5, 7 *:* Couvers.

P. 123, l. 21 : à l'endemain bien matin. — *Mss. B* 1, 20 *:* le bon matin. — *Ms. B* 2 *:* de bon matin. — *Ms. B* 12 *:* de bonne heure.

P. 124, l. 9 : dou fer. — *Leçon du ms. A* 7. — *Mss. A* 1, 4, *B* 1, 2 *:* du fait. — *Ms. B* 20 *:* de l'estoc.

P. 124, l. 12 : carquoient. — *Ms. A* 4 *:* touchoient. — *Ms. B* 1 *:* se atacoient. — *Ms. B* 2 *:* s'atachoient. — *Mss. B* 5, 7 *:* se attaignoient. — *Ms. B* 12 *:* aconsieuoient.

P. 124, l. 12 : là où il carquoient. — *Remplacés après* alainne *dans le ms. B* 20 *par :* lors que ilz prendroient sur leurs harnoiz.

P. 124, l. 13 : à le. — *Leçon du ms. A* 7. — *Ms.* 1 *:* al.

P. 124, l. 15 : li Poitevin et li Saintongier. — *Mss. A* 7, *B* 5, 7 *:* les François. — *Ms. B* 12 *:* les François Poitevins.

P. 124, l. 19 : avenue. — *Les mss. A* 7, *B* 5, 7 *ajoutent :* les seigneurs dessus nommez s'en alèrent.

§ 86. P. 124, l. 30 : Cartesée. — *Ms. A* 7 *:* Cartasée. — *Ms. B* 1 *:* Courtesée. — *Ms. B* 2 *:* Courteste.

P. 125, l. 6 : de Castille. — *Mss. A* 7, *B* 5, 7, 12 *:* d'Espaigne.

P. 125, l. 12 : hoirs. — *Leçon du ms. A* 7. — *Ms. A* 1 *:* hors.

P. 125, l. 16 : cascuns par soy. — *Manquent aux mss. B* 1, 2.

P. 125, l. 22 : demandés dou. — *Mss. B* 5, 7 *:* interroguez dou. — *Ms. B* 12 *:* demanda le.

P. 125, l. 23 : allé. — *Le ms. B* 20 *ajoute :* de point en point. — *Les ms. B* 1, 2 *ajoutent ce qu'on lit dejà plus haut, l.* 4-10 *:* en Espaigne et en Navare et de la paix qui estoit entre le roi d'Espaigne et le roi de Navare et comment li rois de Navare avoit mariet Charles, son fils aisnet, à la fille dou roi

dant Henri, et tout de point en point comment li traictiez s'estoit portés. Li dus de Lenclastre et li contes d'Escambruges et (*les derniers mots* Li dus... et *ne sont pas dans le ms.* B 2).

P. 125, l. 28 : moult... gens. — *Manquent aux mss.* B 1, 2.

P. 125, l. 30 : Dominige. — *Ms. A* 4 : Dimanche.

P. 126, l. 2 : hautement. — *Mss. A* 7, *B* 5, 7 : honnestement.

P. 126, l. 8 : Ferrade. — *Leçon du ms. A* 7. — *Mss. A* 1, *B* 20 : Ferarde.

P. 126, l. 17 : Cristofle. — *Leçon des mss. A* 4, 7, *B* 1, 2, 5, 7, 12, 20. — *Ms. A* 1 : Phelippe.

P. 126, l. 23 : dis. — *Ms. B* 20 : quarante.

P. 126, l. 26 : Sorghes. — *Mss. A* 7, *B* 5, 7 : Sorchez.

P. 126, l. 29 : durèrent ces. — *Leçon du ms. A* 7. — *Ms. A* 1 : durent sez.

P. 126, l. 31 : Lancastre. — *Le ms. B* 20 *ajoute* : au herault.

P. 127, l. 3-4 : que ja... frère. — *Ms. A* 7 : au couronnement dou fil d'un bastart n'yrai je point. — *Mss. B* 5, 7 : au couronnement du fil d'un bastart ne yroit il point.

P. 127, l. 4 : qui... frère. — *Ms. B* 20 : qui par sa dempnée voulenté avoit mourdri son propre père.

P. 127, l. 8 : calengerons. — *Ms. A* 1 : calengeront. — *Ms. B* 2 : debatrons.

P. 127, l. 11 : avenues. — *Leçon des mss. B* 1, 2, 12, 20. — *Mss. A* 1, 6, 7, 9 : ennemis. — *Ms. B* 5 : avantures. — *Ms. B* 7 : advenemens.

§ 87. P. 127, l. 25 : chevalier. — *Mss. B* 5, 7 : clerc.

P. 128, l. 7 : ouvert et apparilliet. — *Mss. A* 7, *B* 5, 7 : tous prestz. — *Ms. B* 12 : tous appareilliez.

P. 128, l. 8 : si. — *Leçon du ms. B* 12. — *Manque au ms. A* 1. — *Mss. A* 7, *B* 5, 7 : d'avoir.

P. 128, l. 16 : commandement. — *Les mss. B* 5, 7 *ajoutent* : je obeïray.

P. 128, l. 20 : s'aresta. — *Mss. B* 1, 2 : se rafreschi.

P. 128, l. 27 : gens. — *Le ms. B* 20 *ajoute* : despendoient et.

P. 129, l. 2 : segnefiier. — *Mss. A* 7, *B* 5, 7 : dire.

P. 129, l. 18 : s'apoioient. — *Ms. B* 20 : se acontoient.

P. 129, l. 28-29 : venoies... daignoies. — *Ms. A* 7 : daignoies venir vers moy. — *Mss. B* 5, 7 : daignoies venir parler à moi.

P. 129, l. 32 : bourdes. — *Le ms. B* 20 *ajoute :* decevables.

P. 130, l. 9 : taire. — *Ms. A* 1 : tairez.

P. 130, l. 25 : retourna. — *Le ms. B* 12 *ajoute :* le sire de Bournesel à Paris, où il trouva le roy de France, auquel il recorda tout au long les avantures qu'il avoit eues et aussi la cause de son retour.

§ 88. P. 130, l. 27 : Bournisiel. — *Le ms. B* 20 *ajoute :* venu à Paris.

P 131, l. 4 : conte. — *Ms. B* 20 : conte Loys.

P. 131, l. 15 : menés. — *Mss. B* 5, 7 : pris et menés.

P. 131, l. 16 : amenés. — *Le ms. B* 20 *ajoute :* à Bruges.

P. 131, l. 23 : Si... cambre. — *Ms. B* 12 : Si se departit de sa chambre et alla en une autre.

P. 132, l. 2 : qui. — *Le ms. B* 20 *ajoute :* le rechut doulcement et.

§ 89. P. 132, l. 25 : à ses. — *Ms. B* 1 : à gens de ses.

P. 132, l. 28 : Courtrai. — *Leçon des mss. A* 7, *B* 1. — *Ms. A* 1 : Coutray. — *Ms. B* 5 : Coutay. — *Ms. B* 7 : Courtay.

P. 133, l. 18 : bien clers. — *Mss. A* 7, *B* 5, 7 : bien amé. — *Ms. B* 2 : bien luisant.

P. 133, l. 26 : se. — *Leçon du ms. B* 2. — *Manque aux mss. A* 1, *B* 1. — *Mss. A* 7, *B* 5, 7 : soy.

P. 134, l. 1 : au bout de vostre terre de Flandres. — *Leçon du ms. B* 1. — *Ms. A* 1 : de debout de vostre royaulme. — *Mss. A* 7, *B* 5 : dedens vostre conté. — *Ms. B* 7 : debout de vostre conté. — *Ms. B* 17 : de vostre pays. — *Ms. B* 20 : sur piés en vostre terre de Flandres.

P. 134, l. 2 : armés. — *Le ms. B* 14 *ajoute :* bien en point pour eulx defendre. — *Le ms. B* 20 *ajoute :* bien et bel et embastonnez.

P. 134, l. 12 : et. — *Ms. A* 1 : en.

§ 90. P. 134, l. 20 : avoir. — *Le ms. B* 12 *ajoute :* si fut mout pensif.

P. 134, l. 23 : on. — *Leçon des mss. B* 1, 2. — *Ms. A* 1 : en.

P. 134, l. 26 : que. — *Leçon des mss. B* 1, 2. — *Manque au ms. A* 1.

P. 134, l. 29 : desplaissance. — *Le ms. A* 1 *ajoute :* et.

P. 135, l. 11 : Salleberi. — *Ms. B* 1 *:* Salebrin. — *Mss. B* 12, 20 *:* Salsebery.

P. 135, l. 12 : il. — *Ms. A* 1 *:* y.

§ 91. P. 135, l. 24-25 : bon... Guerles. — *Mss. A* 7, *B* 5, 7 *:* de la conté de Guerlez.

P. 135, l. 28 : Bues. — *Ms. A* 1 *:* Buef.

P. 136, l. 17 : de Saint Pol. — *Leçon des mss. A* 7, *B* 5, 7. — *Manquent aux mss. A* 1, *B* 1, 2, 12, 20.

P. 136, l. 22 : convenances. — *Ms. B* 20 *:* promesses.

P. 136, l. 27 : Aubiert. — *Le ms. B* 12 *ajoute :* de Bavière.

P. 137, l. 5 : d'Obies. — *Ms. B* 12 *:* de Bies. — *Ms. B* 20 *:* du Bies.

P. 137, l. 12 : rapassa. — *Ms. A :* apassa.

P. 137, l. 15 : Moriaumés. — *Ms. B* 12 *:* Morliane.

§ 92. P. 137, l. 22 : tant... l'autre. — *Ms. B* 12 *:* tant pour le roy de France que pour le duc de Bretaigne. — *Ms. B* 20 *:* tant que contre le roi de France comme à l'encontre du duc de Bretaigne.

P. 137, l. 27 : Pentèvre. — *Ms. B* 12 *:* Pontièvre.

P. 138, l. 12 : si. — *Leçon du ms. B* 12. — *Ms. A* 1 *:* se.

P. 138, l. 16 : Lancastre. — *Le ms. B* 20 *ajoute :* ne les autres barons et chevaliers.

§ 93. P. 138, l. 17-18 : se tenoient à Valongne. — *Ms. A* 1 *:* se tenoient et en Avalongne. — *Mss. A* 7, *B* 7 *:* et en Bouloingne se tenoient. — *Mss. B* 1, 20 *:* se tenoient en Avalongne. — *Ms. B* 12 *:* A Valoigne se tenoient.

P. 138, l. 21 : Braquemont. — *Leçon donnée plus loin p.* 139, *l.* 31. — *Ms. A* 1, *B* 20 *:* Braisnemont.

P. 138, l. 23 : Lorris. — *Ms. A* 1 *:* Lornis.

P. 138, l. 31 : les. — *Ms. A* 1 *:* leurs.

P. 139, l. 7 : Pestor. — *Mss. A* 7, 9, *B* 7 *:* Prestor.

P. 139, l. 9 : se. — *Leçon des mss. B* 5, 7. — *Manque au ms. A* 1.

P. 139, l. 16 : Copelant. — *Ms. B* 1 *:* Hokelant. — *Ms. B* 2 *:* Hoquelant.

P. 139, l. 28 : à. — *Manque au ms. A* 1. — *Ms. B* 20 *:* main à.

P. 140, l. 1 : PheLippres. — *Ms. A* 7 *:* Philippars. — *Mss. B* 1, 2 *:* Pièrez. — *Mss. B* 12, 20 *:* Phelippe.

P. 140, l. 6-8 : et prist... Bordes. — *Mss. A* 7, *B* 20 *:* et fu pris messire Guillaume des Bordes d'un escuier de Haynault, nommé Guillaume de Beaulieu.

§ 94. P. 140, l. 19 : hauster. — *Ms. B* 7 *:* austère. — *Ms. B* 11 *:* haultain. — *Ms. B* 12 *:* austre. — *Ms. B* 20 *:* terrible.

P. 140, l. 21 : Montpensé. — *Ms. B* 12 *:* Montpesar.

P. 141, l. 3-4 : tout son arroi. — *Ms. B* 20 *:* tous ses meubles.

P. 141, l. 11 : Mont Ventadour. — *Ms. B* 1 *:* Montadour.

P. 141, l. 19 : Calusiel. — *Leçon donnée plus loin*, p. 143, l. 11. — *Mss. A* 7, *B* 7, 11 *:* Casusiel. — *Ms. B* 1 *:* Cartusiel. — *Ms. B* 2 *:* Cartusel. — *Ms. B* 12 *:* Caluset. — *Ms. B* 20 *:* Casusel.

P. 141, l. 19 : l'evesquiet. — *Ms. B* 12 *:* la conté.

P. 141, l. 20 : compagnons. — *Les mss. B* 12, 15, 16 *ajoutent :* si print et eschella le fort chastel de Loybeuf et.

P. 141, l. 23 : de. — *Manque au ms. A* 1.

P. 141, l. 25 : biernois. — *Leçon du ms. B* 12. — *Ms. A* 1 *:* de Bernais. — *Ms. B* 1 *:* de Biernais. — *Ms. B* 2 *:* le bearnois. — *Mss. A* 7, *B* 7 *:* et plusieurs autres.

§ 95. P. 141, l. 26 *et ailleurs* : Marcel. — *Ms. A* 7 *:* Marchis.

P. 142, l. 2 : regarde. — *Ms. A* 1 *:* regarda.

P. 142, l. 8 : entoisse. — *Ms. B* 20 *:* charge et prent sa visée.

P. 142, l. 24 : si furent... bien. — *Leçon des mss. B* 1, 2. — *Ms. A* 1 *:* liquel furent mout. — *Mss. A* 7, *B* 5, 7 *:* ceulx de Saint Flour furent tous.

P. 143, l. 4 : qui. — *Manque au ms. A* 1.

P. 143, l. 18 : d'Achier. — *Mss. A* 7, *B* 7 *:* d'Apchier. — *Mss. B* 2, 5 *:* d'Apcher.

P. 143, l. 20 : Solleriel. — *Mss. A* 7, *B* 11 *:* Sollertel.

§ 96. P. 144, l. 3 : des Aigles. — *Leçon des mss. A 7, B 1.* — *Ms. A 1* : des Englez.

P. 144, l. 24 : d'Amiens. — *Leçon des mss. B 1, 2, 12.* — *Manque au ms. A 1.*

P. 144, l. 28 : vacations. — *Leçon des mss. B 1, 2.* — *Mss. A 1, B 20* : variations.

P. 145, l. 9 : Terewane. — *Ms. B 12* : Thouraine.

P. 145, l. 13 : Selevestre. — *Mss. B 5, 7* : Sevestre.

P. 145, l. 16 : passées. — *Ms. A 1* : posseez.

P. 146, l. 4 : si. — *Leçon du ms. B 2.* — *Mss. A 1, B 1* : se.

P. 146, l. 4-5 : à grant mervelle. — *Ms. B 20* : à trop grant contraire.

P. 146, l. 6 : le recteur. — *Ms. B 12* : les recteurs.

P. 146, l. 7 : et. — *Leçon des mss. A 7, B 5, 7.* — *Manque aux mss. A 1, B 1, 2.*

P. 146, l. 21 *et ailleurs* : Mellans. — *Ms. B 1* : Milan. — *Ms. B 12* : Millan.

P. 146, l. 21 : Napples. — *Ms. A 1* : Nappes.

P. 146, l. 25 : prelacions. — *Ms. B 20* : decorations.

P. 146, l. 30 : l'arcevesquiet de Trèves. — *Mss. A 7, B 7* : l'evesque d'Utrec. — *Ms. B 5* : l'evesque du Trait.

P. 147, l. 11 : à. — *Leçon du ms. B 2.* — *Manque au ms. A 1.*

P. 147, l. 12 : renommés. — *Ms. B 12* : amé.

P. 147, l. 18-19 : Jehans. — *Le ms. B 12 ajoute* : estoit mout courrouchié.

P. 147, l. 19 : en. — *Leçon du ms. B 1.* — *Manque au ms. A 1.*

P. 148, l. 14 : nouvelles. — *Ms. B 1* : villes.

§ 97. P. 148, l. 17-18 : mais la... cavance. — *Ms. B 20* : mais la plus utile partie prouffitable au regard de la peccune.

P. 148, l. 18 : tant k'a la cavance. — *Mss. A 7, B 5, 7* : tant comme à revenue.

P. 148, l. 28 : les... estoient. — *Leçon des mss. B 1, 2.* — *Manquent aux mss. A 1, 7, B 5, 7, 12, 20.*

P. 149, l. 1 : de. — *Leçon du ms. B 12.* — *Manque au ms. A 1.*

P. 149, l. 19 : une relevée. — *Leçon des mss. B 1, 2.* — *Manque au ms. A 1.*

P. 149, l. 19 : Campdole. — *Ms. A* 7 *:* Cappitolle. — *Ms. B* 5, 12 *:* Capitolle. — *Ms. B* 7 *:* Capitole.

P. 149, l. 25 : Campdole. — *Ms. A* 7 *:* Chandoille. — *Ms. B* 5 *:* Champdoille.

P. 150, l. 16 : grant tribulacion. — *Ms. A* 1 *:* grant tribulacions.

§ 98. P. 150, l. 24 : conté. — *Leçon des mss. A* 7, *B* 5, 7. — *Mss. A* 1, *B* 1, 2, 12, 20 *:* ducé.

P. 150, l. 25 : remettroit. — *Ms. A* 1 *:* revenroit. — *Mss. B* 1, 2 *:* resigneroit.

P. 151, l. 6 : conté. — *Leçon des mss. A* 7, *B* 5, 7. — *Mss. A* 1, *B* 1, 2, 12, 20 *:* ducé.

P. 151, l. 23 : si. — *Leçon des mss. A* 7, *B* 5, 7. — *Ms. A* 1 *:* se.

P. 151, l. 26 : Voirs est. — *Leçon des mss. B* 1, 2. — *Mss. A* 1, 7, *B* 5, 7, 20 *:* Vous estes.

P. 152, l. 2 : de la mort. — *Leçon du ms. B* 12. — *Manque aux mss. A* 1, 7, *B* 1, 2, 5, 7, 20.

P. 152, l. 5 : en prison. — *Manque au ms. B* 20.

P. 152, l. 7 : Maiogres. — *Ms. B* 12 *:* Mallogres.

P. 153, l. 4 : remariée. — *Ms. A* 1 *:* remarie.

P. 153, l. 4-5 : Bresvich. — *Ms. B* 1 *:* Bronsuwich. — *Ms. B* 2 *:* Bronsvich. — *Ms. B* 12 *:* Brusewich.

P. 153, l. 6 : en. — *Leçon des mss. A* 7, *B* 5, 7, 12. — *Manque au ms. A* 1.

P 153, l. 14-15 : et tant... marit. — *Leçon des mss. B* 1, 2. — *Manquent au ms. A* 1.

P. 153, l. 18 : quiert. — *Leçon du ms. B* 1. — *Ms. A* 1 *:* cuert.

§ 99. P. 154, l. 17 : Neapoliiens. — *Mss. B* 5, 7 *:* Puillians.

P. 154, l. 20 : peust. — *Leçon du ms. B* 1. — *Ms. A* 1 *:* peuissent.

P. 154, l. 27 : familles. — *Mss. B* 5, 7 *:* familliers.

P. 155, l. 6 : si. — *Leçon du ms. B* 2. — *Mss. A* 1, *B* 1 *:* se.

P. 155, l. 12 : porroit, il. — *Leçon du ms. B* 1. — *Manquent au ms. A* 1.

P. 155, l. 18 : et Florimont. — *Manquent au ms. B 20.* — *Le ms. B 12 ajoute :* et pluiseurs autres hommes d'armes et compaignons.

§ 100. P. 155, l. 21 : en. — *Leçon des mss. A 7, B 5, 7.* — *Mss. A 1, 9 :* et de.

P. 156, l. 1 : vinrent. — *Le ms. B 1 ajoute :* bouter.

P. 156, l. 4-5 : des chiefs. — *Leçon des mss. A 7, B 5, 7.* — *Ms. A 1 :* de chiaulx.

P. 156, l. 5 : Carsuelle. — *Ms. B 1 :* Caruesle.

P. 156, l. 6 : Brinai. — *Mss. A 7, B 5 :* Brunay. — *Ms. B 7 :* Brimay.

P. 156, l. 10 : Montferrat. —*Mss. A 1, 7, B 5, 7, 12 :* Montferrant. — *Ms. B 1 :* Montferare.

P. 156, l. 16 : Claiequin. — *Le ms. B 12 ajoute :* connestable de France.

P. 156, l. 17 : mareschaulx. — *Les mss. B 5, 7 ajoutent :* de France, messire Ernoul.

P. 156, l. 18 : enmenèrent. — *Mss. B 5, 7 :* envoyèrent.

P. 156, l. 22 : jours. — *Leçon du ms. B 12.* — *Manque au ms. A 1.*

P. 156, l. 23-24 : regnans. — *Leçon du ms. B 1.* — *Ms. A 1 :* Resgnaulx.

P. 157, l. 5 : Fondes. — *Leçon du ms. B 1.* — *Mss. A 1, 7, B 5, 7, 12, 20 :* Romme.

P. 157, l. 19 : Boilewe. — *Mss. A 7, B 20 :* Boileme. — — *Ms. B 12 :* Bodleme.

P. 157, l. 24 : dou temps. — *Leçon du ms. B 1.* — *Manque au ms. A 1.*

P. 157, l. 32 : et furent amis. — *Ms. B 5 :* ilz fut advis. — *Ms. B 7 :* il fut admis. — *Ms. B 20 :* et furent chargiés.

P. 158, l. 3 : par de delà. — *Ms. B 20 :* de Ytalie et de Prouvence.

P. 158, l. 12-13 : et de quoi .. essilliet. —*Ms. B 20 :* et par icelles. Il s'en ensieuvy et plusieurs foiz grant effusion de sang et grant essillement de pueple.

§ 101. P. 158, l. 26 : l'une. — *Leçon du ms. B 1.* — *Mss. A 1, B 7, 12 :* l'un.

P. 159, l. 6 : en ses. — *Ms. A 1 :* ensses.

P. 159, l. 10-11 : quoi que... sont. — *Ms. B* 12 : c'est assavoir la guerre, combien que c'estoit.

P. 159, l. 23 : quiert. — *Leçon du ms. B* 1. — *Ms. A* 1 : quert. — *Mss. A* 7, *B* 5, 7 : court.

§ 102. P. 160, l. 6-7 : Le bourgois... demorer. — *Mss. A* 6, 7, 9, *B* 5, 7 : Le bourgois ot grans plaintes de tous, et pour doubtance de ce, il s'en vint demorer. — *Ms. B* 12 : Quant il eut occis le bourgois, il s'en vint demorer. — *Mss. B* 13, 14 : Le bourgois mort, le dit Jehan Lyon s'en vint demorer.

P. 160, l. 6-7 : Jean d'Iorque. — *Leçon des mss. F* 1, 3. — *Ce nom est resté en blanc dans les mss. A* 1, 4, *B* 1, 2, 4, 15, 16, 20.

P. 160, l. 11 : cinquante. — *Mss. A* 7, 9, *B* 5, 7 : quarante.

P. 160, l. 11-12 : et un jour. — *Leçon des mss. F* 1, *B* 1, 2. — *Manquent au mss. A* 1.

P. 160, l. 17 : le. — *Leçon du ms. B* 1. — *Manque au ms. A* 1.

P. 160, l. 18 : naviieurs. — *Mss. A* 7, *B* 5, 7 : maieurs.

P. 160, l. 23 : Mahieus. — *Mss. A* 7, *B* 5, 7 : maieurs.

P. 160, l. 25 : Gisebrest. — *Ms. B* 12 : Ghisbert.

P. 161, l. 7 : Piet. — *Mss. B* 5, 7 : Pierre.

P. 161, l. 8 : Barde. — *Ms. B* 1 : Bar.

P. 161, l. 9 : d'eulx. — *Leçon des mss. A* 7, *B* 5, 7. — *Mss. A* 1, *B* 1 : eulx.

P. 161, l. 12 : entre. — *Ms. A* 1 : entrez.

P. 161, l. 12 : deus. — *Les mss. B* 5, 7 *ajoutent* : parties.

P. 161, l. 14 : li Mahieu. — *Ms. A* 7 : le lignage Mahieu. — *Mss. B* 5, 7 : le lignage de Gibresest.

P. 161, l. 19 : cambrelens dou conte et. — *Ms. F* 1 : conseilliers du conte, c'estoit le prevost de Harlebecque, son cousin, et.

P. 161, l. 19 : s'acointa. — *Leçon des mss. A* 7, *B* 1. — *Ms. A* 1 : quinta.

P. 161, l. 29 : fors. — *Ms. A* 1 : fore.

P. 162, l. 4-5 : en la presence... Ghisebrest. — *Mss. B* 5, 7 : en la chambre en presence de G.

P. 162, l. 15 : se. — *Leçon du ms. B* 1. — *Ms. A* 1 : le. — il se fera. — *Mss. A* 7, *B* 5, 7 : il sera fait.

P. 162, l. 19 : à ses. — *Ms. A* 1 : asses.

P. 162, l. 26-27 : quant... venu. — *Manquent aux mss. A* 7, *B* 5, 7.

P. 162, l. 27 : et que... demande. — *Leçon du ms. B* 12. — *Manquent aux mss. A* 1, 7, *B* 1, 2, 5, 7, 20.

P. 163, l. 14 : oppinion. — *Le ms. B* 1 *ajoute :* et d'une sieulte. — *Le ms. B* 2 *ajoute :* et d'une siute.

§ 103. P. 163, l. 26 : à. — *Leçon du ms. B* 1. — *Mss. A* 7, *B* 5, 7 : cela eslevé. — *Ms. B* 12 : ce eslevé. — *Manque aux mss. A* 1, *B* 20.

P. 164, l. 17 : planés. — *Mss. A* 7, *B* 5, 7 : privé.

P. 164, l. 21 : tous ses. — *Leçon du ms. B* 1. — *Ms. A* 1 : tout sez.

P. 164, l. 29 : retrencoit. — *Mss. B* 5, 7 : retraioit.

P. 165, l. 7 : Estievenart. — *Ms. B* 12 : Estienne.

P. 165, l. 13 : haut. — *Ms. B* 12 : en prosperité.

P. 165, l. 18 : sus. — *Leçon des mss. A* 7, *B* 5, 7. — *Mss. F* 1, *A* 1, *B* 1, 2, 12, 20 : jus.

P. 165, l. 23 : en cel estat. — *Mss. A* 7, *B* 5, 7 : en telle balance.

P. 165, l. 25 : fosser. — *Mss. B* 5, 7 : fossez.

P. 166, l. 5 : disant. — *Leçon du ms. F* 1. — *Ms. B* 12 : et disoient. — *Manque aux mss. A* 1, 7, *B* 1, 2, 5, 7.

P. 166, l. 13 : commencha. — *Les mss. B* 1, 2, 20 *ajoutent :* couvertement.

P. 166, l. 32 : ne. — *Leçon du ms. B* 7. — *Ms. A :* ny.

P. 166, l. 32 : ne à consentir. — *Manquent aux mss. B* 1, 2, 12.

P. 167, l. 5 : samblant. — *Leçon du ms. B* 1. — *Ms. A* 1 : mbloit.

P. 167, l. 7 : entouellie. — *Ms. B* 5, 7 : enterinée.

P. 167, l. 24 : entouellier. — *Mss. B* 5, 7 : entroubler.

P. 167, l. 30 : ne amour. — *Manquent aux mss. B* 1, 2, 12, 20. — *Ms. A* 1 : ny amour.

§ 104. P. 167, l. 31 : Ghisebrès. — *Ms. A* 2 : Gillebert.

P. 168, l. 2 : Estievenins. — *Ms. A* 2 : Estiennes. — *Ms. B* 1 : Estevenès. — *Ms. B* 2 : Estevenart. — *Mss. B* 5, 7 : Estiennart.

P. 168, l. 11-12 : autrement... perdue. — *Ms. A* 2 : anciennement nostre ville par tele manière de fossez en fut pire et en valut moins. Et maintenant, se ilz nous tolloient le fil de l'eaue du Lis, nostre ville seroit à moitié perdue.

P. 168, l. 21 : il. — *Ms. A* 1 : ilz.

P. 168, l. 29 : un disner. — *Ms. A* 2 : un disner ou souper. — *Ms. B* 12 : un denier ou ung disner.

§ 105. P. 169, l. 1 *et ailleurs* : Deinse. — *Leçon du ms. B* 12. — *Ms. A* 1 : Donse. — *Ms. A* 2 : donc.

P. 169, l. 12 : tenues. — *Ms. A* 1 : tenue.

P. 169, l. 13 : et. — *Leçon des mss. F* 1, *B* 1, 2, 5, 7. — *Mss. A* 1, 2 : ne. — *Ms. A* 7 : neis. — *Ms. B* 12 : non plus.

P. 169, l. 14 : Flandres. — *Le ms. A* 2 *ajoute* : ne les desprisoient pas, mais. — *Le ms. B* 12 *ajoute* : que les autres et.

P. 169, l. 21 : en. — *Ms. A* 2 : qui est contre.

P. 169, l. 21 : en la paix. — *Mss. A* 7, *B* 5, 7 : ou prejudice.

P. 169, l. 23 : prisonnier. — *Les mss. B* 1, 2 *ajoutent* : qui estoit en prison.

P. 169, l. 25 *et ailleurs* : mounier. — *Mss. A* 7, *B* 5, 7 : navieur.

P. 169, l. 26 : qui... d'Auterive. — *Manquent au ms. B* 20.

P. 169, l. 26 : d'Auterive. — *Mss. A* 6, *B* 15, 17 : d'Auterme.

P. 169, l. 31 : de Rogier. — *Ms. A* 2 : du bailli faictes à Rogier.

P. 170, l. 12 : paisibles. — *Le ms. B* 12 *ajoute* : et autres bonnes gens.

§ 106. P. 170, l. 17-18 : à souffrir. — *Ms. A* 1 : assouffrir.

P. 170, l. 21 : entouellier. — *Ms. A* 2 : troubler.

P. 170, l. 25 : si. — *Leçon des mss. B* 5, 7. — *Manque au ms. A* 1.

P. 170, l. 27 : office furent accaté. — *Ms. A* 2 : officiers de seigneur furent ataichiez et eurent offices.

P. 170, l. 27 : juriditions. — *Ms. A* 1 : jujuriditions.

P. 170, l. 29-31 : et voloit... naviage. — *Manquent aux mss. B* 1, 2.

P. 170, l. 30 : mieux que. — *Ms. A* 7 : mieulx amer que. — *Mss. B* 5, 7 : mieulx enamer que. — *Manquent au ms. B* 12.

P. 170, l. 30 : accaté. — *Ms. A* 2 : atachié.

P. 171, l. 2 : les privilèges anchiens. — *Leçon des mss. A* 7,

B 1, 2, 5, 7. — *Ms. A* 1 : le prejudisse anchiien. — *Ms. A* 2 : ou prejudice anchien. — *Ms. B* 12 : le privilège ancien.

P. 171, l. 3 : trois ou quatre. — *Ms. A* 2 : iiii ou vi.

P. 171, l. 4 : florins. — *Mss. A* 2, 7, *B* 1, 2, 5, 7 : frans.

P. 171, l. 10 : si. — *Leçon du ms. B* 2. — *Mss. A* 1, *B* 1 : se.

P. 171, l. 19 : seus. — *Le ms. B* 12 *ajoute* : avant la ville ne à l'eglise.

P. 171, l. 25 : ville. — *Les mss. B* 5, 7 *ajoutent* : estoit Jehans Lyon bien joyeulx.

P. 172, l. 2 : si. — *Leçon du ms. B* 1. — *Ms. A* 1 : se.

P. 172, l. 18 : venu. — *Leçon du ms. B* 1. — *Ms. A* 1 : veu.

P. 172, l. 26 : florins. — *Leçon des mss. B* 1, 2, 12. — *Mss. A* 1, 2, 7, *B* 5, 7, 20 : frans.

P. 173, l. 2 : encloses ens. — *Ms. A* 2 : glozées dedans.

P. 173, l. 5 : resusciter. — *Leçon des mss. B* 1, 2. — *Mss. A* 1, 7, *B* 5, 7, 12 : resister. — *Ms. A* 2 : resister à toutes fortunes. — *Ms. B* 20 : monstrer.

P. 173, l. 9 *et ailleurs* : devenres. — *Mss. A* 2, *B* 5, 7, 12, 20 : denrées.

P. 173, l. 12 : remonstrées. — *Le ms. A* 1 *ajoute* : à.

P. 173, l. 19 : sus. — *Mss. F* 1, *A* 1, *B* 1, 2, 12 : jus. — *Ms. A* 2 : à fin. — *Ms. A* 7, *B* 5, 7 : au dessus.

P. 173, l. 26 : cappron. — *Le ms. A* 2 *ajoute* : car il n'aura point de teste à bouter dedans.

§ 107. P. 173, l. 27 : cargiet et enditté. — *Ms. B* 20 : esleuz.

P. 174, l. 1 : bont. — *Mss. A* 2, 7, *B* 5, 7 : bout.

P. 174, l. 15 : que... remplesissent. — *Mss. B* 1, 2 : de raemplir che que fossé avoient. — *Ms. B* 12 : que tout le fossé fust raemply.

P. 174, l. 20 : douceur. — *Ms. A* 2 : la doubtance.

P. 175, l. 2 : Bien... crient. — *Ms. B* 12 : Je ne voy pas que voz besoingnes voisent mal.

P. 175, l. 6 : deniers. — *Ms. B* 12 : gros.

P. 175, l. 22 : nul esmeutin. — *Ms. A* 2 : aucun esmouvoir. — *Mss. A* 7, *B* 5, 7 : nul esmouvement.

§ 108. P. 176, l. 1-2 : s'en vint. — *Ms. B* 20 : entra en Gand et si chevaucha.

P. 176, l. 9 : sexte. — *Ms. B* 7 : sorte.

P. 176, l. 11 : Gaind. — *Ms. B* 20 : Gavres.

P. 176, l. 13 : gettes. — *Mss. A* 2, *B* 1, 2 : gens.

P. 176, l. 16 : estoit. — *Leçon du ms. B* 1. — *Manque au ms. A* 1.

P. 176, l. 16 : assise. — *Ms. A* 2 : assignée. — *Ms. B* 20 : prinse.

P. 176, l. 17 : tous. — *Le ms. B* 20 *ajoute* : ruer juz, mais ilz estoient.

P. 176, l. 20 : vint. — *Le ms. A* 2 *ajoute* : et là xviii. — *Les mss. B* 1, 2 *ajoutent* : chi xv, chi xxx.

P. 176, l. 29 : comparer. — *Ms. B* 20 : chier comparer.

P. 176, l. 30 : li croisoient. — *Ms. A* 2 : le suivoient.

P. 177, l. 8-9 : desroutèrent. — *Mss. B* 5, 7 : destournèrent.

P. 177, l. 16 : presentement. — *Ms. B* 20 : prestement.

P. 177, l. 17 : ruée. — *Leçon du ms. B* 1. — *Ms. A* 1 : rué.

P. 177, l. 26 : camps. — *Le ms. B* 20 *ajoute* : et le large.

§ 109. P. 178, l. 2 : laissièrent. — *Leçon de ms. B* 1. — *Ms. A* 1 : laissiez.

P. 178, l. 3 : enffans. — *Le ms. B ajoute* : maisons, meubles.

P. 178, l. 20 : avant... au jourd'ui. — *Ms. B* 12 : avant aux Mahieus qui sont faulx traîtres mauvais et desloiaulz à la bonne ville de Gand et qui au jour d'huy ont voulu.

P. 178, l. 25 : de trau en trau. — *Mss. A* 7, *B* 5, 7 : de rue en rue et de chambre en chambre.

P. 179, l. 1 : ne le. — *Mss. A* 7, *B* 5, 7 : ne en.

P. 179, l. 3 : osé. — *Leçon du ms. B* 1. — *Ms. A* 1 : ossi.

P. 179, l. 11 : estoient. — *Le ms. A* 2 *ajoute* : comme villains, tuffes, guieliers, bomules, termulons, tacriers, craffeurs, marrados et austres crastinaz.

P. 179, l. 11 : emprendre d'avoir occis. — *Leçon du ms. B* 1. — *Ms. A* 1 : entrepris d'avoir occis. — *Mss. B* 12, 20 : d'avoir entrepris d'occire.

P. 179, l. 19 : osé. — *Leçon du ms. B* 1. — *Ms. A* 1 : ossi.

P. 179, l. 20-22. — Rogiers... ensepvelis. — *Ms. B* 12 : Les Frères Meneurs de Gand vindrent querir le corps de Rogier d'Auterive qui estoit à terre et le portèrent en leur eglise, où il fut enteré ou enseveli. — *Ms. B* 20 : Rogier d'Auterive ainsi mort fut approchié par les Frères Mineurs de Gand, et levés... ensepvelis.

§ 110. P. 179, l. 23 : Quant ceste chose fu avenue. — *Ms. B* 20 *:* Quant la mort du bailly de Gand et autres besongnes furent ainsi que dit est advenues.

P. 180, l. 11 : demandés. — *Mss. B* 5, 7 *:* souspeçonnez.

P. 180, l. 19 : tempore. — *Mss. A* 7, *B* 2, 5, 7, 12 *:* temps.

§ 111. P. 180, l. 26 : fourfait. — *Mss. B* 1 *(en marge),* 2 *:* avoir fourfait.

P. 181, l. 2 : Gaind. — *Le ms. B* 12 *ajoute :* Et y estoit un très saige homme et moult renommé, Jehan de la Faucille, qui y fut appellé ; mais, comme vous avez oy, s'estoit lors retrait hors de la ville : si fist dire qu'il estoit malade et que pas n'y pouoit venir.

P. 181, l. 5 : retournées. — *Leçon du ms. B* 1. — *Ms. A* 1 *:* retournée.

P. 181, l. 16 : bien. — *Leçon du ms. B* 2. — *Manque aux mss. A* 1, *B* 1.

P. 181, l. 22 : felon. — *Ms. A* 1 *:* felle. — *Ms. B* 20 *:* trop ayré.

P. 181, l. 24 : le piteux. — *Mss. B* 7, 12 *:* les piteux.

P. 181, l. 32 : l'ont fait et esmeu affaire. — *Ms. A* 1 *:* les ont fais et esmeus affaire. — *Ms. B* 20 *:* l'ont commis et cause de ce et d'autres esmouvemens.

P. 182, l. 6 : pardonnée. — *Ms. B* 20 *:* ordonnée.

§ 112. P. 182, l. 20-21 : li consauls de la ville. — *Ms. B* 20 *:* les douze bourgois pour impetrer grace et pardon.

P. 182, l. 26 : gens. — *Ms. A* 2 *:* villains et tuffes.

P. 183, l. 10 : abilliet. — *Ms. B* 20 *:* en point.

P. 183, l. 14 : vuidièrent. — *Mss. B* 5, 7 *:* vindrent.

P. 183, l. 19 *et plus loin* : Ondreghien. — *Ms. A* 7 *:* Oudreghien. — *Ms. B* 1 *:* Andreghen. — *Ms. B* 12 *:* Andrehem. — *Ms. B* 20 *:* Oudreghem.

P. 183, l. 21 : siis. — *Mss. B* 5, 7 *:* dix.

P. 183, l. 31 : li. — *Leçon du ms. B* 1. — *Manque aux mss. A* 1, *B* 12.

P. 184, l. 11 : l'esmerveilliet. — *Le ms. A* 2 *ajoute :* Agar ! Argar !

P. 184, l. 23-24 : s'enfelenia le plus. — *Ms. B* 20 *:* fut plus dolant et ayré.

P. 185, l. 2 : mescheance et non autrement. — *Ms. B 20 :* mesadventure.

§ 113. P. 185, l. 4 : Malle. — *Ms. A 2 :* Aumalle.
P. 185, l. 10-11 : c'est fait. — *Mss. A 7, B 5, 7 :* ce fait.
P. 185, l. 13 : les. — *Ms. B 20 :* les douze.
P. 185, l. 20 : son. — *Mss. B 1, 2 :* mon.
P. 185, l. 21 : pifflée. — *Mss. A 2, B 12, 20 :* pillée. — *Mss. A 7, B 5, 7 :* foulée.
P. 186, l. 18 : tenir. — *Mss. A 2, B 12, 20 :* chevir. — *Mss. A 7, B 5, 7 :* maintenir.
P. 186, l. 24 : à Alos. — *Mss. B 5, 7 :* à Los.

§ 114. P. 187, l. 3 : Si. — *Leçon du ms. B 1.* — *Ms. A 1 :* Se.
P. 187, l. 11-12 : toute... esmeue. — *Ms. B 20 :* et à leur cause toute ceste guerre s'est esmue et toute la felonnie procède à leur cause.
P. 187, l. 15 : paroces. — *Mss. B 5, 7 :* procès de temps.
P. 187, l. 20 : Deinse. — *Ms. A 2 :* Dultein.
P. 187, l. 23 : carroi. — *Ms. A 7 :* convoi. — *Mss. B 5, 7 :* conroy.
P. 187, l. 26-32 : et dites... et s'en. — *Mss. A 7, B 5, 7 :* et sachiez leur intencion : si.
P. 187, l. 32 : as bailles de Bruges et les trouvèrent. — *Ms. A 2 :* au bailli et aux bourgois de Bruges, et trouvèrent les portes. — *Ms. B 20 :* as barrières des portes de Bruges et les trouvèrent.
P. 188, l. 7 : Il. — *Ms. B 20 :* Les doiens.
P. 188, l. 18 : noir. — *Ms. A 2 :* gros roncin. — *Ms. A 7 :* noir cheval. — *Mss. B 5, 7 :* cheval. — *Ms. B 20 :* moult beau cheval.
P. 188, l. 20 : n'estoit. — *Leçon du ms. B 2.* — *Ms. A 1 :* n'estoient.
P. 188, l. 21 : comme il est ores. — *Manquent aux mss. A 7, B 5, 7.*
P. 188, l. 24 : criant. — *Leçon du ms. B 1.* — *Manque au ms. A 1.*
P. 189, l. 9-11 : dalés le... au cler. — *Ms. A 2 :* de coste le burgemaistre, qui bien se monstroit à estre felon et oultrageux

homme et plein de grant cruaulté, et après lui venoient toutes ses ribaudailles et tuffailles, tous armez au cler.

P. 189, l. 11 : cler. — *Les mss. F 1, A 1 ajoutent* : et.

P. 189, l. 13 : place. — *Le ms. A 2 ajoute* : comme se ilz de fait puissent tantost combatre.

P. 189, l. 15 : si. — *Leçon des mss. A 7, B 1, 2.* — *Ms. A 1* : se. — *Ms. B 5, 7* : et. — *Ms. B 12* : et si.

P. 189, l. 16 : main. — *Le ms. A 2 ajoute* : ainsi comme un connestable ou le mareschal d'un grand host.

§ 115. P. 189, l. 28 : esmeutin. — *Mss. A 7, B 5, 7* : esmouvement. — *Ms. B 1* : hustin. — *Ms. B 2* : hutin. — *Ms. B 12* : esmeutinerie.

P. 189, l. 31 : maistre. — *Mss. A 7, B 5, 7* : noise.

P. 190, l. 10 : ne esmeutin. — *Mss. A 7, B 5, 7* : ne esmouvement quelconquez.

P. 190, l. 17 : dou Dan. — *Ms. A 2* : de Gand, mais ilz alèrent premier au Dain.

P. 190, l. 18 : dangier. — *Mss. A 7, B 5, 7, 20* : delay.

§ 116. P. 191, l. 3 : la mort. — *Mss. B 1, 2, 5* : l'amour.

P. 191, l. 6 : cil. — *Mss. A 7, B 5, 7, 12* : de ceulx. — *Mss. B 1, 2* : de cil.

P. 191, l. 11 : Nicollai. — *Les mss. A 7, B 5, 7 ajoutent* : et là fist on ses obsèques. — *Le ms. B 20 ajoute* : en Gand.

P. 191, l. 14-16 : car li... de Gaind. — *Ms. B 20* : car ceulx de Gand avoient prins des Briguelins plusieurs qui tenoient en Gand hostage et des plus grans.

P. 191, l. 23 : chevaliers. — *Le ms. A 7 ajoute* : et d'escuiers. — *Les mss. B 5, 7, 20 ajoutent* : et escuiers.

P. 191, l. 25 : Gaind. — *Le ms. A 2 ajoute* : qui tant de injures et de despiz lui avoient fait.

P. 191, l. 32 : Boule. — *Leçon des mss. B 1, 2.* — *Mss. A 1, 2, 7, B 5, 7, 12, 20* : Foule.

P. 192, l. 15 : cens. — *Ms. B 2* : mille.

P. 192, l. 16 : hommes. — *Leçon des mss. A 7, B 5, 7, 12.* — *Mss. A 1, 2, B 20* : homicides. — *Manque aux mss. B 1, 2.*

P. 192, l. 28 : cinq mille. — *Ms. B 20* : viii mille.

P. 193, l. 2 : entrer. — *Leçon du ms. B 2.* — *Manque aux mss. A 1, 7, B 1, 5, 7, 12.*

P. 193, l. 10 : entrent. — *Leçon du ms. B 1.* — *Ms. A 1 :* entretent.

P. 193, l. 22 : Roubais. — *Ms. B 20 :* Roulays.

P. 193, l. 22 : Houarderie. — *Mss. B 5, 7 :* Hourderie.

P. 193, l. 23 : damages. — *Le ms. A 2 ajoute :* quant ilz furent ainsi occis de tele meschante gent et pour garder leur ville et l'onneur du conte, leur droit seigneur.

P. 193, l. 28 : furent. — *Le ms. B 20 ajoute :* à leur bandon.

P. 194, l. 2 : livrèrent. — *Mss. B 1, 2 :* livreroient.

§ 117. P. 194, l. 5 : gantois. — *Leçon du ms. B 12.* — *Manque aux mss. A 1, 7, B 1, 2, 5, 7.* — *Ms. A 2 :* contre lui.

P. 194, l. 12 : à tant. — *Leçon du ms. B 2.* — *Ms. B 12 :* autant. — *Manque aux mss. A 1, 7, B 1, 5, 7.*

P. 194, l. 19 : navire. — *Le ms. B 20 ajoute :* delà en la mer.

P. 194, l. 20 : Si. — *Leçon du ms. B 1.* — *Ms. A 1 :* Se.

P. 194, l. 30 : Si. — *Le ms. A 2 ajoute :* furent tous de ceste oppinion.

P. 195, l. 5 : Audenarde. — *Le ms. A 2 place ici le passage de la page suivante* (l. 3-25) : En la ville de Audenarde... et pour le trait des cannons et du feu que les Flamens gettoient et traioient, qui estoient logiez en Audenarde.

P. 195, l. 10 : Poperinghe. — *Mss. A 7, B 5, 7 :* Propinghe.

P. 195, l. 11 : Meschines. — *Mss. B 1, 2 :* Messines.

P. 195, l. 17 : avoit. — *Leçon du ms. B 1.* — *Ms. A 1 :* l'avoit.

P. 195, l. 18 : Braibant. — *Le ms. A 2 ajoute :* et en la conté de Hainault.

P. 195, l. 19 : des Mons. — *Mss. B 1, 2 :* de Mons.

§ 118. P. 196, l. 3-25 : En la ville de Audenarde... prendre. — *Ce passage placé plus haut* (p. 195, l. 5) *dans le ms. A 2 est remplacé ici par :* Car ces vaillans chevaliers, le seigneur de Ghistelles, le seigneur d'Anthoing et les autres cy dessus nommez, se combattoient et deffendoient si vaillamment que bien fait à ramentevoir, et estoient environ viiie lances, tous chevaliers et escuiers et bonnes gens d'armes ; et firent couvrir les maisons de terre pour doutte du feu que les Flamens gettoient nuit et jour par leurs cannons pour tout ardoir en la ville. Si entendoient ceuls de la ville moult songneusement aux maisons, pour quoi le feu ne s'y peust prendre, ne nullement ceuls, chevaliers et escuiers, ne se fièrent en ceuls de Audenarde.

P. 196, l. 5 : uit. — *Mss. B* 5, 7 *:* sept.

P. 196, l. 12 : d'Estainbourcq. — *Ms. A* 7 : d'Escambourc.

P. 196, l. 12-13 : messire Gerart de Marquellies. — *Ms. B* 1 *:* le seigneur de Marqueillies. — *Ms. B* 2 *:* le seigneur de M. en Ostrevant.

P. 196, l. 14 : en Hainnau. — *Ms. B* 1 *:* en Ostrevant.

P. 196, l. 25 : feus. — *Le ms. B* 20 *ajoute :* volant.

P. 196, l. 25 : prendre. — *Le ms. B* 20 *ajoute :* ne alumer.

§ 119. P. 196, l. 26 : Le siège. — *Ms. A* 2 *:* Ce siège.

P. 197, l. 7 : Tenre. — *Ms. A* 2 *:* Eure.

P. 197, l. 13 : seroient là venu. — *Ms. B* 20 *:* seroient abordez en la ville.

P. 197, l. 21 : Brederode. — *Ms. A* 7 *:* Brodorode. — *Mss. A* 2, *B* 5, 7 *:* Bredore.

P. 197, l. 27 : que. — *Ms. B* 12 *:* comme.

P. 198, l. 4 : Gossuins. — *Mss. B* 5, 7 *:* Gossinos.

P. 198, l. 5 : Grutus. — *Ms. B* 1 *:* Grutehus. — *Ms. B* 12 *:* Gruuthuse.

P. 198, l. 8 : Regni. — *Ms. A* 7 *:* Rogny. — *Ms. B* 12 *:* Teigny.

P. 198, l. 21 : Joie. — *Mss. B* 1, 2, 20 *:* Quoye.

P. 198, l. 21 : Le Naire. — *Mss. B* 1, 2 *:* Le Vaire. — *Ms. B* 12 *:* La Vere.

P. 198, l. 22 : Clinperoie. — *Ms. A* 7 *:* Chaperoyes.

P. 198, l. 25 : Widescot. — *Mss. A* 7, *B* 12 *:* Windescot.

P. 198, l. 30 : il. — *Ms. A* 2 *:* les villains tuffes.

P. 199, l. 2 : Regni. — *Mss. A* 7, *B* 7 *:* Rogny. — *Ms. B* 5 *:* Roigny.

P. 199, l. 5 : Harselle. — *Le ms. A* 2 *ajoute :* capitaine des Flamens.

P. 199, l. 6 : rafresquisoit. — *Le ms. B* 20 *ajoute :* et encouragoit.

§ 120. P. 199, l. 10-11 : trop bonnes gens. — *Ms. B* 20 *:* vaillant gent et sans nombre.

P. 200, l. 3 : escarmuche. — *Les mss. B* 1, 2, 12 *ajoutent :* et dure.

P. 200, l. 6 : hardiement. — *Le ms. A* 2 *ajoute :* et follement comme villains desesperés et tous enrragiez que le diable gouverne et conduit à leur derrenière fin.

P. 200, l. 14 : navrés. — *Mss. A* 7, *B* 5, 7 *:* moult songneusement les navrez, les bleciez et les mutilez. — *Le ms. B* 20 *ajoute :* et blechiez.

§ **121**. P. 200, l. 25 : au Dam. — *Mss. A* 7, *B* 5, 7 *:* à Gand.

P. 200, l. 31 : le hodoit trop. — *Ms. A* 2 *:* lui ennuioit trop. — *Mss. A* 7, *B* 5 *:* le hourdoit trop. — *Ms. B* 7 *:* se hordoit trop. — *Ms. B* 12 *:* ne lui plaisoit point.

P. 201, l. 1 : volentiers. — *Le ms. A* 2 *ajoute :* et moult en estoit penos et merancolieux.

P. 201, l. 12 : nouvelles. — *Le ms. A* 2 *ajoute :* partit de Paris où il estoit, et.

P. 201, l. 12 : à. — *Leçon du ms. B* 1. — *Manque au ms. A* 1.

P. 201, l. 20 : amoient. — *Mss. B* 1, 2, 12, 20 *:* avoient.

P. 202, l. 1-2 : as tretiés. — *Mss. B* 1, 2 *:* à la paix.

P. 202, l. 3 : entenderoient. — *Ms. A* 1 *:* entenderoit.

P. 202, l. 7 : duroient li. — *Ms. A* 2 *:* dura ce premier.

P. 202, l. 8 : soir. — *Le ms. A* 2 *ajoute :* tout tant.

P. 202, l. 9 : le prouvos de Tournai. — *Leçon des mss. A* 7, *B* 5, 7. — *Ms. A* 1 *:* les prouvos de T. — *Ms. A* 2 *:* et les Flamens et leur hox et estoit le prevost. — *Mss. B* 1, 2 *:* les prevostz de T.

P. 202, l. 10 : l'amenoit et remenoit. — *Leçon des mss. A* 7, *B* 5, 7. — *Mss. A* 1, *B* 1, 2 *:* l'amenoient et ramenoient.

P. 202, l. 18 : conquis. — *Le ms. A* 2 *ajoute :* mais resistèrent encores.

P. 202, l. 20 : grant merveille. — *Ms. A* 1 *:* granz merveille.

P. 202, l. 28 : pour nous. — *Les mss. B* 1, 2 *ajoutent :* nul mauvais marchié ne.

P. 202, l. 31 : qui se tenoit au Pont à Rosne. — *Ms. B* 2 *:* quant il sceut et fut veritablement informé comment ceuls de Audenarde n'avoient garde et qu'ilz estoient tous sains et en bon point.

P. 203, l. 3 : resongnoient. — *Ms. B* 12 : doubtoient.

P. 203, l. 6-7 : que venus. — *Mss. A* 7, *B* 5, 7 : qu'il estoit venus. — *Ms. B* 1, 2 : que de venir. — *Ms. B* 12 : à venir.

P. 203, l. 14 : et s'acordèrent. — *Mss. A* 7, *B* 12 : et s'i acordèrent. — *Mss. B* 1, 2 : et s'acordèrent à la paix. — *Mss. B* 5, 7 : et acordèrent.

P. 203, l. 14-15 : li duc de Bourgongne. — *Leçon des mss. B* 5, 7. — *Ms. B* 12 : le duc. — *Manquent aux mss. A* 1, *B* 1, 2, 20.

P. 203, l. 17 : Courtrai. — *Ms. A* 2 : Tournay.

P. 203, l. 24 : couroit. — *Le mss. A* 2 *ajoute* : c'est assavoir Jehan Lion et les blans chaperons.

P. 204, l. 1-2 : donna... congiet. — *Mss. A* 7, *B* 5, 7 : donna tout par tout congié à ses soudoiers. — *Mss. B* 1, 2 : pardonna tout, renvoia tous ses saudoiers. — *Ms. B* 12 : donna congié à tous souldoiers.

P. 204, l. 4 : fais. — *Le ms. A* 2 *ajoute* : et donna aux grans seigneurs et capitaines de beaux dons et tant qu'ilz s'en contentèrent grandement, et prist congié d'eulx.

P. 204, l. 5 : fils. — *Mss. A* 7, *B* 5, 7, 12 : beau filz.

P. 204, l. 8 : et qui se resbouleroit. — *Ms. A* 2 : et qui se renouveleroit. — *Mss. A* 7, *B* 5, 7 : et qu'ils se rebelleroient. — *Mss. B* 1, 2 : et qu'elle s'esbourbeleroit.

§ 122. P. 204, l. 21-25 : que Audenarde... apparillie. — *Ms. A* 2 : que Audenarde fust abatue, mais nullement ne s'i est voulu consentir, et m'a remonstré tant de doulces parolles et tant de belles raisons et la grant amour qu'il a au païs de Flandres et par especial à ceuls de Gand, ses bons amis, que il a convenu que Audenarde demeure entière parmi le traictié de la paix, combien que je lui aie bien dit que durant le traictié de la paix les Gantois, se ilz vouloient, pouoient aler devers eulx abatre deux portes, les tours et les murs, afin que elle leur fust à toute heure ouverte et appareillée. Mais non obstant toutes ces demonstrances, je lui ay accordé de par vous toute sa requeste. — Or avant! respondirent ceuls de Gand. Dieux y ait part! Nous sommes tenus plus pour lui que tout.

§ 123. P. 205, l. 20 : encores. — *Les mss. B* 1, 2 *ajoutent* :

bonement fier ne. — *Le ms. B 12 ajoute* : bonnement venir ne soy.

P. 205, l. 23-24 : En non Dieu. — *Mss. B 20* : Certes.

P. 205, l. 31 : Karesmiel. — *Ms. A 7* : Kaermiel. — *Mss. B 5, 7* : Kaermel. — *Ms. B 12* : Carnel.

P. 206, l. 4 : Konce. — *Ms. A 2* : Quimper Corantin. — *Ms. B 7* : Conke. — *Ms. B 20* : Conque.

P. 206, l. 14 : chevaliers. — *Le ms. A 2 ajoute* : Messire Geoffroi de Karrismel, breton bretonnant, et messire Eustace de la Houssoye, breton galois, nez à trois lieues de la bonne cité de Saint Malo de l'Isle.

P. 206, l. 18 : Claiekin... Rocefort. — *Mss. A 2* : messire Bertran du Guesclin, messire Olivier de Cliçon, le seigneur de Rohan, le seigneur de Laval, le seigneur de Rochefort, le seigneur de Montfort.

P. 206, l. 19 : si. — *Leçon du ms. B 1.* — *Ms. A 1* : se.

P. 206, l. 20 : puis. — *Leçon du ms. B 1.* — *Ms. A 1* : plus.

§ 124. P. 207, l. 12 : Guerlande. — *Mss. A 7, B 5, 12* : Guerrande. — *Ms. B* : Guerrende.

P. 207, l. 16 : cinq. — *Ms. A 2* : viii.

P. 207, l. 27 : ensamble. — *Le ms. A 2 ajoute* : mais se nous fussions tous d'un accord et d'une volunté, nous n'eussions d'euls garde.

P. 208, l. 2 : à Prage en. — *Le ms. B 12 ajoute* : Allemaigne ou.

P. 208, l. 11 : rois. — *Ms. B 12* : empereur.

§ 125. P. 208, l. 21 : nepveus. — *Mss. A 1, B 20* : cousins.

P. 209, l. 6 : appartenoit. — *Le ms. A 2 ajoute* : pour faire son voiage.

P. 209, l. 9 : et à Bruges... de Gaind. — *Mss. A 7, B 5, 7* : et fist tant par ses journées qu'il vint.

P. 209, l. 9 : à Bruges. — *Le ms. A 2 ajoute* : par les dunes.

P. 209, l. 25 : aler. — *Le ms. A 2 ajoute* : vers Treth, puis.

§ 126. P. 210, l. 1 : Cavrelée. — *Ms. A 2* : Cawelay.

P. 210, l. 2 : Bonnestre. — *Mss. B 12, 20* : Bennestre.

P. 210, l. 11 : les retourna. — *Mss. B 5, 7* : si se tourna. — *Ms. B 12* : il se tourna.

P. 210, l. 16 : frotter. — *Ms. A 2 :* fraper.

P. 210, l. 22 : d'Arondiel. — *Le ms. B 20 ajoute :* messire Thomas Bonnestre, messire Hues de Cavrelée. Messire Jehan d'Arondel estoit.

P. 210, l. 25 : et. — *Le ms. B 20 ajoute :* fut.

P. 210, l. 26 : et pluiseurs... Cavrelée. — *Manquent au ms. B 20.*

P. 210, l. 30 : Hues. — *Ms. B 20 :* Gaultier.

P. 210, l. 31 : au cable. — *Ms. A 7 :* au telle. — *Ms. B 7 :* aux telles. — *Ms. B 12 :* aux toiles.

P. 211, l. 6 : Hues de Cavrelée. — *Ms. B 20 :* Gaultier Paule.

P. 211, l. 6 : peris. — *Ms. A 1 :* perilz.

P. 211, l. 7-8 : à son pooir. — *Ms. B 12 :* en son hostel.

P. 211, l. 14 : et. — *Leçon du ms. B 1. — Manque au ms. A 1.*

§ **127**. P. 211, l. 25 : Harlebecque. — *Mss. B 5, 7 :* Hardebeque.

P. 211, l. 30 : pendaille. — *Le ms. A 2 ajoute :* tuffaille.

P. 212, l. 1 : l'avantage. — *Ms. A 2 :* vivre d'avantage. — *Ms. B 12 :* l'avant garde.

P. 212, l. 10 : de par. — *Ajouté pour le sens.*

P. 212, l. 10 : eulx. — *Manque aux mss. A 7, B 1, 2, 5, 7, 12.*

P. 212, l. 15 : Ne. — *Manque au ms. A 1.*

P. 212, l. 31 : sa. — *Ms. A 1 :* son.

§ **128**. P. 213, l. 12 : le desiroient. — *Ms. B 12 :* l'amoient et desiroient.

P. 213, l. 17 : teut. — *Ms. B 1 :* taist. — *Ms. B 5 :* tint.

P. 213, l. 28 : leurs bourgois. — *Mss. B 5, 7 :* mes bourgois et les leur.

P. 214, l. 2 : mieux. — *Le ms. A 2 ajoute :* et qui plus de iie mil frans m'avoit cousté à faire ediffier.

P. 214, l. 6 : jamès. — *Le ms. A 2 ajoute :* tant en suis dolant.

P. 214, l. 8 : recovrés. — *Ms. A 7 :* recordez. — *Mss. B 1, 2, 12 :* retournez. — *Mss. B 5, 7 :* regardez.

P. 214, l. 14 : Rainseflies. — *Ms. B 12 :* Rameslus.

§ 129. P. 215, l. 2 : ruet. — *Mss. B* 1, 2 *:* mis.

P. 215, l. 6 : par. — *Leçon du ms. B* 1. — *Manque au ms. A* 1.

P. 215, l. 12 : devenres. — *Mss. A* 7, *B* 5, 7 *:* denrées. — *Ms. B* 12 *:* vendredis.

P. 215, l. 19 : carpent. — *Ms. A* 2 *:* escharge. — *Mss. A* 7, *B* 5, 7 *:* charge.

P. 215, l. 20 : si. — *Ms. A* 1 *:* se.

P. 215, l. 30 : set. — *Leçon des mss. F* 1, *B* 5, 12. — *Mss. A* 1, 7, *B* 1, 2, 7, 20 *:* uit.

P. 215, l. 32 : vint. — *Mss. A* 7, *B* 5, 7 *:* xii.

P. 216, l. 1 : en un mont. — *Ms. B* 20 *:* par tropeaulx.

P. 216, l. 30 : l'enredie. — *Ms. F* 1 *:* l'enrederie. — *Ms. A* 2 *:* la riote. — *Ms. A* 7 *:* guerre. — *Ms. B* 1 *:* le tourble et l'enrederie. — *Ms. B* 2 *:* le trouble et le hutin. — *Mss. B* 5, 7 *:* guerre et avoir noise. — *Mss. B* 12, 20 *:* le hustin.

P. 217, l. 8 : mis. — *Manque aux mss. A* 1, *B* 1, 2.

P. 217, l. 14 : A ces cols. — *Ms. A* 2 *:* A ce coup. — *Ms. B* 20 *:* Atant.

P. 217, l. 25 : cose. — *Les mss. B* 1, 2 *ajoutent :* ne demorra pas ensi et qu'elle.

§ 130. P. 217, l. 31 : et au cinquime. — *Mss. A* 7, *B* 5, 7 *:* ou v et puis.

P. 218, l. 9 : menus mestiers. — *Les mss. B* 1, 2 *ajoutent :* qui dalés lui se tenoient.

P. 218, l. 11 : Rasse. — *Ms. B* 12 *:* Phelippe.

P. 218, l. 13 : et. — *Leçon du ms. B* 1. — *Manque au ms. A* 1.

P. 218, l. 17 : chars. — *Le ms. A* 2 *ajoute :* de farines, de fèves, de pois.

P. 218, l. 18 : sels. — *Le ms. A* 2 *ajoute :* de buche.

P. 218, l. 28 : ahaties. — *Ms. A* 2 *:* rancunes, injures et haines. — *Mss. A* 7, *B* 5, 7 *:* haynes. — *Ms. B* 20 : envahies et entreprises.

P. 219, l. 3 : nommé ne renommé. — *Ms. A* 2 *:* renommez ne accusez. — *Ms. B* 12 *:* demandez. — *Ms. B* 20 *:* renommé.

P. 219, l. 6 : laissièrent. — *Le ms. B* 20 *ajoute :* celle pendaille.

P. 219, l. 7 : gens. — *Le ms. A* 2 *ajoute :* mauvaise ribaudaille.

P. 219, l. 7 : signeurit. — *Ms. B* 1, 2 : maistriés. — *Ms. B* 12 : si nourriz.

P. 219, l. 8 : iaulx. — *Le ms. A 2 ajoute :* là où ilz vouloient ordonner et commander.

P. 219, l. 12 : ensonniet. — *Ms. A 2 :* embesongnez. — *Mss. B* 5, 7 *:* esloigniez.

P. 219, l. 18 : et. — *Leçon du ms. B* 1. — *Manque au ms. A* 1.

P. 219, l. 25 : jeuiaulx. — *Ms. B* 12 : anneaulx.

§ **131**. P. 219, l. 30 : Hauterive. — *Mss. B* 1, 2, 12 *:* Auterme.

P. 220, l. 3-4 : li bastars de Weldinghes. — *Leçon des mss. F* 1*, B* 12. — *Mss. B* 1, 2 *:* li bastars de Weldure. — *Manquent au ms. A* 2.

P. 220, l. 4 : autres. — *Le ms. A 2 ajoute :* chevaliers tous d'un linage.

P. 220, l. 5-7 : navieurs... à Gaind. — *Mss. A* 7*, B* 5, 7 *:* navires de Gand (qui estoient aux bourgois de Gand), qui les amenoient par la rivière de l'Escault à Gand plaines de bledz (*les mots placés entre parenthèses manquent au ms. B* 5).

P. 220, l. 17 : fait. — *Les mss. B* 1, 2 *ajoutent :* faire.

P. 220, l. 30 : cinq cens. — *Mss. B* 5, 7 *:* cinq mil.

P. 220, l. 31 : en oevre. — *Leçon du ms. B* 1. — *Manque au ms. A* 1. — *Ms. B* 2 *:* en besongne.

P. 221, l. 2 : reversés. — *Ms. A* 7*, B* 2, 5, 7 *:* renverser.

P. 221, l. 6 : Se. — *Leçon du ms. B* 1. — *Manque au ms. A* 1.

P. 221, l. 15 : maleoites gens! li. — *Ms. A 2 :* malostrutes gens! le grant.

P. 221, l. 16 : que cil de Gaind. — *Ms. A 2 :* comme ces chaperons blans.

P. 221, l. 22 : Li maieur et li juret. — *Mss. B* 2, 12 *:* Le mayeur et les.

P. 222, l. 17-18 : deffendu. — *Mss. A* 7*, B* 5, 7 *:* avoir defendu. — *Mss. B* 2, 12 *:* defendre.

P. 222, l. 23 : remonstré. — *Mss. A* 7*, B* 2, 5, 7 *:* remonstrer. — *Ms. B* 12 *:* avoir remonstré.

P. 222, l. 26 : main. — *Le ms. A 2 ajoute :* à manière non d'amis, mais d'ennemis.

P. 222, l. 26-27 : plaidiet saissi. — *Ms. A* 7 *:* et de plaidier saisis. — *Mss. B* 5, 7 : et estes de plaidier saisiz. — *Ms. B* 12 : saisi ses places.

P. 222, l. 30 : des maieur et jurés. — *Leçon des ms. B* 12.— *Mss. A* 1, 7, *B* 1, 2, 5, 7 : des maieurs et des.

§ 132. P. 223, l. 10 : que n'en ont point eu. — *Ms. B* 20 : qu'ilz n'en avoient nulle cause ne raison.

P. 223, l. 14-15 : Mes Dieux. — *Ms. A* 1 : Me Dieux. — *Ms. A* 2 : M'aist Dieux. — *Mss. A* 7, *B* 5, 7 : Se m'aist Dieus. — *Mss. B* 1, 2 : Mi Dieus. — *Mss. B* 12, 20 : Certes.

P. 223, l. 15 : bailllieu. — *Le ms. A* 2 *ajoute* : faisant son office et tenant la bannière du conte en sa main.

P. 223, l. 21 : destruire. — *Le ms. A* 2 *ajoute* : et tous ceuls qui dedens se tinrent, v^e chevaliers et escuiers.

P. 223, l. 24 : et, se. — *Ms. A* 2 : et comment mal il s'en acquitoit, que dreit et justice il n'en faisoit, et pour ce.

P. 223, l. 30 : sorre. — *Ms. B* 12 : absoudre.

P. 224, l. 8 : escrisoit. — *Ms. B* 12 : escripvoit.

P. 224, l. 16 : de Grute. — *Mss. A* 7, *B* 7 : de Guise. — *Ms. B* 5 : de Guyse.

P. 224, l. 18 : s'en partirent. — *Mss. B* 5, 7 : retournèrent à Gand.

P. 224, l. 27 : Weldinghes. — *Ms. F* 1 : Windighes. — *Ms. B* 1 : Weldurez. — *Ms. B* 2 : Weldures. — *Ms. B* 12 : Weldigues. — *Ms. B* 20 : Windinges.

P. 225, l. 2 : les prouvos et jurés. — *Leçon des mss. B* 1, 2. — *Ms. A* 1 : les prouvos et jurés. — *Mss. A* 7, *B* 5, 7 : le prevost et jurez.

P. 225, l. 3 : qu'il en fissent partir le chevalier. — *Leçon du ms. B* 12. — *Manque aux mss. F* 1, *A* 1, 2, *B* 20.

P. 225, l. 4 : Partis. — *Ms. A* 2 : Petit. — *Ms. B* 12 : Pertris.

§ 133. P. 225, l. 19 : si. — *Leçon du ms. B* 1. — *Ms. A* 1 : se.

P. 225, l. 28 : tout bellement. — *Ms. B* 20 : petit à petit.

P. 226, l. 4 : remparer. — *Mss. B* 1, 2 : rappareillier.

P. 226, l. 5 : en. — *Leçon des mss. B* 1, 2. — *Ms. A* 1 : on.

P. 226, l. 11 : roe. — *Leçon du ms. B* 2. — *Ms. A* 1 : ruez. — *Ms. B* 1 : roez.

P. 226, l. 13-14 : li contes... Ippre. — *Ms. A* 2 : Jehan

Bette, qui fut trouvé à Yppre, fut admené au conte de Flandres qui tantost commanda qu'il fust decolé.

P. 226, l. 15 : et. — *Leçon du ms. B 1.* — *Manque au ms. A 1.*

§ 134. P. 226, l. 25 : vies. — *Le ms. A 2 ajoute :* et il a très grant droit, car nous lui avons fait trop de maulx et de despiz.

P. 226, l. 27 : grant tort. — *Ms. B 20 :* une mauvaise compaignie.

P. 226, l. 29 : fin. — *Le ms. B 20 ajoute :* ou pire.

P. 226, l. 30 : Si. — *Leçon du ms. B 1.* — *Ms. A 1 :* Se.

P. 227, l. 1 : demorroit. — *Leçon du ms. B 1.* — *Ms. A 1 :* demoroit.

P. 227, l. 3 : porions nous estre. — *Ms. A 2 :* nous pourrons. — *Ms. B 5, 7 :* pourrons nous. — *Ms. B 20 :* pouvons nous estre.

P. 227, l. 3-4 : porions... destruit. — *Mss. B 1, 2 :* porrions nous encore estre destruis. — *Ms. B 12 :* nous serons encores tous destruitz.

P. 227, l. 4 : n'i. — *Les mss. B 5, 7 ajoutent :* prenons garde et.

P. 227, l. 7 : Rasses. — *Ms. B 12 :* Jaques.

P. 227, l. 8 : Lannoit. — *Ms. B 5 :* Lannay.

P. 227, l. 26 : Flandres. — *Le ms. A 2 ajoute :* annet filz bastard du conte, qui avoit nom la Haze. De cellui ilz firent leur capitaine, car ilz estoit appert chevalier et vaillant homme d'armes durement. Si mandèrent.

P. 227, l. 27-29 : et... chevalier. — *Manquent au ms. A 2.*

P. 227, l. 28 : Hasse. — *Ms. A 2 :* Haze. — *Mss. A 7, B 5, 7 :* Hasle. — *Mss. B 1, 2 :* Hazele. — *Ms. B 12 :* Hazle. — *Ms. B 20 :* Halze.

P. 227, l. 29 : Hasses. — *Ms. A 1 :* Hasles.

P. 227, l. 31 : Gauvres. — *Mss. B 5, 7 :* Grauves. — *Ms. B 20 :* Gavres.

P. 228, l. 12 : arbalestres. — *Le ms. A 2 ajoute :* que ilz pendoient à leur porte.

P. 228, l. 14-16 : de grant... homme. — *Ms. B 20 :* puissant de corps, hardi, entrepenant et asseuré en armes et plus entesté.

P. 228, l. 17 : sen. — *Leçon du ms. B* 1. — *Ms. A* 1 *:* se.

§ 135. P. 228, l. 22 : Aubert. — *Le ms. A* 2 *ajoute :* qui pour lors estoit bail de Henault.

P. 228, l. 30 : seroient. — *Leçon du ms. B* 1. — *Ms. A* 1 *:* seroit. — *Ms. B* 12 *:* furent.

P. 229, l. 5 : compte. — *Le ms. A* 2 *ajoute :* et se moquèrent.

P. 229, l. 7 : Hues. — *Ms. A* 2 *:* Henrry.

P. 229, l. 7 : est. — *Mss. B* 5, 7 *:* estoit.

P. 229, l. 9 : drois. — *Le ms. A* 2 *ajoute :* et la donrroient à un autre qui voulentiers les serviroient, et avecques ce ilz.

P. 229, l. 10 : dalés Gramont. — *Leçon des ms. B* 1, 2. — *Manquent au ms. A* 1. — *Ms. A* 2 *:* assez près de Gand. — *Mss. B* 5, 7 *:* tout jus. — *Ms, B* 12 *:* emprès Grantmont.

P. 229, l. 11 : destruction — *Le ms. A* 2 *ajoute :* comme mauvais traitres, villains rebelles qu'ilz estoient envers le conte, leur naturel seigneur.

P. 229, l. 15 : obeissance. — *Le ms. A* 2 *ajoute :* et non à eulx.

P. 229, l. 20 : Grammont. — *Mss. A* 7, *B* 5, 7 *:* Gand.

P. 229, l. 21 : d'Enghien. — *Ms. A* 2 *:* d'Antoing.

P. 229, l. 24 : la guerre. — *Leçon des mss. A* 7, *B* 5, 7. — *Manquent aux mss. A* 1, *B* 1, 2, 12, 20.

P. 229, l. 30 : cent mille. — *Ms. B* 20 *:* deux cens mil.

P. 229, l. 31 : grant painne. — *Mss. A* 1 *:* grant painnez.

P. 229, l. 31 : ne paix. — *Ms. B* 12 *:* de paix.

P. 229, l. 32 : de Gaind. — *Ms. A* 2 *:* des blans chaperons de Gand.

P. 229, l. 32 : si. — *Ms. B* 20 *:* avoir si.

P. 230, l. 2 : Bourgongne. — *Le ms. A* 2 *ajoute :* qui avoit sa fille espousée.

§ 136. P. 230, l. 18 : banis. — *Mss. A* 7. *B* 5, 7 *:* barons.

P. 230, l. 21 : de Stienehus. — *Mss. A* 7, *B* 5, 7 *:* d'Estrevelins. — *Ms. B* 12 *:* de Steenhus.

P. 230, l. 30 : Tournai. — *Ms. B* 12 *:* Courtray.

P. 230, l. 31 : en le Pèvle. — *Leçon du ms. B* 1. — *Mss. A* 1, 2 *:* Peulle. — *Ms. B* 2 *:* en rouele. — *Ms. B* 12 *:* en Penèle.

P. 231, l. 1 : le Rongi. — *Manquent au ms. A* 2.

P. 231, l. 2 : et à Lille. — *Mss. B* 1, 2 : ne de Douay à Lille.

P. 231, l. 2 : Lille. — *Le ms. B* 20 *ajoute :* ne à Bethune.

P. 231, l. 6 : et Courtrai. — *Ms. B* 2 : de ceuls de Tournay.

P. 231, l. 14-15 : de Flandres. — *Ms. B* 12 : de Gand, d'Ypre, de Bruges et d'ailleurs.

P. 231, l. 15-20 : ne mist... duc de Bourgongne, et. — *Mss. A* 7, *B* 5, 7 : et à celle fin que le conte n'eust aucun pourchas et traictié de son cousin et filz le duc de Bourgongne, ilz.

P. 232, l. 4 : si. — *Leçon du ms. B* 1. — *Ms. A* 1 : se.

P. 232, l. 5-6 : faissoit... disoit. — *Mss. B* 5, 7 : faisoient papes Clemens et les cardinaulx et disoient.

§ 137. P. 232, l. 10 : à siège. — *Ms. A* 1 : assiège.

P. 232, l. 10-11 : Chastel... Randon. — *Ms. B* 12 : le fort chastel de Randon.

P. 232, l. 11 : Randon. — *Ms. B* 20 : Landon.

P. 232, l. 15 : englesses. — *Leçon des mss. B* 1, 2. — *Manque aux mss. A* 1, 2, 7.

P. 232, l. 22 : France. — *Le ms. A* 2 *ajoute :* car je crey bien que jamais n'y avra son pareil.

P. 232, l. 29 : à ses piés. — *Leçon des mss. A* 7, *B* 1, 2, 5, 7, 12, 20. — *Mss. A* 1, 2 : assés priès.

P. 233, l. 7 : regars. — *Ms. A* 2 : souverain et garde. — *Mss. B* 5, 7 : regent.

P. 233, l. 19 : merites. — *Ms. B* 20 : propice.

P. 233, l. 22-23 : encores une espasse de tamps. — *Mss. B* 1, 2 : jusques à une autre fois.

P. 233, l. 27 : Caluisiel. — *Ms. A* 2 : Chanlucet. — *Mss. B* 1, 2 : Coursiel. — *Ms. B* 12 : Caluset.

§ 138. P. 234, l. 12 : otant. — *Ms. B* 12 : quatre cens.

P. 234, l. 14-15 : messires Hues... Trivès. — *Ms. B* 20 : messires Thumas Trivès et petit d'autres.

P. 234, l. 25 : Rochefort. — *Le ms. A* 2 *ajoute :* du seigneur de Montfort.

P. 234, l. 25 : et des. — *Ms. B* 20 : et d'autres capitaines.

P. 234, l. 28 : pour quoi il perissoit, et. — *Mss. A* 7, *B* 5, 7 : pour quoi ilz ne venoient. — *Ms. B* 12 : à quoy il tenoit et. — *Ms. B* 20 : de l'estat de par delà et.

P. 234, l. 29 : leur. — *Mss. A* 7, *B* 5, 7 : lui.

P. 234, l. 31 : mesage. — *Ms. B* 5, 7 *:* voyage.

§ 139. P. 235, l. 11 : De la venue. — *Ms. A* 2 *:* Quant.

P. 235, l. 12 : furent. — *Ms. A* 2 *:* furent venuz à Londres.

P. 235, l. 14 : alla. — *Leçon des mss. B* 1, 2. — *Manque aux mss. A* 1, 2. — *Mss. A* 7, *B* 5, 7 *:* si volt le roy tenir. — *Ms. B* 12 *:* le roi tint.

P. 235, l. 14 : Widesore. — *Ms. A* 2 *:* Westmouster.

P. 235, l. 24-25 : li dus de Lancastre. — *Ms. B* 5 *:* le roy.— *Ms. B* 7 *:* li dus de Bretaigne.

P. 236, l. 1 : Westmoustier. — *Ms. B* 12 *:* Windesore.

P. 236, l. 8 : Hostindonne. — *Mss. A* 7, *B* 5, 7 *:* Hastindonne. — *Ms. B* 2 *:* Hontiton. — *Mss. B* 12, 20 *:* Hostidonne.

P. 236, l. 17 : trois mille. — *Mss. B* 5, 7 *:* quatre mille.

§ 140. P. 237, l. 1 : passeroit. — *Mss. A* 7, *B* 5, 7, 12 *:* ne passast. — *Le ms. A* 2 *ajoute :* la mer.

P. 237, l. 6 : païs. — *Le ms. B* 20 *ajoute :* et bonnes villes.

P. 237, l. 16 : frès. — *Ms. A* 1 *:* frèrez.

P. 237, l. 22 : les. — *Ms. B* 1 *:* le.

P. 237, l. 25 : Ternois. — *Ms. B* 5 *:* Therouennoys. — *Ms. B* 7 *:* Therrenoyes.

P. 237, l. 27 : fors. — *Ms. B* 12 *:* portz.

P. 237, l. 30 : d'Esprelecque. — *Ms. B* 1, 2 *:* d'Esproloque.

P. 237, l. 31 : Hames. — *Ms. B* 1 *:* Havres. — *Mss. B* 5, 7 *:* Harnes. — *Ms. B* 12 *:* Haynes.

P. 238, l. 13 : Saintpi. — *Mss. A* 2, *B* 2 *:* Sempy. — *Ms. B* 1 *:* Sempi.

§ 141. P. 238, l. 25 : Marquigue. — *Leçon donnée plus loin p.* 239, *l.* 23. — *Ms. A* 1 *:* Marqhingue. — *Mss. A* 7, *B* 5, 7 *:* Maligue. — *Ms. B* 20 *:* Marghingue.

P. 238, l. 27 : pennonchiers. — *Ms. B* 7 *:* jouvenceaulx.

P. 238, l. 28 : d'Asquesufort. — *Mss. A* 7, *B* 5, 7 *:* de Stanfort.

P. 238, l. 30 : de Devesciere. — *Ms. A* 2 *:* de Dulvestre. — *Ms. B* 1 *:* de Deuveciere. — *Ms. B* 2 *:* de Deuveziere. — *Mss. B* 5, 7 *:* Dunestre. — *Ms. B* 12 *:* Denesiere. — *Ms. B* 20 *:* de Denestiere.

P. 239, l. 1 : Fil Watier. — *Ms. A* 7 *:* Fillatier. — *Mss. B* 5, 7 *:* Silvatier.

P. 239, l. 7 : de la Souce. — *Mss. A* 7, *B* 5, 7 : la Sente. — *Mss. B* 1, 2 : la Soute. — *Mss. B* 12 : Lascouce.

P. 239, l. 8 : Clinton. — *Leçon du ms. B* 1. — *Mss. A* 1, 7, *B* 5, 7, 20 : Cluton.

P. 239, l. 9 : Fil Warin. — *Ms. B* 1 : Fil Watier.

P. 239, l. 9 : Toriel. — *Ms. A* 2 : Troiel. — *Mss. B* 1, 2 : Tretiel.

P. 239, l. 10 : de Vertaing. — *Mss. B* 5, 7 : Warchin.

P. 239, l. 11 : Ferinton. — *Mss. A* 2, *B* 20 : Fermiton. — *Ms. B* 12 : Freneton.

P. 239, l. 12-13 : Draiton. — *Ms. A* 2 : Drachon. — *Ms. B* 12 : Dariton. — *Ms. B* 20 : Traiton.

P. 239, l. 13 : Franke. — *Mss. A* 7, *B* 5, 7 : Faubre. — *Ms. B* 12 : Fouque.

P. 239, l. 18 : Saint More. — *Ms. A* 2 : Saincte Memoire.

P. 239, l. 19 : Hugekin. — *Ms. A* 2 : Hennequin. — *Ms. B* 1 : Hughelin. — *Mss. B* 2, 5, 7, 12 : Huquelin.

P. 239, l. 23 : Marquigue. — *Mss. B* 1, 2 : Mortaigne.

P. 240, l. 3 : jurent. — *Mss. A* 7, *B* 5, 7 : juroient. — *Ms. B* 12 : jurèrent.

P. 240, l. 4 : trois. — *Mss. A* 7, *B* 5, 7 : deux.

P. 240, l. 7 : aler. — Le *ms. B* 12 *ajoute* : si comme cy est declairé *(la fin du paragraphe manque)*.

P. 240, l. 7-9 : il... que. — *Leçon des mss. B* 1, 2. — *Manquent aux mss. A* 1, 2, *B* 5, 7, 12, 20.

§ 142. P. 240, l. 29 : Citelée. — *Ms. B* 20 : Tichelée.

P. 240, l. 29 : Roumeston. — *Mss. B* 1, 2 : Jonneston. — *Ms. B* 12 : Romescoton.

P. 240, l. 30 : Roselée. — *Le ms. A* 2 *ajoute* : et plusieurs autres que je ne puis mie tous nommer.

P. 241, l. 4 : Flolant. — *Mss. B* 1, 2 : Frolant. — *Ms. B* 12 : Floant.

P. 241, l. 12 : tour. — *Ms. B* 12 : maison.

P. 241, l. 19 : Bauduins de le Boure. — *Ms. B* 1 : d'Ennequin. — *Ms. B* 2 : d'Ennequins. — *Manquent aux mss. A* 7, *B* 5, 7.

P. 241, l. 21 : si. — *Leçon du ms. B* 1. — *Ms. A* 1 : se.

P. 241, l. 26 : present. — *Le ms. A* 2 *ajoute* : devant lui.

P. 241, l. 31 : une telle platte maison. — *Ms. B* 20 *:* si petit de chose.

P. 242, l. 1-3 : Quant li... espargnier. — *Mss. A* 7, *B* 5, 7 *:* Bien nottèrent ceulx qui entendirent ceste parole, et s'espargnièrent moins.

P. 242, l. 11-12 : se vendirent... bleschiés. — *Ms. B* 20 *:* se deffendirent, car tous furent blechiés ceulx du fort.

§ 143. P. 243, l. 23 : Thumas Canois. — *Manquent au ms. B* 12.

P. 243, l. 28 : joustes. — *Le ms. A* 2 *ajoute :* de fer de lance.

P. 244, l. 2-3 : Esquelles. — *Mss. A* 7, *B* 5, 7 *:* Esquilles.

P. 244, l. 3 : Thierewane. — *Ms. A* 2 *:* Chiennevaire.

§ 144. P. 244, l. 17 : Fransures. — *Mss. B* 1, 2 *:* Fransières. — *Ms. B* 5 *:* Fransuerez. — *Ms. B* 7 *:* Fransueres.

P. 244, l. 29 : et pareçons. — *Ms. A* 1 *:* as pareçons. — *Ms. A* 2 *:* aux parçons. — *Ms. B* 1 *:* et parchons. — *Ms.* 2 *:* et particions. — *Ms. B* 12 *:* pareil à autre. — *Ms. B* 20 *:* aux parchons.

P. 245, l. 3 : Wicerne. — *Leçon donnée plus bas, l.* 26. — *Mss. A* 1, 2, 7 *:* Vitrone. — *Mss. B* 1, 2, 20 *:* Vitrene. — *Mss B* 5, 7, 12 *:* Viterne.

§ 145. P. 245, l. 15 : Tassen. — *Ms. A* 2 *:* Casson. — *Mss. A* 7, *B* 12, 20 *:* Tasson. — *Ms. B* 1, 2 : Cassem. — *Mss. B* 5, 7 *:* Tansson.

P. 245, l. 21 : d'Allemaigne. — *Mss. A* 7, *B* 5, 7 *:* d'Angleterre. — *Ms. B* 12 *:* des Rommains.

P. 245, l. 22 : madame de Braibant. — *Mss. B* 1, 2 *:* la duchoise.

P. 245, l. 26 : Wicerne. — *Mss. B* 5, 7 *:* Vicreno.

P. 246, l. 3 : Lillers. — *Ms. A* 2 *:* Liflers. — *Ms. A* 7 *:* Lisle. — *Mss. B* 5, 7 *:* Lisque.

P. 246, l. 4 : Bruais. — *Mss. B* 5, 7 *:* Bouais.

P. 246, l. 4 : la. — *Leçon des mss. B* 1, 2. — *Ms. A* 1 *:* li. — *Mss. A* 7, *B* 7 *:* lez. — *Manque au ms. A* 2. — *Ms. B* 12 *:* la Bruisière.

P. 246, l. 7 : gissoient. — *Ms. B* 20 *:* se retraioient.

§ 146. P. 246, l. 16 : le seigneur. — *Ms. B* 20 *:* messire Pierre.

P. 246, l. 17 *:* Cargni. — *Ms. B* 1 *:* Charni. — *Ms. B* 2 *:* Charny.

P. 246, l. 18 : Honcourt. — *Ms. A* 7 *:* Haricourt. — *Mss. B* 5, 7 *:* Harcourt.

P. 246, l. 21 : à Sauchières. — *Leçon donnée plus bas, l.* 29. — *Ms. A* 1 *:* as Auchière. — *Ms. A* 2 *:* à Anchière.

P. 246, l. 29 : Sauchières. — *Mss. A* 7, *B* 1, 2 *:* Douchières.

P. 246, l. 29 : chevauchoient. — *Le ms. B* 12 *ajoute :* tous jours ensemble et moult ordonneement.

P. 247, l. 2 : si. — *Leçon du ms. B* 1. — *Ms. A* 1 : se.

P. 247, l. 4 : voiage. — *Le ms. A* 2 *ajoute :* lequel ilz ont honourablement emprins et commancié, mais comment il leur en prendra en la fin, je ne le sçay.

P. 247, l. 12 : Avesnes. — *Leçon des mss. B* 1, 2, *qui ajoutent :* le conte. — *Mss. A* 1, 7, *B* 7 *:* Anes. — *Mss. A* 2, *B* 5 *:* Anez. — *Ms. B* 20 *:* Nevesle.

P. 247, l. 24 : Gui. — *Ms. B* 20 *:* Guillemme.

§ 147. P. 247, l. 29 : La nuit. — *Ms. A* 2 *:* Si avint.

P. 248, l. 6 : fust. — *Le ms. B* 12 *ajoute :* et prouffitable.

P. 248, l. 19 : si esperonnèrent. — *Mss. A* 7, *B* 5, 7, 12 *:* s'esprouvèrent.

P. 249, l. 5 : as gens le. — *Leçon des mss. B* 1, 2. — *Ms. A* 1 : as Englez le. — *Ms. B* 20 : au.

P. 249, l. 15 : Si. — *Leçon du ms. B* 1. — *Ms. A* 1 *:* Se.

P. 249, l. 16 : combatre. — *Le ms. A* 2 *ajoute :* ou non.

§ 148. P. 249, l. 24 : Haverech. — *Le ms. A* 2 *ajoute :* le sires de Marquelies.

P. 249, l. 26 : sentoient. — *Ms. A* 2 *:* se tenoient ainsi comme tout.

P. 249, l. 30 : de Soumaing. — *Mss. B* 5, 7 *:* et soubz main.

P. 249, l. 31 : Cavrelée. — *Le ms. B* 20 *ajoute :* Jehan d'Arnon.

P. 249, l. 31 : Hai. — *Ms. A* 2 *:* Gay.

P. 250, l. 17-18 : car... cessèrent. — *Ms. B* 20 *:* tant que au ferir, car ilz brocquoient de randon.

P. 250, l. 17 : estekier. — *Ms. A* 2 *:* courir. — *Ms. B* 12 *:* estocquier.

P. 250, l. 24 : Boulhart. — *Ms. B* 16 *:* Houlart.

P. 250, l. 29 : Digier. — *Ms. B* 20 *:* Ligier.

P. 251, l. 2 : l'eure ne pour le journée. — *Ms. B* 12 *:* ce jour. — *Ms. B* 20 *:* le journée.

§ 149. P. 251, l. 3 : li hoos. — *Ms. B* 20 *:* l'armée du conte de Bonquighem.

P. 251, l. 13 : trente. — *Ms. B* 12 *:* de trente à quarante.

P. 251, l. 18 : à Farvakes. — *Ms. B* 12 *:* du fouraige.

P. 251, l. 26 : dix. — *Ms. B* 20 *:* douze.

P. 251, l. 27 : compaignie. — *Le ms. B* 20 *ajoute :* qui vaillament s'estoient deffenduz à leur pouoir.

P. 251, l. 28-30 : en es... loga. — *Ms. A* 2 *:* dedans les logeis de leurs maistres qui les avoient prins à Foursonne.

P. 251, l. 28 : Fonsomme. — *Leçon des mss. B* 1, 2. — *Ms. A* 1 *:* Foursome. — *Mss. A* 7, *B* 5, 7 *:* Foursoms. — *Ms. B* 12 *:* Foursomme. — *Ms. B* 20 *:* Foursene.

P. 251, l. 29 : Saint Quentin. — *Mss. A* 7, *B* 5, 7 *:* d'Amiens.

P. 251, l. 31 : va des. — *Ms. B* 20 *:* va de la guerre et de ses.

P. 251, l. 31 : aventures. — *Le ms. A* 2 *ajoute :* des armes ; à l'un emprant bien, et à l'autre maisement.

§ 150. P. 252, l. 10 : Oregni. — *Ms. B* 12 *:* Orgnies.

P. 252, l. 11 : Benoite. — *Ms. A* 2 *:* Marie.

P. 252, l. 13 : ante. — *Mss. A* 7, *B* 5, 7 *:* bellante.

P. 252, l. 21 : Orgny. — *Mss. A* 7, *B* 5, 7 *:* Thorigny.

P. 252, l. 22 : Creci. — *Mss. B* 5, 7 *:* Torcy.

P. 252, l. 22-24 : là loga... Selle, et. — *Leçon des mss. B* 1, 2. — *Manquent aux mss. A* 1, 2.

P. 252, l. 22-25 : là loga... Laon, et. — *Ms. B* 20 *:* vindrent coureurs jusques aux barières de Laon, mais.

P. 252, l. 24 : logier. — *Leçon des mss. B* 1, 2. — *Manque aux mss. A* 1, 2.

P. 252, l. 29-30 : Courmissi. — *Mss. A* 7, *B* 5, 7, 12 *:* Tourmissy.

P. 252, l. 32 : plentiveux. — *Ms. A* 2 *:* plantureux.

P. 253, l. 5 : souffraite. — *Mss. B* 5, 7 *:* souffrance. — *Le ms. B* 20 *ajoute :* et grant famine.

P. 253, l. 20-21 : sepmaine. — *Mss. B* 1, 2 *:* empainte.

P. 253, l. 21 : soissante. — *Mss. B* 5, 7 *:* quarante.

P. 253, l. 23 : garant. — *Le ms. B* 20 *ajoute :* comme il leur estoit adviz.

P. 253, l. 25 : paissoient. — *Le ms. A* 2 *ajoute :* l'erbe qu'ilz trouvoient avoir.

P. 254, l. 5 : largaiche. — *Manque au ms. B* 1. — *Ms. B* 2 *:* joie.

P. 254, l. 11 : carées. — *Ms. A* 2 *:* charretées. — *Mss. A* 7, *B* 5, 7 : charges.

P. 254, l. 12 : respitées d'ardoir. — *Ms. A* 2 *:* garantiz d'ardoir. — *Ms. B* 1 *:* respites de non ardoir. — *Ms. B* 2 *:* respitez d'ardoir.

P. 254, l. 16 : rivière. — *Le ms. B* 20 *ajoute :* à guez, car le pont estoit rompu.

§ 151. P. 254, l. 22 : estaches. — *Leçon des mss. B* 1, 2. — *Mss. A* 1, *B* 5, 7 *:* estages. — *Ms. A* 7 *:* estaiches. — *Ms. B* 12 *:* estaces.

P. 254, l. 21 : plances et. — *Ms. A* 2 *:* plenté de.

P. 254, l. 24 : et. — *Leçon des mss. B* 1, 2. — *Manque au ms. A* 1.

P. 255, l. 12 : Monmer. — *Mss. A* 7, *B* 5, 7 *:* Moyemer.

P. 255, l. 16 : Si. — *Leçon du ms. B* 1. — *Ms. A* 1 *:* Se.

P. 255, l. 21 : Pelotte. — *Ms. A* 2 *:* Pelotre. — *Ms. A* 7 *:* Pelage. — *Mss. B* 1, 2 *:* Pallote. — *Mss. B* 5, 7 *:* Plage.

P. 255, l. 26 : si. — *Leçon du ms. B* 12. — *Ms. A* 1 *:* se. — *Manque au ms. B* 1.

P. 256, l. 15 : esperons. — *Le ms. A* 2 *ajoute :* qui mieulx mieulx.

P. 256, l. 17 : si. — *Le ms. B* 20 *ajoute :* fut ung petit pensif et.

P. 256, l. 29 : Brochons. — *Leçon des mss. B* 1, 2. — *Ms. A* 1 *:* Brotone. — *Mss. A* 2, *B* 12 *:* Brocons. — *Ms.* A 7 *:* Bretons. — *Mss. B* 5, 7 *:* Breton.

P. 256, l. 31 : fuioit. — *Ms. B* 1 *:* sieuoit. — *Ms. B* 2 *:* aloit.

P. 257, l. 1 : cheval. — *Leçon des mss. B* 1, 2. — *Ms. A* 1 : chevaulx.

P. 257, l. 2-3 : car... estriers. — *Ms. B* 20 : car le seigneur Hangiers demoura sur la selle.

P. 257, l. 7 : de corps. — *Mss. B* 1, 2, 12 : d'armes et de corps.

P. 257, l. 24 : quoitié. — *Ms. A* 2 : costiez. — *Ms. B* 20 : poursiewiz et tant oppressez.

P. 257, l. 24 : barrière. — *Le ms.* 20 *ajoute :* doubtant.

P. 257, l. 28 : fors. — *Leçon du ms. B* 1. — *Ms. A* 1 : fort.

P. 257, l. 31 : et au gué. — *Leçon des mss. B* 1, 2. — *Ms. A* 1 : à Augré. — *Mss. B* 5, 7 : Auwe. — *Ms. B* 12 : au gré.

P. 258, l. 1-2 : de estre... aventure. — *Ms. B* 20 : en moult grant peril d'estre prins de ses ennemis.

§ 152. P. 258, l. 8 : Brochons. — *Leçon des mss. B* 1, 2. — *Ms. A* 1 : Brocons. — *Ms. A* 2 : Bracons. — *Mss. A* 7, *B* 5, 7 : Bretons.

P. 258, l. 12 : vint. — *Ms. B* 7 : trente.

P. 258, l. 15 : à euls sauver. — *Ms. B* 20 : après eulx. — *Les mss. A* 7, *B* 5, 7 *ajoutent :* entendoient.

P. 258, l. 23 : Goufer. — *Mss. A* 2, *B* 20 : Goufier. — *Mss. B* 1, 2 : Gonsée. — *Mss. B* 5, 7 : Geuffroy. — *Ms. B* 12 : Coufer.

P. 258, l. 25 : estanchiés. — *Mss. A* 7, *B* 5, 7 : eshauchiez.

P. 258, l. 27 : coitoient. — *Ms. B* 20 : convoitoient.

P. 258, l. 28 : riens. — *Mss. B* 1, 2 : mot.

P. 258, l. 28 : de. — *Leçon du ms. B* 1. — *Mss. A* 1, 2, *B* 12 : des.

P. 258, l. 29 : d'englès. — *Leçon du ms. B* 1. — *Mss. A* 1, 2, *B* 12 : des englès.

P. 259, l. 13 : si. — *Leçon des mss. B* 1, 2, 12. — *Ms. A* 1 : se.

P. 259, l. 21 : Barnars. — *Mss. A* 2, *B* 1, 2, 12 : Barnare. — *Mss. A* 7, *B* 5, 7 : Bernare.

P. 259, l. 21 : Siple. — *Ms. A* 2 : Supplice. — *Ms. B* 2 : Simple.

P. 259, l. 24 : ensamble. — *Le ms. A* 2 *ajoute :* pour sçavoir comment ilz se maintenrroient.

P. 259, l. 28 : avoient. — *Leçon du ms. A 1, à corriger en* avoit, *d'après le ms. A 2.*

§ 153. P. 259, l. 31 : nullement li. — *Mss. A 7, B 5, 7 :* Charles.

P. 260, l. 10 : de France. — *Mss. A 7, B 5, 7 :* de la mer.

P. 260, l. 14 : de Hanbue. — *Mss. B 1, 2, 12 :* Haubue. — *Ms. B 5 :* Hambie.

P. 260, l. 15 : li Barrois. — *Mss. A 1, 7 :* li baron.

P. 260, l. 15-16 : li sires de Roye. — *Manquent au ms. B 12.*

P. 260, l. 16 : messire Jehans de Roie. — *Manquent aux mss. B 5, 7.*

P. 260, l. 16 : Assi. — *Mss. B 1, 2 :* Arsi.

P. 260, l. 21 : si. — *Leçon du ms. B 1.* — *Ms. A 1 :* se.

P. 261, l. 3 : armes. — *Répété dans le ms. A 1.*

P. 261, l. 5-28 : rengies... batailles. — *Manquent aux mss. A 7, B 5, 7 par suite d'un bourdon.*

P. 261, l. 17 : les sambues et li houcement aloient. — *Ms. B 12 :* l'embouchement pendoit.

P. 261, l. 17 : houcement. — *Ms. A 2 :* boutonnemens.

P. 261, l. 26 : friceté. — *Ms. B 20 :* faiticeté.

P. 261, l. 31-32 : asquels li contes dist ensi. — *Leçon des mss. B 1, 2.* — *Manquent au ms. A 1.* — *Ms. A 2 :* puis leur dist. — *Mss. A 7, B 5, 7 :* et leur dist le conte de Bonqueghen. — *Les mss. B 1, 2, 5, 7, 12 ajoutent :* Rois d'armes.

P. 262, l. 8 : fleur. — *Le ms. B 7 ajoute :* de lys et.

P. 262, l. 17 : Si. — *Leçon des mss. A 7, B 12.* — *Mss. A 1, B 1, 2 :* Se.

§ 154. P. 262, l. 27 : Entrues... leur. — *Leçon des mss. B 1, 2.* — *Mss. A 1, B 20 :* Entruez que Camdos ly hiraus fist son. — *Ms. A 2 :* Ainsi que Camdos fist son. — *Ms. A 7 :* Endementiers que les heraulx firent leur.

P. 263, l. 17 : Adonc fist. — *Ms. A 2 :* Adonc lui dist : « Messire, vecy plusieurs bons escuiers qui voulsissent bien qu'il vous pleust à eulx faire chevaliers ». Adonc le conte fist.

P. 263, l. 19 : Brochon. — *Ms. A 1 :* Boucon. — *Ms. A 2 :* Benton. — *Ms. A 7 :* Bretons. — *Mss. B 1, 2, 20 :* Bouton. — — *Mss. B 5, 7 :* Breton.

P. 263, l. 21 : Stinquelée. — *Le ms. A 1 ajoute* : et messire Huge de Bince. — *Le ms. A 2 :* messire Hugues de Luyne. — *Le ms. B 12 :* et messire Hugue de Hume (*cf. l.* 25). — *Le ms. B 20 :* et messire Hugue de Lume.

P. 263, l. 21 : Ortingue. — *Mss. B 1, 2 :* Artingue.

P. 263, l. 22 : Wallekock. — *Mss. B 12 :* Willecocq.

P. 263, l. 23 : Brainne. — *Ms. B 12 :* Bruyne.

P. 263, l. 23 : Bernier. — *Ms. A 7 :* Vernier. — *Ms. B 20 :* Bernient.

P. 263, l. 25 : Lume. — *Ms. A 1 :* Lunce. — *Ms. A 2 :* Luyne.

P. 263, l. 25 : Huge de Lume. — *Manquent au ms. B 12.* — *Ms. B 20 :* Witasse de la Boule.

P. 264, l. 10-11 : de crestiiens... l'autre. — *Manquent dans les mss. A 7, B 5, 7.* — *Mss. B 1, 2 :* contre Sarrasins.

P. 264, l. 12 : enssi. — *Leçon du ms. B 1.* — *Ms. A 1 :* essi.

P. 264, l. 14 : rèse. — *Ms. B 20 :* estour.

§ 155. P. 265, l. 4 : passer ne aler. — *Leçon des mss. A 7, B 5, 7.* — *Manquent aux mss. A 1, B 1.* — *Ms. B 2 :* passer oultre ne aler.

§ 156. P. 265, l. 19 : efforcié. — *Les mss. A 7, B 5, 7 ajoutent :* et efforcent.

P. 265, l. 21 : en especialité. — *Mss. A 7, B 5, 7 :* et en especialité.

P. 265, l. 30 : et frère au roi de France. — *Manquent au ms. B 20.*

P. 265, l. 30 : Si. — *Leçon des mss. B 1, 2.* — *Ms. A 1 :* Se.

P. 265, l. 30 : requiert. — *Ms. A 1 :* requert.

P. 266, l. 1 : Engletière. — *Les mss. B 1, 2, 12 ajoutent :* et oncle du roi à present. — *Le ms. B 20 ajoute :* et oncle à present du roy Richart d'Angleterre.

P. 266, l. 7-8 : enfourmés. — *Ms. B 1 :* chargiet. — *Ms. B 2 :* chargez.

§ 157. P. 266, l. 22 : porta. — *Le ms. A 2 ajoute :* d'un costé et d'autre.

P. 266, l. 24 : qui s'appelloit Jehan Ston. — *Mss. A* 6, 7, 9, *B* 5, 7 *:* nez de l'eveschié de Lincolle. — *Manquent aux mss. B* 12, 13, 15, 16.

P. 266, l. 24 : Jehan Ston. — *Leçon du ms. B* 20. — *Blanc laissé dans le ms. A* 1. — *Ms. A* 2 *:* Jennequin Boleton. — *Mss. B* 1, 4 *:* Lyonet de Northberi. — *Ms. B* 2 *:* Lionnet de Norbery.

P. 267, l. 2 : des. — *Ms. A* 2 *:* de plus de x.

P. 267, l. 27 : Bourbon. — *Le ms. A* 2 *ajoute :* le conte de Harrecourt.

P. 268, l. 2 : sus la remontière. — *Ms. B* 20 *:* entour vespres tous.

P. 268, l. 5 : Barbon. — *Ms. B* 12 *:* Bourbon. — *Ms. B* 20 *:* Barlion.

P. 268, l. 5 : Mailliers. — *Mss. A* 7, *B* 7 : Maillières. — *Ms. B* 5 *:* Maillères.

P. 268, l. 9 : n'avoient... mout. — *Ms. B* 20 *:* avoient.

§ 158. P. 268, l. 11-12 : li Englès... France. — *Ms. B* 20 *:* le conte de Bouquighem chevauchoit et raenchonnoit parmy France à grosse route de gens d'armes d'Angleterre.

P. 268, l. 14 : que. — *Leçon du ms. B* 1. — *Manque au ms. A* 1.

P. 268, l. 18 : saudoiiers. — *Leçon du ms. B* 2. — *Ms. A* 1 *:* saudoiier.

P. 268, l. 18-19 : au duc et au païs de Bretaigne. — *Ms. A* 2 *:* car le duc de Bretaigne et son païs s'en les avoient mandez.

P. 268, l. 19 : qui regnoit. — *Leçon des mss. B* 1, 2, 12. — *Ms. A* 1 *:* qui resongnoit. — *Ms. A* 2 *:* qui moult resongnoit les fortunes. — *Ms. A* 7, *B* 5, 7 *:* resoingnoit.

P. 268, l. 21 : visseux. — *Mss. A* 2, *B* 20 *:* advisé.

P. 268, l. 22 : et. — *Leçon du ms. B* 1. — *Manque au ms. A* 1.

P. 268, l. 26 : fust. — *Les mss. A* 7, *B* 5, 7 *ajoutent :* mal.

P. 268, l. 27 : et. — *Mss. A* 7, *B* 5, 7 : ne.

P. 269, l. 3 : il. — *Ms. A* 1 *:* ilz.

P. 269, l. 10 : ou cas... brisier. — *Leçon des mss. B* 1, 2. — *Mss. A* 1, 7, *B* 5, 7 *:* desquels il avoient les coppiez et. — *Ms. B* 20 *:* desquelles choses ainsi prommises ilz avoient les copies et.

P. 269, l. 10-13 : ou cas... et que. — *Ms. A* 2 : desquels convenances et traittiés ilz avoient les coppies et accors jadis fais, accordez et sellez, requis et priez par eulx meismes, desquels ils avoit bons originauls royaulx ; et ainsi il leur mandoit comment. — *Ms. B* 12 : par bonnes chartres desquelles avoient les copies et il l'original.

P. 269, l. 13 : roiel. — *Ms. B* 20 : vidimus.

P. 269, l. 22 : ils. — *Ms. A* 1 : il.

P. 270, l. 1 : aidant à ses ennemis. — *Ms. B* 20 : aidans, confortans ne favourisans à ses ennemis ne adversaires.

P. 270, l. 20 : Fransures. — *Ms. B* 1 : Fransièrez. — *Ms. B* 2 : Fransières. — *Mss. B* 5, 7 : Fransueres.

§ 159. P. 270, l. 22 : Bouquighem. — *Le ms. B* 20 *ajoute* : et les barons d'Angleterre.

P. 270, l. 26 : merquedi. — *Ms. B* 20 : mardi.

P. 270, l. 29 : Jenon. — *Ms. A* 2 : Renon.

P. 271, l. 2-3 : S. J. de Nemousses. — *Mss. A* 7, *B* 5, 7 : S. J. de Nemours. — *Mss. B* 1, 2 : S. J. Dennemousses. — *Ms. B* 12 : Sainte Venisse de N.

P. 271, l. 4 : Biane. — *Mss. A* 7, *B* 5, 7 : Beaune. — *Mss. B* 1, 2 : Viane.

P. 271, l. 4-5 : et l'autre jour... Gastinois. — *Manquent au ms. A* 2.

P. 271, l. 5 : Peuviers. — *Ms. B* 1 : Pemmiers. — *Mss. B* 2, 12, 20 : Penniers.

P. 271, l. 10 : de Peuviers. — *Manquent au ms. A* 2.

P. 271, l. 13 : li Baveus. — *Mss. B* 5, 7 : de Baigneux.

P. 271, l. 14 : Ianville. — *Ms. B* 5 : Ganville. — *Ms. B* 7 : Granville.

P. 271, l. 15 : Vilaines. — *Leçon des mss. B* 5, 12. — *Ms. A* 1 : Velines. — *Ms. B* 1 : Velainez.

P. 271, l. 16 : li Barois. — *Mss. A* 1, 7 : li barons.

P. 271, l. 28 : et. — *Leçon des mss. B* 1, 2. — *Manque au ms. A* 1.

P. 272, l. 1 : ou. — *Leçon du ms. B* 12. — *Mss. A* 1, *B* 1, 2 ; le.

P. 272, l. 9 : A là nul. — *Ms. A* 7 : A il nul. — *Mss. B* 1, 2 ; Y a il là nul. — *Ms. B* 5 : Y a il aucun. — *Ms. B* 7 : Y a il nul. — *Ms. B* 12 ; A il là nul.

P. 272, l. 12 : de toutes pièces. — *Ms. B* 20 *:* de mon harnaz.

P. 272, l. 17 : Micaille. — *Ms. A* 7 *:* Michaille. — *Ms B* 5 *:* Nycaille. — *Mss. B* 7, 12 *:* Nicaille.

P. 272, l. 20 : Janekin. — *Mss. A* 7, *B* 5, 7 *:* Jouvelin.

P. 272, l. 20 : Kator. — *Mss. A* 2, *B* 12 *:* Castor.

P. 272, l. 24 : le Baveus. — *Ms. B* 5 *:* de laveux. — *Ms B* 7 *:* le laveux.

P. 272, l. 25 : delivera. — *Ms. B* 12 *:* recueillera.

P. 273, l. 3 : combatre. — *Le ms. B* 12 *ajoute :* contre ung Anglois.

§ 160. P. 273, l. 10 : de Douvesciere. — *Ms. A* 2 *:* d'Ostidionne.

P. 273, l. 10-11 : et pluisieurs... chevaliers. — *Leçon des mss. B* 2, 12, 20. — *Manquent aux mss. A* 1, 2.

P. 273, l. 25 : desroiement. — *Ms. A* 2 *:* destournement. — *Ms. A* 7 *:* detriement.

P. 274, l. 2-3 : nulle... nostres. — *Ms. B* 20 *:* nul dangier de son corps et qu'il soit à son aise et aussi bien pensé comme le nostre.

§ 161. P. 274, l. 21 : Ianville. — *Ms. B* 5 *:* Jehanville.

P. 274, l. 25 : de Douvesciere. — *Ms. A* 2 *:* d'Ostidonne.

P. 275, l. 20 : avoient. — *Leçon des mss. B* 1, 2, 12. — *Ms. A* 1 *:* l'avoient.

P. 275, l. 20 : en Engletière.— *Ms. B* 20 *:* au partir d'Engl.

P. 275, l. 21 : comme vous avés oï. — *Manquent aux mss. B* 1, 2, 12, 20.

§ 162. P. 275, l. 24 : li Bèges de Vilaines. — *Leçon adoptée plus haut* p. 271, l. 15. — *Mss. A* 1, 2, *B* 20 *:* li sires de Velines.

P. 275, l. 26 : Jehan de Relli. — *Manquent au ms. B* 12.

P. 275, l. 30 : d'escarmuce. — *Le ms. B* 12 *ajoute :* qui ne durra guerres.

P. 275, l. 30-31 : mais li... oultre. — *Ms. B* 20 *:* sans gaires arrester.

P. 276, l. 1 : car li Englès i perdoient. — *Ms. B* 20 *:* pour tant que Angloiz veoient bien qu'ilz y perdroient.

P. 276, l. 4 : à Puisset. — *Mss. A* 2, *B* 2 *:* le Puiset.

P. 276, l. 6 : Iterville. — *Mss. B* 1, 2 *:* Ycerville.

P. 276, l. 9 : en laquelle avoit. — *Leçon des mss. B* 2, 5, 7, 12. — *Manquent aux mss. A* 1, *B* 1. — *Mss. A* 2 *:* et avoit dedans. — *Ms. B* 20 *:* non pas moult haute.

P. 276, l. 9 : soissante. — *Mss. B* 1, 2, 12 *:* quarante.

P. 276, l. 19 : carpentages. — *Le ms. B* 20 *ajoute :* et le comble.

P. 276, l. 24 : seaulx. — *Le ms. B* 20 *ajoute :* ne corde.

P. 276, l. 27 : Kenie. — *Ms. A* 2 *:* Queue. — *Ms. B* 1 *:* Keyne. — *Ms. B* 12 *:* Quiere. — *Ms. B* 20 *:* Cane.

P. 276, l. 29 : Freté. — *Mss. B* 1, 2 *:* Fracté. — *Mss. B* 5, 7 *:* forte.

P. 277, l. 2 : jours. — *Le ms. A* 2 *ajoute :* tout à leur aise.

§ 163. P. 277, l. 4 : monnes. — *Mss. B* 1, 2 *:* nonnains.

P. 277, l. 8 : Tiebaus. — *Manque aux mss. A* 2, 7, *B* 5, 7.

P. 277, l. 11-16 : Li monne... car. — *Mss. A* 7, *B* 5, 7 *:* et se y loga le conte de Bonqueghan et.

P. 277, l. 26 : Blois. — *Le ms. B* 20 *ajoute :* grant terrien.

P. 277, l. 29 : deffendre. — *Les mss. B* 1, 2 *ajoutent :* le fort et.

P. 278, l. 2 : Vievi en Blois. — *Ms. A* 2 *:* Vervi.— *Ms. B* 1 *:* Brebièrez lors. — *Ms. B* 2 *:* Brebières lors.— *Mss. B* 12, 20 *:* Verby.

P. 278, l. 17 : convenant. — *Le ms. A* 2 *ajoute :* car en toute sa terre n'ot nul dommaige qui face à compter. — *Le ms. B* 2 *ajoute :* et sa promesse.

§ 164. P. 278, l. 21 : leur. — *Ms. A* 2 *:* le demeurant de leurs armes qu'ilz avoient commencié par.

P. 278, l. 21 : s'entrencontrèrent. — *Leçon des mss. B* 1, 2. — *Ms. A* 1, 20 *:* s'encontrèrent.

P. 279, l. 5 : sainnement.—*Mss. A* 2, *B* 1, 2, 5, 7, 12, 20 *:* sauvement.

P. 279, l. 11 : Coulembier. — *Le ms. B* 20 *ajoute :* pour tant que ilz la passèrent et pareillement tout leur charroy.

§ 165. P. 280, l. 3 : Couchi. — *Le ms. A* 2 *ajoute :* le conte de Harecourt, messire Olivier du Guesclin, [le] conte de Longueuille, le sire de Hambuie, le sire de Tournebus, le sire de Thorigny, messire Olivier de Mauny, son frère.

P. 280, l. 4 : six. — *Ms. A 2 :* vii.

P. 280, l. 7 : Sartre. — *Ms. B 12 :* Chartres.

P. 280, l. 7 : le Maine. — *Leçon des mss. A 7, B 2, 5, 7, 12, 20. — Ms. A 1, B 1 :* Humaine.

P. 280, l. 18 : enpuisonner. — *Ms. B 7 :* emprisonner.

P. 280, l. 24 : si. — *Leçon du ms. B 2. — Mss. A 1, B 1 :* se.

P. 280, l. 25 : lui. — *Leçon des mss. A 7, B 1, 2, 5 7. — Manque au ms. A 1.*

P. 280, l. 25 : le. — *Ms. A 1 :* lo.

P. 280, l. 29 : dallés le. — *Les mss. A 7, B 5, 7 ajoutent :* roy qui lors estoit.

P. 280, l. 29 : le duc. — *Le ms. A 2 ajoute :* Charles.

P. 281, l. 6 : issoit. — *Les mss. B 1, 2 ajoutent :* et couloit. — *Ms. B 12 :* couloit et issoit.

P. 281. l. 6 : pistoule. — *Ms. A 2 :* pistule. — *Mss. A 7, B 2 :* fistule. — *Mss. B 1, 5, 7 :* fisture. — *Ms. B 12 :* fistulle.

P. 281, l. 11-12 : seccera. — *Mss. B 1, 2 :* cessera.

P. 281, l. 13 : avisser. — *Le ms. A 2 ajoute :* comment vous avez vescu et regné en ce monde.

P. 281, l. 20 : souvent. — *Le ms. A 2 ajoute :* car maint beau flourin ilz en avoient.

P. 281, l. 25 : dedentrainnes. — *Manque aux mss. A 7, B 5, 7, 12. — Ms. B 1 :* deventraines. — *Ms. B 2 :* de torcions de ventre. — *Ms. B 20 :* de venue.

P. 281, l. 26 : trop... bleciés. — *Ms. B 20 :* aucuneffoiz trop malement mené et foulé.

P. 281, l. 26-31 : et par... bleciés. — *Manquent aux mss. B 1, 2 (par suite d'un bourdon).*

P. 281, l. 28-29 : que on ne l'adiroit à nul homme. — *Mss. A 7, B 5, 7 :* que merveilles estoit. — *Ms. B 12 :* que on ne le savroit dire. — *Ms. B 20 :* que merveilles.

P. 282, l. 9-10 : laia derrière. — *Mss. A 7, B 5, 7, 12 :* laissa son second frère.

P. 282, l. 16 : le. — *Leçon du ms. B 1. — Ms. A 1 :* la.

P. 282, l. 25 : astronomiien. — *Mss. B 1, 2 :* astrologien.

P. 283, l, 6 : roiaulme. — *Le ms. A 2 ajoute :* et au voir dire, ce sont gens de grant fait et qui endurent moult de travail.

P. 283, l. 8 : plus. — *Leçon des mss. B 1*, 2 (plus propre), 12. — *Manque au ms. A 1.*

P. 283, l. 8 : li. — *Le ms. A 2 ajoute :* et l'aiment moult les Bretons qu'il ara tous jours prests, quant il volra.

P. 283, l. 11 : aversaire. — *Les mss. B 1*, 2, 12 *ajoutent :* d'Engleterre.

P. 283, l. 14 : hostés. — *Le ms. A 2 ajoute :* ces tailles et autres males tostes.

P. 283, l. 21 : peusse. — *Ms. B 1 :* peus. — *Ms. B 2 :* peuz.

P 283, l. 27 : si. — *Leçon des mss. B 2*, 12. — *Ms. A 1*, *B 1 :* se.

P. 284, l. 1-2 : et avoit... lesquels. — *Ms. B 12 :* et si avoit le duc d'Anjou des secretaires pour lui par lesquelz.

P. 284, l. 2 : dalés. — *Leçon des mss. B 1*, 2. — *Manque au ms. A 1.*

P. 284, l. 2 : le roi. — *Mss. A 7, B 5, 7 :* du roy.

§ 166. P. 284, l. 21 : Clinthon. — *Mss. A 7, B 5, 7 :* Cluton. — *Ms. B 12 :* Clinchon.

P. 284, l. 24 : trente. — *Ms. B 12 :* quarante.

P. 284, l. 26 : esperonnèrent. — *Ms. B 1 :* esprouvèrent.

P. 285, l. 1 : signeur. — *Le ms. B 12 ajoute :* Robert.

P. 285, l. 1 : Montigni. — *Ms. A 7 :* Mondigus. — *Mss. B 5, 7 :* Mondigas.

P. 285, l. 2 : de Launai. — *Ms. A 2 :* d'Aunay.

P. 285, l. 16 : Mauvoisin. — *Ms. B 12 :* Maunoy.

P. 285, l. 20 : Lar. — *Mss. B 1*, 2, 12 *:* Loire.

§ 167. P. 286, l. 9 : Sartre. — *Ms. B 12 :* Chartres.

P. 286, l. 9-10 : car si. — *Ms. B 1 :* pour ce qu'il.

P. 286, l. 10 : si. — *Ms. A 1 :* se.

P. 286, l. 10 : il les ensonnieroient mallement. — *Ms. A 2 :* il lez alongneroit malement. — *Ms. B 20 :* que ilz les destourberoient et attargeroient fort.

P. 286, l. 31-32 : qui chevauchoit... mais on. — *Mss. A 7, B 5, 7 :* chevauchoit amont et aval et.

P. 286, l. 31 : cargiet. — *Ms. B 1*, 12 *:* serchié. — *Ms. B 2 :* cerché.

P. 286, l. 32 : à tout lé ; mais. — *Ms. A 2 :* à tout le mains. — *Ms. B 12 :* à tout le moins.

P. 287, l. 4-5 : Par ci... passer. — *Ms. B* 12 *:* Nous voulons par cy passer oultre.

P. 287, l. 4 : aler. — *Leçon des mss. A* 7, *B* 5, 7. — *Manque aux mss. A* 1, *B* 1, 2. — *Ms. B* 20 *:* estre.

P. 287, l. 8 : oster. — *Leçon des mss. B* 1, 2, 12. — *Manque aux mss. A* 1, 2.

P. 287, l. 13 : là. — *Le ms. B* 20 *ajoute :* par grant courage.

P. 287, l. 14 : force. — *Le ms. B* 20 *ajoute :* de corps et de bras.

P. 287, l. 19 : et. — *Leçon du ms. B* 1. — *Manque au ms. A* 1.

P. 287, l. 26 : marescages. — *Ms. A* 2 *:* cariage. — *Mss. A* 7, *B* 5, 7 *:* marez.

P. 287, l. 26 : marescages... passer. — *Ms. B* 12 *:* mesaises qu'ilz avoient à passer la rivière.

P. 287, l. 28 : furent tout oultre. — *Ms. B* 20 *:* se trouvèrent oultre la rivière.

P. 287, l. 29 : Noion. — *Ms. A* 2 *:* Nogent.

§ 168. P. 287, l. 31 : Sartre. — *Ms. B* 12 *:* Chartre.

P. 288, l. 2 : sus Saine. — *Mss. A* 7, *B* 5, 7 *:* à Paris.

P. 288, l. 19 : si. — *Leçon des mss. B* 1, 2. — *Ms. A* 1 *:* se.

P. 288, l. 21 : tous. — *Le ms. A* 2 *ajoute :* sauvé et.

P. 288, l. 27 : Michiel. — *Les mss. A* 7, *B* 5, 7 *ajoutent :* Dieux en ait l'ame !

P. 289, l. 2 : c'est à entendre vint et un ans. — *Manquent aux mss. B* 5, 7.

P. 289, l. 7 : le conte Jehan. — *Manquent aux mss. A* 2, 7, *B* 5, 7.

P. 289, l. 9-10 : Li... li... li... li. — *Mss. B* 1, 2, 12 *:* Au... au... au... au.

P. 289, l. 10 : Couchi. — *Les mss. B* 1, 2 *ajoutent :* qui.

P. 289, l. 12 : remandé ; mais. — *Ms. A* 2 *:* dont ce fut dommaige pour le povre peuple qui avoit à soustenir Anglois et François, et riens de prouffit ne faisoient, ne les Anglois ilz ne dommageoient, mais les Anglois, eulx bien souvent, ilz prenoient et occioient, ainsi que sur les champs à la foiz ilz s'encontroient. Ainsi.

P. 289, l. 13 : segnefiées. — *Ms. B* 20 *:* lui fut le jour signiffié.

P. 289, l. 20 : memoire. — *Leçon des mss. B* 1, 2, 12. — *Manque au ms. A* 1.

P. 289, l. 22 : Flandres. — *Le ms. A* 2 *ajoute :* Pour tant qu'il avoit tous jours soustenu le duc de Bretaingne, son cousin germain, contre sa voulonté. — *Le ms. B* 20 *ajoute :* comme dessus est dit.

P. 289, l. 25 : coses. — *Ms. B* 20 *:* adventures et fortunes.

P. 289, l. 26 : avinrent. — *Le ms. A* 9 *ajoute :* en son temps.

FIN DES VARIANTES DU TOME NEUVIÈME.

TABLE.

CHAPITRE I.

1377, 22 *août*. Siège de Bergerac. — 1ᵉʳ *septembre*. Bataille d'Eymet, capture de Thomas de Felton. — 2 *septembre*. Prise de Bergerac. — *Octobre*. Prise de Duras. — *Fin de* 1377. Siège de Mortagne-sur-Gironde par Owen de Galles. — *Sommaire*, p. XVII à XXVII. — *Texte*, p. 1 à 27. — *Variantes*, p. 293 à 298.

CHAPITRE II.

Reprise des hostilités en Écosse. — 1378, 25 *novembre*. Prise du château de Berwick par les Écossais. — *Fin de* 1378. Chevauchée du comte de Northumberland sur les marches d'Écosse. — *Sommaire*, p. XXVIII à XXXIII. — *Texte*, p. 27 à 47. — *Variantes*, p. 298 à 301.

CHAPITRE III.

1378, 6 *février*. Mort de Jeanne de Bourbon, reine de France. — 1373, 3 *novembre*. Mort de Jeanne de France, reine de Navarre. — 1378, 7 *et* 8 *avril*. Élection du pape Urbain VI. — *Sommaire*, p. XXXIII à XXXVII. — *Texte*, p. 47 à 54. — *Variantes*, p. 301 à 303.

CHAPITRE IV.

Commencement de 1378. Alliance des rois d'Angleterre et de Navarre. — 21 *juin*. Exécution à Paris de Jacques de Rue et de Pierre du Tertre. — 20 *avril*. Prise de possession de Montpellier par Charles V. — 1379, 4 *février*. Traité entre les rois de France et de Castille. — 1378, 27 *juillet*. Remise de Cherbourg aux Anglais par Charles le Mauvais. — *Avril-juin*. Soumission au roi de France des villes et châteaux navarrais en Normandie. — *Août*. Le duc d'Anjou menace Bordeaux. — *Fin de* 1378. Sièges de Bayonne et de Pampelune par le roi de Castille. — 1378, *août*. Le duc de Lancastre vient assiéger Saint-Malo. — *Septembre*. Ravitaillement de Cherbourg. — *Août*. Meurtre d'Owen de Galles. — *Août et septembre*. Rassemblement d'une nombreuse armée à Saint-Malo. — *Septembre*. Levée du siège de Mortagne. Prise des forts Saint-Léger et Saint-Lambert. — *Fin décembre*. Levée du siège de Saint-Malo. — 1379, *janvier*. Capture d'Olivier du Guesclin. — 1378, *fin d'octobre*. Prise de Barsac par les Anglais. — 1378, *octobre à janvier* 1379. Chevauchées de Thomas Trivet en Gascogne, en Navarre et en Castille. — *Commencement de* 1379. Traité entre les rois de Navarre et de Castille. — 1379, 30 *mai*. Mort du roi Henri de Castille. — *Sommaire*, p. xxxvii à lxi. — *Texte*, p. 54 à 119. — *Variantes*, p. 303 à 313.

CHAPITRE V.

1379. Prise par les Français du château de Bouteville. — Thomas Trivet revient en Angleterre. — Ambassade de Pierre de Bournesel; il est arrêté au port de l'Écluse sur l'ordre du comte de Flandre. — Retour du duc de Bretagne en Angleterre. — *Juillet*. Paiement de la rançon du comte de Saint-Pol. — 1379. Affaires de Bretagne. — 4 *juillet*. Prise par les Anglais de Guillaume des Bordes. — 1378-1379. Ravages des grandes compagnies en Auvergne et en Limousin. — *Sommaire*, p. lxi à lxx. — *Texte*, p. 119 à 143. — *Variantes*, p. 313 à 319.

CHAPITRE VI.

1378, 21 *septembre*. Élection du pape Clément à Fondi. — 16 *novembre*. Reconnaissance officielle de Clément par Charles V, à l'assemblée de Vincennes. — 1379, 14 *avril*. Clément se retire à Sperlonga. — 10 *mai*. Son entrevue à Naples avec la reine Jeanne. — 22 *mai*. Clément s'embarque pour Marseille. — 1380, 29 *juin*. Adoption du duc d'Anjou par la reine Jeanne. — *Sommaire*, p. lxx à lxxvii. — *Texte*, p. 143 à 158. — *Variantes*, p. 320 à 322.

CHAPITRE VII.

Rivalité à Gand des familles de Jean Yoens et de Gilbert Mahieu. — 1379, *fin de mai*. Le comte de Flandre autorise les Brugeois à faire dériver de la Lys un canal d'eau douce. — *Août*. Les Gantois forcent les Brugeois à interrompre leurs travaux de canalisation. — 6 *septembre*. Meurtre à Gand du bailli Roger d'Auterive. — 8 *septembre*. Incendie du château de Wondelghem. — Mort de Jean Yoens. — 17 *septembre*. Prise d'Ypres par les Gantois. — *Mi-octobre*. Siège d'Audenarde. — *Novembre*. Siège de Termonde. — 1ᵉʳ *décembre*. Paix de Rosne. — 3 *décembre*. Levée du siège d'Audenarde. — *Sommaire*, p. lxxvii à lxxxvii. — *Texte*, p. 158 à 205. — *Variantes*, p. 322 à 334.

CHAPITRE VIII.

1379, 13 *juillet*. Traité d'alliance entre le roi d'Angleterre et le duc de Bretagne. — 3 *août*. Le duc débarque en Bretagne. — 6 *décembre*. Naufrage et mort de Jean d'Arondel. — *Commencement de* 1380.

Prise de Dinan par Olivier de Clisson. — *Sommaire*, p. LXXXVIII à XCI. — *Texte*, p. 205 à 211. — *Variantes*, p. 334 à 336.

CHAPITRE IX.

Fin de 1379. Le comte de Flandre à Gand. — 1380, 22 *février*. Prise d'Audenarde par Jean Pruneel et les chaperons blancs de Gand. — *Avril*. Exécution de Jean Pruneel; troubles en Flandre. — *Sommaire*, p. XCI à XCVI. — *Texte*, p. 211 à 232. — *Variantes*, p. 336 à 342.

CHAPITRE X.

1380, 13 *juillet*. Mort de Bertrand du Guesclin devant Châteauneuf-Randon. — *Du 23 juillet au 16 septembre*. Chevauchée du comte Thomas de Buckingham en France, pour se rendre en Bretagne, à travers l'Artois, la Picardie, la Champagne, le Gâtinais, la Beauce et le Maine. — 16 *septembre*. Mort de Charles V. — *Sommaire*, p. XCVI à CXI. — *Texte*, p. 232 à 289. — Variantes, p. 342 à 359.

FIN DE LA TABLE DU TOME NEUVIÈME.

ERRATA.

P. 8, l. 23, *au lieu de :* chevauchoient, — *lisez :* chevauchoient.
P. 53, l. 8, *au lieu de :* eshahissoient, — *lisez :* esbahissoient.
P. 58, l. 5, *au lieu de :* avoicnt, — *lisez :* avoient.
P. 102, l. 17, *au lieu de :* Ribedé, — *lisez :* Ribède.
P. 125, l. 12, *au lieu de :* Espaigne, — *lisez :* Espaigne.
P. 197, l. 13, *au lieu de :* seroit, — *lisez :* seroient.
P. 219, l. 30, *au lieu de :* consins, — *lisez :* cousins.
P. 259, l. 28, *au lieu de :* avoient, — *corrigez :* avoit.
P. 279, l. 5, *au lieu de :* de retraire, — *lisez :* retraire.

PARIS
IMPRIMERIE GÉNÉRALE LAHURE
9, RUE DE FLEURUS, 9

Ouvrages publiés par la Société de l'Histoire de France
depuis sa fondation en 1834.

In-octavo à 9 francs le volume, 7 francs pour les Membres de la Société.

Ouvrages épuisés.

L Ystoire de li Normant 1 vol.
Lettres de Mazarin 1 vol.
Villehardouin. 1 vol.
Histoire des Ducs de Normandie. 1 vol.
Beaumanoir Coutumes de Beauvoisis. 2 vol.
Mémoires de Coligny-Saligny. 1 vol.
Mémoires et Lettres de Marguerite de Valois 1 vol.
Comptes de l'argenterie des rois de France au XIV° siècle. 1 v.
Mémoires de Daniel de Cosnac. 2 vol.
Journal d'un Bourgeois de Paris sous François I⁰ʳ. 1 vol.
Chroniques des comtes d'Anjou. 1 vol.
Éphémerides de la Huguerye. 1 vo.

Ouvrages épuisés en partie.

Grégoire de Tours Histoire ecclesiast. des Francs. 4 vol.
Œuvres d'Eginhard. 2 vol.
Barbier. Journal du regne de Louis XV. 4 vol.
Mémoires de Ph. de Commynes. 3 vol.
Registres de l'Hôtel de Ville de Paris pendant la Fronde. 3 vol.
Procès de Jeanne d'Arc 5 vol.
Histoire de Charles VII et de Louis XI, par Th. Basin. 4 vol.
Grégoire de Tours. Œuvres diverses. 4 vol
Chroniques de Monstrelet. 6 vol.
Chroniques de J. de Wavrin. 3 vol.
Journal et Mémoires du marquis d'Argenson. 9 vol.
Œuvres de Brantôme. 11 vol
Commentaires et Lettres de Blaise de Monluc. 5 vol.

Ouvrages non épuisés.

M m de Pierre de Fenin. 1 vol.
Orderic Vital. 5 vol.
Correspondance de Maximilien et de Marguerite 2 vol.

Lettres de Marguerite d'Angoulême. 2 vol.
Chronique de Guillaume de Nangis. 2 vol.
Richer. Hist. des Francs 2 vol.
Le Nain de Tillemont. Vie de saint Louis. 6 vol
Bibliographie des Mazarinades. 3 vol.
Choix de Mazarinades 2 vol.
Mémoires de Mathieu Molé. 4 vol.
Miracles de S. Benoit. 1 vol.
Chronique des Valois. 1 vol.
Mém de Beauvais-Nangis 1 vol
Chronique de Mathieu d'Escouchy. 3 vol.
Choix de pièces inédites relatives au règne de Charles VI. 2 vol.
Comptes de l'hôtel des Rois de France. 1 vol.
Rouleaux des morts 1 vol.
Œuvres de Suger. 1 vol.
Joinville. Histoire de saint Louis. 1 vol.
Mém. et corresp. de Mᵐᵉ du Plessis Mornay 2 vol.
Chroniques des églises d'Anjou. 1 vol.
Introduction aux chroniques des comtes d'Anjou. 1 vol.
Chroniques de J. Froissart. T I à IX. 11 vol.
Chroniques d'Ernoul et de Bernard le Trésorier. 1 vol.
Annales de Saint Bertin et de Saint Vaast d'Arras. 1 vol.
Mém. de Bassompierre 4 vol
Histoire de Béarn et de Navarre. 1 vol.
Chron. de Saint-Martial de Limoges 1 vol.
Nouveau recueil de comptes de l'argenterie 1 vol.
Chanson de la croisade contre les Albigeois. 2 vol.
Chron. du duc Louis II de Bourbon. 1 vol
Chronique de Le Fèvre de Saint-Remy. 2 vol.
Récits d'un ménestrel de Reims au XIII° siècle. 1 vol.
Lettres d'Antoine de Bourbon et de Jeanne d'Albret. 1 vol.

Mém. de La Huguerye. 3 vol.
Anecdotes et apologues d'Étienne de Bourbon. 1 vol.
Extraits des auteurs grecs concernant la géographie et l'histoire des Gaules 6 vol.
Histoire de Bayart. 1 vol.
Mémoires de N. Goulas. 3 vol.
Gestes des évêques de Cambrai. 1 vol.
Les Établissements de saint Louis. 4 vol.
Chron. norm. du XIV° siècle. 1 v.
Relation de Spanheim. 1 vol.
Œuvres de Rigord et de Guillaume le Breton. 2 vol.
Mém. d'Ol. de la Marche. 4 vol.
Lettres de Louis XI. T. I à IV.
Mémoires de Villars T. I à V.
Notices et documents, 1884 1 v.
Journal de Nic. de Baye. 2 vol.
La Règle du Temple 1 vol.
Hist. univ. d'Agr. d'Aubigné, T. I à VII.
Le Jouvencel. 2 vol.
Chroniques de Louis XII, par Jean d'Auton. T. I, II et III.
Chronique d'Arthur de Richemont. 1 vol.
Chronographia regum Francorum. T. I et II.
L'Histoire de Guillaume le Maréchal. T. I et II.
Mémoires de Du Plessis-Besançon. 1 vol
Hist. de Gaston IV de Foix. T. I.
Mémoires de Gourville. T. I.

SOUS PRESSE :

Chron de J Froissart T. X.
Lettres de Louis XI. T. V.
Chroniques de Louis XII, par Jean d'Auton. T. IV.
Brantôme, sa vie et ses écrits.
Mémoires de Villars. T. VI.
Chronographia regum Francorum. T. III.
Hist. univ. d'Agr. d'Aubigné. T VIII.
L'Histoire de Guillaume le Maréchal T. III.
Journal de Jean de Roye. T I.
Hist. de Gaston IV de Foix. T. II.
Mémoires de Gourville. T. II.

BULLETINS, ANNUAIRES ET ANNUAIRES-BULLETINS (1834-1893),

In-18 et in-8°, à 3 et 5 francs.

(Pour la liste détaillée, voir à la fin de l'Annuaire-Bulletin de chaque année.)

28074. — Imprimerie Lahure, rue de Fleurus, 9, à Paris.

www.ingramcontent.com/pod-product-compliance
Lightning Source LLC
Chambersburg PA
CBHW050254230426

43664CB00012B/1950